유진의 학교

이 도서의 국립중앙도서관 출판시도서목록(CIP)은 e-CIP홈페이지(http://www.nl.go.kr/ecip)에서
이용하실 수 있습니다. (CIP제어번호 : CIP2009000622)

유진의 학교

동서양 교육이상의 만남

한석훈

뭐든 중요하고 가치 있는 일을 이루는 데는 아주 많은 노력과 시간이 소요되는 법이거든.

단칼에 속성으로 해치우겠다는 건 전부 사기야.

일러두기

1. 소설에 등장하는 모든 인명과 단체명은 필자에 의해 가공된 것으로, 만일 실제의 개인 또는 단체의 이름과 일치하는 경우가 있다면 이는 순전히 우연에 의한 것일 뿐임을 밝혀둔다.

2. 본문의 각주는 "*"로 표시했다. 반면 본문 중에 각주처럼 기입된 숫자들은 저자가 학문적 내용을 보충하기 위해 별도로 제공하는 웹페이지의 URL을 나타낸다. 독자는 각 숫자가 나타내는 보충 웹페이지의 URL을 다음과 같은 방식으로 찾아갈 수 있다.

   1 ➡ http://myfaith.co.kr/yj/1.htm

   2 ➡ http://myfaith.co.kr/yj/2.htm

   3 ➡ http://myfaith.co.kr/yj/3.htm

   ....

   32 ➡ http://myfaith.co.kr/yj/32.htm

   33 ➡ http://myfaith.co.kr/yj/33.htm

   또는 보충 웹페이지의 목차 페이지(http://myfaith.co.kr/yj.htm)를 찾아가도 33개의 각 웹페이지로 찾아갈 수 있다.

교직은 과거에는 성직이었으나 지금은 기능직이 되어 있다. 큰 변화다. 그리고 나쁜 변화다. 그 변화는 우리가 살고 있는 세상에 대해 많은 것을 말해준다. 우리가 사는 세상은 심각한 문제들을 숱하게 안고 있으며, 우리는 이 난제들을 교육이 해결해주기를 바라고 있다. 그러나 교직을 기능직으로나 규정하는 교육으로는 그 문제들을 해결하기가 불가능하다. 교사는 단순한 기능직 종사자가 아니며, 교직은 감히 사회 전체를 이끌 소명이 부여된 성직임을 인정하는 데서 비로소 문제해결의 선순환은 시작될 수 있을 것이다. 이 책은 이런 나의 주장을 뒷받침해줄 이야기로 엮어져 있다.

이 책을 쓰기 시작한 것은 교직과정을 밟고 있는 학생들에게 강의 교재로 사용할 목적 때문이었다. 오랫동안 대학에서 교육의 역사와 철학을 주로 가르치고 있던 중, 이러한 학문 분야의 내용을 추상적 정보로써가 아니라 구체적인 내용으로 전달하기 위해서는 소설이라는 형식을 채용하는 것이 적합하다고 판단했다.

나는 또한 이 책이 내 강의의 교재로 기능할 뿐만 아니라 교사들, 나아가 우리 교육에 관심 있는 일반인들에게도 두루 읽히기를 바란다. 그래서 가능한 한 추상적이고 학술적인 정보를 배제하고 구체적이며 일상적인 성찰로 책을 채웠다. 나는 사람들이 가능하면 색다르고, 특이하고, 다양한 시각들을 풍부하게 접해보는 것이 세상의 개선을 위해 필요하다고 믿는 사람이다. 우리 교육은 많은 문제점을 안고 있고, 그 내막은 심히 복잡하여 섣불리 손대기가 쉽지 않다. 창의적인 시각으로 다양한 접근 방식들을 모색해볼 필요가 있는 것도 그 때문이다. 따라서 색다른 나의 시각 같은 것도 한 번쯤 고려해볼 여유가 필요하다고 본다.

물론 세상의 다양한 시각들을 옥석의 가림도 없이 모두 검토해볼 수는 없을 것이다. 따라서 '나'라는 개인이 갖는 시각의 가치를 명확히 내세울 수는 있어야 하겠다. 내가 나름대로 우리 교육에 대한 책을 쓸 자격을 갖추었다고 생각하는 근거는 이렇다. 우선, 공부에 기본은 갖추고 있는 것 같다. 인문학을 석사과정까지 공부했으며, 젊어서는 네오마르크시즘에 경도됐으나 서른 중반 이후로는 사회과학의 통계적·계량적 방법론에 대한 편견을 떨쳐버릴 수 있었다. 마흔 무렵부터는 교육의 예술적·심리적·종교적 차원에 대해 고루 관심을 지펴왔다. 대부분 미국에서 공부하면서, 시카고 대학에서 6년여 만에 박사학위를 받았다. 학위 받고 공부 부족을 절감하여, 귀국 후 연구소 다니고 출강하는 등의 와중에 공부를 계속했다. 그런 개인적 공부의 결과를 대학생 대상의 강의에서 조금씩 표출해왔는데, 놀랍게도 학생들의 반응이 아주 좋았다. 약 7년 동안 매년 이른바 '우수 강사상'이라는 것을 받아왔다. 그러나 이런 인기상 같은 것으로 나를 광고하기보다는, 지난 17년간 줄곧 추구해온 것이 교육에 관한 공부였다는 점, 그리고 그 과정을 통해 교육에 대한 나의 신조가 확고해졌다는 점을 내세우고 싶다.

나는 서양의 고전과 지적 전통 그 자체의 가치를 숭상하는 서양의 교육기관에서 수학했지만, 과거 서양 지성의 글이 그 자체로 가치가 있다고는 믿지 않는다. 화이트헤드(A. N. Whitehead)가 주장했듯, 과거의 글은 현재를 살아가는 데 도움을 주고 쓸모가 있는 한도 내에서 가치가 있다고 생각한다. 역사가가 과거 그 자체를 사랑하여 과거를 공부하는 자세를 전적으로 부정하는 것은 아니다. 과거 그 자체에 대한 탐구가 인간의 원천에 대한 숭고한 관심을 반영하겠지만, 내게는 과거보다 현재가 중요하다는 점을 밝히는 것뿐이다.

한데 시중의 많은 교육사철학 입문서들은 과거의 글, 기록 등을 아주 많이 전하고 있다. 나는 그런 정보가 현재를 살아가는 데, 특히 우리 교육을 이해하는 데 많은 도움을 주거나 대단한 쓸모가 있다고 생각하지 않는다. 교원임용고사의 답안을 채울 '정답'을 찾아내는 용도 한 가지만 빼고는 과거에 대한 정보는 삶에서 거의 쓸모가 없다고 본다. (물론 과거의 사건이나 사상에 대한 '박식함'을 남들에게 과시하는 것이 '쓸모 있는' 일이라고 생각지도 않는다.) 따라서 이 책은 동서양의 역사 속 사건이나 사상 등을 소개하는 것을 목적으로 삼지 않는다. 이 책의 목적은 동서양의 과거 사건이나 사상 등에서 현재를 살아가는 데 도움을 주거나 쓸모가 있는 내용들을 제시하고 그 유용성을 밝힘에 있다. 더 구체적으로, 동서양 교육의 역사나 사상 등으로부터 21세기 초의 한국 교육을 이해하는 데 도움을 주고 쓸모가 있는 내용들을 뽑아내고, 그 내용들이 어떻게 쓸모가 있는지 철학적으로 밝히는 데 있다.

나는 스스로를 프래그매틱 유심론자(pragmatic idealist)쯤으로 여긴다. 왜 유물론자가 아니라 유심론자인지를 설명하는 것은 길고 복잡한 인생 여정을 풀어야 하는 간단치 않은 일이므로 이 책 전체를 관통해서 충분히 다루는 쪽이 낫겠다. 왜 프래그머티스트인지는 내가 유심론자인 이유와 무관치 않지만, 간단히 말해서 나는 진정으로 쓸모 있는 것에 가치를 두기 때문이라 하겠다. 바꿔 말해서 나는 진정으로 쓸모 있는 것에 가치를 두지 않는 사회와 일과 사람들에게 동조하기를 거부한다. 내게 진정으로 쓸모 있는 것이란, 지금 이 순간 온전한 나로 사는 것에 도움을 주는 것들이다. 이와 같은 유심론적 프래그머티스트의 시각으로 나는 현재의 교육을 바라보면서, 그 시각에 도움을 받기 위해 교육의 역사와 교육철학을 활용하고자 한다.

세상의 흐름이 바뀌면 그 흐름을 의도대로 조종해보고자 하는 이들은 교육정책에 성급하게 손을 댄다. 그러나 교육의 역사를 관찰해보면, 국가 차원의 교육에서는 결코 정책의 성과가 즉각적으로, 그리고 온전하게 나타나지 않는다. 우리가 교육에 대해 기다릴 줄 아는 미덕을 갖추기 전에는, 뿌린 씨가 제대로 싹을 틔우기도 전에 성급하게 뽑아버리는 어리석음을 되풀이하게 될 수밖에 없을 것이다. 물론 이른바 '뉴라이트' 정권이 강요하는 역사교과서처럼, 싸가지가 없는 잡초임을 초기에 식별할 수 있다면 뽑아버리는 편이 나을 수도 있겠지만. 아무튼 하나의 문제는 우리가 교육에 대해서 냉정하고도 느긋한 자세로 기다릴 수 있는 역량을 갖추지 못하고 있는 것이다. 또 하나의 문제는 우리가 우리의 2세들에 대해 냉정하고도 느긋한 자세로 믿고 기다려줄 수 있는 역량을 갖추지 못하고 있는 것이다.

결국 우리가 교육에 대해 장기적으로 어떤 긍정적인 변화를 기도하든, 우선적으로 우리의 역량이 바뀌지 않는 한 그 변화의 결실이 영글기를 기대하기는 어렵다. 나는 우리의 역량을 키우는 첫걸음은 우리가 우리 마음의 주인이 되는 데 있다고 믿는다. 그래서 우리나라의 교사와 학부모들이 스스로의 마음의 주인이 되어 우리 교육에 대해 성찰해볼 수 있는 기회를 이 책을 통해 제공하고 싶다. 그것이 나의 욕심이다.

나이 먹는 만큼 철이 덜 드는 것을 부끄러워할 줄도 모르는 위인이지만,

이 책을 완성하기까지 도움을 주신 여러 분들께 감사드리는 것을 빼먹을 수는 없다. 내가 잘 모르는 분야에 대해 조언을 주신 분들과 등장인물들의 사투리를 수정해주신 분들, 음으로 양으로 도움을 주신 모든 분들께 깊이 감사드린다. 나의 개인적 '수행'을 이해해주고 지지해주신 길벗님(朋과 友)들께도 감사를 표하고 싶다. 또한 이 책의 출판 기회를 주신 도서출판 한울 김종수 사장님과 정성껏 원고를 다듬어준 편집부에 감사드린다. 그리고 현물적 보상의 결핍에도 불구하고 내 공부를 이해하고 지원해준 가족에게 고마움을 전한다.

한 석 훈

차례

원래 하기로 되어 있던 일

대학 캠퍼스에 여름방학이 시작되었다. 유진은 상담차 계절학기 수업 중인 지도교수를 방문했다가 연구실 컴퓨터에 저장돼 있는 문서 하나를 출력해 강의실로 가져다 달라는 청을 받았다. 흔쾌히 교수의 청을 받잡은 유진이 연구실이 있는 건물까지 갔으나 출입문이 잠겨 있었다. 방학이라 아침 일찍부터 문을 열어놓지 않은 탓이었다. 건물 입구의 경비실을 찾았지만 경비원은 출타 중. 별 수 없이 건물 주변을 이리저리 돌아다니다가 경비원을 발견하여 출입문을 열어달라고 부탁했다. 나이 지긋한 경비원이 느릿느릿 경비실로 되돌아가서 열쇠꾸러미를 찾아 문을 열기까지는 꽤 시간이 흘렀다.

유진은 3층 연구실로 올라갔다. 그런데 연구실 문 앞에서 또다시 문제를 만났다. 교수에게 받은 열쇠가 연구실 문의 열쇠구멍에서 반쯤 돌아가다가 뭔가에 걸린 듯 더 이상 움직이지 않는 것이었다. 한참을 씨름하다가 열쇠를 살짝 위로 들어 올리며 돌려봤더니 그제야 제대로 한 바퀴 회전하며 문이 열렸다. 별것도 아닌 심부름 하나 하는데 단계마다 도사리고 있는 예상 밖의 장애물에 조금 짜증이 나기 시작했다.

연구실에 들어온 유진은 얼른 컴퓨터를 켰다. 윈도우 시작화면이 뜨더니 로그인 암호를 입력하라는 지시가 나타났다. 'Enter' 키를 쳤으나 다시 똑같은 지시가 나타났다. 지도교수가 별도 로그인 설정을 해둔 것임에 틀림없었다. 갑자기 암호를 어디서 찾는담. 수업 중인 사람에게 전화를 걸어 물어볼 수도 없고. 혹시 책상 위에 암호를 메모해둔 게 있는지 여기저기를 한참 둘러보고 있는데 전화벨이 울렸다. 암호를 알려줘야 하는 걸 깜빡했다는 지도교수의 전화였다. '휴, 단번에 되는 게 하나도 없군.'

암호를 입력해 컴퓨터 부팅이 완료됐다. 파일을 찾아 열고 인쇄 버튼을 눌렀다. 이번에는 프린터가 연결되어 있지 않다는 메시지가 떴다. 머리에서 열기가 삐져나오는 느낌이 들었다. 옆에 있는 낡아빠진 프린터를 살펴보니 전원이 들어와 있지 않은 것 같았다. 그러나 도대체 전원 버튼이 어디에 붙어 있는지 찾을 수가 없었다. 책과 서류 더미가 쌓여 있는 프린터 주변을 빙빙 돌며 구석구석을 더듬은 끝에야 한쪽 귀퉁이에서 조그마한 전원 버튼을 찾아낼 수 있었다. '이 기계를 만든 작자는 대체 무슨 생각을 하며 만든 거야?'

프린터를 켰다. 잠시 후 프린터가 연결됐다는 표시가 모니터에 떴다. 드디어 인쇄 버튼을 클릭했다. 프린터로부터는 아무런 반응이 없었다. 모니터에 인쇄용지가 없다는 메시지가 떴다. 머리 윗부분의 열이 더욱 뜨거워진 느낌이었다. 책상 서랍을 다 열어보고, 프린터 주변을 다 뒤져보고 난 다음에야 바로 곁의 책장 선반에 숨어 있는 인쇄용지를 발견할 수 있었다. 종이 몇 장을 프린터에 집어넣고 다시 인쇄 버튼을 눌렀다. 마침내 프린터 작동하는 소리가 났다. '휴, 이제야 되는군.' 위잉 하는 인쇄기 소리는 그러나 곧 멈춰버렸다. 종이가 프린터 안에 걸렸다는 표시가 떴다. 유진은 팔을 걸고 프린터기의 뚜껑을 열어젖히고 끼어 있는 종이를 두 손으로 꽉 쥐고는 거칠게 잡아당겼다. 낡은 프린터기는 저항하는 듯했지만 짜증이 오른 유진의 힘을 당해내지 못했다. 걸려 있던 종이는 처절한 모습으로 뽑혀 나왔다.

씩씩거리면서도 유진은 분노에 떨리는 손으로 새 용지를 가지런히 모아 프린터에 집어넣었다. 다시 인쇄 버튼을 클릭했다. 이번에도 종이가 걸리면 지도교수의 청이고 뭐고 간에 이 프린터를 벽에다 집어던져서 박살내고 자신도 장렬하게 이 방을 빠져나가버리고 말리라며 중얼거렸다. 기계도 제 운명의 절박함을 감지했던 것일까, 다행히도 이번에는 프린터기가 제대로 돌아가는 소리를 냈다. 마침내 교수가 청했던 석 장의 자료가 제대로 출력된 것이다.

유진은 헐레벌떡 강의실로 뛰어가 수업 중인 교수에게 문서를 건네주었다. 그녀의 얼굴에는 역경을 딛고 이룩해낸 성취에 대한 자부심이 배어 있었다. 이마에 땀이 송골송골 맺혀 있는 그녀를 보고 교수는 고맙다며 미소를 지었다. 밖으로 나와 심호흡을 한 번 했다. 아침부터 이리 뛰고 저리 뛰느라 땀깨나 뺀 셈이다. 어쨌든 무사히 임무를 마쳤으니 다행이다. 유진은 가벼운 마음이 되어 학생회관에 들어가 모닝커피 한 잔을 즐기기 위해 테이블에 자리를 잡고 앉았다. 시원한 에어컨 바람이 그녀의 땀을 식혀주었고, 커피 향도 그럴 듯했다. 몸과 마음이 다시금 쾌적해졌고 땀도 식었다. 머리 꼭대기의 열기도 다 빠져나갔다.

그런데 무언가 알 수 없는 결핍감이 그녀를 휩싸기 시작했다. 뭔가 빼먹은 일이 있는 것 같은데 도무지 생각이 나지 않는 것이다. '원래 하려던 게 있었는데……, 그게 대체 뭐였지?' 유진은 자신의 머리를 쥐어박았다.

방금 전에 했던 행위의 목적을 망각했을 경우, 그 기억을 되살리는 가장 효과적인 방법은 이전의 행동이 발생한 물리적 공간으로 복귀해보는 것이다. 이 유용한 지혜를 떠올린 유진은 바로 실천에 옮겼다. 학생회관을 나서서 천천히 강의실 건물로 발걸음을 향했다. 걷다 보니 오늘 아침에 캠퍼스에 도착해서 한 일들이 하나씩 되살아나기 시작했다. 지도교수가 강의하고 있는 건물 앞에 도달할 즈음 드디어 망각했던 그 원래의 목적이 떠올랐다.

'아, 참! 원래 교수님하고 상담하려던 거였잖아!'

예상치 못했던 심부름 때문에 이 건물에서 저 건물로 오가며 문을 두 개씩 따고, 컴퓨터에 로그인하고, 낡은 인쇄기와 씨름하며 동분서주하다 보니 교수를 만나려고 했던 원래의 목적을 까맣게 잊어버렸던 것이었다. 이런 경우 사람들은 대개 스스로를 심하게 책망하게 되는데, 그녀 역시 예외는 아니었다. '병신, 죽어야 해.' 별 수 없이 지도교수의 수업이 끝날 때까지 기다릴 수밖에 없게 됐다. 이게 다 더위 탓이라며 자책감을 누그러뜨리고 나무 그늘의 벤치에 앉는 순간, 불현듯 유진의 마음속 깊은 곳으로부터 하나의 질문이 솟아올랐다.

'원래 하려던 게 뭐였지?'

그것은 유진이 자신에게 던지는 질문인 것 같았으나, 동시에 마음속 깊은 곳의 다른 누군가가 유진에게 던지는 질문인 것처럼도 느껴졌다. 어찌되었든 그 질문은 유진의 깊숙한 곳을 파고 들어왔다. '원래 하려던 것?' 오늘 아침의 경우 그것은 지도교수와 상담하는 것이었는데, 심부름하느라 완전히 잊어버리고 말았다. 그런데 과연 지도교수와의 상담이 정말로 '원래 하려던 것'이었는가? 유진은 자신에게 물었다. 상담은 왜 하려 했던가? 논문을 쓰기 위해서? 그렇다면 논문은 또 왜 쓰려 했던가? 석사학위를 받기 위해서? 학위는 왜 받지? 몸값 높이려고? 몸값은 왜 높이고? 더 잘살려고? 왜 더 잘살려는 거지? 태어난 이상 잘사는 편이 나으니까? 왜 태어났지? 왜? 대체 내가 원래 하려던 것이 뭐였지?

유진의 스스로에 대한 질문은 꼬리에 꼬리를 물고 이어졌다. 끝을 알 수가 없었다. 그러나 반드시 끝이, 그 근원이 있어야만 될 것 같은 강력한 느낌이 일었다. 정말로 '원래' 하려던 것이 있어야만 될 것 같은 느낌이 들었다. 그런 것이 과연 있을까? 그런 것이 정말 있어야만 할까? 최초에 마음의 심연에서 솟아올랐던 그 질문이 유진의 온 정신을 사로잡고 말았다.

'원래 하려던 것이 뭐였지?'

유진은 그에 대한 답을 찾아낼 수 없었다. 그런 바보 같은 질문이 떠올랐다는 것 자체를 이해할 수가 없었다. '원래 하려던 것이라니, 사람이 다 제 뜻과는 상관없이 생물체로 태어나서 먹고살고 생존하려 버둥대다가 가는 게 인생일진대, 거기에 무슨 원래 하기로 되어 있던 것따위가 있겠어? 그저 나름대로 만족할 만큼 즐겁게, 고통 없이 살다 가면 되는 거지.' 이렇게 지금껏 견지해온 '합리적' 태도로 자신을 질타했으나 그 질문이 후벼대는 힘은 약화되지 않았다. 아침에 프린터와 씨름하고 문서를 교수에게 전해주느라 오늘 학교에 왔던 원래의 목적은 까맣게 잊고 있던 것과 마찬가지로, 학업을 지속하고, 학위를 따고, 돈벌이를 하고, 인간관계를 맺으며 살아가느라 자신이 원래 이곳에 태어난 목적은 잊은 채 살아가고 있는 건 아닐까 하는 의문이 일었다.

이때 유진의 머릿속에 제자 보영이 자신에게 마지막으로 보냈던 글귀가 떠올랐다. '진정한 자신의 길……'. 혹시 보영은 인생에서 자신이 '원래 하려던 것'을 찾고 있었던 건 아닐까? 그게 뭔지는 모르겠지만, '진정한 자신의 길'이라는 게 자신이 '원래 하려던 것'과 같은 것은 아닐까? 17세 소녀 보영의 마음에 각인된 '진정한 자신의 길'이라는 화두는 27세 여인 유진의 마음에 문득 침입한 '원래 하려던 것'이라는 화두와 동일한 것인 듯하다. 그렇다면 이제야 겨우 그런 화두에 대해 제대로 생각해보게 된 자신은, 애초에 제자에게 도움을 줄 만한 거리 같은 건 갖고 있지 않았던 셈이다. 그에 대한 아무런 이해도 갖고 있지 않으면서 그녀는 어쭙잖게 공부 잘하는 모범생이 되라는 쓸모없는 상투적 응답만 해주었던 것이다. 여기에 생각이 미치자 유진의 마음속에는 심한 자책감이 밀려들었다. 얼마나 가볍고도 또 가벼운 인간인가? 상아탑에 출입하며 지성이라는 것을 쌓아서 품위 있는 인간 노릇이나마 하고 살려 했건만, 진정한 자신의 길을 찾는다는 어린 제자의 모색을 이해하지도 못하는 얄팍한 지성의 소유자에 불과했던 것 아닌가. 이런 자신에게 과연 원래 하기로 되어 있었던 일 같은 게 있을 것인가.

1. 상실 속의 빛

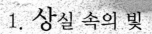

당신의 인간다움을 투자할 만한 곳이 어디 없는지 찾아보십시오.

_알베르트 슈바이처

시간과 돈이 아까운 일

지하철에서 거리로 올라온 유진은 학교를 향해 천천히 걸었다. 초여름인데도 한여름처럼 더웠다. 저녁이 다 돼가지만 햇살은 여전히 강하다. 길을 가다 보니 얼마 전까지만 해도 볼 수 없었던 새 상점들이 눈에 띈다. 대학가는 날이 갈수록 화려해진다. 유진은 최신 유행을 선보이고 있는 상점들에는 눈길도 주지 않고 제 갈 길만 가고 있었다. 스물일곱 살의 여자가 패션에 대해 무덤덤한 것은 마치 삶에 대해 무덤덤한 것처럼 보이기도 한다.

실은 잠시 후 있을 준혁과의 만남에 대해서도 유진은 무덤덤하다. 아니, 자신의 생활 전반에 대해서 그녀는 특별한 감흥이 없다. 특별히 재미있는 것도, 신나는 것도, 가슴 벅찬 것도 없이 그저 하루하루를 흘려보내고 있는 것만 같다. 돈을 쓰고, 뭔가를 소유하고, 유행을 따르는 등의 일에 흥미를 잃는다는 것은 오늘날의 사회로부터 적잖이 이탈해 있다는 조짐일 수 있다. 또는 심오한 일탈의 징후든가.

현재 대학원에 적을 두고 심리학 공부를 하고 있는 그녀지만 공부에 대한 간절한 열정이 있는 것도 아니다. 대학 졸업 후 한두 해 다니던 직장을 그만두었으나 경제적으로 궁핍함을 겪지도 않아왔다. 막내딸을 애지중지하는 사업가 아버지로부터 넉넉한 경제적 지원을 받고 있기 때문이다. 부친의 '실업수당' 수혜자가 된 것이 다소 자존심 상하는 일이기는 하지만, 경제적 여유가 있지만 남들처럼 유학을 간다든가 하고 싶은 마음도 없다. 친구들과 놀러 다니는 것도 시들하고 결혼 계획도 물론 없다. 앞으로 무얼 하며 살 것인지를 심각하게 고민하고 있지도 않다. 유진은 자신이, 단조롭지만 아무런 위험요소도 없는 일상의 흐름 위에 부유하고 있는 단세포생물처럼 느껴졌다.

학교까지 가는 길에는 전단지를 배포하는 사람들이 여럿 있었다. 유진은 가능하면 한 장도 받지 않고 통과하려고 나름대로 애를 쓰며 걸었다. 길에다 쓰레기를 버리지 않는 공중도덕심은 있으나 기꺼이 광고지를 받아주려는 측은지심은 부족했던 것이다. 그러나 노련한 배포자들을 죄다 피할 수는 없었다.

"안녕하세요? 광고지 좀 받아주시겠습니까?"

쾌활하게 웃고 있는 한 청년이 몸을 숙이며 유진에게 전단 한 장을 내밀었다. 순간 유진은 놀라며 그의 얼굴을 쳐다보았다. 여러 해 동안 수도 없이 이 길을 오갔지만, 광고지 한 장을 건네기 위해 이렇게까지 열정을 바치는 이는 본 적이 없었다. 청년은 얼굴 가득 미소를 담고 있을 뿐만 아니라 상체를 깊숙이 숙여 지극한 예를 표하고 있었다. '그깟 찌라시 한 장 건네주려고…….' 유진은 전단을 받지 않을 수 없었다. 청년의 정성이 가득한 영업행위를 무시할 수 없었고, 심지어 청년에 대한 존경심마저 슬그머니 피어올랐다. '정말 열심이구나.' 유진은 계속 길을 가며 광고지를 펼쳐보았다. 'S라인 다이어트 클리닉.' 자신에게는 전혀 필요치도 않은 것이다. 광고지의 내용을 보고 나니 청년이 혹시 불순한 의도로 그토록 친절을 보였던 건 아닐까 하는 생각이 들었다. 군살 없이 균형 잡힌 몸매를 지닌 자신에게 다이어트 클리닉의 광고지를 안기다니. 시도 때도 없이 들러붙는 남자들에게 질린 지 오래인 유진은 새털처럼 가벼운 그들의 친절을 신뢰하지 않는 편이다. 힐끔 뒤를 돌아 청년 쪽을 바라보았다. 그는 다른 행인들에게도 똑같이 쾌활하게, 그리고 정중하게 고개를 숙이며 전단을 건네고 있었다.

청년에 대한 감탄은 문득 몇 시간 전 지하철을 타러 가던 길에 목격한 초로의 행상 아낙을 떠오르게 했다. 남루한 행색의 그녀는 한 중년여인과 나물 값을 흥정하고 있었다. 아낙과 중년여인은 나물 한 줌을 같이 움켜쥐고 승강이를 벌이고 있었는데, 구매자가 제시한 가격을 받아들이지 못하는 행상은 애처로운 표정으로 간청하고 있었다.

"아주머니, 한 단에 500원씩 해서 드릴게요."

중년여인이 채가려는 듯 쥐고 있는 나물 밑단을 함께 움켜쥔 아낙의 손이 파르르 떨리고 있었다. 고작 몇 백 원의 이문을 남기기 위해 그녀는 그 순간 자신의 온 존재를 바치고 있었다.

누군가에게 들었던 촌스러운 속담이 떠올랐다. '사자는 토끼를 사냥할 때도 최선을 다한다.' 그래, 토끼 한 마리 잡는 것도 건성으로 해선 실패하겠지. 500원짜리 나물 한 단도 건성으로는 팔 수 없고, 찌라시 한 장도 건성으로는 돌릴 수가 없을 것이다. 그러고 보니 유진은 자신이 모든 일을 건성으로 하고 있는 것 같다는 생각이 들었다. 삶 자체를 건성으로 대하고 있는 그녀가 삶에서 별 감흥을 받지 못하는 것은 당연한 일이겠다. 최선을 다하는 삶이 부러우면서도 자신이 그리 하지 못하고 있다는 사실은 못마땅하다.

'뭔가 신나는 일 좀 없을까? 그걸 찾을 수 있다면 최선을 다할 수 있을 것 같은데……. 그걸 찾는 것마저도 건성으로 해온 건 아닐까?'

유진은 번잡한 상가를 지나 학교 정문 안으로 들어섰다. 나무 아래 벤치에 준혁이 앉아 있는 모습이 눈에 들어왔다. 준혁은 두툼한 책을 읽고 있었다.

시계를 보니 약속시간을 10분쯤 넘어서 있다. 함께 학부를 다니던 시절에는 유진이 조금만 늦어도 조바심을 냈지만, 이제 서로를 만난 지 5년여를 지나고 나니 늦게 나타나도 전혀 개의치 않는다. 한때 유진을 좋아하는 남자선배들이 많다며 곁에 붙어서 경호원 행세를 자청했던 것에 비하면 격세지감이 느껴진다. 서로에게 초연해졌다고 할지 편해졌다고 할지. 남녀가 사랑에 빠진 초기에 다량 분비되어 서로를 간절히 원하도록 자극해주는 도파민계 호르몬이 두 사람에게는 더 이상 생성되지 않고 있는 것 같다. 하긴 그런 호르몬이 수년 이상 분비됐다가는 끝을 모르는 사랑에 모두가 기진맥진해 버릴지도 모를 일이다. 유진은 서로에 대한 절실함을 초월한 관계를 편하게 여기고 있는 자신이 애늙은이 같다고 느껴졌다.

"좀 늦었네, 미안."

잡념에 빠져 느릿느릿 걸어오느라 약속에 늦은 유진이 인사를 건넸다.

"어, 늦었나? 나도 방금 왔는데 뭐. 잠깐만, 요기까지만 마저 보고……."

준혁은 책에서 눈을 완전히 떼지도 못한 채 건성으로 인사를 받았다. 학부 때부터 서양사를 공부하고 있는 책벌레 준혁은 공부에 대해서는 늘 심각해 보인다. 장학금을 받고 조교생활을 한 끝에 현재 박사과정에 들어가 있는 그의 머릿속에는 뛰어난 학자가 되겠다는 열망밖에 없는 것 같다. 유진은 그런 준혁에 대해서 기본적으로 신뢰감을 느끼고 있지만, 때로는 조금 지나치게 외골수이고 재미없는 남자라는 생각을 갖기도 했다. 그런 준혁의 성격은 외모에서도 고스란히 엿보였다. 유진과 비슷한 정도의, 남자로서는 중간 정도인 키에 특별히 눈에 띄지 않는 평범한 외모지만 체구는 꽤 다부진 편이다. 대개 입술을 꾹 다물고 눈을 또랑또랑 뜨고 있는 까닭에 사람들에게 만만치 않다는 인상을 준다. 책만 파고 있느라 얼굴은 창백하지만 굵은 저음인 그의 음성은 쉽게 주변을 잡아끄는 힘이 있다.

벤치에 앉은 유진은 남자친구가 책을 마저 읽을 때까지 말없이 나무에 걸린 햇빛을 바라보고 있었다. 나뭇잎이 반사하는 황금빛 햇살은 아득한 옛 추억을 담고 있는 듯 애잔했다. 한때 지겹도록 유진의 커다란 눈망울을 쳐다보던 남자의 눈은 이제 두꺼운 사상서를 지치지도 않고 보고 있다.

매점에서 청량음료를 사들고 벚나무 아래 조용한 벤치에 자리를 잡은 유진과 준혁은 결혼한 지 몇 년은 지난 부부처럼 덤덤하게 대화를 나누기 시작했다.

"요즘, 세상이 좀 재미가 없지?"

직장을 그만둔 이후로는 전과 달리 잘 웃지도 않고 활력도 없어 보이는 유진의 질문에 준혁은 그다지 놀라는 기색도 보이지 않는다.

"세상이 아니라 네가 재미없는 거 아닐까?"

준혁의 직설적인 화법은 그다지 새삼스러울 것도 없다. 그 때문에 헤어질 뻔했던 적도 몇 번 있었지만, 그가 태생적으로 완곡한 모호함을 견디지 못하는 남자임을 이제는 잘 알고 있다. 유진이 보기에는 얼추 타협할 수도 있을 법한 일에도 준혁은 '원칙'과 '정도'를 논하며 한길만 고집했다. 지나친 흑백론자라는 유진의 비판에 준혁은 자신은 흑백론을 배척하지만 세상사에는 명백히 흑과 백을 가려야 할 부분도 있다며 양보하지 않았다. 그는 사회악을 증오하는 이른바 진보주의자다. 빛과 먼지가 함께 간다는 노자의 화광동진(和光同塵)의 시각을 그는 비겁한 박쥐의 습성이라며 배격한다. 빛과 같이 선명한 선함을 추구함에서 먼지와 같은 세상의 추악함과 타협한다는 것을 받아들이기 거부한다. 그런 준혁의 성향이 유진은 다소 부담스럽기는 하지만 그렇다고 아주 싫은 것도 아니다. 세상의 빛이 되는 사람이 자신의 먼지를 고백하는 건 봐줄 수 있지만, 이미 먼지투성이인 인간들이 더 많은 먼지를 덧붙이며 '중용의 회색' 운운하는 건 봐주기가 역겹다.

준혁의 질문 아닌 질문에 유진이 답했다.

"야, 난 원래 재미있는 사람이야. 네가 나를 재미없다고 생각하니까 그런 말이 나오지."

준혁이 재수를 하면서 유진과 같은 학번이 되었지만, 그녀는 한 살 위인 준혁을 완전한 동격으로 취급한다. 이들 오래된 연인은 그날 저녁 내내 '삶의 재미없음'에 대해서 재미없는 대화를 이어갔다. 자리를 닭갈비집으로 옮겨서 소주와 닭살을 뜯을 때까지. 둘 사이에 짜릿짜릿한 전기는 잠재워졌을지 모르나 서로의 삶에 대한 지워지지 않는 관심 덕분에 이런 대화가 가능했다. 둘은 서로를 최소한 남 주기에는 아까운, 괜찮은 짝으로는 여기고 있었다.

술잔을 부딪치며 준혁은 최근에 보이는 그녀의 삶의 자세에 대해 불만 섞인 시선을 비추고 있었다. 유진의 집이 부유한 데 비해 준혁은 경제적으로 곤궁한 처지다. 학비와 생활비를 스스로 조달해야 한다. 닭갈비와 소주 값도 대개는 유진이 지불한다. 밥에 술까지 얻어먹고서도 준혁은 여자친구의 비위를 맞춰줄 줄 몰랐다. 헤어지며 그는 또 한 번 직언을 했다.

"별로 뜻도 없는 대학원엔 다녀서 뭐해. 석사학위 하나 받아보려고? 시간과 돈이 아깝다."

유진은 그야말로 '할 일 없으니 학위나 하나 받아보자'는 생각에 시간과 돈을 들여 별 뜻도 없는 대학원에 적을 두고 있었다. 그런 그녀의 지적 허영을 준혁은 잘 알고 있었다. 물질만 추구하는 것으로 보이기가 싫어서 정신적 영역을 다루는 심리학을 전공으로 택했다는 것까지도. 유진은 준혁의 지적에 저항할 의지도 없었다.

"그래, 나도 시간과 돈이 아깝다……."

자신이 왜 이런 비난 섞인 지적까지 받으며 살게 됐는지 문득 이해가 되질 않았다. 특별히 뭘 잘못한 것도 아닌데, 학교 다닐 때는 공부도 잘해서 장래가 촉망되는 재원이었던 자신이 어쩌다가 사는 게 별 의미도 없는 맥 빠진 인간이 돼버린 걸까? 준혁이 집까지 바래다주겠다고 했지만 유진은 끝내 사양하고 홀로 귀가했다. 준혁의 힐난에 기분이 상해서가 아니었다. 가녀린 외모와는 달리 그녀는 상당히 대범한 구석이 있다. 단지 혼자서 삶의 재미없음에 대해 생각해보고 싶을 뿐이었다.

유진은 지금 삶의 어떤 부분에 대해서도 자신의 전부를 바치지 않는 스스로의 모습이 마음에 들지 않았다. 하지만 어쩌겠는가. 나물 파는 행상 아낙이나 광고지를 배포하는 대학가의 청년은 돈을 벌기 위해 열심히 일해야 할 테지만, 그럴 필요가 없는 자신의 입장에서 그들과 자신을 비교한다는 것은 마치 스스로에게 불공평한 처사인 것처럼 여겨졌다. 팔자소관이란 말처럼, 그들에게는 그들의 삶이 있고 자신에게는 자신의 삶이 있는 것 아닌가.

'그래, 뭔가 내 일이 있을 거야. 그걸 찾아야 할 텐데……'

학부 때 영문학을 전공한 유진은 영어 실력이 뛰어난 덕택에 요즘 같은 취업난 속에서도 일자리를 구하기가 어렵지 않았다. 그러나 영어를 무기 삼아 활동하는 비즈니스 세계도 유진에게는 그다지 매력적으로 느껴지지 않았고, 그래서 잘 다니던 외국계 회사도 그만두고 말았다. 조직의 이윤 극대화를 위해 개인의 영혼을 헌납해야 하는 곳 말고 뭔가 더 그럴 듯한 일거리가 없을까? 준혁이 부러웠다. 한 가지 일에 푹 빠져서 열정을 바쳐 일할 수 있다는 것은 남 보기에 멋질 뿐 아니라 본인을 위해서도 축복이라는 생각이 들었다. 사회과학이니 인문학 등에 흥미가 없는 것은 아니지만, 유진은 준혁만큼 공부에 재미를 느끼지는 못했다. 많이 아는 것처럼 보이고 싶은 욕심에 어려운 책을 읽어보려 애쓰는 정도에 지나지 않았다. 외국어 공부도 열심히 해왔지만, 그것은 일종의 기능 숙련과정에 불과했다. 그런 것들보다는 훨씬 더 자신을 몰입시킬 일을 갖고 싶은데, 문제는 그런 일이 도무지 떠오르지 않는다는 것이다. 초등학교 때부터 과외에 학원에 다람쥐

쳇바퀴 돌듯 살아온 그녀에게 남은 것은 이른바 좋은 대학의 졸업장 한 장뿐인 듯했다. 그 졸업장 하나면 인생의 모든 문제가 술술 풀릴 줄 알았건만……

이렇게 덧없는 상념에 잠겨 있는 그녀에게 어릴 때부터 절친한 친구인 윤아에게서 전화가 걸려왔다. 윤아는 사범대학을 나와서 고등학교 국어교사로 일하고 있는데, 고등학생 시절에 존경하고 따르던 국어선생님과 아직도 연락을 주고받고 있다. 전화의 용건은 바로 그 옛 스승을 함께 뵈러 가자는 것이었다.

학교의 추억

그 치열한 경쟁을 뚫고 단번에 교원임용고시를 통과하고 서울 시내 공립학교 교사로 재직 중인 최윤아는 깔끔하고 새침해 보이는 인상 때문에 일견 영리하고 계산 빠른 여자라는 느낌을 주지만 그런 겉모습 밑에는 파악하기 어려운 복잡한 내면이 자리 잡고 있고, 그 깊숙한 곳에는 얼핏 보아서는 감지되지 않는 낭만적이고 비현실적인 이상주의자가 덩그마니 들어앉아 있다. 수많은 젊은이들이 '직업적 안정성'에 매혹되어 철밥통의 꿈을 불태우며 교사직에 몰리기 이전부터 윤아는 교사가 될 꿈을 품고 있었다. 그 꿈을 이룬 지금 그녀는 두 번째의 꿈을 일궈가고 있는 중이다. 그것은 스승다운 스승이 되어 10대 청소년들의 길잡이 역할을 해주겠다는 것이다.

윤아와 유진은 조심스레 교무실 문을 열고 들어갔다.

"서유진, 많이 컸구나!"

어언 8년여 만에 만난 고교시절 은사 민영후는 마치 초등학생 제자를 만나는 듯 유진을 맞았다.

"와아, 선생님도 많이 연로해지셨네요."

"뭐라? 난 아직 청춘인데."

윤아는 매년 두어 번씩 인사를 해왔지만 유진은 고교 졸업 후 처음으로 민 선생을 만나는 것이었다. 문예반을 지도하던 민 선생이 윤아의 글재주를 칭찬하면서, 이에 고무된 윤아는 국문과로 진로를 정했다. 유진은 오랫동안 함께 영어 과외를 받아온 윤아가 자신과 함께 '전망도 밝고' 취업도 잘 되는 영문과로 갈 것을 바랐지만, 윤아는 충분한 성적을 받고도 국문과행을 결정했다. 결국 사범대의 국어교육과로 진학하기는 했지만. 우정에 금이 갈 정도의 사건은 아니었지만 그래도 유진은 내심 민 선생의 '부추김'을 못마땅하게 여기고 있었다.

오십을 바라보는 중견교사가 되어 있는 민 선생은 그간 윤아가 묘사해온 것처럼 '여전히 멋있는' 것과는 상당히 거리가 있는 모습을 하고 있었다. 나잇살 탓인지 몸도 얼굴도 예전보다 퉁퉁해졌고 배도 적당히 나와 있었다.

"지난 번 뵀을 때보다 흰머리가 많이 늘었어요."

은사만 보면 좋아 어쩔 줄 모르는 윤아는 아예 입을 귀에 걸고 있었다.

"그러니? 나도 염색 좀 해야 되려나 봐."

"아니에요, 선생님. 옆으로 은빛이 은은하게 퍼져나가니까 멋있으세요."

윤아의 일편단심 충정을 비난도 못 하고 칭찬도 못 한 채 유진은 그저 입 벌리고 웃는 시늉을 하며 앉아 있을 수밖에 없었다. '픽도 멋있으시네. 저렇게 눈이 나쁘니 여태껏 연애 한 번 못 하고 노처녀가 돼가고 있지.' 민 선생에 대한 윤아의 흠모는 생각했던 것을 상회하는 수준으로 보였다. 그러고 보니 몇 해 전 민 선생이 부인과 사별했다는 소식을 전하던 윤아의 모습이 그다지 침통해 보이지는 않았던 것이 떠올랐다. 그러나 은사에게서는 그런 윤아에게 자애로운 스승의 미소를 넘어서는 일말의 감정도 보이지 않았다.

세 사람은 민 선생이 타준 차를 마시며 유쾌한 분위기 속에서 담소했다. 처음에는 오랜만에 만난 유진의 근황에 대한 질문이 오갔지만, 이내 대화는 민 선생과 윤아 사이의 배타적인 공통관심사 쪽으로 급속히 방향이 바뀌더니, 결국 교육문제가 도마 위에 올랐다. 유진은 대학에서 교직과정을 이수해서 교사자격증을 취득하기는 했지만, 그 수업들의 지루함이란 고3 때 들었던 학원 야간반 수학수업의 그것을 능가하고도 남음이 있었다. 그때 이후로 유진은 교육의 '교'자만 들어도 조건반사적으로 수면 욕구가 일어나곤 했다. 이제 조금씩 산소 결핍을 느끼며 치밀어 오르는 하품을 참느라 눈가에 고인 물기를 감추려 전전긍긍하던 중, 뒤통수를 세게 얻어맞은 것처럼 충격을 주는 말이 유진의 귀에 들려왔다.

"뭐라고 그러셨죠, 선생님? 그 애 이름이 뭐라구요?"

철저한 사회적 소외 속에 수마(睡魔)의 손아귀에 빠져드는 조짐을 보이던 유진이 느닷없이 의식을 회복하며 큰 소리로 묻자, 사부와 수제자는 어안이 벙벙하여 그녀를 바라보았다.

"방금 말씀하신 그 아이 말예요. 보영이라고 그러셨나요?"

"으응, 맞어, 보영이."

"혹시, 서화고등학교 최보영이 맞아요?"

유진의 뜻밖의 채근에 민 선생과 윤아도 놀란 얼굴이었다. 조금 전까지 두 사람은 얼마 전 인근 고등학교에서 한 고3 여학생이 음독자살한 사건에 대해 이야기하고 있었다. 그런데 뜻밖에도 유진이 그 자살한 학생의 이름과 학교까지 구체적으로 말하자 놀라지 않을 수 없었다.

"응, 그래, 서화고등학교는 맞아. 성이 최 씨였던가? 아, 그래 맞아, 최보영이었어. 근데 네가 그 애를 어떻게 아니?"

유진의 심장이 거칠게 뛰었다. '설마 보영이 네가⋯⋯.'

5년 전, 유진은 교직과정 이수의 마지막 단계로 한 중학교에 교생실습을 나갔다. 그때 수줍음 많은 한 여학생이 유진을 몹시 따랐는데, 내성적이고 생각이 깊다는 점을 제외하면 대체로 평범한 아이였다. 그 아이가 최보영이었다.

유진은 망연자실한 자신의 모습을 보고 놀란 민 선생과 윤아에게 자기가 알고 있는 소녀 최보영에 대해 말하기 시작했다. 목소리는 떨리고 있었다. 민 선생은 마침 그 학교의 학생주임이 동창이라며 바로 전화를 걸어 얼마 전 자살한 학생에 대해 물어보고, 상세한 인적사항과 함께 그 학교에 동명이인은 없다는 점을 확인했다. 죽은 학생이 유진을 따르던 그 학생임이 확실했다.

유진의 눈에서 주르륵 눈물이 흘러내렸다. 몇 분 전 산소결핍에 대한 반응으로 만들어진 그 액체가 아니라 슬픔이 만들어낸 뜨거운 진짜 눈물이었다.

5년 전에 중학교 1학년이었던, 그러니 지금은 고3이 되어 있어야 할 소녀. 예비교사 유진을 많이 따랐던 소녀는 미술에 재능이 많았는데, 자신의 재능을 살리는 길로 가야 할지 그럭저럭 흥미가 있는 편인 영어공부 쪽으로 방향을 잡아야 할지 벌써부터 고민을 하고 있었다. 수줍음이 많던 소녀는, 마침 만나게 된 예쁘고 똑똑한 언니 같은 영어 교생선생을 우상처럼 여겨 유진에게 많은 이야기를 하고 조언을 구하기도 했다. 실습이 끝난 다음에도 유진은 몇 번인가 보영을 만나서 밥도 사주고 아이스크림을 사주기도 했다. 아이가 너무도 자신을 따르자 유진의 마음속에도 애정이 생겼다. 보영을 마지막으로 만난 것은 고등학교에 입학한 것을 축하하기 위해 함께 식사를 했을 때였는데, 그것도 이미 두 해가 지났다. 때때로 생각이 나긴 했지만 이제 대학입시 준비로 바쁘려니 짐작하고 특별히 연락을 해보지는 않았던 것이다. 그러던 중에 보영으로부터 마지막 이메일이 온 것이 서너 달 전이었다.

마지막 이메일에는 특별한 내용이 없었다. 그저 입시 부담에 짓눌리는 고3 생활이 힘들다는 한국 사회에서는 상식적인 수준의 푸념과 함께, 사춘기 소녀답게 왜 사는지 모르겠다는 철학적 하소연 정도가 전부였다. 당시에 유진은 힘내서 열심히 공부해 좋은 대학 가라는 상투적인 격려의 답신을 보낸 기억이 났다. 고3 학생에게 그밖에 무슨 말을 해줄 수가 있겠는가. 하긴 그것이 유진이 알고 있는 유일한 정답이었으니. 그때의 회신이 보영과의 마지막 대화가 될 줄은 꿈에도 몰랐다.

"도대체 왜 그랬대요, 선생님?"

눈물을 훔치고 안정을 되찾은 유진이 물었다. 민 선생의 말에 따르면, 그 아이의 집안에 가정불화가 있었다는 것과 본인이 우울증 증세를 보였다는 정도밖에 알려진 원인은 없었다. 유진은 보영이 어머니와 관계가 껄끄럽다고 말했던 것을 기억해냈다. 그러나 집안에 어떤 심각한 문제가 있는지는 전혀 몰랐다. 보영이 우울증에 걸렸다는 것도 상상 밖의 일이었다. 도무지 이해할 수가 없었다. 가슴이 답답해졌다. 그 얌전했던 아이가 목숨을 끊게까지 된 사정이 무엇인지 알아봐야겠다는 생각이 들었다.

은사와의 모처럼의 만남은 예상치 못한 사건으로 어색하게 끝나고 말았다. 위로해주는 민 선생에게 작별을 고하고 교정을 걸어 나오니 자연스럽게 학창시절이 떠올랐다. 조금도 그립지 않은 시절이다. 그저 3년 동안 이 건물 안에 수용돼 있었던 것 같은 기분밖에 느껴지는 게 없었다. 모교에서도 최근에 한 아이가 스스로 목숨을 끊은 사건이 있었다고 들었다. 고교시절이 힘들긴 했어도 유진은 자살까지 생각해본 일은 없었다. 그러기에는 너무도 출세 지향적 인간이었는지 모르겠다. 오로지 명문대에 입학하는 것만 생각했고, 그 목표를 달성하기 위해 자신을 채찍질했다. 자존심이 무척 강한 그녀는 무엇보다도 타인들 앞에서 잘나 보이고 싶은 욕구가 강렬했다. 그러나 모든 고교생들이 다 그녀처럼 효율적으로 '기능적'일 수는 없을 것이다. 개중에는 아예 삶 자체를 포기해버리는 극단적인 낙오자도 생기곤 한다.

슬픔보다는, 마음 한구석에서 아직껏 한 번도 상대해본 적 없는 분노가 치밀었다. '그 순진하고 어린 생명이 꺼져 버린 건 대체 누구의 잘못 때문이지?' '그렇다고 왜 죽어? 죽는다고 뭐 나아지는 거 있어?' 자신의 분노가 누구를 향하고 있는지조차도 종잡을 수 없었다. 망자(亡者)도 원망스러웠다. 교문을 나서며 유진은 자신에게 말했다. '누군가는 책임을 져야 해.' 스스로도 왜 자신이 분노에 휩싸였는지 알 수가 없었다.

모교의 교문을 빠져나온 뒤 윤아는 근심 어린 눈빛으로 유진을 바라보았다. 두 사람은 중·고등학교를 함께 다녔고 고교시절 내내 단짝이었다. 서로를 가장 잘 알고 있는 친구인 셈이다. 풀이 죽어 있는 유진에게 윤아가 물었다.

"서유진, 괜찮아?"

매사를 복잡하지 않게 단순화시켜서 이해하기를 좋아하는 낙천적 성품의 유진이 지금처럼 착 가라앉은 모습을 보인 것은 대학교 1학년 때 짝사랑했던 남자선배에게 애인이 있다는 사실을 알게 됐을 때 이후로 처음이다.

"응."

물론 유진은 괜찮지 않다. 윤아는 유진의 눈치를 살피며 이런저런 말을 건넸지만, 결국 위로의 말 몇 마디만 남긴 채 헤어질 수밖에 없었다.

사흘이 지난 뒤, 유진이 염려스러웠던 윤아는 오랜만에 준혁도 불러서 함께 놀아보자며 모임을 제안했다. 지난 5년여 동안 세 사람은 여러 차례 만나서 함께 시간을 보내고 또 여행도 다녀올 정도로 서로 친숙한 사이였다. 윤아는 친구의 애인을 인간적으로 대단히 좋게 보고 있었고, 그런 점을 준혁도 알고 있었다.

그날 저녁, 세 사람은 번화가의 고급스러운 주점에서 만났다. 모임이 무르익자 유진이 아직 죽은 보영의 집을 방문하지 못한 것이 마음에 걸린다는 말을 꺼냈다. 보영의 모친과 통화를 해서 대강의 사정 얘기는 들었지만 그녀는 꼭 보영의 집을 방문해보고 싶었다. 그런데 보영의 모친이 이런저런 이유를 대며 유진의 방문을 꺼리는 듯한 태도를 보였던 것이다. 그래도 유진은 꼭 보영의 모친을 만나보고야 말겠다며 의욕을 보이고 있었다.

맥주가 한두 잔씩 돌면서 이내 웃음 섞인 싱거운 농담도 나오고 있었다. 확실히 사흘 전보다는 유진의 기분이 풀어진 것처럼 보였다. 맛깔스러운 멕시코 요리로 배를 채우고 몇 잔의 술을 더 마시고 나자, 유진은 며칠 전 모교에서 느꼈던 기분을 털어놓기 시작했다.

학교의 정체

"난 그날 그다지 학교에 가고 싶지 않았어. 선생님 뵙는 건 좋았지만, 왜 별로 가고 싶지 않은지는 잘 몰랐어. 근데 선생님한테 인사드리고 나오면서 그 이유를 알겠더라고. 그러니까 난 옛날부터 우리 학교가 싫었던 거야. 학교가 마치 수용소 같았어. 근데 보영이도 죽기 전에 그런 얘길 했어. 내가 학교 싫어한다는 걸 눈치 채고 있었나 봐."

오늘은 준혁도 예의 날카로운 비평가적 태도를 자제하고 있었다.

"야, 나 고등학교 다닐 때 알지? 난 고1 때부터 내가 얼마나 학교를 혐오하는지 아주 잘 알고 있었거든. 나는 학교를 감옥이라고 불렀는데, 네가 말하는 수용소랑 다를 게 없네."

"아니, 이 사람들이 지금 누굴 졸지에 교도소 간수로 만들어버리는 거야?"

윤아가 반감을 과장하며 제동을 걸었다. 학교가 감옥이라면 교사는 간수일 수밖에 없다.

"아아, 윤아 씨, 내 말인즉슨……."

'학교 수용소론'을 두고 티격태격하는 모습을 바라보던 유진도 윤아와 준혁의 공방에 끼어들었다.

"그러고 보니 윤아 얘는 옛날에도 학교를 별로 싫어하진 않았던 것 같애. 싫어하기는커녕 사모하는 선생님의 총애를 받으며 다니는 학교를 너무도 사랑했었잖아, 그치?"

"어머, 내가 언제 선생님을 사모했니? 흠모했지!"

"그래, 흠모할 선생님도 있고, 넌 참 좋았겠다. 난 완전 '여고괴담' 찍고 있었는데."

"네가 무슨, 선생님들이 널 얼마나 예뻐하셨는데!"

"그거야, 타고난 미모로 하여 어디서나 보편적으로 일어나는 현상일 따름이고."

"준혁 씨, 위장약 있어요? 몇 잔 마시지도 않았는데 왜 벌써 속이 울렁거리지?"

밝은 분위기 속에서 가벼운 상호 비방과 모욕이 오갔다. 제3의 인물이라는 새로운 변수는 새로운 조합의 상호작용을 촉발시키면서 색다른 재미를 만들어내고 있었다.

공부하는 곳? 혹은 사회구조적 갈등의 장?

어느 정도 분위기가 진정되자 준혁이 예의 학구적인 자세를 드러내기 시작했다.

"난 고딩 때부터 이런 의문이 있었어요. 학교란 데는 도대체 왜 다녀야 하는 거지? 자, 봅시다. 우리 초, 중, 고 다니면서 학교에서 뭘 했나요? 공부했다고요? 학교는 공부하는 데라고요? 근데 진짜 공부했어요? 난 내내 딴 생각, 놀 생각만 하고 시간 죽이다 보니 어느새 고3이 돼 있더구면."

"아하, 학교 다니며 놀기만 했어도 명문대를 들어갔으니 진정한 수재시로

군요."

윤아의 비아냥은 슬쩍 무시해버리고 준혁은 자신의 논지를 이어갔다.

"에이, 나도 재수할 땐 정신 바짝 차리고 입시공부 했었지. 내 말은 학교가 정말 말 그대로 공부하는 곳인가, 난 의심이 간다는 말이에요. 진짜 공부를 가르치는 데라면 공부에 재미를 붙이도록 도와줘야 할 거 아닙니까? 근데 재미는커녕 진정한 공부도 아닌 시험공부만 시켜서 공부란 것 자체에 일찌감치 질리도록 강요하고, 또 그런 걸 방기하는 곳이 어떻게 공부시키는 데라 할 수 있나요? 대학엘 와서 처음으로 좋아서 하는 '진짜 공부'를 해보니까 옛날에 학교에서 강요했던 공부는 공부가 아니라 조련이나 통제였다는 걸 알겠더라고요. 나는 학교가 공부 말고 다른 음흉한 목적을 갖고 있는 곳이라는 생각에 찬성하는 편이에요. 거 누구였더라? 교육사회학 시간에 배웠던 좌파 학자들 있잖아. 학교는 자본주의 체제 속에서 기득권 계층의 가치관을 재생산함으로써 기존의 사회경제적 구조를 영속화하기 위한 도구라고 말했던 사람들 말이야."

"학교에서 엘리트를 본받도록 유도하니까 사람들이 엘리트, 즉 상류층의 문화와 가치관을 우월하고 온당한 것으로 받아들이게 된다. 따라서 자본주의적 엘리트주의와 같은 특정 가치관이 학교를 통해서 더욱 강화되고, 또 그래서 기존의 계급구조는 그대로 존속된다는 말이죠? 옛날에 배웠던 거 참 잘도 기억하고 계시네."

윤아의 말은 여전히 조금씩 꼬여 있다.

"내가 원래 좀 똑똑하잖아요. 그만하면 윤아 씨도 꽤 똑똑한걸? 암튼 그 작자들 얘기처럼, 돈 많고 힘 있는 사람들이 자기 자식들을 엘리트로 만들어 상류층 지위를 물려주려고 혈안이 되어 있는 그 대학입시 게임이라는 것에 온 국민이 다 자발적으로 달려들어 참여하고 있는 거 아니냐 이 말입니다. 승산이 낮은데도 말이에요. 그러니까 이렇게 된 거죠. 온 국민이 참여해줬으니 이 게임의 합법성과 정통성은 국가적으로 추인이 된 거고, 결국 승산 높은 기득권 계층의 자식들이 게임에서 이기고 나면 우리 사회의 합당한 리더로서 공히 인정받게 되는 거죠. 그 게임은 애당초 불공정한데 말야. 다 알잖아요, 강남 애들이 딴 동네 애들보다 서울대 진학률이 훨씬 높다는 거. 집안에 돈이 많아서 고액과외를 시키면 더 좋은 대학엘 가게 된다는 거 모르는 사람 있나요?"

국가 경제발전을 견인?

한국의 학교교육에 대한 준혁의 날선 공세에 윤아가 방패를 집어 들었다.

"하지만 그 불공정하다는 게임에 만백성이 참여했기 때문에 우리나라 인력 수준이 전반적으로 높아졌고, 그래서 오늘날 우리가 이만큼이라도 잘 먹고 잘살고 있는 거 아닌가요? 우리 부모님 세대가 젊었을 때 우리나라가 얼마나 못 먹고 못살았어요. 그런 상황에서 일단은 이 게임에 온 국민이 총동원돼서 사회와 경제 발전의 동력이 돼줄 수밖에 없었던 거 아니에요. 그 과정에서 더 잘살게 된 사람도 생기고, 상대적으로 박탈감을 느끼게 된 사람도 생긴 거고요."

"뭐, 윤아 씨 얘기도 맞는 얘기죠. 그러니까 한국의 예외적 경제성장의 배경 원인으로 강력한 근대교육이 버티고 있다는 거죠. 헌데, 그래서 그런 게임 구도를 계속 보존해온 우리 사회가 잘 먹고 잘살고 있다는 건 진짜로 맞는 얘긴가요? 국가경제 차원에서는 엄청 덩치가 커졌고 실제로 잘 먹고 있기도 하지만, 요즘 유행하는 '웰빙' 기준으로 볼 때 우리가 잘살고 있는 거 맞습니까? 삶의 만족도라는 측면에서 볼 때, 국제비교에서 우리나라 사람들이 아주 저조한 성적을 내고 있잖아요."

유진도 무언가 한마디 거들고 싶지만 이런 종류의 토론이 시작되면 준혁과 윤아 사이의 불꽃 튀기는 공방 사이에 끼어들 틈을 쉽사리 찾지 못한다.

그간의 경험으로 터득한 결론은 그저 잠자코 경청하는 척하며 앉아 있는 게 상책이라는 것이다. '그래, 니들 더럽게 잘났다.'

"사람이 일단 먹고사는 문제가 해결돼야 그다음에 진정한 정신적 웰빙이든 뭐든 따지게 되는 게 아닐까요? 이젠 먹고살 만해졌으니까 서서히 진짜로 잘사는 '삶의 질' 문제도 개선해나갈 수 있겠죠. 우리나라 사람들이 다 뭐, 바본가요? 멍청하게 기득권층의 조종이나 당하고 앉아 있게? 다들 생각이 있어서 그놈의 게임에 참여하고 있는 거예요. 다 자기들이 스스로 원해서, 스스로 결정해서 참여하고 있는 거라고요. 그게 그나마 해볼 만한 게임이라고 판단했기 때문에 말예요. 그 사람들을 멍청하다고 욕할 수 있는 권리는 아무한테도 없어요!"

신분상승욕의 채널

윤아의 반론에 대해 할 말이 많은 준혁은 애써 자신을 제어하며 다른 이슈를 모색해본다.

"아, 그래요. 매슬로*의 욕구계층이론으로 보더라도 사람은 일단 잘 먹고 잘살아야죠. 그걸 위해서 근대교육이라는 기계가 기여한 바를 부정할 수는 없겠습니다. 헌데, 사람이 밥만 먹고 사나요? 매슬로 말대로 생존의 안전을 확보하고 나면 사회적 인정도 받아야죠. 이 두 가지, 그러니까 경제적 생존과 사회적 지위를 확보하려는 한국인들의 열망이 집단적으로 수렴돼 있는 곳이 바로 학교 아니겠어요? 이건 또 교육이 사회계층의 이동을

---

* Abraham Maslow, 1908~1970, 미국의 유명한 심리학자. 인간의 욕구에는 위계가 있는데, 최하위가 신체와 안전에 대한 욕구이고, 그 상위에 소속에 대한 욕구, 자기 존중에 대한 욕구, 그리고 자아실현의 욕구 등이 있다는 이론을 설파했다. 대체로 하위 욕구들이 충족돼야만 그보다 상위의 욕구를 제대로 추구하게 된다고 한다. 만년에 최상위 욕구로 '자기초월 욕구'를 포함시켰다.

위한 수단이기도 하다는 말이고요. 좋은 대학을 나옴으로써 신분 상승을 꾀하는 것은 우리 사회의 상식적 욕구입니다. 내 의문은, 이런 것들이 뭐 나쁘다거나 좋다는 얘기는 논외로 치고 실제로 이런 욕구가 공정하게 충족이 되고 있느냐 하는 거예요. 교육기회가 모든 계층에게 균등하게 보장되어 있나요? 공교육은 개점폐업 상태고, 어지간히 '있다'는 사람들도 사교육비 대느라 허덕이는데? 내 보기엔 힘 있는 계층이 주무르고 통제하고 싶어 하는 방향으로 교육이 작용하고 있는 측면이 더 강한 것 같단 말이에요. 공정한 게임이 아니란 말이죠."

윤아가 잠시 쓸 만한 대응거리를 찾고 있는 참에 드디어 유진이 한마디 거들었다.

"아주 틀린 말은 아니지. 나도 과외비, 특강비 다 아빠가 대주신 덕에 수능에서 그만 한 점수 받아서 대학 들어갔으니까. 근데 말야, 원래는 공부 열심히 잘하는 애들은 집안에 돈이 있고 없고를 떠나서 실력대로 일류대학에 가고, 그래서 그 보상으로 잘 먹고 잘살게 되는 거, 이게 공정한 사회 아니겠어? 근데 요즘은 돈 있는 집 애들이라야 일류대학엘 갈 수 있으니, 게임이 공정하다고 보긴 어렵지. 안 그래?"

지식 전수와 사회화라는 '기능성'

궁지에 몰린 윤아는 잠시 생각에 잠긴 듯하더니 원론적 이슈로 국면 전환을 꾀하기 시작했다.

"자, 우리 원초적으로 한번 생각해봅시다. 교육이라는 게 애당초 뭣 땜에 이 세상에 생겼을까? 선대의 지식을 후대에 전해주기 위해서라는 건 누구도 부정할 수가 없어요. 지식 전수과정이 없다면 인간의 매 세대는 언제나 가장 원초적인 시점에서부터 다시 출발해야만 하겠지."

"근데 그것하고 우리의 '게임이 불공정하다'든가, 학교가 별 볼일 없는 데라는 등의 논지와 무슨 관계가 있는 거죠?"

준혁이 답답해하며 물었다. 학교 수호자의 책임감에 불타는 윤아가 결연히 응답했다.

"지금의 이 복잡한 문명이 유지되고 있는 걸 설명하려면 우리 교육이 제대로 작동하고 있다는 사실도 인정해야 한다고 봐요. 아무리 그 교육이 형편없고 경직되고 무의미하게 보인다 해도, 아무리 그 교육이 불평등하고 특수 계층의 이익만 대변하는 것처럼 보인다 해도, 우리는 바로 그 교육 덕분에 최소한 우리 윗세대 수준만큼의, 아니 그보다 더 높은 수준의 생활을 영위할 수 있는 거죠. 세상에 완벽하게 공평하고 자애로운 제도란 게 있을 수 있나요? 그 숱한 결점에도 불구하고 우리의 교육도 나름대로 할 일을 하고 있다고 보는데요."

유진은 이번에는 윤아 편을 드는 척한다.

"아, 그래. 이놈의 수용소 같은 학교가 아무리 맘에 안 든다 해도 말야, 이 학교가 사회화 기능을 수행하고 있는 건 엄연한 사실일 거야. 우리가 학교를 다녀서 한국 사회의 가치관을 배우고 내면화할 수 있었기 때문에 어른이 되어 사회에 나와서도 이 사회의 가치관을 존중하고 따라갈 수 있는 거 아냐. '공익이나 정의보다는 돈이 최고'라든가, 약육강식의 생존 경쟁에서 도태되지 않기 위해서는 각자의 경쟁력을 최상까지 끌어올리면서 남들을 짓밟고 올라서야 한다든가, 또, 세상은 험악해서 믿을 놈 하나 없으니 독하게 제 것 챙기며 살아야 한다는 가치관 같은 거 말야. 우리 학교는 우리를 제대로 사회화시켜 왔다고!"

유진은 때로 매우 냉소적이 되는 버릇이 있다.

통과의례 기능

윤아가 마치 중대 선언을 할 참인 것처럼 단호한 표정을 지으며 말했다.

"좌파의 비판적 이론들이나 개량을 외치는 실천적 주장들이나 다 일리가 있긴 하지. 그런데 현장에서 보고 느낀 선생으로서 한마디 하자면, 학교가 그 기능성 발휘를 제일 잘한 부분이 나는 통과의례가 아니었을까 싶어. 통과의례는 어느 사회에나 있잖아요. 우리 사회에서는 성인이 되기 위한 일종의 신고식이 대학입시라 할 수 있겠죠. 우리나라의 학교가 대학입시라는 통과의례의 정점에 다가가기 위한 준비기관이라는 걸 부정할 사람은 없을 거예요. 나는 그러한 '통과의례 준비기관'으로서의 임무를 학교가 충실히 수행하고 있다고 봐요."

다소 비장하기까지 한 윤아의 열변에 청중은 잠시 멈칫거렸다. 유진이 물었다.

"그거 너무 가혹한 통과의례 아니야? 애들한텐 그야말로 '입시지옥'이 잖아."

"맞아, 너무 가혹해. 하지만 우리나라라는 사회는 나름의 통과의례가 필요해. 그걸 학교가 맡은 거라고. 사회 전체가 악역을 학교에다 맡겨놓고는 그 악역을 가혹하게 수행하고 있다고 비난하는 꼴이라는 거지."

윤아의 격정 어린 토로에 준혁은 무언가 느낀 바가 있는 듯했다.

"호오, 통과의례라……. 맞아, 우리나라 같은 데는 특히 그 통과의례가 가혹할 수밖에 없겠어. 생각해봐요. 땅덩어리는 좁아터지고 자원은 부족한데, 사람은 많아서 득실거리는 이 땅에서 말야. 특히 요즘처럼 모든 사람이 탐욕에 찌들어 경쟁에 올인하고 있는 걸 볼 때 제한된 파이를 모두가 똑같이 나눠먹을 수는 없단 말야. 허구적 공산주의사회가 아닌 이상. 그러니 할 수 없이 누군가는 더 먹게 되어 있는데, 그 더 먹는 누군가를 가려내는 방식으로 통과의례가 필수적으로 요청된다는 거지. 우리나라의 그 통과의례는 예를 들어 풍요로운 선진국의 통과의례에 비해 가혹할 수밖에 없겠고. 근데 그 의례를 우리 사회에서 학교에다, 또 대학입시에다 위임했다 이 말이 되겠군요."

윤아가 이제야 말이 통한다는 듯이 반색을 했다.

"내 말이 그 말이에요. 이게 다 우리나라의 조건과 우리나라 사람들의 욕심이 만들어낸 어쩔 수 없는 사회적 장치란 말이에요. 이 상태에서 통과의례는 가혹할 수밖에 없어요. 만약에 대학입시의 통과의례 기능을 강제로 없애버린다 하더라도, 졸업 후의 입사시험이 그 통과의례의 역할을 맡게 되겠죠. 따라서 통과의례는 없애버릴 수가 없는 것이고, 불행하게도 우린 그걸 갖고 살 수밖에 없는 팔자인 거죠. 따라서 그 기능을 맡고 있는 대학입시와 학교교육을 비난해봤자 별 도리 없다는 거예요."

"암만 그래도 그렇지. 그래, 우리가 어쩔 수 없이 겪어야만 하는 성인식을 준비하느라고 고등학교를 다니고 있다고 해. 그렇다고 해서 그 성인식이 꼭 이런 스타일이어야만 하나? 왜 진짜로 학생 하나하나의 재능과 적성을 기준으로 성인식 통과 여부를 결정할 수는 없지? 학생의 재능과 적성이 완전히 무시되고 있기 때문에 성인식 준비기관인 고등학교 또한 재능과 적성을 완전히 무시한 채 오로지 암기만 열나게 시키고 있는 거 아냐?"

유진은 통과의례의 가혹함을 배가하는 교육적 역기능성에 대한 반감을 이렇게 피력했다. 그러나 그녀의 반감과는 무관하게, 한국 사회에서의 가혹함의 불가피성을 윤아는 경험을 통해 알고 있다.

"통과의례가 가혹하니까 그 의례를 준비하는 기관도 가혹할 수밖에 없는 거야. 우리 사회가 가혹하니까 학교가 가혹할 수밖에 없는 거라고. 만약 우리나라의 학교가 인간적이라면 난 그게 참 신기한 일일 거라고 생각해. 왜냐하면 무자비한 탐욕덩어리인 한국 사회 속에서 학교만 딱 떨어져 나와서 독야청청한다는 건 상상이 잘 안 되거든. 교육이 사회의 거울이라면, 한국의 교육은 비인간적일 수밖에 없잖아?"

베이비시터

침묵을 지키던 준혁이 입을 뗐다.

"어쩌면 그 통과의례의 가혹함으로 인해서 학교에서 가르치는 교육의 내용이 그 중요성을 인정받지 못하는지도 모르겠군요. 중요한 건 그 가혹함을 이겨내는 데 있지, 교육의 내용 그 자체가 아닐 테니까요. 나도 대학입시를 이겨내기 위해서 성적을 잘 받는 가혹한 훈련, 실수하지 않고 정답을 맞춰내는 그 지긋지긋한 훈련만 열심히 했었지, 실제로 학교에서 가르치는 교과의 내용에 대해선 아무 생각 없었던 게 기억나네요. 윤아 씬 그러지 않았나요? 심지어 몇 년 전에 치른 교원임용고사에서까지도 말예요."

"그래요. 나도 그랬어요. 최근까지도. 지식기반 사회의 '창의적' 인재를 양성할 미래의 교사들을 필답고사 위주의 시험을 통해서 뽑는다는 게 어이없는 일이죠. 시험 잘 봐야 선생이 되는 거예요. 그리고 나서는 그 선생들한테 아이들을 창의적으로 가르치라 요구하고 있죠. 하지만 제 은사인 민 선생님 말씀이, 이런 현실을 어이없어하는 건 아직도 내가 순진해서라는군요. 암튼 준혁 씨 말대로 학교에서 가르치는 지식이란 게 쓸모없는 것이 돼버렸죠. 학교가 사실 할 일이 별로 없어진 거예요. 그저 애들을 잡아놓고 감시하는 일종의 수용소가 돼버린 거죠."

"흠, 애초의 수용소론으로 되돌아온 듯하군."

중얼거리는 유진에게 미소를 건네며 윤아는 실력 있는 교사로서의 전문적 식견을 계속 풀어놓는다.

"실은 우리나라 학부모들이 이놈의 입시지옥에서 애들을 탈출시키려고 기를 써서 애들을 보내고 있는 나라, 바로 그 미국에서 이미 예전에 이 '학교 수용소론'이 대두됐었어. 우리가 그렇게 동경하는 미국의 학교에서조차도 학교가 하는 일이란 게 애들을 잡아두는 것에 불과하다는 고발이 터져 나왔다는 말이야. 이런 주장을 편 사람들은 학교가 기껏 하는 일이라는 게 베이비시터에 불과하다고까지 비판했어."

준혁은 이 표현이 매우 마음에 든 듯했다.

"베이비시터! 애나 보고 있다고? 그것 참 적확한 표현인데."

자아실현의 장?

유진으로서는 지금까지의 논의에 크게 이의를 달고 싶은 마음은 들지 않았다. 준혁의 예의 비판적 자세는 새로울 게 없었다. 그러나 현직 교사이며 이상주의자인 윤아의 시각에 대해서는 조금 의아함을 느꼈다.

"윤아 너는 평소에 민 선생님하고 교육의 본연이 어떻고 학생의 진정한 자아실현이 어떻고 하는 등등의 얘기를 많이 해왔다고 했잖아. 그런데도 교육에 대해서 아주 비판적인 것 같네? 뭐랄까, 너의 이상주의자적 자세에 스스로 회의를 갖게 된 거니?"

유진의 질문에 잠시 뭔가를 생각하는 듯하던 윤아가 이내 씁쓸한 미소를 머금고 답했다.

"내가 교육에 대해서 비판적인 건 맞아. 이상이건 뭐건 간에 냉엄한 현실은 제대로 봐야 하지 않겠어? 지금 학교 사정은 정말 안 좋아. 언론에선 학교가 붕괴했다고 난리고, 그게 다 무능한 선생들 책임이라고 욕하지. 높은 어르신네들은 제7차 교육과정입네 창의성과 개성의 발현입네 하며 온갖 미사여구를 다 동원해서 정책을 던져놓지만, 여전히 40명 가까운 아이들이 한 교실 안에 득실대지, 그 아이들 엄마들은 죄다 제 새끼만 예쁘고 소중하다며 일류대 보내는 데만 혈안이 되어 인성교육 따위엔 코웃음도 안 치지, 선생들은 선생들대로 현실에 맥 빠져하며 적당히 버티고 보신할 생각이나 하지……. 이런 학교에서 이리 치이고 저리 차이며 아이들을 가르치다 보니, 현실은 참 밉더라. 내 꿈, 이상 같은 건 아무 상관도 없는 세상 속에 살고 있는 것만 같아. 하지만 꿈마저도 없다면 그 미운 현실을 버텨낼 힘도 없을 거야. 싫은 삶을 그냥 지속한다는 건 아무런 의미가 없으니까. 그래서 아직은 이상주의자 최윤아, 죽지 않았어."

윤아가 이렇듯 치열하게 고민하며 교사의 직무를 수행하고 있다고 생각하니 유진은 갑자기 친구가 자신보다 훨씬 큰 어른처럼 느껴졌다.

"그래, 그랬구나. 아이디얼리스트 최윤아가 못마땅한 현실 속에서 갈등하고 있었구나."

유진은 맥주잔을 들어 윤아의 잔에 살짝 부딪쳤다. 유진을 따라 준혁도 자신의 잔을 가져다 댔다. 유진이 윤아에게 물었다.

"학교가 통과의례 장치라 하더라도, 그저 베이비시터나 하고 있을 뿐이라 하더라도, 그래도 너는 학교에 대한 기대를 접지 않겠다는 거지? 어떻게 그럴 수가 있어? 난 그게 궁금해."

윤아는 울상을 지으며 답했다.

"아이, 나도 몰라. 민 선생님께서 그러라고 시키셨어."

셋은 함께 웃었다. 사부 향한 일편단심을 비웃는 유진의 조롱에도 아랑곳없이, 밝은 표정의 윤아는 자세를 고쳐 앉더니 또박또박 말을 이었다.

"민 선생님 말씀이, 비록 드물긴 하지만 학교에서, 또 선생님으로부터 진정한 자신을 찾는 데 도움을 받는 학생들이 꼭 있답니다."

윤아의 차분한 어조 속에 배어 있는 단호함에 유진과 준혁은 멈칫하며 잠시 아무런 대꾸를 하지 못했다. 준혁이 되물었다.

"'진정한 자신'이 뭐죠?"

윤아가 답했다.

"자기 실현된 자신이죠."

윤아의 답은 오히려 더 어려워졌다. 유진도 물었다.

"자기 실현된 자신이라면, 에…… 그러니까, 내가 실현된 내가 진정한 나란 말이야?"

"보다 정확히 말하자면, 진정한 내가 실현돼야 진정한 나란 말이야."

윤아의 답은 갈수록 더 어려워졌다.

"아이구, 골이야."

유진은 어지럽다는 시늉을 하고, 준혁은 다소 곤혹스런 표정으로 다시 물었다.

"암튼, 그 진정한 나를 찾는 작업을 학교가 도와주는 그런 드문 경우도 있다는 말인가요?"

윤아가 씩씩하게 답했다.

"맞아요, 역시 준혁씨는 명석하군요."

이날 밤의 토론은 조금 더 이어졌다. 대화의 내용은 술자리 초기와 같이 이론적이고 비판적인 것이 아니었다. '진정한 나'란 과연 무엇일까에 대한 일종의 철학적인 대화가 이루어지고 있었다. 유진은 그다지 익숙지 않은 서양 실존주의 철학자들이 거명되고 있는 윤아와 준혁의 대화 언저리에 걸터앉아 있었다. 이런 '뜬구름 잡는 이야기'의 유용성을 회의하는 편인 그녀는 다소 냉소적인 표정을 짓고 있었다. 그렇게 '자아실현'이라는 주제에 대한 대화를 대충 흘려듣고 있던 유진에게 퍼뜩 떠오르는 것이 있었다. 보영이 죽기 전 마지막으로 보내왔던 메일 구절이었다.

'저는 진정한 저 자신이 원하는 길을 가고 싶은데, 아무도 그걸 도와주지도 않고 모두가 그걸 하지 못하게만 해요.'

보영도 '진정한 자신의 길을 찾는' 문제로 고민했던 것일까. 처음 읽었을 때는 무심코 지나쳤지만, 보영의 자살 소식을 들은 뒤에 다시 찾아 읽어보니 그 문구가 유독 눈에 들어왔던 것이다. 유진은 '진정한 자신을 찾는 것'이 보영의 죽음을 이해할 수 있는 실마리가 될지도 모르겠다는 직감이 들었다. '진정한 나'……. 보영이 과연 그런 생각을 했을까?

유진은 스물일곱 먹도록 심각하게 고민해본 적 없는 '자아실현'이라는 화두에 몸을 떨었다. 친구들은 여전히 자아실현을 위한 교육에 대해 토론하고 있었다. 진짜 나를 실현하는 교육이라…….

'에이, 뭐가 이리 골치 아파.' 유진은 잔에 든 술을 들이켰다.

이해받지 못한 자의 죽음

이틀 후 유진이 찾은 보영의 집은 번화가에서 약간 벗어난 곳에 있는 조용한 다세대주택이었다. 유진은 계단을 통해 건물 2층에 올라 벨을 눌렀다. 잠시 후 보영의 어머니로 보이는 여인이 문을 열었다. 보영의 어머니는 줄곧 유진의 조문을 사양했으나, 유진이 세 번째 전화를 걸어 방문 의사를 강하게 밝히자 어쩔 수 없다는 듯 방문을 허락했다. 그녀의 그러한 마지못함이 뜻밖에 겪은 비극의 후유증 때문일 것이라고 유진은 짐작했다. 예상대로 보영의 어머니는 우울하고 스산한 모습을 하고 있었다. 보일 듯 말 듯한 희미한 미소로 조문객을 맞이하고는, 인사치레도 몇 마디 나누지 않은 채 유진을 보영의 방으로 안내했다.

"먼저 간 자식이라 어미 입장에서 문상객을 받고 하지를 않습니다. 이해해 주세요. 제가 절에 다녀서 애는 화장을 했고, 그래서 찾아갈 묘가 있는 것도 아니에요. 아직 아이 방을 손대지 않고 그대로 두었으니 잠시 들어가 보시죠."

보영의 어머니는 우울해 보였으나 차분하고 절제된 언어를 사용했다. 유진은 '도대체 왜 자살했어요?'라는 질문이 혀끝을 맴돌았지만 자신을 꾹 누르고 얌전히 안내된 대로 보영의 방에 들어갔다. 평범한 사춘기 소녀의 방, 유서가 남겨져 있는 것도 아니고, 죽은 이의 물건들도 흐트러지지 않고 얌전히 정리돼 있는 그 방에서 유진은 보영의 자살에 대한 별다른 단초를 찾아낼 수 없었다. 책상 한 귀퉁이에 놓인 엽서만 한 크기의 그림,

뭉크의 〈사춘기〉만이 죽은 이의 못 다한 말을 전하고 있는 듯이 보였다. 한쪽 벽에는 자그마한 나무 액자에 수채화가 들어 있는데, 그림 속의 파랑새가 눈에 익었다. 예전에 보영이 그려서 유진에게 선물했던 것과 꼭 닮아 보였다. 보영은 한때 그렇게 파랑새를 되풀이해서 그리며 자신의 꿈을 형상화했었나 보다.

보영의 유물을 보며 슬픔에 잠겨 있을 만큼 유진은 감상적인 사람도 못 되었다. 마치 그것이 망자에 대한 하나의 제례인 양, 유진은 잠시 눈을 감고 보영의 얼굴을 떠올려보았다. 여전히 예전의 웃고 있던 모습밖에 떠오르지 않는다.

거실로 나오자 보영의 어머니가 탁자에 찻잔을 올려놓고 있었다. 찻잔을 앞에 두고 두 여인이 자리에 앉았다. 잠시 침묵이 흘렀다. 유진은 지금 이 순간 말고는 보영의 자살에 관한 이야기를 들을 수 없으리라는 생각에 다짜고짜 보영의 어머니에게 질문을 꺼냈다.

"어머님, 정말 상심이 크시죠? 한 가지만 여쭙고 돌아가겠습니다. 저……보영인, 보영인 왜 스스로 목숨을 끊었나요? 왜 그럴 수밖에 없었나요?"

유진의 질문을 듣고도 보영의 어머니는 말이 없었다. 뭔가 적절한 말을 찾는 것처럼 보였다.

"저는 애 엄마라서 그 연유를 알게 되고도 견딜 수 있었는데요, 젊으신 선생님이 굳이 그런 걸 감당하실 필요는 없을 것 같군요."

진실을 알기에는 댁이 아직 너무 어리다는 말이었다. 그러나 그런 거부는 유진의 의문만을 더 증폭시킬 뿐이었다. 유진은 재차 청했다.

"어머님, 무슨 말씀이신지 잘은 모르겠지만 보영이의 사연을 모른 채로는 제가 시치미 딱 떼고 아무 일도 없었다는 듯이 살 수가 없을 것만 같아요. 보영이는 제게도 소중한 아이였어요. 제게도 말씀을 해주세요, 네?"

보영의 어머니는 고개를 숙인 채 한참을 생각하는 듯했다. 이윽고 그녀는 입을 열었다.

"그 애는…… 세상에 동지가 없었다더군요. 자신은 뭔가 나름대로 가고 싶은 길이 있었는데……."

보영의 집에서 나온 후 시간이 흘러 깊은 밤이 될 때까지, 그 말은 뇌리에서 계속 맴돌았다. '동지가 없었다고…….' 어쨌든, 유진이 보영의 동지가 못 돼주었다는 것은 확실했다. 보영은 자신을 이해해줄 사람을 찾고 있었던 것이다. 17세 소녀가 무슨 고민과 아픔을 지니고 있었기에 그것을 제대로 내비치지도 못하고, 그걸 나눌 상대를 찾지 못해 고독에 떨었을까? 며칠 전 친구들과의 토론이 떠올랐다. 실로 보영은 '진정한 자신'을 찾고 있었던 것일까? 진정한 자신이 원하는 길을 찾으려는데 그것을 아무도 이해해주지 않았기에 '동지'가 없다고 토로했던 것일까? 선생인 유진도 그런 것을 이해해주지 못했다. 어린 제자에게 그저 '공부 열심히 하라'는 상투적인 말밖에 해주지 못했다. 유진 자신이 공부 이외의 것에 대해 생각해본 일이 없었으니 그것은 당연한 일이었다.

사실 유진으로서는 그 상황에서 제자에게 해줄 수 있을 만큼 해준 셈이다. 그러나 그것이 자신의 한계였음은 인정할 수 있다. 유진은 보영을 진정으로 이해해줄 수 있는 선생은 못 되었던 것이다. 자신의 한계를 인식하는 것은 때로 안정감을 주기도 한다. 허나 자신의 한계를 인식함으로 인해 심각한 고뇌에 빠지게 되는 경우도 있다. 이 우주에 단 하나뿐인 나 자신, 온 우주가 자신을 중심으로 돌아가고 있는 이 중대한 존재인 자기 자신에게 무엇 때문에 그런 한계가 있어야만 하는지 의문이 일기 때문일 것이다. 후자의 경우가 유진에게 일어났다. 유진은 고뇌에 빠져들었다.

가장 가까운 관찰자

여름방학이 시작되자 유진은 계절학기 수업 중인 지도교수를 방문하여 상담을 받기로 마음먹고 학교로 갔지만, 지도교수로부터 연구실 컴퓨터에서 문서를 찾아 출력을 하고 출력물을 갖다달라는 부탁을 받는 통에 정신없이 뛰다가 그만 원래 하려고 했던 일을 잊고 말았다. 그리고 이 일을 통해 유진의 마음속에는 '원래 하기로 되어 있던 일'이라는 화두와 보영의 메시지가 얽히면서 삶의 궁극의 목적에 대한 질문이 더 강하게 형성되었다.

유진은 상담을 포기하고 집으로 돌아가 자동차를 끌고 나왔다. 아버지가 아끼는 BMW 스포츠카를 몰고 나가는 유진을 심약한 어머니는 근심스레 바라보기만 했다. 차를 교외로 몰고 나온 유진은 차츰 액셀러레이터를 밟는 발에 힘을 더했다. BMW는 도로를 쏜살같이 질주했다.

'원래 하기로 되어 있는 일? 그따위 게 세상에 어디 있어? 삶은 자신이 스스로 만들어가는 길이지, 애초에 프로그램돼 있는 그런 일 같은 게 있을 턱이 있어?'

유진은 내면에서 솟아오르는 질문들을 일축하며 자동차의 속도계에만 정신을 집중시키려 했다. 그날 저녁 유진의 BMW는 윤아가 근무하는 고등학교의 정문 앞에 멈춰 서 있었다.

유진의 전화를 받고 퇴근길에 나선 윤아는 학교 정문을 나오다가 자동차 옆에 기대 서 있는 유진을 보고 놀란 눈이 되었다.

"아버지 차는 왜 끌고 왔어?"

"응, 간만에 최 선생님하고 드라이브나 좀 하고 싶어져서."

윤아를 옆자리에 태운 유진은 차를 몰아 도심 쪽으로 향했다. 컨버터블 천정을 열고 맞는 저녁 무렵의 바람이 신선했다. 이윽고 두 여인은 남산 기슭의 한 카페 앞에 주차를 하고 안으로 들어갔다. 결코 만만한 가격대의 식당으로는 보이지 않는 곳, 윤아가 의아해하며 물었다.

"너 로또 당첨됐니? 이런 데를 다 오게."

"야, 최 선생. 지난번엔 우리 돌쇠까지 불러내서 한턱 크게 쓰셨잖아. 나라고 받아먹고만 있을 수 있나."

유진은 일전에 준혁과 함께했던 저녁식사에 대한 답례인 것처럼 말했지만 마음속에 다른 생각이 들어 있음을 윤아는 이미 눈치 채고 있었다. 평소의 유진이 아버지의 외제차를 몰고 다니며 고급 레스토랑에 출입하는 부류는 아니었기 때문이다. 그보다는 지적 허영이 훨씬 강한 쪽이어서, 표면적 부의 과시 같은 것은 경멸한다는 점을 오랜 친구는 잘 알고 있었다. 따라서 이날 유진의 행동은 윤아에게 의외였다.

둘은 분위기 좋은 프랑스식 식당에서 저녁식사를 했다. 산 중턱에 있어서 서울 시내가 한눈에 내려다보이는 그곳은 조용하고 진지한 대화를 원하는 이들에게 적격인 장소였다. 일상적인 대화가 잠시 오간 후 유진이 선언이라도 하듯 정색을 하며 말했다.

"윤아야, 난 오늘 태어나서 처음으로 그런 생각이 들었다. 이 세상에서 내가 원래 하기로 되어 있는 일이 있을까 하는……."

예사롭지 않은 태도로 말하는 유진의 눈을 쳐다보고 윤아는 잠시 생각에 잠겼다. 친구가 현재 처해 있는 정황을 따져보았다. 무료한 일상, 어린 제자의 자살, 불투명한 장래……. 그리고 나니 유진의 의중을 짐작할 수도 있을 것 같았다. 어릴 때부터도 유진을 조금 철없는 부잣집 딸로 여기고는 있었지만, 민 선생과 가까워지고 대학에서 문학을 진지하게 공부하고 교사의 길을 준비해가는 과정에서 그런 느낌은 더욱 강해졌다. 따라서 윤아에게 유진의 이 같은 질문은 일종의 자아성찰의 한 과정으로 느껴졌다. 윤아는 이 철없는 친구에게 자신의 이야기를 들려주기로 마음먹었다. 그동안 장난치듯 해온 농담과는 다른 약간은 불편한 진지함을 섞어서.

"유진아, 사실 나는 네게도 원래 하기로 되어 있던 일이란 게 분명히 있을 거라고 믿어. 다만 네가 아직 그걸 못 찾아낸 것 같기는 해."

이렇게 서두를 꺼낸 윤아는 자신이 어떻게 '진정한 자신'을 찾는 길을 걸어왔는지 차근차근 이야기를 이어갔다. 그녀도 사춘기 때는 일류대 입학을 인생의 유일한 목적으로 여기던 평범한 모범생이었다. 그러나 민영후 선생으로부터 자신의 재능을 계발하는 데 대한 조언을 듣고 난 이후로는 삶을 다른 눈으로 바라보게 됐다는 것을 유진도 잘 알고 있었다. 친구의 삶에 대한 시각의 변화가 얼마나 절실한 내면의 요청이었던가를 전혀 이해하지 못했을 뿐이다. 유진에게 윤아의 변화는 일종의 스타일, 또는 취향이 달라진 것 이상으로 생각되지 않았다. 문학 공부를 하고 교육자가 되겠다는 것이 그저 윤아라는 한 인간의 독특한 개성이 발휘되는 적절한 스타일 정도에 불과하다고 여겨왔던 것이다. 마치 유진 자신에게는 포스트모더니즘 사상서를 읽는 것이 일종의 패션 스타일의 추구인 것과 마찬가지로. 만약 윤아와는 달리 자신만의 개성이 돈 버는 데 있는 어떤 사람이 있다면, 그 사람이 악착같이 돈을 모으려 장사를 한다 해서 그의 삶의 가치가 윤아의 삶의 가치에 비해 열등하다고 볼 수는 없지 않겠느냐는 생각을 유진은 해왔던 것이다. 유진은 합리주의자이자 평등주의자였다.

그러나 유진의 이해와는 달리 윤아에게 문학과 교직은 단순한 스타일의 문제가 아니었다. 그 두 가지가 최윤아라는 한 사람의 '개성의 최상'을 발휘할 수 있는 최적의 길이라 믿었던 것이다. 그녀로서는 이 두 분야에서 최선을 다하는 것이 '진정한 자신'을 드러내는 길이자, 그녀가 이 삶에서 '원래 하기로 되어 있던 일'을 실천하는 길인 셈이었다. 그렇기 때문에 윤아는 오늘 유진의 밑도 끝도 없는 질문에 대해 주저 없이 구체적인 응답을 해줄 수 있었다. 윤아가 친구에게 말해준 것은 기본적으로 이런 것이었다. "너는 아직 진정한 자신이 누구인지를 찾는다는 게 무슨 의민지 잘 모르고 있다. 즉 자아성찰이 덜 되어 있고, 그래서 진정으로 하고 싶은 일이 무언지도 모르고 있으며, 따라서 네가 인생에서 원래 하기로 되어 있던 일 같은 걸 알지 못하는 건 당연하다. 그렇지만 그런데도 나는 네가 반드시 진정한 자아실현의 길로 접어들고야 말 것이라고 늘 생각해왔다."

유진은 친구에게 값비싼 저녁을 사주고도 그에 상응할 만큼 에고를 만족시켜주는 말을 듣지는 못한 셈이다. 그러나 친구가 들려준 진솔한 말은 고급식당의 풀코스 가격 정도와는 비할 수 없는 가치를 지니고 있었다. 다만, 자신이 윤아를 조금만 덜 좋아했더라도 악감을 품었을 뻔했다는 생각은 들었다. 윤아의 직언에 자존심이 상해서가 아니었다. 그것은 동격으로만 알았던 친구가 보유하고 있는, 자신과는 상대가 안 될 정도의 정신적 성숙함에 대한 질투심에 더 가까웠다. 삶에 대한 진지함이라는 척도상에서 윤아는 유진과는 비할 수 없는 우월함을 드러냈다. 그러나 유진이 상대적 열등감에만 빠져 있기에는 윤아의 말에 배어 있는 애정과 정성이 너무도 간절했다. 유진은 그것을 감지했다.

"그럼 말야, 나의 '진정한 자신'을 찾는 길은 뭘까? 공부도 아닌 것 같고, 돈벌이도 아닌 것 같고, 그렇다고 해서 이렇게 놀고먹는 게 답일 리도 없고⋯⋯. 참, 맞다. 확실히 아닌 길이 또 하나 있다. 너처럼 선생님이 되는 것."

껄끄러울 수 있는 윤아의 말들을 다 받아들이면서 유진은 담담하게 대화를 더 진전시켜보려 했고, 이런 유진을 위해 윤아는 조금이나마 위안이 될 만한 말을 찾고 있었다. 그런 참에 듣는 유진의 자평은 지나치게 가혹하게 느껴졌다.

"네가 아직 확실한 뭔가를 못 찾았다는 건 맞겠지만, 그렇다고 선생님을 반드시 못 하리라고 생각할 이유는 없잖아?"

"아니야, 있어."

유진의 부정은 단호했다.

"나처럼 건성으로 살고 있는 인간이 어떻게 어린 학생들의 마음을 이해해서 옳은 길로 이끌어줄 수 있겠니?"

유진의 자기비판에 윤아는 놀랐다. 제자의 자살 문제로 이 정도까지 자책감에 빠져 있는 줄은 몰랐던 것이다. 되는 대로 아무 말이나 위로삼아 해줄 계제가 아니라는 생각이 들었다. 윤아는 말없이 냉수를 한 모금 들이켰다. 잠시 침묵이 흘렀다.

"유진아, 난 어릴 적부터 너의 따뜻한 심성하고 넓은 마음이 참 부러웠다. 바로 그런 마음이 선생 일을 할 수 있는 최고의 자격조건이라고 나는 믿어. 지금 네가 보영이 일로 이토록 힘들어하는 것도 다 너의 그런 심성의 증거라고 생각해."

거품 같은 수다나 떨며 놀던 이 친구와 요즘처럼 심각한 대화를 나눠본 일은 없었다. 자신에 대한 비판적 평가로부터 역설적으로 유진의 긍정적 성향들이 가장 가까운 관찰자에 의해 폭로되고 있었다. 자신과는 가장 관계가 없을 것이라 여겨왔던 교사의 길이라는 것이, 혹시, 친구의 말마따나 오히려 그 반대로, 자신에게 가장 맞는 길인 것은 아닐까 하는 생각이 처음으로 유진의 마음속에 피어올랐다.

터널 끝의 빛 한 줄기

윤아와의 대화를 통해 유진은 자신의 내면으로 조금 더 깊이 들어가 볼 수 있게 된 것 같은 느낌이 들었다. 다른 사람들과 마찬가지로 그녀도 지금까지 살아오면서 자신에 대한 규정을 만들어왔다. 이를테면 '나는 육류보다는 해물을 좋아하는 사람이야'라든가 '나는 집단생활보다는 소수의 팀 활동이 잘 맞는 사람이야' 같은 것, 아니면 '나는 수리보다는 언어 습득을 잘하는 사람이야' 등등의 자기규정 말이다. 그러나 이런 자기규정은 자신의 본질적인 개성을 정확히 포착하는 경우도 있겠지만, 자신의 성향이나 능력을 어떤 테두리 안에 가둬버리는 경우가 빈번히 발생한다. 예를 들면 위와 같은 자기규정을 서른 살 될 때까지 고수해온 사람이 어느 날 태어나서 처음으로 육회를 먹어보고는 육류에 맛을 들이게 될 수도 있는 일이다. 이럴 경우 해물만 배타적으로 즐기는 것은 자기 성향의 폭을 축소시키는 일이라 하겠다. 유진의 경우에는, 대학의 교직과정을 밟으며 형성된 선입관으로 인해 결코 교사직에는 어울리지 않을 인물이라고 자기를 규정해왔다. 그러나 그런 자기규정이 자신의 성향이나 능력의 가능성을 사전에 배제해버리는 축소작용일 수도 있음을 이제 깨닫게 된 것이다. 유진은 새로운 가능성에 대해 열린 태도를 갖기로 했다. 열린 태도로 자신을 바라봐야만 '진정한 자신'을 찾아낼 수도, '원래 하기로 되어 있던 일'을 알아낼 수도 있으리라는 생각을 갖게 된 것이다. 또 그래야만 시간과 돈이 아깝지 않은 삶을 영위하고, 자신을 바쳐볼 신나는 일을 찾을 수 있으리라는 생각이 들었다. 이런 태도의 변화는 매우 고무적이었다. 유진의 친구들에게도 또 유진 자신에게도.

그러나 삶이라 하는 것에는 언제나 예기치 못했던 복병이 숨어 있는 법이다. 유진이 지금껏 고수해온 비좁은 자기규정을 깨부수고 보다 넓은 자신의 가능성을 모색해보려는 바로 그 시점에 그녀의 삶에 재앙에 가까운 사고가 일어났다. 최근 들어 중국에 공장을 설립하는 등 의욕적으로 사업 활로를 개척해오던 유진의 아버지가 뜻밖의 사업악화로 심각한 자금난에 시달리던 중 회사가 부도를 당했고, 이에 충격을 받은 아버지는 쓰러져서 병상에 눕게 된 것이었다. 아버지가 언어기능마저 성치 않은 반신불수가 된 것만으로도 유진의 가족은 공황상태에 빠지기 충분했으나 재난은 소나기처럼 쏟아져 내렸다. 회사는 공금횡령 사고까지 당한 채 파산하게 되었고,

그간 사업상 벌여놓은 채무를 갚지 못하게 되면서 급기야 유진의 집과 재산이 법원에 의해 압류처분을 받고 말았다.

잔인했던 여름 한 계절 동안에 유진의 집은 빈털터리가 되어버렸고, 유진과 어머니는 강남의 고급 주택가에서 서울 변두리의 다세대촌으로 이사할 수밖에 없었다. 그나마 다행스러웠던 것은 유진의 시집간 언니의 도움으로 자그마한 전세방이나마 구할 수 있었던 것과 예상보다 훨씬 빨리 채무 잔액의 변제가 종료된 것이었다. 무더웠던 여름이 물러갈 무렵에는 유진도 차츰 재앙의 충격으로부터 헤어나고 있었다.

당장의 생활비가 아쉬운 마당에 고가의 대학원 과정을 지속할 수는 없었다. 유진은 학교에 휴학원을 제출하고 취직자리를 물색하기 시작했다. 상실감과 비탄에만 잠겨 있기에는 생존의 무게가 너무 육중했다. 아버지 병구완도 해야 하고, 어머니와 먹고살 방도도 마련해야 했다. 일자리를 구하는 기준이 오로지 높은 임금이 되어버린 유진은 주로 외국계 기업체와 금융업체를 찾아 나섰다. 전반적인 취업난 속에서 금세 일자리를 구하기는 어려웠으나, 그래도 과거의 경력과 외국어 능력을 앞세워 되도록 고액의 임금을 제시하는 자리를 찾기 위해 서둘러 결정을 내리지는 않았다. 취업 준비에서 '진정한 자신'을 찾는 일 같은 것은 조금도 고려의 대상이 못 되었다. 돈, 무엇보다도 돈이 중요했다.

그러던 중 마침내 한 선배의 소개로 유수 외국계 기업의 특채과정에 지원하게 되었다. 유진은 서류전형을 통과하여 심층면접까지 나름대로 만족스럽게 치러냈다. 뛰어난 영어 및 일어 구사능력과 타고난 미모, 명문대 졸업장과 경력, 거기에 다소 독기 어린 듯한 눈빛과 면접위원들의 기세에 조금도 눌리지 않는 담대함 등은 면접에서 높은 평가를 받았다. 온 정신을 집중하여 면접시험을 치르고 난 유진은 내심 합격을 자신하고 있었다. 몇 달 만에 처음으로 마음에 여유가 생겼다. 유진은 회사 건물을 빠져나와서 도심의 청계천 옆 인도를 천천히 걸었다.

어느덧 여름의 열기는 한풀 꺾여 있었다. 천변 산책로로 한 줄기 바람이 불어와 머리카락을 흩날렸다. 유진은 오랜만에 깊은 숨을 들이쉬고 하늘을 올려다보았다. 새하얀 뭉게구름이 천천히 지나가고 있었다. 몇 달 동안 어떻게 살아왔는지 생각만 해도 마음이 아려왔다. 세상에서 가장 듬직했던 아버지, 재력 있고 호탕한 멋쟁이였던 그 아버지가 하루아침에 초라한 몰골이 되어 병원 침대에 누워 있던 모습. 아늑한 보금자리였던 집에 들이닥친 법원 관리들이 집 안 곳곳에 '빨간 딱지'를 붙이는 것을 아무 말도 못한 채 바라보며 눈물만 흘리던 어머니의 모습. 중학교 때 병으로 결석한 짝의 집을 방문했을 때 처음으로 발을 들여놓고는 그 비좁음에 흠칫 놀랐던, 방 두 칸짜리 다세대주택에 자신의 이삿짐을 가지고 첫발을 들여놓은 순간 어두침침한 거실을 비추던 자그마한 햇빛 조각. 삶의 물질적 수준에 대한 사람의 반응은 지극히 주관적이기만 한 법이어서, 유진의 가족이 새롭게 정착한 조촐한 전셋집이 어떤 이들에게는 훌륭한 보금자리일 수 있으나 유진에게는 처참한 창고와도 같았던 것이다. 새집으로 이사 온 뒤 며칠 동안 유진은 밤마다 홀로 눈물을 흘렸다. 그러나 오늘 유진은 희미하게 미소 지을 수 있었다. 청계천의 바람을 맞으며 푸른 하늘을 바라보고 있자니 몇 달 전 느닷없이 자신의 온 존재를 사로잡았던 화두 '원래 하기로 되어 있던 일'이 떠올랐다. 그때의 감회에 젖어 유진은 쓸쓸하게 미소를 지었다.

'내가 원래 하기로 되어 있던 일은 열심히 돈 버는 건가 보다.'

오늘 하루는 쉬는 날로 하고 아버지 병실에나 찾아가려고 발걸음을 돌리는 순간 휴대폰이 울렸다. 발신인을 알 수 없는 번호였다. 전화기 폴더를 열어 받아보니 사무적이지만 정중한 남자의 음성이 들려왔다.

"여보세요, 서유진 씨 전화가 맞습니까?"

"네, 제가 서유진입니다만."

"네, 여기는 진성실업 회장비서실입니다."

진성실업은 재계 서열 30위 안에 드는 재벌기업이다. 이 기업과 전혀 개인적인 관계가 없는 유진은 의아했다. 비서실 직원이라는 이의 말에 의하면, 진성의 김재명 회장이 유진의 아버지와 각별한 사이였는데 최근 들어 만남이 뜸해지는 바람에 아버지에게 일어난 일들을 뒤늦게 알게 됐다는 것이다. 그리고 무슨 이유에서인지 김 회장이 오랜 친구의 딸인 유진을 보기를 원한다는 것이다.

일단 김 회장과 만날 약속을 하고 전화를 끊은 유진은 재벌 회장이 자신에게 무슨 볼일이 있는 것인지 궁금해서 견딜 수가 없었다. 병원에 누워 있는 아버지는 언어기능까지 잃은 터라 할 수 없이 어머니에게 물어보니, 김 회장은 베트남전 때 전장에서 아버지와 생사고락을 함께했던 상관이었다는 대답이 돌아왔다. 그런 인물이 왜 자신을 찾는지 오만 가지 상상을 하느라 유진은 밤잠을 설칠 지경이었다.

다음 날 유진은 면접 때 입었던 점잖은 투피스 차림으로 시내의 진성실업 본사를 찾아갔다. 사옥 30층에 위치한 회장실 문을 두드리고 들어서니 여비서가 유진을 맞이했고, 그 옆에 있던 남자직원이 자리에서 일어나 허리를 굽히며 인사했다. 30대 중반쯤 돼 보이는 그는 어제 통화했던 이 비서였다. 잠시 후 유진은 회장실로 안내되었다. 벽의 두 면 전체가 유리창이고 창밖으로는 굽이치는 한강 줄기가 시원스레 보이는 넓은 회장실에 백발의 노신사가 앉아 있었다. 유진을 보자 노신사는 자리에서 일어나 반기며 손을 내밀어 악수를 청했다.

"반가워, 아버지가 틈만 나면 예쁘다고 자랑이더니 빈말이 아니었군 그래."

유진은 허리를 깊이 숙이며 두 손으로 김 회장의 손을 잡아 예를 갖추었다. 손은 메말랐으나 따뜻했고, 눈빛은 형형했으나 온화한 미소를 담고 있었다.

큰 체구에 건장한 몸매의 이 노인은 범접하기 어려운 카리스마를 뿜고 있었다. 그 삶이 거쳐 온 역사의 굴곡을 가늠하기조차 어려워 보였다. 유진과 마주하고 소파에 앉은 김 회장은 인자한 눈빛으로 유진의 눈을 바라보았다.

"이 비서한테 들으니 자네가 부친한테서 내 얘기는 못 들어봤다고 했다더군."

"네, 어제 어머니께 여쭤보고서야 저희 아버지께서 회장님과 군 생활을 같이하셨다는 걸 알았습니다."

"음, 그랬군. 서 사장 그 친구가 워낙에 입이 무거운 남자라 그래. 그래서 이번에 사고가 터지고도 내겐 일언반구도 않고 혼자 처리하다가 그런 일을 당했던 것이고. 좀 일찍 알려주기라도 했다면 손을 써볼 수 있었을 것을."

아버지는 자존심 때문에 주변에 도움의 손길도 청하지 않았던 모양이다. 김 회장은 유진의 눈을 똑바로 쳐다보며 말을 이었다.

"자네 부친은 내 생명의 은인이야. 월남에서 목숨을 걸고 날 구해줬지. 이번엔 내가 서 사장을 구해줄 차례였는데……."

김 회장의 눈가에 회한의 빛이 스치고 지나갔다. 아버지와 노신사 사이의 숨겨진 과거사를 알게 된 유진의 머릿속으로 여러 줄기의 생각들이 뻗어나가고 있었다. '이 재벌 할아버지께서 집이라도 한 채 사주시겠다는 건가? 어쩌면 괜찮은 일자리라도 하나 주실런지도 모르지……. 아냐, 우리도 집도 있고, 난 곧 취직도 할 거야! 내가 뭐 거지니? 그런 게 다 무슨 소용이야, 아빠가 저렇게 되신 마당에.'

김 회장은 나지막한 음성으로 본론을 꺼냈다.

"제때 서 사장을 도와주지 못한 건 후회스럽지만 뒤늦게나마 손을 좀 썼네. 부친 회사의 채무 잔액은 내가 처리했어."

회사 채무가 그렇게 빨리 탕감된 것이 김 회장 덕분이었다니! 유진이 무어라 감사의 뜻을 표할 틈도 주지 않고 김 회장은 자신의 말을 계속했다.

"그것보다도 오늘 자네를 불러서 제안하려던 건, 사실은 이전부터 자네 부친과 구상해온 일인데 말이야. 서 사장은 오래전부터 학교를 세우고 싶어 했어. 아주 특별한 학교를 말야. 나도 그 뜻에 찬동했지. 헌데 그 뜻을 실현해보기도 전에 서 사장이 쓰러지고 말았어. 나는 말이야, 자네가 부친의 뜻을 받들어서 학교를 세우는 이 일을 맡아보면 어떨까 싶어."

김 회장의 말을 듣고 유진은 잠시 머리가 멍해지는 것을 느꼈다. 그러나 금세 그녀의 두뇌작동은 정상화되어 사태파악을 위해 민첩하게 돌아가기 시작했다. 유진은 가까스로 입을 뗐다.

"저, 너무 갑작스러우신 말씀이라 뭐라고 답해야 할지……."

김 회장은 인자한 표정을 거두지 않았다.

"물론 그렇겠지. 자네로서도 심각하게 생각해봐야 할 일일 테고. 부친의 뜻을 자네가 물려받아 결실을 보게 된다면 그건 자네 부친에게도 매우 의미 있는 일이 될 거라고 생각하네. 집에 가서 한번 잘 생각해봐. 내 며칠 안으로 구체적인 얘기를 나눌 수 있는 사람과 자리를 주선해줄 테니까."

김재명 회장은 해방 전후기에 일본에서 대학을 졸업한 뒤 한국전쟁 때 직업군인이 되었다고 했다. 1970년에 전투부대 지휘관으로 베트남에 참전했을 때 유진의 아버지는 부관으로 그를 보좌했다는 것이다. 김 회장이 상세히 밝히지는 않았으나 아마도 그는 군사정권 시절 정권 실세와 가까웠던 인연으로 축재에 성공해 여러 사업을 벌인 것으로 보였다. 김 회장에 따르면, 낭만주의적 기질을 갖고 있던 유진의 아버지는 군 제대 후 제조업에 뛰어들어 수많은 직원을 관리하는 과정에서 인재교육의 중요성에 눈을 떴다는 것이다. 사업으로 크게 성공하여 거부가 된 이후에도 유진의 아버지와 호형호제하며 끈끈한 정을 이어오던 김 회장은, 총애하는 자신의 옛 부관과 의기투합하여 언젠가는 유진 아버지의 뜻이 담긴 학교를 세워보자고 약속했다는 것이다. 유진 아버지의 뜻이란, 김 회장의 표현에 따르면 '바른 국가사회를 세우고 이끌어갈 도덕적이고도 뛰어난 인재의 양성'이었다 한다. 유진에게 이 표현은 교장선생님의 훈화 속에 빠지지 않는 상투적인 구절같이 들려 사실상 그 뜻을 이해하기가 어려웠다. 그러나 어쨌든 이런 교육적 비전을 실천으로 옮길 대행자로 유진이 선택된 것이었다.

고수

현실보다는 비현실에 가까운 만남이었다. 그 비현실적 사건이 유진에게 현실의 재정립을 강력하게 요청해온 것이다. 김 회장과 만난 다음 날 유진은 온종일 방 안에 틀어박혀 고민했다. 고생 끝에 겨우 구한, 입사가 거의 확실시되는 쓸 만한 직장을 차버릴 것인지 결정내리기가 쉽지 않다. 학교를 설립한다는 것이 구체적으로 어떤 일일지도 감이 잡히지 않았다. 김 회장 말로는 학교를 세워서 관리하는 것까지 유진에게 맡기겠다는 것 같았지만, 그 내용을 상세히 알지는 못했다. 그리고 무엇보다도 과연 교육사업이라는 것이 자신에게 적합한 일인지 도저히 알 수가 없었다.

유진은 고민 끝에 윤아를 만나 의논했다. 놀란 토끼 눈을 하고 얘기를 듣던 윤아는 환호성을 지르며 유진을 축하하고 나섰다. 그리고 유진의 망설임을 이해할 수 없다며 아무 걱정 말고 숙명처럼 다가온 이 기회에 몸을 던지라고 부추겼다. 윤아가 너무 기분파라는 생각이 든 유진은 준혁을 만나서 의논했다. 준혁은 유진의 기질이 고액 연봉의 외국계 회사보다는 새롭게 제시된 사업 쪽에 맞는다는 평을 내렸다. 그것은 유진에게도 그럴 듯한 진단으로 들렸다. 이미 한 차례 괜찮은 직장을 박차고 나온 경력도 있는데다, 아무래도 자신이 아버지의 사업가 기질을 물려받은 것 같다는 생각도 들었다. 이틀간의 숙고 끝에 유진은 진성실업에 전화를 걸어 김 회장과의 통화를 요청했다.

"회장님, 저 결심했어요. 학교 일, 제가 해보겠습니다."

김 회장은 호탕한 웃음으로 화답하고, 조만간 이 학교사업의 추진을 도와줄 전문가와 만나게 해주겠으니 기다리고 있으라 명했다. 통화를 마치고 나자 유진의 뱃속 저 밑바닥으로부터 꿈틀거리는 에너지 덩어리가 용솟음치며 올라오는 듯한 느낌이 들었다. 자신의 혼을 사로잡아버릴 어마어마한 일을 하게 된 듯한 기분에 가슴이 두근거렸다. 호들갑스럽던 윤아의 말이 떠올랐다.

"얘, 이건 정말 대단한 일이야! 석 달 전에 네가 했던 얘기 기억나? 네가 '원래 하기로 되어 있던 일'이 있겠냐고 했던 것 말야! 그때 넌 선생님이 되는 것에 대해 태어나서 처음으로 진지하게 생각해봤다고 했었지? 그런데 이런 대단한 기회가 찾아오다니, 선생님이 되는 정도가 아니라, 아예 학교를 세운다니 말야! 넌 보이지 않니? 이 우주가 너를 위해 준비해둔 엄청난 선물보따리를 풀어놓고 있는 모습이?"

신 내린 듯 흥분해서 입에 거품을 물던 윤아의 말이 꼭 지나친 과장은 아니겠다는 생각도 들었다. 지난 몇 달 동안 일어난 일련의 사건들 속에서 신비한 우연의 일치가 느껴졌다. 제자의 자살로 인해 처음으로 깊숙한 자아성찰에 들어간 것, 꿈도 꿔보지 않은 교사라는 직업에 대해 처음으로 마음의 문을 열게 된 것, 그리고 예기치 못했던 고난을 겪으며 자신의 숨겨졌던 강단과 용기를 세상에 끄집어낼 수 있었던 것, 이 모든 것이 기적처럼 획기적인 인생의 기회를 위해서 자신을 준비시켜 주었다는 생각이 들었다. 유진은 태어나서 처음으로 알 수 없는 대상에 대한 감사의 마음이 들었다. 그 대상을 무어라 불러야 할지는 알 수 없었다. 자애로운 우주라고 해야 할지, 생명의 신이라고 해야 할지, 천지신명이라고 해야 할지……. 그것이 무엇이든 유진은 마음속으로 그 대상을 향해 나지막이

속삭였다. '고맙습니다'라고.

이날 유진은 면접 본 회사에 전화를 걸어 정중히 사과하고 입사지원 취소의 뜻을 알렸다. 같은 날 오후 늦게 진성의 이 비서로부터 학교설립 사업을 위한 첫 모임을 이틀 후에 갖겠다는 연락이 왔다. 그날 밤 유진은 거의 잠을 못 이루고 뒤척였다. 걱정 때문이 아니라 자꾸만 가슴이 터질 듯 벅차왔기 때문이었다.

이틀 후 아침 유진은 진성실업을 찾았다. 회장 비서실의 여비서가 유진을 회의실로 안내한 뒤 나가더니, 몇 분 후 이 비서가 남자 두 명과 함께 회의실로 들어왔다. 유진은 자리에서 일어서며 들어오는 일행을 맞았다. 이 비서의 뒤를 이어 들어온 50대로 보이는 남자는 호리호리하면서도 당당한 풍모를 가졌고, 타이를 매지 않은 흰 셔츠와 진청색 스포츠 재킷에 아이보리색 바지를 받쳐 입은 세련된 모습이었다. 그를 뒤따라 들어온 정장 차림의 남자는 30대 초반 정도에 첫눈에도 깔끔한 모범생 스타일로 보였는데, 금속테의 안경을 끼고 있어서 인상이 조금 차가웠다. 이 비서가 유진과 두 남자를 소개시켰다.

"이분은 스탠포드 대학의 오형모 교수님이십니다."

소개된 50대 남자가 유진에게 악수를 청했다. 젊어서는 인물깨나 좋았을 성싶은, 반듯한 콧날과 깊은 눈매가 눈에 확 들어오는 이 중년의 신사는 여유로운 미소로 유진과 인사를 나눈 뒤 곁에 서 있던 젊은 남자를 유진의 앞으로 이끌었다. 이 비서는 그 남자를 진성실업 계열 연구소의 김도헌 박사라고 소개했다. 김 박사라는 이는 악수 대신에 고개를 숙여 정중하게 유진에게 인사했다. 예민한 원칙주의자라는 인상을 풍겼다. 기다란 타원형 탁자를 가운데 두고 네 사람이 자리에 앉자 이 비서가 서류를 힐끔거리며 말문을 열었다.

"오 교수님과 김 박사님께서는 이미 본 사업 구상에 대해 알고 계시니 일단 서유진 씨께 간략히 설명을 드리겠습니다. 아시다시피 저희 그룹의 김 회장님께서 직접 후원하시는 이번 교육사업은 궁극적으로 소규모 학교를 설립할 것을 목표로 삼고 있습니다만, 현 시점에서 정해진 방침이 있다면, 세계 최고 수준의 교육환경을 조성하기 위해서 저희 그룹에서 독립법인을 설립하여 충분한 재정적 지원을 보장할 것이라는 점 한 가지와 김 회장님의 교육에 대한 의지이신 국가사회를 위한 인재 양성이라는 대원칙에 합당한 학교를 만들어야 한다는 점, 딱 이 두 가지가 전부인 실정입니다. 따라서 앞으로 학교를 설립하여 운영하기까지의 모든 구체적인 계획과 실행 방안은 전부 지금부터 만들어내셔야 합니다. 따로 정해진 시행 일정이나 달성목표 같은 것도 없으며 구체적으로 어떤 모습의, 어떤 수준의 학교여야 할 것인가에 대한 사전 논의도 전무한 상태입니다. 한마디로 그 모든 것의 결정을 서유진 씨와 김 박사님께서 오 교수님의 자문하에 앞으로 만들어나가셔야 하겠습니다."

'모든 것을 내가 앞으로 만들어야 한다고?' 유진의 가슴이 두근거리기 시작했다. '그런데 자문교수는 그렇다 치고, 저 박사라는 치와 내가 함께 일하는 거란 말인가?' 질문할 틈도 주지 않고 이 비서는 설명을 이어갔다.

"저희 그룹 차원에서는 본 사업을 구상하면서 기본 구도 한 가지만 잠정적으로 설정했습니다. 장기적으로 서유진 씨께서 사업의 중심적 과제들을 담당해가시게 되겠습니다만, 저희 판단으로는 서유진 씨께서 교육 문제의 전문가가 아니어서 일정 기간 동안 일종의 사전 조사 및 트레이닝 과정을 거치시는 편이 좋겠다고 보았습니다. 그 기간 동안 도와주시고 지도해주실 분이 바로 오형모 교수님이시구요. 오 교수님께서는 미국 교육학계의 권위자이시고, OECD 교육분과 자문위원이시며, 청와대 교육문화특보의 자문에도 응하고 계십니다. 저희 김 회장님과 개인적 친분도 있으시고, 본 사업의 길잡이를 해주실 최고의 컨설턴트시라는 점, 말씀드립니다. 그리고 서유진 씨의 사전 조사 과정과 병행하여 독립적으로, 본 사업의 대안적 전략이라고나 할까요, 아니면 '제2안'을 일종의 대비책 내지는 보완책으로 조성할 필요가 있다는 판단하에 저희 그룹의 경제학자인 김도헌 박사님께서 별도의 학교설립 기획안을 작성하기로 했습니다. 서유진 씨와 김 박사께서는 앞으로 서로 도움을 주고받으면서 인터랙션을 통한 시너지 효과를 이끌어내시고, 한편으로 보다 완성도 높은 사업 기획안을 만들어주시면 되겠구요, 두 분 공히 오 교수님의 어드바이스를 받으시면 되겠습니다."

유진은 감을 잡을 수 있었다. 어리고 비전문가인 자신에게 사업의 전부를 맡기는 리스크의 부담을 줄이기 위해 이 경제학 박사라는 이를 일종의 기준선으로 옆에 박아두어 과도한 일탈을 방지하고자 함이 이 '기본 구도'의 취지라는 것이었다. 어쩌면 이 젊은 박사가 자신과 경쟁하는 구도로 판이 짜인 것일지도 모르겠다는 생각도 들었다. 따라서 김 박사에 대해서는 약간의 경계심이 생겼지만, 오 교수에 대해서는 기본적으로 좋은 느낌만 들었다. 설명을 마친 이 비서는 유진에게 질문이 있냐고 물었다. 유진이 미소 띤 얼굴로 상냥하게 말했다.

"아무것도 모르는 저를 도와주시기 위해서 이렇게 훌륭한 전문가 선생님들을 소개해주시니 저로서도 많이 안심이 됩니다. 결정된 방침도 거의 없으시고 앞으로 제가 사업 기획을 주관하는 것이라 하시니, 지금으로선 특별히 질문드릴 사항이 없을 것 같습니다. 앞으로 교수님과 박사님께 잘 부탁드리겠습니다. 많이 가르쳐주세요."

부드러운 유진의 말투 속에 이 사업의 주도권은 자신에게 있다는 은근한 암시가 배어 있었다. 이 비서와 김 박사는 다소 긴장한 표정이 됐지만 오 교수는 매우 재미있다는 투로 미소를 지으며 입을 뗐다.

"유진 양, 아주 잘해나갈 것 같아요. 우리 같이 한번 잘해봅시다. 허허허."

그의 웃음이 가식적이지 않아 유진은 기분이 좋아졌다. 오 교수와 유진의 웃음소리에 회의실의 분위기가 다소 가벼워졌다. 변함없이 사무적인 이 비서는 앞으로 모든 실무적인 일처리에 관해서, 특히 각종 비용의 결제 관련 등은 비서실에 위임하라는 안내를 해주고 회의실을 떠났다. 그러자 오 교수가 논의를 이끌기 시작했다. 자신은 이번 가을부터 대학의 안식년이 어서 한국과 미국을 오가며 연구를 할 계획이었는데, 친분이 있는 김재명 회장의 특별한 요청으로 이번 일에 관여하게 됐다고 설명했다. 그리고는 유진의 이야기는 김 회장에게 들어서 잘 알고 있다며 김도헌에게 자기소개 의 기회를 줬다.

김도헌은 진성그룹의 연구원으로 작년에 모 대학에서 경제학 박사학위를 받았으며, 한 달 전부터 회사 경영진의 명령에 따라 학교경영에 대해 연구하 기 시작했다고 했다. 미국 MBA 학위도 갖고 있다는 그는 자신도 교육에 대해서는 문외한이라며 오 교수의 지도편달을 바란다는 말을 했지만, 교육 사업에서 경제학적 시각이 필수적이라고 본다는 우회적인 말을 통해 자신 의 역할을 자리매김하려 했다. 오 교수가 일단은 기초적 사전조사가 필요하 다며 김도헌에게는 당분간 학교경영에 관한 공부를 지속할 것을 권했고, 유진과는 별도로 자신과 논의할 것들이 있다며 오전 모임을 종결지었다. 오 교수의 리더로서의 권위를 두 젊은이는 불만 없이 수용했다.

회의실을 빠져나온 오 교수는 유진에게 점심을 같이할 것을 제의했고, 두 사람은 주변의 조용한 일식집으로 자리를 옮겼다. 도보로 이동하는 동안 오 교수는 시시콜콜한 유진의 신변 사항에 대해서만 이것저것 물었을 뿐, 당면 사업에 대해서는 아무 언급도 하지 않았다. 다변은 아니지만 진중하게 대화를 이끄는 오 교수와 이야기를 나누며 유진은 편안함과 신뢰 감을 느끼기 시작했다. 이런 사람이 지도교수라면 참 좋겠다는 생각이 들었다. 두 사람은 일식집의 조용한 방에서 초밥으로 점심식사를 하며 대화를 이어갔다. 식사가 끝날 무렵, 유진의 학력(學歷)에 대한 이야기를 듣고 있던 오 교수가 말했다.

"유진 양, 학부에서 교직과정을 마쳤으면 교사자격증을 갖고 있겠네."

그렇다는 유진의 대답에 그는 즐거운 듯한 표정으로 말을 이었다.

"그러면 유진 양도 준교육전문가로군. 우리가 앞으로 할 일들이 훨씬 쉽겠어."

유진은 웃으며 이를 부인했다.

"하하, 교수님, 저 교직과정 정말로 지겨웠어요. 만날 벼락치기로 시험보고 겨우 통과했거든요. 저 같은 애가 교사자격증을 갖고 있다는 것도 사실 우스운 일이예요."

그러나 오 교수는 그 말에 조금도 놀라지 않은 채 느닷없이 영어로 말했다.

"Actually, that's not a kind of problem confined only to Korea. I think the raw material of the trainee is far more important than the training itself(사실 그건 한국만의 문제는 아니지. 교사양성 과정보다 교사지망생이라는 원자재가 더 중요하다고 봐)."

"Is that right, sir? I thought that the boring teacher training program was unique to Korea and not to be seen in advanced countries, like the U.S.(그런가요? 저는 지루한 교사양성 과정이 한국에만 있는 독특한 것이고 미국 같은 선진국에는 없을 것이라고 생각했죠)."

오 교수는 간단하게 유진의 영어구술 능력을 시험해보았고, 며칠 전 입사 면접을 보느라 준비태세가 되어 있던 유진은 쉽사리 이에 응답했다. 오 교수는 됐다는 듯 고개를 끄덕였다.

"한국, 미국, 영국 할 거 없이 다 갖고 있는 문제지. 음…… 유진 양은 우리가 학교를 세워 아이들을 교육한다고 할 때, 그 교육의 제일 중요한 목적이 무엇일 거라고 생각하지?"

갑자기 원론적인 질문을 받는 것은 누구에게나 곤혹스러운 법이다. 잠시 유진은 여러 해 전에 들었던 교직과정의 시험 답안 내용을 떠올려보려 했으나 도통 기억나는 것이 없자 그냥 솔직해지기로 마음먹었다.

"교육의 제일 중요한 목적은 먹고사는 데 있는 것 같아요. 배워서 지식을 습득해야 일도 할 수 있고, 일을 해야 먹고사니까요. 뭐니 뭐니 해도 사람은 우선 먹고사는 게 최우선 과제잖아요."

자신의 현 처지가 자연스럽게 반영돼 있는 유진의 답변을 듣고 오 교수는 고개를 끄덕이며 다시 물었다.

"그럼, 물론 그렇지. 써바이벌이 교육의 첫째 목적일 테지. 헌데 말야, 그게 누구의 써바이벌을 말하는 거지?"

"네? 그야…… 물론, 내가 먹고사는 거죠."

"유진 양 자네 혼자만?"

"그건 아니죠. 엄마도 아빠도 같이 먹고 살아야죠."

"유진 양 가족만?"

"글쎄요……."

"유진 양의 가족만 이 사회로부터 딱 떨어져 나와서 써바이벌이 가능한가?"

"그건…… 가능하지 않을 것 같아요."

"맞아. 인간은 무리를 지어서 사는 사회적 동물일 거야, 아직까지 나온 증거에 비춰보자면 말이야. 그럼 써바이벌은 누구의 써바이벌인 거지?"

"음…… 우리 모두의."

"그래, 맞았어. 인간은 나 혼자만 살 수가 없는 존재야. 인간이 써바이벌 하기 위해서는 사회 전체가, 공동체가 함께 써바이벌할 수밖에 없단 말이야. 무슨 말을 하고 있는지 알겠어?"

유진은 고개를 끄덕였다. 이 양반이 자신을 시험해보려는 줄로만 알았는데, 그게 아니었다. 그는 유진을 가르치고 있었다. 유진은 자신이 생존하기 위해서는 이 사회 전체가 함께 생존해야 한다는 생각을 한 번도 해본 일이 없었다. 그런데 오 교수와 이야기를 주고받다 보니 교육의 목적이 인간 공동체의 공동생존에 있음을 자연스럽게 깨달을 수가 있었다. 그것은 유진에게는 신기한 교육적 경험이었다. 오 교수의 질문이 이어졌다.

"공동체의 생존, 이것 말고 또 다른 교육의 목적이 있을까?"

순간, 문득 유진의 머릿속에 석 달 전에 맛봤던 심경의 변화가 기억났다.

"자아실현!"

"호오, 그런 게 있지, 맞아. 근데 말야, 그 말이 좀 어렵고 이상해, 그렇지 않아? '자아'는 난데, 나를 실현하는 게 교육의 목적이란 말이지? 그런데 나는 이미 여기 이렇게 멀쩡하게 실현돼 있잖아! 그렇지 않아?"

그렇게 말하면서 오 교수는 손가락으로 자신의 팔을 꼬집었다.

"이게 실현된 나지, 그럼 가짜야? 허상이야? 난 이미 실현돼 있는데 뭘 더 실현하자는 거야?"

"내가 몸뿐인 건 아니잖아요, 내 마음이나 정신도 있고요!"

"그런가? 그렇다면 지금 이 순간, 자네의 마음이나 정신이 실현돼 있지 않단 말인가?"

"그건…… 아니지만요."

"자네의 몸과 마음이 다 실현돼 있는데 뭘 더 실현하자는 거야? 정말 말이 이상하잖아."

오 교수의 논리에 대해 유진은 뭐라 할 말이 떠오르지 않았다. 곤란한 표정을 하고 있는 그녀에게 오 교수가 말했다.

"자아실현을 하자는 건, 그러니까 아직 실현 안 된 '나'가 있다는 전제를 갖고 있는 것 아니겠어?"

'실현 안 된 나'라……. 오 교수의 그 말을 듣는 순간 유진의 뇌리를 스치는 기억 한 조각이 있었다. 그것은 보영이 보낸 마지막 메일의 한 구절이었다. 유진은 선생님의 어려운 문제에 용케 답을 구해낸 초등학생처럼 대답했다.

"진정한 나 자신! 그게 아직 실현 안 됐어요!"

유진의 외침에 오 교수는 흠칫 놀라는 듯한 표정이 되었다. 이윽고 그의
입가에 미소가 깃들었다.

"아주 재미있는 친구로군."

입문

오형모 교수는 이 비서의 소개대로 국제적인 명성을 지닌 교육전문가다.
대학생 시절에는 반독재투쟁에 앞장섰으나 이념운동에 회의를 느낀 뒤로는
학업에 전념했고, 미국 유학길에 올라 명문 대학에서 철학과 교육학 학위를
받았다. 그 후에도 미국의 유수 대학에서 교편을 잡고 연구해왔으며, 미국적
교육철학을 통해 근본적인 사회변화를 모색한 그의 저술들은 해당 분야의
명저로 자리매김했다. 그는 국제기구뿐 아니라 동구권 및 아시아 여러
나라의 국가적 교육개혁 프로젝트에 수차례 자문을 하기도 했다. 김재명
회장과는 사회적 모임에서 알게 된 이후 수년째 인연을 이어왔던 바, 이번에
김 회장의 간청으로 특별히 유진의 트레이너 역할을 맡게 된 것이다.

오 교수는 실적이나 명성을 좇는 학자가 아니었다. 그러나 그의 학문적
본질 추구의 철저함이 역설적으로 그에게 명성을 가져다주었다. 인간과
사회를 더 낫게 해줄 방법을 모색하기 위해 교육을 연구해온 그의 학문적
배경은 서양철학이다. 다분히 이상주의적 성향을 지닌 사유가인 오 교수에
게 김재명 회장의 실험적인 소규모 학교 설립 구상은 상당히 흥미로운
일거리로 다가왔다. 비록 그 자신은 학교설립 사업에 직접 참여할 시간적
여유가 없지만, 그 사업을 맡아서 추진할 누군가를 배후에서 돕는 것도
의미 있는 일이리라 여겨졌다. 그는 자신이 지도하게 될 젊은이가 다른

모든 자질은 없어도 좋으니 오직 이 한 가지 태도만은 갖고 있기를 바랐는데, 그것은 진지한 성찰적 삶의 자세였다. 단기적 이익과 성과 올리기에 급급하지 않고 장기적으로 깊이 있는 성찰을 통해 일을 밀고나가는 그런 자세의 소유자를 기대했던 것이다. 오 교수는 유진이 바로 그런 태도를 지닌 젊은이라고 느끼기 시작했다. 자신 속에서 점점 더 이 사업에 대한 흥미가 커지고 있음을 오 교수는 느낄 수 있었다.

"진정한 자신이라! 요즘 세상에도 그런 말을 하는 사람이 있군. 좋아. 올드 패션드가 반드시 후진 건 아니지. 헌데 말야, 그 '진정한 자신'이 뭔지는 어떻게 알지? 대체, 그 진정한 자신이란 게 뭐야?"

유진은 오 교수의 질문에서 비판보다는 즐거움을 감지할 수 있었다.

"솔직히 말씀드려서 아직 전 잘은 모르겠어요. 하지만 꼭 알게 될 거라고 믿어요. 아마도 진정한 자신이란 제가 꼭 실현시켜야 할 과제나 임무의 주체 같은 게 아닐까 하는 어렴풋한 느낌 정도만 있어요."

"흐음, 그렇다면 진정한 자신을 실현시킨다는 자아실현이란 것이 정확히 뭔지 아직은 모른다는 말이 되겠네?"

"네, 그렇습니다."

"좋아, 맘에 들어. 모르는 거 모른다고 하는 사람이 빨리 배우는 법이야. 진정한 자신이 뭔지, 우리 앞으로 한번 알아보자구. 그럼 말이야, 진정한 자신을 이해하고 그걸 실현하는 교육을 생각해보고, 또 궁극적으로 그런 교육을 실천하는 학교를 만드는 것을 앞으로 우리가 추진할 방향의 한 부분으로 여겨야 할까?"

"네……. 그렇긴 하지만, 먹고사는 문제도 한 부분이어야겠구요, 아주 중요한 부분이요. 또 공동생존도 그렇겠고……."

"오케이, 우리 프로젝트의 주요 개념적 축들이 그렇게 정리되는군. 좋았어. 자아실현, 경제적 생존, 그리고 공동체의 생존이라."

오 교수는 다소 공격적인 눈빛으로 똑바로 유진의 눈을 쳐다보았다. "어때, 이런 문제들에 대해서 한번 제대로 공부해볼 필요가 있다는 생각이 들지 않나?"

오 교수는 유진에게 제안을 했다. 본격적으로 어떤 학교를 언제, 어디에, 어떻게 세울지를 결정하기에 앞서서 그 학교의 '본질적 성격'에 대해서 제대로 생각해보자는 것이었다. 그 학교의 '본성(=본질적 성격)'을 결정해야 그 학교의 교육목표 등등도 결정할 수 있을 것이라는 말이었다. 오 교수가 말하는 '학교의 본성'이란 한 학교가 가장 중심적으로 추구해야할 바를 이른다. 즉 그 학교가 추구해야 할 바가 엘리트적 경쟁력 획득일지, 공동체 지향의 민주시민정신 함양일지, 아니면 이상적인 전인교육과 자아실현일지 등등을 결정하는 것이 그 학교의 본성을 결정하는 일이 되겠다. 이와 같은 결정에 앞서 교육의 보다 기본적인 차원을 이해할 필요성을 역설하며, 오 교수는 유진에게 교육의 철학과 역사를 먼저 공부해보는 것이 어떻겠냐고 물었다. 실질적인 학교설립에 앞서 깊이 있게 교육의 본질에 대해 생각해보자는 이 저명한 학자의 제안은 지당한 말로 들렸다. 사실 유진은 무엇을 어디서부터 시작해야 할지도 오리무중인 상태인지라, 교육전문가이자 신뢰감이 느껴지는 이 학자의 가이드라인을 거부감 없이 수용하게 되었다.

첫 만남을 마치며 오 교수는 유진에게 과제를 하나 내주었다. 그것은 교육철학이 어떤 학문 분야인지 알아오라는 것이었다. 도서관에 가서 책 몇 권이라도 들춰보고 조사해서 1주일 후에 다시 만나 토의하기로 했다. 집안 사정 때문에 휴학을 했지만 유진은 이제 다시 학업으로 되돌아온 느낌이 들었다. 그렇지만 학교에 등록을 하고 대학원 수업을 들으며 숙제를 할 때와는 판이한 감흥이 일었다. 등록도 하지 않고, 수업도 듣지 않으며, 아무 의무감이나 격식 없이 일종의 개인교수를 시작하게 된 지금 오히려 공부할 내용에 대해 커다란 인식 욕구가 솟아오름을 느낀 것이다. 오 교수와 헤어진 후 학교 도서관으로 향하는 유진의 발걸음은 빨라지기 시작했다. 빨리 가서 교육철학에 대해 알아내고 싶었다. 그래서 빨리 학교의 본질적 성격을 결정해서, 그 기초 위에 빨리 이 학교를 세울 계획을 만들어내고 싶었다. 빨리, 빨리. 어쩌면 진정 이것이 자신이 원래 하기로 되어 있던 일일지도 모르겠다는 생각이 들었다.

유진과 헤어질 때 오 교수는 자신이 이끄는 곳으로 따라오려는 의욕에 넘쳐 눈빛을 반짝이고 있는 그녀를 바라보며 이렇게 말했다.

"아까 교육의 목적이 개인이 아닌 공동체의 공동생존에 있다는 결론을 내가 유진 양한테 그냥 말해주지 않았다는 것 기억해? 그 결론은, 또는 그 답은 유진 양이 스스로 이끌어낸 거였어. 나는 유진 양이 답을 이끌어내게끔 이런저런 가이드만 했던 것이고. 이처럼 혹시 세상만사에 대한 답이 우리 안에 이미 다 들어 있다고 상상해볼 수 있을까? 혹시 우리는 우리가 이미 선천적으로 알고 있는 답을 지레 모른다고 생각하고선, 쓸데없이 지식의 광장을 이곳저곳 헤매고 있는 건 아닐까? 이건 괜한 말장난이 아니야. 서양철학의 모태인 소크라테스가 문답법을 통해서 알려주고자 했던 바가 바로 이것이거든. 선생은 오직 이런저런 질문을 던짐으로써 학생 내면에 이미 존재하고 있는 앎을 학생 스스로 끄집어내도록 도울 수 있을 뿐이라는 산파술 말이야. 자, 우리 앞으로 유식해 보이려고 지식을 긁어모으지는 말자. 특히 우리의 학교사업에서 그럴 필요는 없겠지. 그 대신 우리 안에 이미 있을지도 모를 지혜를 밖으로 한번 끄집어내보는 일을 해보자. 우리가 우리 내면의 지혜를 끄집어내는 일 역시 우리 자아실현의 중요한 부분이 아닐까?"

오 교수는 단언하거나 명령조로 말하는 법이 없었다. 그 자신이 소크라테스식 문답법의 달인인 것처럼 보였다. 처음으로 접해보는 문답법식 개인교수에 적잖이 고무된 유진은 이제껏 경험해보지 못한 인식 욕구가 가슴속 깊은 곳에서 끓어오르는 느낌을 받았다. 많은 것들을 알아내고 싶었다, 절실하게. 일곱 살 때 곤충들에 푹 빠져서 집 정원의 떡갈나무 옆에 붙어살면서 백과사전을 헤집으며 자신만의 곤충기를 제작했던 아득한 옛 시절 이래, 그런 느낌은 유진으로서는 처음 경험해보는 것이었다. 그날부터 유진은 오 교수가 내준 과제에 푹 빠져들어 갔다. 그다지 참신할 것 없는, 교육철학이라는 분야에 대해 조사하는 정도의 기초작업조차도 유진에게는 지극히 새로운 학습과제로 다가왔다.

1주일이 후딱 지나가 버렸다. 유진은 한 주일 내내 학교 도서관에 틀어박혀서 주어진 과제에만 몰두했다. 10여 권의 국내외 서적을 대강 훑어보고 나니 교육철학이라는 분야에 대해 어느 정도 감이 잡히는 것 같았다. 자신이 감 잡은 내용을 공책에 요약한 후 유진은 약속한 시일에 오 교수를 찾아갔다. 스탠포드 대와 교류협정을 맺은 서울 시내 한 대학의 임시 연구실에서 오 교수와 만나기로 했다.

유진을 반가이 맞은 오 교수는 시간을 허비하지 않고 금세 시동을 걸었다.

"그래, 교육철학은 뭐하자는 공부지?"

교육철학과 교육사

유진은 교육철학을, 유명한 사상가들의 교육에 관한 견해를 연구한다는 측면보다 교육의 모든 영역에 대해 이성적으로 깊이 사고해보는 방식으로 이해한다는 취지의 보고를 했다. 이를 듣고 난 오 교수가 고개를 끄덕이며 말했다.

"한국의 교육철학 교과서에는 진보주의, 항존주의, 본질주의, 재건주의니 하는 미국식 분류방식이 주종을 이루고 있더라만, 그런 사조들을 잘 아는 것이 과연 교육자에게 실질적인 도움이 될는지는 미지수겠지."

오 교수의 말을 듣고 보니, 유진도 교직과정에서 그런 어려운 용어들을 외웠으나 마치 화석과도 같이 자신의 기억창고 한구석에 쑤셔 박혀 있었을 뿐이라는 사실을 알 수 있었다. 항존주의란 말은 들을 때마다 항생제가 떠올랐고, 재건주의는 들을 때마다 아파트 재건축이 떠올랐다. 한마디로 그것들은 유진에게는 무의미한 사어(死語)였다.

"하지만", 오 교수는 유진의 견해를 지지해주는 듯한 분위기를 거둬들이며 말을 이었다. "그럼에도 불구하고 우리가 교육에서 '피레니얼(perennial: 항구적 또는 항존주의적)'한 게 무언지 숙고해볼 필요는 분명히 있어. 그리고 나는 그런 깊은 숙고의 차원이 일반 교사에게도 필요한 요건이라고 봐. 그런데 말이지, 우리가 항구적인 교육적 가치에 대해서 심사숙고하는 것과 항구적인 교육적 가치를 암기하는 것은 전혀 별개의 일이야.

예컨대 간디의 교육사상은 몸과 마음과 영혼을 골고루 발달시키자는 거였어. 우리는 몸과 마음과 영혼을 골고루 발달시킨다는 것이 무슨 뜻인지, 또 그것을 어떻게 할 수 있는지에 대해서 간디의 보고서를 읽고 공부할 수 있겠지. 물론 그 공부는 그 자체로 의미 있는 일이야. 세상에 무의미한 일이 어디 있겠어. 하지만 간디의 교육사상을 공부하고 나서, 간디의 사상에 기초하여 우리의 교육활동을 재고해보고 수정하거나 개선을 기하는 것이 더욱 중요한 교육철학의 임무라는 말이지. 즉 우리는 몸과 마음과 영혼의 균형 잡힌 발달을 추구하고 있는지, 그러지 못하고 있다면 무엇을 어떻게 개선해야 할지 등등의 질문을 가지고서 말이야."

"에, 교수님, 그러니까 간디의 사상은…… 몸과 마음의 균형은 무슨 뜻인지 알 것 같은데, 뭐, 긍정적인 마음을 갖고 신체도 건강해야 사람이 잘 산다고 할 수 있으니까요. 근데 영혼과의 균형이 뭔지는 잘 모르겠네요. 영혼이 있긴 있나요?"

"영혼이 있는지 없는지 우리가 어떻게 알 수 있지?"

"종교가 있다면 혹 모르겠지만, 그런 걸 사람이 어떻게 알 수가 있겠어요?"

"사람의 감각기관만으로는 알 수가 없겠지, 아마도."

"감각기관 말고 순전히 두뇌로 생각해서는 알 수가 없을까요?"

"글쎄…… 그렇게 믿었던 이들도 있지만, 순수한 사고작용을 통해서 어떤 결론에 도달할 수는 있다 해도 그 결론을 하나의 '앎'이라 할 수 있을까?"

"제 말이 그 말이에요. 결국 우린 영혼이 있나 없나를 알 수가 없는 게 아닐까요?"

"그걸 안다고 주장하는 이들은 일상적이지 않은 특별한 앎의 경로가 있다고들 하지. 초월적 존재에게서 계시를 받는다든가 아니면 이 세상의 껍질을 벗기고 볼 수 있는 새로운 안목이 생긴다든가 하는 등의."

"전 그런 거 안 믿어요."

"흐음, 그렇다면 종교는 아편이라고 한 마르크스를 믿나?"

"믿기는요, 전 그냥 불가지론(不可知論)자일 뿐이에요. 알 수 없는 걸 알 수 없다고 말하는 게 정직한 거니까요."

"그렇고말고. 그런데 자네가 안 믿는 수많은 종교가들이 죄다 사기꾼이라고 보는 것도 일방적인 시각 아닌가?"

"사기꾼이라는 건 아니구요. 그냥 저는 모른다 이런 말이에요."

"알았어, 정직한 건 좋아. 하지만 모르는 상태가 최종종착지여야만 한다고 주장하는 것도 하나의 믿음일 뿐이야."

오 교수의 이 말을 듣는 순간, 유진은 불가지론을 넘어서는 상태에 대해서는 스스로 한 번도 상상해본 적이 없음을 깨달았다.

"그럼, 교수님께선 영혼이 있는지 없는지 아세요?"

"하하하, 난 있다는 쪽에 걸겠어."

"정말요?"

유진은 정말로 놀랐다. 지성의 첨단을 걷고 있는 것으로 보이는 오 교수가 영혼의 존재를 믿는다는 것은 매우 놀라웠다. 그녀의 놀란 눈동자를 미소로만 응대하고 오 교수는 수업의 본론으로 되돌아갔다.

"Believe it or not(믿거나 말거나). 그건 그렇다 치고, 그러니까 간디가 말하는 영혼이라는 용어, 그 개념은 이성이나 과학적 사고에 의해 입증될 수 있는 사실이라기보다는 일종의 믿음체계에 속한다고 말해야겠지? 방금 유진이가 말한 게 뭐야? 그 믿음체계를 인정할 수 없다는 것 아니었어? 즉, 믿지 못한다는 거지? 의심하는 거였지?"

유진은 고개를 끄덕였다. 오 교수가 약간 목소리 톤을 높여 말했다.

"바로 그게 철학이 도와줄 수 있는 일이란 말이야! 우리로 하여금 의심하게 하는 것! 우리의 의심은 '영혼'이라는 수상쩍은 개념에 적용돼야 해. 우리는 의심함으로써 나만의 눈으로 사물을 볼 수 있게 되지. 철학을 한다는 것은 간디의 사상을 교리처럼 그대로 받아들이는 게 아니라 그걸 의심해보는 걸 말해. 나만의 눈으로 보기 위해서, 나의 주인이 되기 위해서. 그뿐만 아니라 우리의 의심은 우리 자신의 의견과 시각에도 적용돼야 하지 않겠어? 우리는 늘 실수하고, 착오를 일으키고, 많은 경우에 타성과 습관에 젖어 있고, 또 선입견과 편견도 갖고 있고, 감정에 따라 색다른 성질이 나타나곤 하는 인간일 수밖에 없어. 그런 우리가 어떻게 사물을 완벽하게 바라볼 수 있겠어. 따라서 우리의 눈앞에 드리워진 수많은 겹의 커튼들을 가능한 한 많이 걷어버려야 해. 일단 차가운 이성을 도구 삼아서. 커튼들이란 전통, 권위, 관습, 인습, 여론, 선입관, 일시적 감정 등이지. 그 커튼들을 걷어내는 일을 철학이 도와주지. 앞으로 나하고는 철학의 이런 기능을 자주 활용해보게 될 거야. 바꿔 말하자면, 나와 함께 공부하는 과정은 전통, 권위, 관습, 여론, 선입관 등을 깨부수는 작업이 될 거야."

유진은 다소 우려스러워 보이는 표정으로 오 교수에게 질문했다.

"의심해서 부정하고, 깨부숴 버리고, 그러고 나서는 어떻게 하죠? 해체하고 폐기해서 남는 게 별로 없다면 우린 어디에다 뭘 가지고 학교를 짓죠?"

"아예 학교 터부터 우리 손으로 닦아야겠지. 겁먹어서야 쓰나, 젊은 친구가."

"뭔가 보고 따라할 만한 게 없다면 겁날 것 같아요."

"그런 자신의 타성을 의심해봐 한번. 세상을, 자신을 당연한 것으로 받아들이지 않고, 그것들을 의심스럽고 때로는 경이롭기까지 한 것으로 다시 바라보는 자세가 바로 철학하는 자세야. 자신을 항상 당연하게 받아들이고, 자신에 대해서 아무런 의문도 갖지 않는 어떤 이를 상상해봐. 그 사람에게 성장이라든가 발전이라든가 이런 게 있으리라고 봐? 나는 지금 자기 자신의 밑바닥부터 새롭게 점검해보고, 그래서 교육이란 것도 그 기초부터 새롭게 점검해보는 자세에 대해서 말하고 있는 거야. 세계 최고의 학교를 꾸려갈 사람이 그 정도의 기개는 있어야지."

'기개라고? 내가 뭐 전쟁터 나가는 장수도 아니고······.'

유진은 오 교수가 조금 '오버'하고 있는 건 아닐까 하는 생각이 들었다. 점점 자신이 맡게 될 일이 만만치 않을 것 같다는 예감 또한 들었다. 유진의 미간에 미세한 주름이 잡혔다.

"교수님도 안 계신다면 저 혼자 무슨 수로 세계 최고의 학교를 세울 계획을 짤 수가 있겠어요? 모든 걸 처음부터 새롭게 한다는 건 저에겐 무리한 일 같아요, 후우······."

유진은 한숨을 길게 내쉬며 말을 이었다.

"하긴, 계획 같은 거 아무리 멋들어지게 만들어봐도 학교가 결국 하는 일은 통과의례에 지나지 않는다고 제 친구가 그러던데요."

조금 움츠러든 듯 보이는 유진에게 오 교수는 부드럽지만 단호한 목소리로 말했다.

"통과의례에 '지나지 않는다'고? 통과의례가 얼마나 중요한 건데! 나는 요즘 학교가 통과의례를 제대로 못 해내는 게 커다란 문젯거리라고 생각하는데?"

"네? 공부 잘하는 능력에 따라 아이들을 솎아내는 건 너무 잔인한 거 아닌가요?"

"통과의례란 원래 가혹한 거야, 가혹해야 하고. 단, 자네 말대로 학업능력만을 기준으로 애들을 솎아내는 게 문제라서 그렇지. 애당초 제대로 기능하고 있는 통과의례에선 말야, 우성 유전자를 솎아내는 과정이 가혹하게 진행되는데, 이 과정을 통해 아이들은 처음으로 부모 품을 벗어나 독립적인 성인으로 발돋움하게 되지. 그리고 이 과정을 통해서 공동체의 전통과 가치관과 보전해야 할 정신 등을 전수받게 되고. 신화학의 대가인 조셉 캠벨은 이러한 전수과정이 특히 공동체의 공통된 신화를 통해서 이루어진다고 봤어. 문제는 요즘 시대에는 이런 신화 자체가 없다는 데 있지. 따라서 우린 통과의례를 제대로 겪지도 못하고 그냥 그저 그렇게 자라서 어른이 되긴 하는데, 어른이 되고 나서도 뭘 하며 살지를 모르는 거야. 그건 바로 신화의 이해와 같은 교육과정을 통해 공동체 속에서 합당한 자신의 자리를 찾아내지 못했기 때문이지. 청소년들은 공동체의 신화를 이해하여 성인식을 통과함으로써 편협한 개인이나 가족만의 이익을 추구하는 차원을 뛰어넘어, 보다 드넓은 차원의 자기발현을 꿈꿀 수 있는 모험심 가득 찬 성인으로 거듭난다고 할 수 있어."

"교수님, 신화의 이해를 통해서 성인이 된다는 게 무슨 뜻이죠?"

"모든 문화에는 고유의 신화가 있어, 인간과 우주의 시초에 관한. 그런 고유의 신화는 또 보편적이기도 하지. 유사한 구조가 다양한 문명권에서 목격되니까. 신화의 보편성이란 인간의 보편적 본성을 보여주는 거야. 즉, 사람이 세상에 태어나서 무얼 하며 살다가 가는가 하는 질문에 대한 오래된 지혜들이 신화 속에 녹아 있다고 할 수 있지. 신화는 인간의 삶의 길을 결코 획일화된 단 하나의 길로 제시하지 않아. 작금의 획일화된 교육체제와는 다르게. 신화는, 인간들 개개인이 하늘로부터 부여받은 나름의 개성과 재능을 도구 삼아 자신만의 방식으로 자신과 자신의 공동체 둘 다를 위해서 가치 있는 인생을 만들어가야 한다는 점을 가르쳐주고 있어. 그래서 신화를 통해 성인식을 제대로 치른 이라면 자신이 뭘 하며 살아야 할지를 뚜렷이 인식할 수가 있게 되지. 헌데 내가 보기엔 요즘 한국사람 중에 그런 성인은 드문 것 같아. 대개는 인생에서 뭘 해야 할지 모르는, 겉모습만 어른인 사람으로 보여."

오 교수의 말에 유진은 내심 놀랐다. 뭘 하며 살아야 할지를 모르는 이는 다른 누가 아닌 바로 자신의 모습이었기 때문이다. 그렇다면 유진 자신은 통과의례를 겪지 못한 것일까? 유진은 치열한 입시경쟁이라는 통과의례를 나름대로 성공적으로 겪기는 했다. 문제는 한국의 이 통과의례가 치열하게 경쟁적이기만 하면서 통과의례 본래의 의의는 상실했다는 데 있다 하겠다. 즉, 한국의 입시경쟁이 한국이라는 사회 속에서의 자신의 역할을 자리매김하는 일종의 성인식 과정임에는 틀림이 없다. 그러나 그 자리매김의 목적이 캠벨이 봤던 것처럼 공동체의 신화를 이해함으로써 자신의 재능을 자신과 사회를 위해 이타적으로 발휘하는 데 있지 않은 것은 분명하다. 그 목적이란 자신의 지능을 이기적으로 발휘함으로써 사회 속에서 자신만의 생존을 확보하는 데 있다 하겠다. 어쩌면 이런 이기적인 자기보호 성향의 밑바닥에는 한국 사회라는 공동체가 드러내 보이는 전체적인 이기적 성향에 대한 개인적인 두려움이 깔려 있는지도 모를 일이다. 한국 사회의 통과의례는 본질을 왜곡하고 있다. 덕분에 유진은 성인식을 성공적으로 치렀음에도, 그 성인식 자체가 잘못된 것이었기 때문에 자신이 뭘 하며 살아야 할지를 알지 못했던 것이다. 명문대에 입학을 하고서도 하늘 아래 자신의 마땅한 자리가 어디일지 짐작도 못 했던 것이다. 유진은 자신마저도 이 사회 교육체제의 희생자가 된 듯한 기분이 들었다.

오 교수가 말을 이었다.

"그래서 우리는 철학을 하고, 의심을 하고, 스스로 우리 삶의 주인이 돼야 한다는 말이지."

오 교수의 말에 유진은 문득 스스로에게 질문이 생겼다. '나는 교직과정을 들을 때 그런 자세를 갖고 있었나? 나는 내 힘으로 골치 아프게 교육에 관해 생각했었나?' 자신이 그러하지 않았음을 유진은 너무도 잘 알고 있다. 교직이 인기 직종이어서 교직과정을 이수했을 뿐이었다. 유진은 특히 교사들의 이른 퇴근과 긴 방학 같은 생활의 여유가 탐났다.

"만약에 교사가 '삶의 주인 되기'와 같은 것을 전혀 이해하지 못하고 학생들을 대한다면, 그럼 어떤 일이 일어날까?"

유진은 자신이 겪었던 여러 교사들이 떠올랐다.

"학생의 문제가 무시되겠죠."

"그래, 교육의 과정에서 발생한 학생의 문제가 무시되고, 홀대받고, 억압되고, 그저 묻혀버리고 말 수 있지. 전혀 해결되지 않은 채로."

그때 유진의 마음속에는 섬뜩한 한 줄기 생각이 치솟았다. 죽은 보영이 자신의 도움을 원했을 때, 자신은 보영의 문제에 대해 골치 아프게 생각해보기나 했던가? 그렇지 않았다. 고3이니 공부나 열심히 하라며 학생의 문제를 무시했던 것이다. 만약 그때 보영의 문제에 더 귀 기울이고 진짜 선생처럼 깊이 생각해보기만 했더라도 보영이 그렇게 됐을 것인가? 여기에 생각이 미치자 자기 자신에게 분노가 치밀기 시작했다. 하나의 학문적 분야에 대한 객관적인 논의의 시간이 유진에게는 뼈아픈 자기반성의 시간이 되고 말았다. 유진의 어두운 표정에 오 교수가 의아해했다.

"유진, 무슨 문제가 있니?"

"아니에요, 교수님. 교육자는 철학하는 자세로 자기 일에 임해야 한다는 게 너무도 당연한 말인데요, 그게 너무 당연해서 한 번도 제대로 생각해본 적이 없었던 것 같아요."

유진은 대충 그렇게 얼버무렸다. 보영에 대한 기억은 여전히 가슴속 깊은 곳에 상처로 남아 있었나 보다. 몇 달간 커다란 삶의 변화를 겪으며 잊고 지냈건만, 그 상처는 완전히 아물지 않았던 것이다. 유진의 가슴 한 귀퉁이에서 구체적인 통증이 느껴졌다.

씩 웃으며 대답하는 유진의 속내가 약간 의심스럽기는 했지만, 오 교수는 캐묻지 않았다. 그는 유진에게 교육철학 분야의 최근 동향에 대해 잠시 언급해주고 나서 그날의 수업을 마쳤다. 그리고 다음 주의 수업을 위해서 또 하나의 숙제가 유진에게 주어졌다. 이번에는 교육의 역사라는 분야에 대한 조사를 해오는 것이었다. 오 교수는 과제를 내준 후 다음 주부터는 학교설립을 위한 사전 트레이닝을 본격적으로 시작하자고 제안했다. 유진이 교육에 대한 훈련에 본격적으로 돌입하게 된 것이다.

"학교를 세운다고?"

미진의 음성에는 놀라움이 담겨 있었다. 유진의 언니인 미진은 대학 졸업 후 요리학원을 다니며 '신부수업'을 하다가 유명한 법률회사의 변호사와 결혼했다. 이제 30대 초반인 그녀는 초등학교에 다니는 아들과 유치원생 딸을 두고 있으며, 강남의 고층 주상복합아파트에 살고 있다. 남편의 재력 덕분에 친정의 몰락에 안전망 역할을 해줄 수 있었다. 오랜만에 친정을 방문해서 모처럼 유진의 근황을 듣던 중, 유진이 김재명 회장과 만나게 된 소식을 듣고 미진은 놀라움을 금치 못했다.

"난 사실 그런 데 별 관심이 없지만 너라면 잘해낼 수 있을 거야. 넌 당찬 데가 있잖아. 근데 요즘은 미국식보다도 영국식 귀족학교가 더 뜨는 분위기더라. 아무래도 좀 더 품격이 있고, 또 전통도 있고, 그래서 그럴 거야."

자신보다 더 들떠 보이는 언니에게 유진은 담담한 어조로 당분간은 사전 훈련기간이어서 교육전문가와 교육철학 공부를 하고 있다고 답했다. 그 말에 미진은 의외라는 듯 놀란 표정을 짓더니, 강남의 시장조사라든가 유럽의 엘리트 학원 탐방 같은 일이 급선무가 아니겠냐며 신속히 나름의 전략을 제시하고 나섰다. 별 관심 없다는 말과는 달리 미진은 자녀교육에 대단한 열의를 품고 있음이 명백했다. 사실 미진의 두 아이들은 만 3세 때부터 고액의 입학금을 내고 영어 유치원에 다녀, 이미 평소에도 대화에 영어를 섞어 쓰는 등 그 '효과'를 입증하고 있었다. 유진은 조카들을 매우 귀여워했지만 그런 조기교육의 성과가 그다지 달갑게 느껴지지는 않았다. 어렴풋하게나마 아이는 아이답게 맘껏 뛰놀며 자라야 하는 게 아닐까 하는 생각을 품고 있었던 모양이다. 그러나 그와 같은 '세상 물정 모르는 안일한 생각'은 언니의 호된 비난을 살 뿐이었다. 미진은 자신의 주변사람들에 비해 자기가 얼마나 '사교육'을 안 시키고 있는지 누누이 강조하며, 지금보다 더 열성적으로 아이들 교육을 뒷바라지해야 한다고 주장해왔다.

그런 미진에게 오랜만에 마주한 유진은 뭔가 현실감각을 상실해버린 것처럼 보였다. 학교를 세우겠다면서 웬 난데없는 철학이며 역사 공부란 말인가. 아직 어려서 '교육 현실'에 대해 아무것도 모르는 동생이 어디서 이상한 학자를 만나 세뇌를 당해버린 건 아닐까 하는 의문까지 일어났다.

"그래, 뭐 나중에 학교 이사장님이 되려면 교육에 대해서 그런 학문적인 것들도 좀 알아둬야겠지, 교양 차원에서 말야. 그치만 먼저 세상 돌아가는 걸 제대로 파악하는 게 더 중요한 일 아니겠어? 우리 사회가 진정으로 원하는 교육이 뭔가 하는 걸 파악해야 하잖아. 우린 더 이상 이 무능력한 공교육에 기대를 안 걸고 있어. 하지만 그렇다고 해서 사교육이 맘에 쏙 드느냐 하면 그렇지도 않아. 돈만 많이 들고 질도 그저 그래. 그러니 모두들기를 쓰고 외국으로 애들을 보낼 수밖에 없는 거야. 이런 부모들 맘을 잘 캐치해서 그러한 교육적 수요에 어떻게 부응할 건지 생각해봐야지."

유진은 언니가 요 몇 년 새 많이 변했다고 느껴왔다. 함께 서울에서 태어나 자랐지만, 자신과 비교해보면 소위 '강남 부인'의 티가 아주 많이 나는 것 같았다. 아이들 키우느라 정신 없다면서도 미진의 차림새는 대단히 세련되었고 잘 다듬어져 있었다. 언니의 자태에 비해 자신의 겉모습은 마치 동아리활동으로 분주한 여대생처럼 소박해 보였다.

"으응, 그래. 그런 것들은 언니한테 좀 들어야 알겠어. 우리 교수님도 미국서 오신 분이라 아마 여기 사정을 잘은 모르실 거야."

이날 미진은 동생에게 많은 이야기를 해주었다. 자식을 글로벌 경쟁시대에 살아남을 수 있는 인재로 키우기 위해서 얼마나 많은 돈과 노력이 필요한지, 또 아이 엄마들의 정보전쟁은 얼마나 치열하며, 따라서 아이의 교육중심적 삶을 엄마가 얼마나 전문적으로 관리해주고 모니터링해주고 감독해줘야 하는지 등등. 미진은 이제 본격적으로 이 '교육전쟁'에 발을 담그기 시작한 학부모로서의 각오가 대단했다. 그녀는 마치 아들과 딸의 교육에 자신의 인생 전부를 건 듯이 보였다.

언니로부터 '현실'에 대해 많은 조언을 듣고 난 유진의 마음속에서는, 이번 주에 오 교수로부터 받아든 과제에 대한 회의가 슬며시 일고 있었다.

'교육의 철학은 글쎄, 처음에 좀 생각해둘 필요가 있긴 있겠어. 교육 목적을 명료하게 결정하는 건 중요한 일이니까. 근데 교육의 역사라……, 에이, 뭐 그것도 좀 알아두는 편이 좋긴 좋겠지. 하지만 이런 걸 공부한다고 해서 과연 좋은 학교를 만들 수 있을까?'

언니의 주장에 귀가 솔깃해진 유진은 이런 의문을 고스란히 가진 채 며칠 뒤 오 교수를 만나러 갔다. 그러나 과제로 받은 교육의 역사라는 분야에 대한 조사를 게을리 한 것은 아니었다. 1주일 만에 만난 오 교수와 과제에 관해 몇 마디를 나누다가 유진은 며칠간 품어온 의구심을 드러냈다.

"근데 교수님, 좋은 학교란 게 과연 어떤 걸까요? 우리나라 사람들이 바라는 좋은 학교는 영국식 귀족학교 비슷한 것 같던데요."

오 교수는 돋보기안경을 조금 아래로 내려 쓰고는 유진의 눈을 보았다.

"그래? 한국사람들은 왜 영국 귀족학교를 바라는 거지?"

"그런 데를 나오면 글로벌 시대의 인재로서 경쟁력 우위를 확보할 수 있다고 보기 때문이겠죠."

"흐음, 글로벌 시대의 경쟁력이란 건 뭐지?"

"뭐, 외국어도 잘하고, 유식해서 머리에 든 것도 많고, 컴퓨터도 잘 다루고, 그런 것들 아닌가요?"

"그렇군. 그런데 한 개인이 그런 능력들을 보유하면 우리가 지난번 얘기했던 교육의 목적을 달성하는 인재가 될 수 있을까? 경제적 생존, 공동생존, 자아실현, 이런 목적들 말이야."

"글쎄요, 적어도 경제적 생존은 달성하겠죠?"

"어쩌면. 그런데 그거면 충분할까?"

"……잘 모르겠어요, 교수님."

자신의 회의에 대해서도 회의심이 드는 유진의 심정을 마치 잘 이해하기라도 하는 듯, 오 교수는 인자한 미소와 함께 말했다.

"유진, 너무 조급해할 것 없어. 우리 사전 트레이닝 시작한 지 1주일밖에 안 됐잖아. 헌데 벌써 좋은 학교가 어떤 건지 결정하려 드는 건 너무 성급한 것 아닐까? 자네는 한국사람들이 과연 자신들에게 가장 좋은 학교가 어떤 것일지 잘 알고 있다고 생각해? 잘 알고 있는데도 한국의 학교가 이런 모양이 돼 있는 건가? 지난주엔 한국 교육의 왜곡된 통과의례 얘기를 듣고 혼란스러워했지? 자네는 과연 우리가 이미 답을 갖고 있다고 생각하나?"

유진은 할 말이 없었다. 언니의 '현실'에 대한 조언 때문에 모든 걸 너무 단순하게만 생각했던 자신이 경솔했다고 느껴졌다. 강남의 학부모가 원하는 학교가 우리의 이상적 학교일 것이라 잠정적으로 믿어버렸던 것이다. 철학은 그런 사유의 경솔함을 방지해주는 역할을 하는 학문 아니겠는가. 오 교수 말 그대로, 왜곡된 통과의례 탓에 자신도 제대로 성인으로 성숙하지 못했다는 점을 절감하지 않았던가. 그런 자신이 아무 생각 없이 교생실습에 나섰다가 순수한 어린 학생이 뻗친 도움의 손길에 아무 생각 없는 대꾸나 해줬던 것이 몹시도 속상하지 않았던가. 과연 한 인간의 생명, 또는 삶이 글로벌경쟁력 확보보다 덜 중요한 것일까? 유진은 자신의 '사전 트레이닝' 과정이 앞으로 끝없이 현실과의 팽팽한 긴장관계 속에서 진행될 것이라는 점을 예감할 수 있었다. 유진은 입술을 지그시 깨물었다.

'정신 바짝 차려야 해. 이 말에 솔깃했다가 저 말에 솔깃했다가 그랬다가는 죽도 밥도 안 돼.'

말없이 유진을 바라만 보고 있던 오 교수가 입을 뗐다.

"우리가 아직 우리의 답에 대해 확신이 없기 때문에 철학과 역사를 공부해 보는 거야. 내 말이 이해가 돼?"

"네. 중대한 일에 대한 답을 제가 너무 성급하게 찾아내려 했던 것 같아요."

"그래. 우리 트레이닝 과정이란 게 미국의 박사과정에서도 결코 한두 해 만에 끝날 수 있는 게 아니야. 유진이도 좀 더 느긋한 자세가 될 필요가 있어."

두 번째 만남에서 오 교수는 유진에게 1주일 동안 조사해온 것들을 풀어놔 보라고 주문했다. 유진은 나름대로 열심히 조사해온 것들을 착실하게 발표했고, 그에 대해 오 교수는 자신이 대학에서 운용해온 커리큘럼을 바탕으로 보완설명을 해주었다. 그 대강의 내용은, 사실의 암기에 그치지 않고 과거의 '근원'과 현재 사이를 연결해주는 역사가적 시각의 획득을 돕는 공부방법에 초점이 맞춰져 있었다.[1] 오 교수의 지도 아래 유진은 앞으로 약 반년 동안 교육에 대한 철학적 고찰과 더불어 한국 교육의 역사적 기원에 대한 공부를 병행하기로 했다. 이런 공부를 통해 기대하는 바는 다름 아닌 현재의 한국 교육에 대한 깊은 이해에 이르는 것이다. 그러기 위해서 현재 한국 교육의 핵심적인 양상들의 배경원인이 되었음직한 동서양의 주된 교육적 변화와 발달을 집중적으로 탐구해보기로 했다.

이날의 공부를 마칠 시간이 되었을 때 오 교수는 다음과 같은 취지를 설명했다.

"우리는 현 상황에서 일종의 고품질, 고성능의 학교를 만들려 하고 있는 거지. 그런 학교를 만들 방법을 생각해내기 위해서는 왜 현재의 한국 사회는 그런 학교를 만들어내지 못했는지, 아니 많은 사람들이 지적하듯이 한국의 학교는 그런 이상적 학교의 정반대 모습을 하고 있게 됐는지를 이해하는 작업이 필요하지 않겠어? 현재 한국 학교의 가장 심각한 문제가 뭘까? 아마 대학입시 문제가 우리 교육의 최대 골칫덩어리임을 부정하기 어려울 거야. 학교교육의 정상화가 이루어지지 않는 것도, 사교육 시장이 과다하게 팽창하는 것도 다 그 배후에 대학입시 문제가 자리 잡고 있다는 걸 대한민국 국민이라면 모르는 사람이 없을 거야. 그렇다면 이 입시가 지배하는 교육은 어쩌다가, 어떻게 해서 생긴 걸까? 그 역사적 원천을 알아내면 문제 해결의 실마리도 찾아낼 수 있지 않을까?"

오 교수와 개인교수를 마치고 도서관으로 향하던 유진은 이제야 진짜 공부다운 공부를 하게 됐다는 생각에 가슴이 벅차올랐다. 사실 공부할 생각에 가슴이 벅찼던 적은 없었다. 대학 졸업 때까지 16년 동안 학교를 다니며 공부했던 것들이 대부분 의미도 가치도 없는 껍데기 지식에 불과하다는 생각이 들었다. 그러나 공부를 즐기며 하지 못했던 것이 반드시 자신의 잘못이라기보다는 어린 학생이 흥미를 느끼고 몰입할 수 있도록 도움을 주지 못한 학교의 문제일 수도 있다는 생각 또한 들었다.

'그래, 오 교수님 말씀대로 난 좀 인내심을 길러야 할 필요가 있어. 철학과 역사 같은 기본학문을 공부하는 것으로 당장 교육적 문제에 대한 해결책이 산뜻하게 도출되지는 않겠지. 그러나 현실적 문제에 대한 단순 명료한 해결책을 속성으로 생산해낼 수 있다고 믿는 것도 터무니없는 일이야. 현실이란 게 자세히 따지고 보면 얼마나 복잡해? 철학과 역사 같은 깊이 있는 공부를 통해 현실에 진정으로 유용한 해결책을 제공해주기 위해서는 학문적 기본부터 탄탄히 쌓는 일이 필요할 것 같아.'

앞으로는 언니의 비판에 신경 쓰지 않고 오 교수의 지도를 좇아 보다 기본적이고 깊은 차원을 탐구하기로 유진은 마음먹었다. 당장 도서관으로 가서 다음 주 과제를 훑어보기로 했다. 이번 과제는 유교교육 사상에 대한 리포트 작성이다. 오 교수는 현재와 같은 한국의 교육을 형성하게 된 역사적 원천으로 유교교육을 따져봐야 한다고 했다. 한자 문맹이라며 난감해하는 제자에게 그는 영문 도서 몇 권을 건네주며, 한자를 못 읽어도 유교에 대해 공부하는 것이 불가능하지는 않을 것이라고 위로했다.

2. 낯선 전통 속으로

성현의 천 마디 말씀과 만 마디 말씀이 다만 사람들로 하여금 이미 잃어버린 마음을 가져다가 거두어서 돌이켜 몸에 들어오게 하고자 하였을 뿐이니, 이렇게 하면 자연히 위를 찾아가서 아래로 인간의 일을 배워 위로 천리(天理)를 통달하게 될 것이다.

_정재(程子)

유교교육 들여다보기

유진이 작성한 리포트에는 조선의 유교교육이 과거제도를 학제의 정점으로 삼아 상당히 중앙집권적이며 권위주의적인 교육체제를 운용했던 모습이 설명되어 있었다.[2] 오 교수가 리포트를 훑어본 뒤에 말했다.

"제한된 자료를 잘 이용해서 요약했어. 서양인 관찰자들의 자료라 외부인의 객관적 시각이라고 할 수는 있겠지만, 글쎄 뭐랄까, 유교교육 전통의 제 맛을 알고 있지는 못한 듯한 느낌이 들지는 않던가?"

"그런가요? 제가 원체 유교에 대해 아는 게 없어서요……."

"그럴 리가, 한국인 의식의 베이스를 지배하고 있는 유교를 모르다니."

"정말예요. 전 삼강오륜이 뭐였는지 만날 까먹거든요."

"그렇군. 우린 우리가 뭘 알고 있는지도 실은 잘 모르지. 뭘 모르는지 역시 잘 모르고. 자네 내면에 유교의 침전물들이 얼마나 많이 자리 잡고 있는지 알고 나면 경악하겠군."

오 교수는 지그시 웃으며 서구인들이 유교교육 전통을 비판적으로 고찰

한 데 대한 보충설명을 제시했다. 그는 안토니오 그람시의 헤게모니 개념을 빌려, 조선의 지배계층이 과거제도를 빌미로 일반 백성들로 하여금 불평등한 유교적 통치질서를 자발적으로 내면화하게 만든 과정을 분석했다.[3] 또 여성이 성리학의 '보편적' 가치관으로부터 소외되고, 여성의 교육 권리가 전무했다는 점을 가부장제 강화 현상의 배경으로 설명했다.

오 교수는 유교교육에 대한 이러한 비판적 조명 뒤에 하나의 의문을 제기했다.

"세상만사가 다 복잡하게 다면성을 띠고 있는 법인데, 어떤 거대한 문화적 전통이 일방적으로 부정적이기만 할 수가 있을까? 유교의 경우엔 그래도 500년 이상을 한 사회를 지배한 전통인데 말이야."

유진은 대답할 말을 선뜻 찾을 수가 없었다. 유진에게 유교는 그저 고리타분하고 낡아빠진 그 무엇일 뿐이었다. 오 교수가 유진에게 물었다.

"동양의 문화와 사상·전통 등은 대체로 신비롭고, 정신적이고, 정적(靜的)이고, 또 오래됐고, 그래서 매력적이라는 시각을 뭐라고들 부르지?"

"?"

오 교수가 갑자기 왜 엉뚱한 소재를 끄집어내는지 유진은 의아했다.

"서양인들이 동양을 그렇게 봐왔지. 그런 서구인들의 시각이 동양에 대한 하나의 편견을 형성했고, 또 동양인인 우리들마저 그런 편견에 물들어 스스로를 그렇게 보게 되기도 했고. 이걸 오리엔……."

"아, 오리엔탈리즘!"

못내 탐탁지 않은 듯한 표정으로 오 교수는 말을 받았다.

"그래, 들어본 적은 있나 보군. 컬럼비아 대학의 팔레스타인 출신 영문학자 에드워드 사이드가 발전시킨 개념이지. 그럼 자네 자신은 이 오리엔탈리즘으로부터 자유로운지 한번 살펴보겠는가? 혹시 서유진은 오리엔탈리즘의 시각으로 우리의 전통적 교육인 유교교육을 바라봤던 건 아닐까?"

말뜻을 제대로 파악하지 못하겠다는 표정의 유진에게 오 교수가 보다 자상한 설명을 제공했다.

"오리엔탈리즘의 피해자라고 할 수 있는 우리가 실은 오리엔탈리즘의 편견을 가지고 우리 자신을 바라본다는 말이야. 그러니까 동양 것, 우리나라 것은 일단 고리타분하고 비효율적이거나 비생산적인 것으로 여기게 된다는 말이지. 바꿔 말해서 별 근거 없이 습관적으로 우리 것을 서양 것에 비해서 열등한 것으로 보고 있을 수도 있다 이거야. 자네는 그렇진 않은가?"

오 교수는 일례로 한국인들이 무의식적으로 영문으로 표기된 상호나 상표 등을 선호하고 있음을 거론하며, 한국인의 서양문화 숭배가 일상에 만연되어 있다고 주장했다.

"무슨 말씀인지 알겠어요. 저도 서양 것이라면 무조건 좋아하는 건 무뇌아 같은 짓이라고는 생각해왔지만, 글쎄요, 다시 생각해보니 실은 저 자신도 영어로 자연스럽게 의사소통하는 사람들이 더 세련되고 멋있다고 여긴 것은 사실이니까요."

"그래, 한국인의 서양에 대한 자기비하는 그 역사가 꽤 길지. 근대화 초기 단계 이래로. 하지만 우리 윗세대의 개화파, 친서구파가 한국을 형편없이 여기고 서양을 이상화했던 것에 비하면 우리 세대, 그리고 자네 세대는 그런 콤플렉스로부터 훨씬 자유로워졌다고 볼 수 있겠어. 그런데 그런데도 여전히 서구에 대한 한국인의 콤플렉스가 완전히 치유된 건 결코 아니라는 말이야."

"콤플렉스라는 표현이 맞겠네요. 우리 건 왠지 후지고 촌스러운 것 같은 느낌, 서양 것 앞에서는 왠지 주눅이 드는 것. 근데 교수님께선 이제는 그 콤플렉스로부터 자유로워지셨나요?"

"흠…… 글쎄, 예전보다는 훨씬 더 자유로워졌다고는 생각하지만 진정으로 극복했는지는 아마 정밀진단을 해보기 전에는 확언 못 하겠는걸."

"해외에서 성공하신 교수님 같은 분이 그러실 정도면, 유학 같은 것 가본 적 없는 대부분의 한국사람이 이 역(逆)오리엔탈리즘 콤플렉스를 벗어날 길은 없을까요?"

"하하, 나도 여기 와서 가끔 욕먹는 게, 말할 때 영어를 너무 많이 섞어 쓴다는 거지. 내 딴엔 순우리말만 쓰려고 노력은 하는데, 이따금씩 그냥 튀어나오는 걸 어쩔 도리가 없어. 우리 동네에선 매일 그렇게 쓰고 생활하는 언어인지라."

"하하, 교수님 정도면 봐드릴 만해요.. 미국에 반년 연수 다녀온 주제에 한국어 기억상실증 걸린 것처럼 행세하는 사람들도 있으니까요."

오 교수는 다소 정색을 하고 말을 이었다.

"그래, 이 콤플렉스가 벗어나기 어려운 거라 해서 그걸 그냥 짊어지고 가야만 한다는 말은 성립이 안 돼. 자기비하가 심하면 우리 고유의 것들 중에서 좋은 것마저도 볼 수가 없게 되지. 우리의 교육전통인 유교교육에도 아마 좋은 요소들이 있을 거야. 그런데 그걸 볼 수가 없단 말이지. 또 콤플렉스가 지나쳐서 피해의식의 노예가 될 경우 그 반대의 현상이 일어나게 되지. 즉, 심리적 방어기제가 극대화돼서 자기이상화에 몰입한 나머지 우리 건 죄다 좋다는 과대망상에 빠지게 되는 거야. 유교교육만이 최고라고 믿게 되는 거지. 나는 이와 같은 양극단이 다 문제라는 말을 하고 싶은 거야. 극단은 우리의 시각을 매우 흐려놓거든. 그래서는 우리 자신도, 또 우리와 다른 타 문명도 결코 제대로 볼 수가 없어. 우리가 우리의 콤플렉스에서 자유로워져야만 해."

유진이 눈동자를 빛내며 답했다.

"네, 알겠습니다! 그러니까 이제부터 제가 해야 할 일은 서구에 대한 피해의식, 우리 것에 대한 자기비하감 등에 사로잡히지 않도록 노력하며 우리의 전통인 유교교육도 바라봐야 할 것이란 말씀이지요?"

"That's right!"

오 교수의 영어 답변에 유진이 응수했다.

"우리말 놔두고 영어를 자주 쓰시는군요."

"라이프스타일의 다양성을 인정해줄 수 없을까? Cultural diversity calls for the spirit of tolerance, you know(문화적 다양성이 톨레랑스 정신을 요청하잖는가)."

"로마에선 로마법을 따르셔야……."

과거로의 여행

어느덧 선선한 바람이 불고, 열기와 습기가 빠져나가 텅 비어버린 듯한 대기 속에는 청명한 가을 느낌이 차츰 짙어가고 있었다. 도서관에서 난생처음으로 논어를 펼쳐놓고 책장을 넘기고 있던 유진에게 오 교수로부터 전화가 걸려왔다. 비록 국역본이지만 고대의 경전을 들춰보고 있노라고 자랑스레 보고하는 유진에게 오 교수는 '출장'을 권유했다. 오 교수는 자신이 유학에 관해 문외한인 탓에 보다 깊이 있는 유교교육의 정수를 가르쳐줄 수가 없으니, 지방에서 한학을 가르치고 있는 자신의 오랜 지인들을 유진이 직접 찾아가 만나보라고 제안했다.

오 교수가 유진에게 만나고 오라 한 이들은 경상북도 안동의 후배와 전라남도 해남의 친구였다. 한학을 배운 적도 없고, 유학의 '儒' 자도 제대로 쓸 줄 모르는 유진이 잠시 한학자들을 만난다 하여 유교교육의 진수를 얼마나 파악할 수 있을까 내심 회의도 들었으나, 오 교수는 이번 여행을 일종의 효과적인 체험학습 기회 정도로 생각하고 있었다. 어차피 유진이 유학을 깊이 공부할 여유는 없는 만큼 몸으로 체험하고, 보고, 느낌으로써 단시간에 감성적이고 정서적인 차원에서나마 유학을 접해보는 효과를 기할 수 있으리라 판단한 것이었다. 정서적 체험이 인식작용을 고무하는 경우는 적지 않다.

스승의 제안에 처음에는 조금 망설여졌지만, 결국 유진은 이틀 뒤에 여행을 떠나기로 결정하고 오랜만에 준혁과 저녁식사를 했다. 아버지 일로 집안이 풍비박산이 난 이후로는 준혁도 윤아도 그리 자주 만나지 못하고 있었다. 아무리 열정이 식었다고는 해도 여자친구가 당한 불행을 나 몰라라 할 만큼 준혁이 의리 없는 남자는 아니었다. 준혁과 윤아가 뻗은 도움의 손길을 부여잡지 않은 것은 유진 자신이었다.

"한학자라구?"

식사 후에 차를 마시다 유진의 '출장' 소식을 들은 준혁이 상을 찌푸리며 물었다.

"세계적 수준의 학교를 짓는다더니 웬 한학자? '우리 것이 좋은 것이여'인가? 신토불이? 아니, 저 민족사관고 따라서 전통의상이라도 걸치고 조상의 얼을 되새기려고 그러나?"

푸코와 라캉을 중얼거리며 평소 동양의 유불선 전통에 대해 마뜩찮아 하는 준혁의 그런 반응을 예상 못 한 건 아니지만, 과하게 냉소적으로 유진의 트레이닝 과정을 무시하는 듯한 태도에는 그녀도 발끈했다.

"그래, 그러는 너는 한국사람 아니냐? 세계적인 학자인 오형모 교수께서 신토불이나 하자고 나한테 유교교육에 대해 알아보라고 시켰겠어? 책 좀 읽었다고 뭐 그렇게 잘난 척이야!"

게거품을 물고 쏘아대는 유진의 기세에 움찔하며 준혁은 자신의 언사가 다소 부적절했음을 눈치 챘다. 유진이 한번 성깔을 터뜨리면 감당하기 어렵다는 점을 익히 알고 있는 그는 짐짓 한 발 뒤로 물러서며 변명처럼 뇌까렸다.

"아니, 거 말이야, 내 말은, 한물간 유교에 대해 뭐 지방 출장까지 가며 알아볼 필요가 있을까 해서 한 말이지. 『공자가 죽어야 나라가 산다』는 책도 있고……."

자신 못지않게 한 성질 하고, 자기주장 강하기로 둘째가라면 서러워할 준혁이 퍼뜩 놀라며 꼬리 내리는 모습을 보고는 유진이 조금 수그러들었다. 아버지 사업이 망한 이후로는 준혁이 전과 달리 유진을 조심스러워한다는 것을 알고 있었다.

"오 교수님은 서양에서 인정받은 학자야. 그런 분이 권하는 것을 그렇게 고리타분하고 국수주의적인 것처럼 비아냥거리면 나도 불쾌하지."

예전 같으면 이 정도 일로도 대판 언쟁이 벌어졌겠지만, 20대 후반에 이르렀고 삶의 굴곡도 겪고 난 탓인지 둘은 대강 서로를 인정하고 타협할 수 있게 되었다. 그렇게 발끈하긴 했지만 유진도 전통적 유교교육에 대해 호의적인 태도를 갖고 있지 않은 건 마찬가지다. 동양과 한국의 개화와 발전의 발목을 잡고 서양의 과학기술력 앞에 굴복하게 만든 실패한 전통, 옛 한국 사회의 통합에 실패하고 교조주의적 가치관만을 고수하며 소수의 기득권 세력인 양반계층의 사회 장악을 위한 지배적 이데올로기 역할을 충실히 했던 반동적 사상, 그리고 여태껏 한국인들의 의식 저 밑에 잔존해 있으며 한국 사회와 문화의 개방과 성장에 걸림돌이 되고 있는 구시대의 유물……. 이런 것이 평소 유진이 유교에 대해 품고 있던 생각이었다. 그러니 유진이 자신의 비판적 발언에 화를 내는 것이 준혁에게는 의아하게 여겨질 수밖에 없었다. 그러나 두 사람은 대화를 통해 오 교수의 취지에 대해 어느 정도 공감을 이룰 수 있게 됐고, 그래서 전통탐구에 딱히 열의를 품게 된 것까지는 아니지만 한국 교육의 전통적 측면에 대해서 잠시 취재여 행을 떠나보는 정도로 간주하기로 했다. 속으로는 못내 유진의 지방행이 마뜩찮았던 준혁은, 혹시 시간이 나면 유진이 안동이나 해남에 머물 동안

한 번쯤 놀러가겠다고 했다. 몇 해 전만 같아도 꼭 자신이 보호자로 동행해야 한다고 고집을 피웠을 준혁, 그랬던 그가 이제는 아무런 간섭도 하지 않고 여자친구 홀로 떠나게 하는 모습을 보니 유진은 피식 웃음이 나왔다. 피차 이 정도가 편하다는 생각이 들었다.

이틀 후 이른 아침, 유진은 청량리역에서 안동행 무궁화호 열차에 탑승했다. 여행을 많이 다녀본 윤아의 권유대로 우측 열의 창가 좌석에 자리를 잡았다. 그래야 강줄기를 따라가며 멋진 풍경을 더 잘 감상할 수 있다고 했다. 이윽고 기차는 서울을 빠져나가 한가로운 강변을 따라 달리기 시작했다. 녹음의 절정을 지나버린 초가을의 삼림은 약간은 쓸쓸한 분위기를 풍기고 있었다. 옆 좌석은 비어 있었고, 창밖의 숲과 강물의 푸르른 풍경은 유진의 머릿속마저도 시원하게 비워주는 듯했다. 모처럼 갖는 한가한 시간이었다.

문득 철길을 따라 알 수 없는 세상으로 나아가고 있는 자신의 모습에 의문이 일었다. '나는 지금 어디로 향하고 있는 건가?' 자신이 어쩌다가 이 일에 투신하게 되었는지 새삼 따져보고 싶어졌다. 골치 아프게 매사 따지는 걸 워낙 싫어하는 타입이었는데, 그런 성향도 언제부턴가 조금씩 달라진 것 같았다. 어쩌다가, 왜 이 학교사업이란 걸 맡게 됐지? 나는 진정 왜 이 일을 하고자 하는 걸까? 삶에 대한 질문이 계속되고 있었다.

첫째 이유는 표면적인 것이다. 진성의 김 회장이라는 재력가가 보장해주는 현실적인 이점이 그것이다. 몇 해쯤 열심히 준비하고 고생 좀 해서 학교를 세우고 나면, 젊은 나이에 학원 이사장으로 등극하여 경제적으로나 사회적으로 남부럽지 않은 처지가 될 것이라는 점, 그 매혹은 유진에게 대단히 강렬했다. 그렇다면 돈과 지위가 자신이 이 일에 투신하게 된 동기의 전부인가?

꼭 그런 것 같지는 않다. 그녀는 애당초 지적인 허영심이 많은 여자다.

물질에 대한 소유욕보다도 지식과 학식에 대한 소유욕이 더 많았다고 할 수 있다. 물욕이나 지식욕이나, 둘 다 뭔가를 움켜쥐고 싶다는 소유욕구임에는 다름이 없다. 헌데 물질욕구가 물신숭배라는 단순한 행동양태로 표출되는 데 비해, 그래서 이른바 '명품' 기호 등으로 소박하게 표현되는 데 비해, 지식욕구는 보다 복잡한 양태로 드러나는 법이어서, 그 근원의 소유욕 자체를 은폐하기 위해 표면적으로 고상해 보이는 이상주의의 겉옷을 걸치는 경우가 많다. 그래서 '먹물'은 위선적이라고 보는 대중의 견해가 대개 정확한 것이리라.

유진은 자신의 지적 허영 그 자체는 인식하고 있었다. 그러나 그 허영의 기저가 천박한 소유욕에 불과하다고 여겨본 적은 없었다. 자신의 지적 욕구를 순수한 '정신적' 차원의 갈망쯤으로 간주하고 있었던 것이다. 따라서 이번에 학교사업에 투신하게 된 것도 사회경제적 이득이라는 동기 이외에 이상주의적이고 도덕적인 자아의 동기가 관련돼 있으리라는 추측이 일었다. 평소에 스스로를 이상주의자적 기질이 있는 인간이라 간주해온 유진으로서는 자신이 교육사업에 투신하게 된 이유를 그런 기질의 자연스러운 표출이라 짐작하는 것이 하등 이상할 게 없었다.

'그래. 현실적 성취에 대한 내 욕심과 이상주의에 대한 내 동경을 동시에 만족시켜줄 수 있을 일로 이 학교사업만 한 게 세상에 어디 있겠어?'

이렇게 생각하니 스스로 정리가 잘 되는 것 같았다. 현실과 이상의 조화로운 손잡음, 꿈을 좇으면서도 부귀영화를 누리는 것. 그야말로 지순한 예술을 추구하면서도 부유하고 안락한 삶을 즐기다 간, 현대의 예술사기(詐欺) 시대 이전에는 매우 드문 경우였던, 독일 작곡가 멘델스존과 같은 행운을 자신도 이번 생에서 누리게 되는 것 아닐까 하는 생각마저 들었다. 푸른 강물 저 너머에 활엽수 한 그루가 벌써 누르스름하게 변색해가고 있었다.

과연 이것이 석 달쯤 전에 자신의 정신 깊숙한 곳을 찔렀던 물음, '원래 하기로 되어 있던 바로 그 일'일까 하는 의문이 들었다. 오형모 교수의 지도를 받으며 하고 있는 작금의 공부에 유진은 전에 없던 열의를 쏟아 붓고 있었고, 이는 지난 학기까지만 해도 학점이나 챙기며 다니던 대학원 과정과는 딴판이었다. 바로 그 때문에 이 일이 자신의 '소명'임이 입증되고 있는 것 같았다.

'그래, 난 언제나 그래왔어. 머리도 그리 나쁘지 않고 게으른 것도 아닌데, 그런데도 어떤 일 하나에 진정으로 몰입했던 적이 없었어. 한 번도 꼭 하고 싶었던 그런 일거리를 발견했던 적이 없었어. 명문대를 졸업하고, 외국어 공부를 열심히 하고 그런 것들도 다 자존심 때문에 가능했던 거지, 내가 나를 바쳐서 공부를 하고 싶었던 적은 한 번도 없었던 거야. 그래서 지난봄에도 그렇게 무력감에 빠져들고 있었던 거야. 세상에 재미있는 일이 하나도 없는 것 같았고. 그런데, 그랬던 과거의 나에 비하면 지금의 나는 스스로 열중해서 재미를 느끼며 이 공부를 하고 있잖아. 누가 시켜서도 아니고, 학점이 나오는 것도 아닌데 말이지. 그렇다면 교육사업이야말로 정말로 나에게 맞는 바로 그 일일까? 나의 천직, 소명일까?'

전에 없이 몰입하고 있다는 것은 의심할 나위 없는 긍정적인 사인이다. 또 그 일이 현실적인 생활까지 보장해줄 거라는 데야. 바로 이러한 현실과 명분과의 정합성(整合性)이 이 일에 대한 유진의 의심을 중지시켰다. 뭔가 더 자문해볼 거리가 남아 있음을 느끼고는 있었다. 자신은 왜 언제나 무슨 일에도 무슨 공부에도 열정을 느끼거나 몰입해본 적이 없었던 건지, 그리고 왜 이번 일에는 전에 없이 몰입하고 있는 건지 아직 좀 더 질문해볼 여지가 남아 있음을 느끼고 있었다. 그러나 그럴 필요가 없어 보였다. 학교설립 사업을 열심히 추구하는 것이 현실적인 성취뿐만 아니라 이상주의적 명분 까지 만족시켜줄 만하다고 믿었기 때문이었다. 그래서 유진은, 쓸 만한 지능과 언어적 재능뿐만 아니라 풍족한 가정환경까지 갖추고 있던 자신이 어째서 세상의 그 어떤 일에도 열정을 못 느끼고, 오로지 '일류'만을 좇는 사회경제적이고 지적인 탐욕에 의해서만 동기부여되어왔던 것인지에 대해 더 깊은 질문을 제기하지 못했다.

유진의 더 깊은 의문 제기를 가로막고 있는 것이 또 하나 있었다. 그것은 자신의 이상주의적 '기호'를 지나치게 단순하게 교육사업과 연관시킨 것이었다. 집안이 몰락하기 직전, 자신에 대한 깊은 회의의 기운이 심상치 않게 모락모락 피어오르던 그 시점에 그녀의 내면을 가장 거세게 흔들었던 것은 죽은 보영에 대한 죄책감이었다. 그것은 자신을 가해자로, 보영을 피해자로 설정하고, 실천으로써 자신이 저지른 과오를 속죄해야만 한다는 일종의 도덕적인 심리 또는 의견이었고, 그 의견은 일견 이상주의적으로 보이는 교육사업이라는 것에서 매우 적합한 해소의 장치를 만난 것이었다. 그것이 유진의 표면 의식이 포착할 수 있는 자아성찰의 한계였다. 유진은 보영의 일에 자신이 왜 그렇게까지 분개하고 가슴 아파했는지 제대로 이해하지 못하고 있었다. 그것이 양심의 가책 수준의 감정이 아니라 깊은 무의식 차원에서 일어난 동질감의 발현이었다는 것까지는 눈치 채지 못하고 있었던 것이다.

이번 여행은 유진에게 어느 정도 자신의 내면을 성찰할 기회를 제공해주었다. 그녀가 더욱 깊은 자신의 내면으로 잠수해 들어갈 수 있기 위해서는 보다 더 철저히 혼자일 수 있는 여행이 필요할지도 모를 일이다. 무의식의 동기를 알아차린다는 것은 일상적인 방법으로는 불가능하기 때문이다. 최면이나 꿈의 분석, 또는 신비한 우연의 일치, 기적 등과 같은 비일상적 차원의 초자연적·초인지적 개입 없이 사람이 자신의 의식 밑바닥에 침전돼 있는 무의식의 비밀을 탐지하는 것이 가능한 일일까.

홀로 골똘히 자신의 내면을 분석하는 데 그다지 익숙지 않은 유진은 모처럼의 자성(自省)작업에 피로를 느껴, 기차가 충북 제천에 다다르기 전에 잠에 빠져들었다. 결국 한반도의 무의식과도 같은 충북과 경북 깊숙한 내륙의 산맥 사이를 뚫고 나아갈 동안 줄곧 잠들어 있다가, 기차가 영주에 정차할 때가 돼서야 눈을 떴다. 얼마 후 점심 무렵 지나 기차는 안동역에 도착했다. 유진은 커다란 배낭을 둘러메고 역의 플랫폼을 빠져나갔다. 지방 여행이라고는 강원도의 유명 관광지와 제주도밖에 다녀본 적이 없는 유진에게 안동이라는 소도시는 새로운 느낌으로 다가왔다. 한가로이 오가는 차량과 행인들, 그리고 그다지 붐비지 않는 자그마한 거리의 모습이 생소했다. 제 나라 안의 소도시가 마치 유럽 여행 때 잠시 들렀던 이탈리아나 프랑스의 시골마을처럼 이국적으로 느껴졌다. 타국의 시골마을과는 비할 수 없는 지리적인 인접성에도 불구하고, 서울 사는 도시인의 삶의 방식과 지방의 고을에 사는 이들의 그것 사이에 존재하는 문화적 거리감은 결코 작지 않은가 보다. 서울의 도심에서 생활하는 젊은이들은 경북 안동의 삶의 모습보다는 뉴욕이나 파리의 '라이프스타일'에 더 친근감을 느낄지도 모르겠다.

역전에서 잠시 낯설은 고을을 둘러보고 나서 시내관광 지도를 살펴보고 있는 유진에게 한 여성이 다가왔다.

"서유진 씨 맞지예?"

유진이 돌아보니 아담한 체구의 30대 여성이 밝게 웃으며 자신을 쳐다보고 있었다.

"네……."

자신을 마중 나와줄 사람이 있을 것이라고는 유진은 생각도 못했다.

"예, 저는 진성유통의 안동지사 직원입니다. 본사에서 귀한 손님이 오시니 안내를 부탁한다고 연락이 왔어예. 되게 멋지시네예. 서울 아가씨라 역시 이쁘고 늘씬하시네예."

유진은 고개 숙여 인사하고 그녀를 따라나섰다. 간편한 청바지와 보라색 셔츠에 배낭을 지고 야구 모자를 쓴 차림이었으나, 큰 키에 긴 머리를 늘어뜨린 유진의 모습은 안동 역전에서 행인들의 이목을 끌었다.

여직원의 안내로 잠시 시내를 돌아보고 안동 명물인 헛제삿밥으로 점심 식사를 한 뒤에, 두 사람은 승용차를 타고 시가지를 빠져나와 10여 분을 달렸다. 이윽고 차는 전면에 꽤 넓은 밭과 뒤편으로 나지막한 구릉을 끼고 있는 조용한 기와집 앞에 멈춰 섰다.

"여기가 이 고장에선 꽤 이름난 글방이라예."

차에서 내린 유진은 다변에 쾌활한 여직원에게 깊이 고개 숙여 감사를 표하고 헤어졌다. 고택의 대문 앞에 다가서니 막상 어떻게 집 안으로 들어가야 할지 감이 잡히지 않았다. 딱히 초인종이 보이지도 않으니 나무 대문을 노크해야 할지, 아니면 '이리 오너라' 하고 소리쳐야 할지……. 그때 안채에서 문 열리는 소리가 들렸고, 곧 주인이 뜰을 가로질러 대문 쪽으로 다가오는 기척을 느낄 수 있었다. 차 한 대 다니지 않는 조용한 농촌마을에 차가 멈춰 섰다 떠난 것을 안채에서도 감지할 수가 있었던 모양이다. 주인이 거의 문 가까이 다가왔을 때 유진이 나지막한 소리로 입을 뗐다.

"계십니까?"

곧 문을 열고 밖으로 나선 40대쯤의 사내는 마른 체구에 기다란 머리채 하나를 뒤로 묶고 있었는데, 눈빛이 날카로웠다. 유진은 한눈에 그가 오교수로부터 소개받은 송주황이라는 한학자임을 알 수 있었다.

"서유진 씨지요? 오형모 선배님한테 얘기 많이 들었습니다. 여기 주인인 송주황입니다. 어서 오이소."

사내는 엄격해 보이는 인상과는 달리 상냥한 미소로 유진을 맞아주었다. 시골에 파묻혀 사는 괴짜 훈장이라기에 괴팍한 사람이 아닐까 긴장했던 유진은 그의 밝은 미소를 보자 긴장을 풀 수 있었다. 인사를 하고 주인을 따라 문 안으로 들어갔다. 뜰 한쪽으로 수초가 무성한 자그만 연못에 비단잉어가 몇 마리 노닐고 있고, 뜰 한복판에는 50센티미터쯤의 높이에 폭이 2미터도 채 안 되는 작은 화단이 큼지막한 암석에 둘러싸여 자리를 잡고 있었다. 화단에는 맨드라미와 백일홍, 채송화 등과 함께 들꽃 몇 송이가 울긋불긋 피어 있었다. 한학자라 해서 고고하게 난이나 대나무 숲을 끼고 있지 않을까 기대했지만 정원은 수더분하고 서민적이었다. 한쪽에는 상추도 이삼십 포기 심어져 있었다. 기와집 중앙의 대청마루로 유진을 안내한 집주인은 잠시 마루 옆에 붙어 있는 부엌으로 들어가더니 쟁반에 찻잔을 받쳐 내왔다. 유진은 만난 지 1분도 안 되어 이 한학자라는 사람이 털털하고 편안한 타입의 남자임에 틀림없다고 확신했다.

"이 먼 경상도 산골까지 오시느라 고생 많았지요?"

투박한 찻잔에다 차를 따르며 주인이 물었다. 잘 발달된 교통수단이 사통팔달로 국민들을 실어 나르는 요즘 여행길이 딱히 고생스러울 이유도 없건만, 주인은 그저 친절한 말 건네기를 하고 있을 따름인 듯했다.

"아, 혼자 기차 타고 오다 보니 심심해서 한참 졸았어요. 꾸벅꾸벅 졸다 보니 어느새 도착이던걸요."

새침해 보이는 도회의 아가씨가 말하는 품새가 생각 외로 소박하다는 것을 감지한 주인은 마음에 든다는 표정으로 대화를 이끌기 시작했다.

"오형모 교수님과는 20년 넘게 행님 동생하며 지내는 사입니다. 행님의 귀한 제자님이시니 내 귀한 제자님이나 다름없지요, 머. 유진 씨가 예서 얼매나 공부에 도움을 받을 수 있을지는 알 수 없지만, 암튼 계시는 동안 맘 편히 잡숫고 계시다 가이소."

주인 말대로 맘을 편히 먹은 유진은 그와 차를 나누며 궁금한 점들에 대해 묻기 시작했다. 송주황은 오형모 교수가 대학원생으로 당시의 이른바 '언더 서클' 후배들을 이론적으로 지도할 때 친해진 후배였다. 이후 오교수가 도미하여 서구 학문의 정수를 파고들었던 데 비해, 송주황은 대학 졸업 후 출판업 등을 전전하다가 30대 초반에 낙향, 본가에 틀어박혀 유학경전 공부에 몰입했다 한다. 40세에 이르러서는 주위에 하나둘씩 문하생들이 모이기 시작하더니, 현재는 5~6명의 학생들에게 한문 문리(文理) 강습을 제공하고 있으며, 인근지역의 대학에도 지속적으로 출강하고 있었다. 그는 이 정도로 겸손하게 자신을 소개했지만, 오 교수가 일러준 바에 의하면 송주황은 소싯적부터 조부에게서 정통 한학을 수학하여 유학의 깊이가 대단한 수준에 도달한 '강호의 고수'로 명성이 자자하다는 것이었다.

서울대학교씩이나 졸업해서 마음만 먹었더라면 훨씬 '잘 나갈' 수 있었음에도 불구하고 이 사람은 뭣 하러 이 촌구석에 틀어박혀 케케묵은 옛날 책이나 파고 있었던 것일까. 유진으로서는 쉬 이해할 수 없는 괴이한 일이 아닐 수 없었다. 유진이 자신의 이야기를 경청하고 있으면서도 속으로는 이와 같은 의아함을 품고 있음을 얼마간 눈치 챈 것인지, 송주황은 슬며시 미소를 띠며 이렇게 말했다.

"물 맑고 공기 좋고 인심 좋은 고향땅에서 성현들의 귀한 말씀이나 읽고 앉았으니, 이보다 더 늘어진 팔자 어디 있겠소? 오 교수께서도 와보시고 참으로 부러워하시더이다."

"어머, 오 교수님께서두요?"

의외라는 듯 놀라는 유진의 눈동자를 바라보며 송주황은 빙그레 웃기만 했다.

유진은 잠시 후 외출에서 돌아온 송주황의 아내와 인사를 나누고, 학교 다녀온 그의 어린 딸들도 만났다. 식구들이 모두 유진을 환대했는데, 특히 순진한 딸들은 서울에서 온 세련된 언니에게 홀딱 반한 모습이었다. 저녁 무렵에는 문하생들이 모여서 네 시간여 동안 사기(史記)를 함께 강독하는 모습을 참관했다. 그들은 4학기째 공부하고 있는 대학원생들이라 했다. 송주황이 강독하는 모습은 엄격하기 그지없어, 그의 강직한 외모의 기상이 그대로 나타났다. 학생이 독해를 얼버무리는 경우에는 가차 없이 매서운 지적이 가해졌다.

"오직 직독 직해만이 있을 뿐이다. 어림짐작하려 들지 마라. 자네들 지금 몇 해째 이 공부를 해오고 있나? 이건 낭만이 아니야! 정신의 칼을 갈아!"*

보통 깐깐한 스승이 아니었다. 유진은 늘 인자한 오형모 교수를 떠올리고는, 이 엄한 선생으로부터 자신 같은 한학의 일자 무식쟁이가 무엇을 어떻게 배워갈 수 있을지 도무지 아무 생각이 떠오르지 않았다.

학생들도 다 돌아가고 아이들도 잠자리에 든 밤 11시경, 송주황 내외가 유진을 대청으로 불러 차 한 잔을 권했다. 9월 중순에 이미 가을 느낌을 주는 선선한 바람이 툇마루 위로 불어오니 유진의 드러난 팔에 소름이 돋았다. 송주황이 말했다.

"형모 행님한테 대충 얘기를 들어서 감을 잡고 있습니다. 유진 양은 유학 쪽으로는 친숙하지 않다고요. 뭐, 그건 형모 형도 고만고만합니다. 허나 그 양반은 꽤 착실하게 나름대로 노력을 했지요. 그래서 사서 강독도 여러 번 하셨는데, 그래도 신유학이라는 성리학까지는 아직 진도가 못 나갔을 거라. 그래, 두 분께서 뜻을 품고 훌륭한 학교를 세울 생각이라던데, 우리 성리학의 가르침 중에 귀 기울여볼 바가 아마 적지 않을 거요. 이런 공부에 속성과정 같은 게 있을 수 없는 법이지만, 어디 짧은 시일 안에 성리학적 교육사상이란 걸 한번 정리해봅시다."

네 시간여 강독을 지도했음에도 송주황은 조금도 피로한 기색을 비치지 않고 깊은 밤의 깊은 학문적 대화를 시작했다. 그의 아내는 말없이 곁에

---

* 이 같은 표현은 송주복, 『朱子書堂은 어떻게 글을 배웠나』(청계, 1999)에 등장하는 저자의 표현을 그대로 빌려 쓴 것이다. 등장인물 '송주황'의 이름은 '송대의 주자학을 가르치는 이황의 후예'라는 의미로 지은 것이다.

앉아 차를 우려내고 있었다. 유진은 그들의 수고와 배려에 대해 고마움을 표하고 공손히 성리학에 관한 설명을 경청하기 시작했다. 아까 기차간에서 낮잠을 자둔 덕인지, 어려운 얘기에 눈꺼풀이 금세 무거워지지 않는 것이 다행이었다.

성리학 마음공부

송주황은 기(氣)의 총체인 인간의 마음에 우주의 근본원리인 리(理), 또는 이황에 따르자면 인(仁)한 본연지성(本然之性)이 내재돼 있으며, 이 본연지성을 밝히는 경(敬)의 방법을 성리학이 강조해왔음을 설명하는 데 시간과 공을 들였다.[4] 그리고 유진을 물끄러미 바라보았다. 유진은 송주황의 아내가 내준 귤을 먹으며 이야기를 듣고 있었다. 귤 한 쪽을 먹다가 그것 먹기를 다 마치기도 전에 무심코 그 다음 조각 하나를 또 집어서 입에 넣곤 했다. 송주황이 유진에게 말했다.

"밀감 다 자시고 나서 이야기 들으시소."*

그 말을 들은 유진은 당황했다. 귀한 가르침을 들으며 불손하게 귤이나 우적우적 씹고 있었던 것이 이 엄격한 유학자를 화나게 했다고 생각했던 것이다. 그러나 송주황은 화가 난 것이 아니었다.

"내 이야기를 들으며 밀감을 자시면 어디 밀감 맛을 느끼겠소?"

송주황은 인자하게 웃음 지으며 그리 말하는 것이었다.

"밀감 먹을 때는 밀감 먹는 데만 집중해야 내가 밀감과 나눌 수 있는 경험의 최대치를 맛볼 수 있다 아닙니까. 자, 어디 한번 밀감 먹기에만

---

* '귤 까먹기'의 예화와 아래에 등장하는 '설거지 수행'의 예화는 베트남 출신 승려 틱낫한의 일화에서 빌려온 것이다.

자신을 완전히 바쳐보이소."

그러면서 송주황은 자신도 귤 한 쪽을 집어 입에 넣고 천천히 음미하듯 씹어서 삼켰다.

"자, 요게 제대로 밀감을 먹는 방법입니다. 이게 바로 '경'이라는 거요."

유진은 그제야 송주황의 의도를 이해했다. '성리학에서 그토록 강조한다는 '경'이란 게 바로 이런 것이로구나.' 유진은 자신도 따라서 귤 한 조각을 입에 넣고 음미해보았다. 귤이 혀에 닿는 촉감, 한 번 씹었을 때 배어나오는 풍부한 과즙의 느낌과 맛, 입 안에서 흩어져 퍼지는 알갱이와 조금 질긴 듯한 섬유질의 미끈거림……. 확실히 아까 이야기를 들으면서 무심코 먹었을 때와는 비교할 수 없을 만큼 귤의 맛을 느낄 수 있었다. 아니, 단순히 귤의 맛에서 그치는 것이 아니라 귤이 자신에게 줄 수 있는 종합적 감각 체험의 최대치를 맛보고 있는 기분이 들었다. 지금 이 순간 귤을 씹고 있는 살아 있는 자신의 존재를 느꼈다. 유진의 입에 슬며시 미소가 감돌았다. 그녀를 바라보고 있던 송주황도 미소를 지었다.

"금세 아시네. 과연 저 오만한 오형모 교수가 추천한 인재답구먼."

이런 것을 불교에서 말하는 염화시중의 미소라 할 수 있을까. 귤 하나를 나눠 먹으며 유진과 송주황은 대수롭지 않아 보이는 일상의 활동이 선사할 수 있는 심오한 이해를 나눌 수 있었다.

"우리 이 밀감 다 먹고 나서 또 이야기헙시다. 그러믄 요 이야기가 우리한테 줄 수 있는 복의 최대치를 또 경험할 수 있을 것이오, 허허허."

"네, 선생님. 세상의 온갖 일에 '경'할 수가 있는 거로군요. 귤 먹기에 '경'하고, 대화에 '경'하고, 공부에 '경'하고……. 그렇게 모든 일에 '경'할 수만 있다면 정말 최고의 삶을 누릴 수 있겠네요."

"맞습니다. 단, 우리가 복잡한 기의 통합체인지라 툭하면 '경'을 까먹어버리는 거 그게 문제요."

생각해보니 교육수준이 높아질수록 한 번에 한 가지에만 집중하는 것이 어려워지는 것이 이 시대의 대세인 것 같았다. 학력이 높아질수록 할 일들이 많아서, 한 번에 여러 가지 일들을 동시다발적으로 처리하는 멀티태스킹 능력을 요구받는다. 컴퓨터 자판을 두드리며 전화를 받고, 회의하며 서류를 검토하고, 음악을 들으며 조깅을 하고, 밥을 먹으며 신문을 읽는다. 과연 이런 멀티태스킹을 통해 해낸 일들의 성과가 만족할 만할까? 유진은 의심이 일었다. 오히려 한 번에 하나씩 집중해서 할 때 짧은 시간 안에 더 높은 품질의 산출물을 내놓을 수 있는 게 아닐까? 그러나 그렇다 해도 요즘 같은 세상에 그렇게 느긋한 자세로 살기는 어렵다. '경'을 실천하려면 대단한 의지가 필요하겠다.

생전 처음으로 매우 정성스레 귤을 먹고 있는 유진에게 문득, 행복하게 아이스크림을 빨아먹고 있던 조카의 얼굴이 떠올랐다. 다섯 살짜리 아이가 아이스크림 하나에 얼마나 집중하고 있었던가. 온 세상에서 그 무엇을 준다 해도 바꿀 수 없는 최상의 시간을 누리고 있던 어린아이의 행복한 표정. 아이는 아이스크림에 '경'하고 있었던 것이다. 그렇다면 어른의 복잡한 머릿속보다는 천진한 동심에 가까운 마음상태가 '경'하기를 가능케 하는 조건일지도 모르겠다는 생각이 들었다.

"경의 주일무적(主一無適)이란 개념을 영어로 'mindfulness'라 합니다. 마음이 이짝저짝으로 돌아다니게 하지 않고, 한 가지 일로 마음을 가득 채우는 일이란 뜻이지요. 우리 삶 속에는 우리가 '경'할 수 있고 '경'해야 할 일들이 엄청나게 많아요. 특히 사소한 일상이 그래요. 예를 들어 누구나 하기 싫어하는 일상의 잡일 중에 설거지나 청소 같은 게 있지요. 만약 내가 설거지하기를 싫어한다면, 나는 설거지를 하기 전부터 기분이 나빠질 겁니다. 그래서 미루고 미루다가 마지못해 할 수 없이 설거지를 시작하겠지요. 그렇게 설거지를 하는 동안은 내내 이 일을 빨리 끝마치고 하게 될 더 재미있는 일거리에 대해서만 생각하고 있을 겁니다. 빨리 하고 텔레비전 봐야지 하는 식으로요. 자, 이렇게 설거지를 대할 경우, 우리는 설거지를 하는 시간 동안은 살고 있지 않은 것이나 마찬가지인 겁니다. 그 시간은 우리 삶에서 부정된, 즉 지워진 시간이고, 우리는 미래에 뭘 할까를 생각하며 미래를 살고 있는 거니까. 그렇게 지워진 순간이 우리 삶 속에 얼마나 많은지 한번 생각해보세요! 엄청나게 많죠! 그러니 우리가 그 순간들 하나하나에 '경'한다면, 그 모든 순간을 제대로 살고 있는 셈이지요. 그래서 설거지에도 '경'할 필요가 있습니다.

몇 십 년 전만 해도 더운 물이 안 나왔지요. 그땐 겨울에 설거지하는 게 고역이었다 아닙니까. 근데 이제는 이렇게 편리하게 따뜻한 물이 나와서 설거지를 도와주는군요. 그래서 나는 따뜻한 물로 그릇 닦는 게 행복하답니다."

송주황은 설거지에 '경'함을 통하여 자신 속에 항상 내재돼 있었으나 알지 못했던 '리'를 깨달은 적이 있다 했다. 그것은 설거지하고 있는 자신 안에 가족에 대한 사랑이 숨어 있다는 것을 알아본 순간이었다 한다. 참다운 자신은 실은 가족을 사랑하기 때문에 설거지를 해왔음에도 불구하고, 표면의 자아는 그것을 알지 못하여 설거지라는 '잡일'을 싫어하기만 했다는 말이다. 자비로운 '리'는 일상의 구석구석에 숨어 있었다.

송주황이 가르쳐준 성리학은 추상적인 주리론(主理論)과 주기론(主氣論) 사이의 논쟁이 아니었다. 그것은 기의 결정체인 인간이 자신의 하루하루를 최상의 자기로 살아갈 수 있도록, 그리하여 자신 안에 숨겨진 선한 '리'를 밝힐 수 있도록 구체적인 도움을 주고자 하는 실용적인 학문이요, 수행방법이었다. 우리가 오래도록 잊고 지내온 이 고대의 전통은 '경'이라는 탁월한 전략을 채택하고 있었으니, '경'함으로써 '리'를 탐구하는 이 자세를 거경궁리(居敬窮理)라 하였다.

송주황의 글방 겸 사택에서 유진은 벌써 세 밤을 보냈다. 송주황은 첫날 심야의 강의에서처럼 성리학의 가르침과 공부방법에 대해 틈틈이 개인교수를 해주었다. 한학에 무지한 그녀였지만 성리학의 주요 교재인 『소학(小學)』, 『성학집요(聖學輯要)』, 『심경(心經)』, 『맹자(孟子)』 등에서 송주황이 발췌해준 메시지는 꽤 흥미롭게 다가왔다. 그러나 유진이 사나흘 이곳에 머물며 가장 깊은 인상을 받은 것은 성리학의 이론이나 가르침이 아니라 현대의 성리학자인 송주황의 삶의 모습이었다. 이른 아침부터 집안일과 밭일을 시작하는 그는 공부하다가 어린 딸들과 놀아주고, 아내와 집안 대소사를 처리한 후 부부가 함께 산책도 나가고, 문하생들을 맞아 수업을 이끌고, 그러고 나서 또 책을 읽었다. 유진이 보기에 최소한 그는 남성우월주의를 고수하며 변화를 외면하는 유림 수구파의 일원이 아닌 것은 분명했다.

또 하나 무엇보다도 분명한 것은, 그가 많은 일을 분주히 하며 살고 있는 것처럼 보임에도 불구하고 그 삶이 매우 조용하고 또 평화롭다는 사실이었다. 지극히 성실한 그의 삶은 고요하기 그지없었다. 며칠간 옆에서 그 모습을 보고 나니 고요가 곧 평화임을 느낄 수 있었다. 그의 평화로운 삶은 그의 마음의 고요함에서 우러나온 것이라 짐작할 수 있었다. 마음의 고요를 유지할 수 있는 것은 그의 마음공부의 효험이 뛰어나기 때문이리라. 송주황의 일상을 곁에서 목격하고, 유진은 고요와 평화를 선사하는 성리학적 수행방법의 효능을 긍정하게 되었다. 그러나 유진은, 이유를 꼬집어서 말할 수는 없지만, 자신이 그런 삶을 따라서 살지는 못할 것이라는 생각이 들었다. 자신이 '수행자'로서의 삶을 산다는 것은 상상하기가 어려웠다. 다만 그런 삶의 방식이 분명히 가치 있고 아름다운 것임을 인정했을 뿐.

셋째 날에는 송주황의 식구들과 인근의 병산서원으로 나들이를 갔다. 화창한 초가을날 오전, 병산서원으로 가는 길옆에는 맑은 햇살을 가득 담아 눈부시게 빛나는 강물이 굽이쳐 흐르고 있었다. 유성룡의 위패를 모시고 있는 병산서원은 낙동강 지류 강변에 위치해 있었는데, 유명한 도산서원과는 달리 주변이 개발되지 않아 진입로마저 비포장도로인 채로 남아 있었다. 그래서인지 찾는 이가 적어 조용했고 조선 건축물의 옛 자취를 많이 간직하고 있었다. 송주황은 어릴 때부터 이곳을 자주 찾았다. 그에게는 기쁠 때나 슬플 때나 변함없이 안식을 주는 장소였다. 어느덧 불혹을 넘기고 다시 찾아와 보니, 스스로 체득한 것이라 여겼던 지행병진(知行竝進)의 지혜가 어쩌면 서애 유성룡이 물려준 것일지도 모르겠다는 생각이 들었다. 자신이 공부하여 터득한 내용을 애써 삶 속에서 구현하려 하지[知行合一] 않아도 삶 속의 행함은 알아서 펼쳐지곤[知行竝進] 했다. 앎과 실천을 일치시키려 애쓰고 노력했을 때는 일치는커녕 양자 사이의 간극만 더 벌어지는 일들이 많았지만, 앎 그 자체에만 자신을 바치자 삶 속의 예상치 못했던 부분에서 그 앎의 실천이 일어나곤 했다. 이는 다소 신비스러운 느낌을 주는 경험이었다. 그 때문에 자신이 나이를 먹을수록 주자와 퇴계를 더더욱 따르게 된 것인지도 모른다는 생각이 들었다.

송주황 내외가 강변의 모래밭을 천천히 걷는 동안, 그의 두 딸은 유진의 손을 하나씩 잡고 깔깔거리며 뛰어다녔다. 아이들은 티 없이 맑고 순박했다. 학원과 과외에 찌든 도시의 초등학생들과는 딴판인 이 소녀들은 학교를 마치고 난 후에는 대부분의 시간을 자유로이 보냈다. 1주일에 두 번씩 시내로 피아노 교습을 받으러 다녀오는 것과 아버지로부터 한자공부 지도를 받는 것이 그들의 학교 밖 '사교육'의 전부였다. 비록 주변의 또래들에 비해서는 책을 많이 읽는 편이었지만, 그들의 자유시간은 '공부'와는 거리가 먼 활동으로 가득 차 있었다. 집의 뜰, 그리고 주변의 벌판과 야산을 헤집고 다니며 뛰어노는 것이 그들 활동의 대부분이었다.

유진이 두 아이에게 도대체 뭘 하며 그렇게 재미있게 노느냐고 물었더니, 아이들은 이루 헤아리기 어려울 정도로 많은 놀이들을 그칠 새 없이 줄줄

대는 것이었다. 나무에 오르기, 새알 찾기, 다람쥐 쫓기, 냇물에 발 담그기, 가재와 물고기 잡기, 철 따라 야생화 모으기, 흙 파서 땅강아지 잡기, 닭 모이 주기, 토끼 풀 뜯어다 주기, 강아지와 달리기 시합하기, 곤충 채집, 봄이면 나물 캐기, 여름이면 멱 감기, 가을이면 밤 구워 먹기, 겨울이면 썰매타기……. 엄청나게 다양한 놀 거리가 시골마을에 숨어 있다는 것을 유진은 처음 깨닫게 됐다. 그러나 외국인에게 영어회화 교습을 받고 스포츠 센터에서 버터플라이 영법을 훈련받는 자신의 조카들과 비교해보니, 송주 황의 딸들은 거의 방치된 것처럼 보였다. 유진 자신도 초등학생 시절부터 바쁘게 이런저런 과외교습을 받았다. 아이들끼리 강물에 돌 던지기 놀이를 하는 동안 유진이 그들의 부모와 대화를 나누었다.

"두 분께선 애들 교육문제는 별로 고민하지 않으시는 것 같아요. 서울의 부모들은 교육이 제일 큰 고민거린데."

송주황의 아내가 웃으며 답했다.

"호호, 그렇게 보이지요? 그럼 다행이네. 실은 우리도 고민 많은데……."

그러나 송주황은 아내에게 동의하지 않았다.

"고민이라……. 애들 건강하고, 밝고, 공부 자알 하는데 무슨 고민이 그리 많을꼬?"

그의 아내는 여전히 웃는 표정이었다.

"애 아빠는 공부만 하는 사람이라 세상 돌아가는 거 잘 모릅니다. 서울사 람들, 돈 그렇게 많이 들여서 애들 교육시키는 게 다 탐욕 때문에 그러는 거라잖아요. 제 자식들 일류로 공부시켜 보겠다는 게 뭐 그리 탐욕스러운 거라고, 호호."

산들거리는 강바람에 머리카락을 휘날리며 서 있던 송주황이 말했다.

"유진 씨, 그래서 우리에게 마음공부가 필요한 거 아니겠소? 이 시대의 바쁜 도시사람들이 자신의 진정한 마음이 무엇을 원하는지를 잘 알고 있다고 보시오? 그래, 사교육 많이 받고, 해외연수도 다녀오고, 그래서 일류대 나와서 일류 직장에 취직했다 칩시다. 그것이 인생의 성공인가요? 그것이 과연 자신의 진정한 맘이 원하는 것이었을까?"

유진은 뭐라 답해야 할지 얼른 생각이 떠오르지 않았다. 그러나 사흘간 일종의 세뇌를 당한 탓인지, 마음을 바루는 것이 문제의 요체라는 송주황의 말은 이해할 수가 있었다.

"선생님께선 바로 제 얘기를 하고 계신 것 같네요. 저 역시 제 진짜 마음이 원하는 게 뭔지 몰랐어요. 아니, 지금도 잘 몰라요."

"지금의 유진 씨의 삶을 만들어준 것이 유진 씨의 마음입니다. 그 마음을 바로 알면 삶이 훨씬 본령에 가까워질 겁니다."

"선생님께서 가르쳐주신 대로, 내 마음이 단순히 삶에 반응할 뿐만 아니라 바로 삶을 만들고 있다는 걸 알겠어요. 그 마음을 장악해야 내 앞의 세상과 삶을 변화시킬 수 있겠죠. 그런데 내 마음을 알기가 어려워요. 나의 진정한 마음이 진정한 나 자신이겠죠? 그런 걸 얼마나 많은 사람들이 찾아냈을까요. 그런 걸 찾는 게 중요하다고 생각이라도 하는 사람이 얼마나 될까요."

"중요한 건 자기 스스로 찾아내는 데 있지요. 그러려면 혼자서 찾을 힘과 능력이 있어야 합니다. 내 보기에 우리나라의 현대 교육은 학생들한테 그런 힘과 능력을 길러주지 못하고 있습니다. 그래서 나는 내 아이들이 학교에서 전수받지 못하는 그 힘과 능력을 스스로 키울 수 있도록 도와주고 있는 거지요. 내 딸내미들은 이미 참된 자신의 마음을 조금씩 발견해가고 있습니다. 영어 유창하게 하는 것과 비할까."

"저도 제 마음을 제대로 알아야 하겠다는 점은 이해할 수 있겠어요. 하지만 마음을 잘 알아낼 수 있는 좋은 방법이 뭐가 있을까요? 특히 프로이드가 말하는 무의식 같은 경우, 내 마음 밑바닥의 무의식을 어떻게 알 수가 있을까요? 선생님은 성리학에서 그런 방법도 알아내셨나요?"

"마음을 지배하는 무의식에 '대해서' 분석하고 연구만 하는 서양의 심리학과 성리학은 완전히 달라요. 나는 정신분석학의 해석은 인정해도 그 치유방법에는 동의 안 합니다. 성리학에서는, 무의식에 대한 두려움이 지나쳐서 오히려 무의식의 지배력을 키워주게 되는 프로이드식의 우를 범하진 않습니다. 그리고 의식-무의식을 구분하기 이전에 일상 속에서 전체로서의 마음을 건강하게 만드는 적극적인 실천을 중시하지요. 물론 무의식에 해당되는 마음의 어두운 측면을 성리학에서도 경계합니다. 율곡 선생도 혼자 있을 때를 경계하라고 늘 강조했는데, 이는 주자학뿐만 아니라 고대 유교에서 이어져 내려온 근독(謹獨)의 가르침을 강조한 거죠. 근독이란 단순히 한 개인이 홀로 있을 때만이 아니라, 그가 자기 내면의 은밀한 구석을 대할 때의 자세를 가리키고 있다고 나는 봐요. 내면의 은밀한 구석, 즉 무의식에 대한 경계심을 유학도 강조했단 말이죠.

그러나 성리학자라면 삶 속에서, 일상 속에서 무의식적 차원을 '내 마음의 뒤뜰' 정도로나 대해주지 않을까 싶군요. 그래야 무의식이란 놈한테 포박당하지 않을 수 있겠죠. 고놈을 무시해서도 안 되겠지만, 그렇다 해서 무의식이란 놈을 바라보고만 있으면서 두려움에 사로잡히는 것도 똑같이 어리석은 일입니다. 애초에 아이들을 어릴 때부터 무의식적 억압의 희생양이 되지 않도록 키우는 것이 중요해요. 그런데 요즘 세태는 그 반대죠. 아이의 원초적이고 건강한 심신의 욕구들이 일단 철저히 억압당합니다. 당연히 무의식 안에 축적된 불만은 아이들이 커가면서 여기저기서 하나 둘씩 터져 나오겠지요. 이렇게 성인이 돼버린 아이는 정말로 무의식이란 괴물로부터 해방시키기가 어려워지고 말아요."

어영부영이나마 심리학 공부를 했던 유진으로서는 송주황이 정신분석학적 접근방식을 지나치게 폄하한다는 생각은 들었지만, 그의 성리학적 접근방식이 경청할 만하다는 생각도 들었다. 그러나 이런 생각도 들었다. 무의식은 우리가 좋아하건 말건 어차피 존재하고 생성되는 그 무엇이다. 인간이 매순간 오감을 통해 수집하는 수백만 건의 정보 가운데 극소수만이 의식에 의해 포착되고, 나머지 대부분은 무의식에 축적돼버린다. 그러므로 의식되지 않은 정보가 형성하는 무의식의 크기는 어차피 거대하며, 그것의 의식에 대한 지배적 영향력은 부정할 수 없다. 무의식은 유학에서 취급하듯이 '뒤뜰' 정도가 아닐 것이다.

게다가 그의 말대로 어릴 때부터 아이들이 무의식적 억압의 피해자가 되지 않도록 양육한다는 게 말은 좋지만, 지금 세태로 봐선 거의 실천 불가능한 일 아니겠는가. 그렇다면 이미 무의식적 억압의 폐해를 겪으며 자란 다수 성인들을 치유해주는 일 또한 급선무 아닐까? 혹시 유진 자신도 무의식적 억압의 피해자일 가능성은 없는 것일까? 얼마 전까지만 해도 딱히 하고 싶고 열정을 바치고 싶은 일 같은 게 전혀 없지 않았는가. 그런 원인불명의 의욕부진 증상은 혹시 무의식 차원에 기인한 문제는 아닐까?

생각이 점점 복잡해지는 것 같아 골치가 아픈 유진은 머리를 흔들고 주변의 아름다운 풍광이나 즐기기로 했다. 서원 건물들의 비현대적이고 비직선적인 골격을 감상하며 일행은 서원 뜰을 천천히 거닐었다.[5] 이미 여러 번 와서 이곳과 친숙한 아이들은 자기들끼리 서원의 뒤뜰 쪽으로 뛰어가 버렸다. 마치 무의식 따위는 두렵지도 않다는 듯이.

송주황은 자연과 벗하여 딸들을 키울 수 있음을 안동 생활의 크나큰 장점으로 꼽았다. 호연지기(浩然之氣)를 조장하는 성장환경이야말로 아이들이 진정한 자신을 찾을 수 있는 중요한 배경조건이라고 믿기 때문이다. 어린 소녀들의 해맑은 미소를 바라보며, 유진은 다시 한 번 '강남'에 살고 있는 조카의 얼굴을 떠올려보았다. 창백하고 약간은 불만스러워 보이는, 컴퓨터게임만 좋아하는 사내아이. 그 아이를 이곳에 데려다놓고 반년만 생활하도록 한다면 얼마나 많이 달라질 수 있을까? 혹 건강하고 활기차고 또 훨씬 행복하게 살게 되지는 않을까? 그러나 그런 건강을 우리 사회가 인정해주지 않는다면? 건강한 마음으로 진정한 자신을 찾아서 자신이 '원래 하기로 되어 있던 일'을 하며 살아가는 사람보다는, 조금 우울하고 얼굴색이 창백하더라도 높은 토익점수를 받고 일류대학의 인기학과에 다니는 사람을 우리 사회가 더 인정해주고 있는 것이 엄연한 현실이라면? 유진은 여전히 이런 의문에 대해 시원스레 답할 수가 없었다. 자본주의 경쟁체제에서 도태되어 야만의 수준으로 추락하지 않으려면 뭐니 뭐니 해도 우선 돈이 있어야 하는 게 아닐까?

유진은 송주황의 집에 머무는 며칠 동안 유학에 대해 갖고 있던 많은 선입견들을 떨어낼 수 있었고, 나아가 성리학적 인간관이 현대에 재해석, 재적용될 필요가 있다는 생각까지 하게 되었다. 그러나 여전히 성리학은 그녀에게는 아직 '현대화'되지 않은 전통적인 이상으로 느껴졌다. 그 전통의 이상적인 부분은 아름답고 향기롭기는 하나 지금 이 시대에는 맞지 않는 그림의 떡에 불과한 것만 같았다. 유진은 송주황의 딸들이 매우 사랑스러웠으나, 그렇게 아름답고 순수한 소녀들이 이 시대에 맞는 인간형일지 확신이 서지 않았다.

'그래, 진정한 나를 찾는 게 중요하다는 건 인정하겠지만, 그치만 인간사라는 게 어디 좋은 것, 최상의 것, 이상적인 것만을 추구할 수 있는 세팅은 아니잖아. 세상이 눈 돌아갈 지경으로 빠르게 움직이고 있는데 거기에 적응 못 한다면 그 뒷감당을 어떻게 하나? 자식을 사랑하는 부모 입장에서, 자식에게 참된 자신 찾기는 잠시 뒷전으로 미뤄놓고 일단은 수능 고득점에 모든 걸 걸고 공부만 하라고 종용하는 게 결국은 불가피한 선택 아닐까?'

송주황은 이렇게 말했었다.

"결국은 개인이 삶을 걸고 선택해야만 할 문제일 겁니다. 확신을 갖고 선택할 수만 있다면, 그 선택에 모든 걸 다 바칠 수 있지요. 나는 여기서 애들 키우고 사는 내 선택에 아무런 후회 없습니다."

이 성리학자의 지행병진의 삶은 유진에게 교육과 인생에 대해 더 많은 의문거리를 안겨주었다. 예정했던 닷새간의 체류는 거의 끝나가고 있었다.

병산서원으로 나들이 다녀온 날 오후에 유진은 뜻밖의 전화 연락을 받았다. 보영의 어머니였다. 지난 만남 이후 벌써 넉 달은 지나지 않았던가. 느닷없는 연락을 받고 놀라는 유진에게 보영 어머니는 꼭 하고 싶은 이야기가 있으니 급히 한 번 만나줄 것을 청했다. 그녀의 떨리는 목소리에서 상황이 다급함을 직감한 유진은 바로 다음 날 서울에서 만날 약속을 했다. 묻어두고 있던 보영의 기억이 또 다시 유진의 의식세계에 퍼져나갔다.

내일 떠나야겠다는 유진으로부터 대강의 자초지종을 듣고 송주황은 고개를 끄덕였다. 그는 유진이 짧은 시일 내에 성리학의 핵심적 가르침을 피상적으로나마 파악했다고 느끼고 있었다. 애당초 유진을 성리학적 우주관으로 개종시킬 의도 같은 것은 아예 있지도 않았던 만큼, 이 정도의 체험을 통해 이만큼의 이해와 호기심과 의문거리를 꾸려 가지고 갈 수 있다면 그로서도 값진 교육과정임에 틀림없다고 송주황은 생각했다.

다음 날 유진이 송주황의 집을 나서자 벌써 정이 많이 들었던 두 딸은 끝내 울음을 터뜨렸다. 엉엉 우는 두 아이를 보는 유진의 눈가도 촉촉해졌다. 유진은 꼭 다시 찾아오겠다는 약속을 하고 나서 대문을 나섰다. 아이들 엄마가 울고 있는 딸들의 어깨를 감싸 안으며 집 안으로 들어가자 송주황이 웃으며 작별인사를 했다.

"우리를 인간답게 해주는 게 바로 이런 정이지요. 정 없이는 하늘의 인(仁)이 우리 안에서 덕으로 발전할 수가 없으니까요. 우리 애들이 정이 많다는 건 우리가 애들을 잘 키웠다는 증거 아니겠습니까. 하하하."

깊이 고개 숙여 인사를 하고 돌아서니 집 앞에 웬 차가 한 대 서 있었다. 차 옆에는 어제도 봤던 송주황의 문하생이 서 있었다.

"내 제자가 역까지 바래다 드릴 겁니다. 편히 가시고 오 교수님께 안부나 전해주이소."

짧으나마 즐겁고 유익했던 안동 '출장'을 마치고 역으로 향하는 차 속에서는, 가장자리가 반질반질 닳아버린 한서(漢書) 한 권이 유진의 시선을 끌었다. 『대학(大學)』이었다. 유진이 물었다.

"정말 열심히 공부하시나 봐요."

유진이 『대학』에 넌지시 눈길을 주며 말하는 것을 보고 송주황의 수줍음 많은 제자가 얼굴을 붉히며 대답했다.

"허허, 열심히요. 이렇게 갖고 댕기기라도 해야 좀 외울 수 있으니까요, 허허."

그는 항상 고전을 갖고 다니면서 읽고 외운다고 했다. 유진은 조금 놀랐다. 천자문 배우는 어린 학생도 아니고, 대학을 졸업한 지도 이미 오래인 서른 넘은 성인이 고전을 달달 외우고 있다니. 유진의 모교 교수들이 그리도 지양하고 배척하는 '수준 낮은' 학습방식인 암기를 여전히 답습하고 있다는 사실이 놀라웠다. 이것이 과연 지방 문화의 상대적 낙후성을 보여주는 단면일지, 아니면 유교교육 전통의 집요한 관성의 증거일지 의아했다. 이번 체류기간 동안 유교에 대한 태도가 상당히 전향적으로 변한 만큼 암기에 의존하는 학습의 '낙후성'은 유진의 마음에 걸렸다.

"아니, 선생님은 유교공부 하신 지 10년이 되어간다고 하셨는데 아직도 이렇게 암기를 하셔야 하나요?"

유진이 의아해하는 이유를 이해하는지 못 하는지, 사내는 여전히 쑥스러워하며 대답했다.

"허허, 그 책은 경전입니다. 성현께서 경전으로 전해주시는 고귀한 말씀들을 완전히 다 외우고 나면, 내 생활이 바로 그 말씀을 닮을 수 있지 않겠습니까. 항상 그 말씀대로 살고 싶어서 말씀을 외우는 겁니다."

사람 좋아 보이는 그의 말을 들으며 젊은 성리학자들의 학문에 대한 헌신에 유진은 다시 한 번 놀랐다. '이 정도로 열심이었구나.' 경전을 암기한 다 해서 어떤 현실적 보상이 있는 것도 아니고, 무슨 시험에서 높은 점수를 받는 것도 아니다. 단지 성현의 말씀이 삶 속에서 드러날 수 있도록 하기 위해 단순하고도 소박하게 외우고 또 외우고 있었던 것이다. 우주의 선한 본연지성을 자신의 삶에서 구현하기 위해 끝없이 말씀을 외우고 있었던 것이다. 자신에게는 그런 정성과 헌신이 있었던가? 유진은 삶을 배움에 바친 안동의 젊은 유학자를 현대 학문의 단면적인 기준으로 평가하려 했던 자신이 부끄러워졌다. 학습능력을 서열화하여 암기는 수준 낮은 학습활동으로 분류시키고, 예리한 분석력을 높은 수준의 활동으로 못박아놓은 현대 서구의 교육학이 얼마나 제한된 문화적 지평 위에서 형성된 것일지, 유진에게 최초의 의구심이 일어났다. 자신은 자신의 문화적 전통에 대해서 얼마나 무지했단 말인가.

"정말, 대단하시네요."

유진이 진심으로 감탄하며 말했다.

"에이, 대단하기는요. 능력이 달리니 이렇게라도 해야죠, 허허."

헌신적일 뿐만 아니라 겸손하기까지 한 지방의 유학자. '커리어'와 명성만 좇는 듯이 보이는 거만한 서울의 엘리트들과는 너무도 대조적으로 느껴졌다. 이것이 성리학의 힘이런가.

마음공부 밖으로 나와서

보영 어머니의 표정은 전처럼 차갑지만은 않았다. 서울 도심의 한적한 찻집에서 유진과 마주한 그녀는 인사만 나누고 아무 말 없이 잠시 앉아 있었다. 마음을 가다듬고 있는 것으로 보였다. 유진이 먼저 침묵을 깼다.

"제게 하실 말씀이란……."

보영 어머니는 물을 한 모금 마시더니 어렵사리 말을 시작했다.

"보영이가 아주 어릴 적에, 걔하고 저 사이에 돌이킬 수 없는 벽을 쌓고 말았어요. 길게 설명드리긴 어렵지만, 나는 애를 갖기를 바라지 않았어요. 원치 않던 임신이었고, 지우지 못해 어린 나이에 할 수 없이 낳았는데, 갓난아이 때부터 쳐다보기도 싫더군요. 그래서 방에 불도 들어오지 않는 추운 겨울날이었는데, 애를 배냇저고리에 둘둘 말아서 싸늘한 윗목에다 그냥 밀어놨어요. 그리고 그냥 잤지요. 다음 날 일어나서 애가 죽었나 안 죽었나 봤어요. 죽었으면 장사 지내주고 살았으면 키워줄 생각이었어요. 그 추운 데서도 애가 여전히 숨을 쉬고 살아 있더군요. 그래서 그걸 안고 젖도 먹이고 해서 키웠어요."

그녀는 별다른 동요도 없이 담담하게 말하고 있었다. 유진이 흥분하여 가로막고 물었다.

"보영이가, 보영이가, 자기가 태어났을 때 어머니가 자기를 보기도 싫어했다는 걸 어떻게 알았어요? 그런 걸 어떻게 기억해낼 수가 있냐구요!"

보영 어머니는 시선을 탁자에 고정시킨 채로 대답했다.

"내가 말해줬어요. 엄동설한에 냉방의 윗목에 던져놨는데도 죽지 않아서 할 수 없이 키웠다고."

이 말을 듣고 유진은 어처구니가 없어 할 말을 잃었다.

"젊은 선생님 놀라시는 것도 무리가 아니죠. 세상에 기댈 곳 하나 없는 젊은 년이 남자한테 배신당하고 홀몸으로 원치도 않는 애를 낳았을 때, 그 인간 속이 어떤지는 선생님이 상상하실 수 없을 거예요. 잠깐, 죄송해요."

그녀는 지갑에서 담배를 한 개비 꺼내서 피워 물었다. 담배연기 한 모금을 깊숙이 빨아들인 다음 이야기를 계속했다.

"그래요, 그런 얘기를 어린 딸한테 해준 내가 미친년이죠. 어쨌든 나는 그렇게 혼자서 애를 키웠어요. 나름대로 열심히 일해서 돈도 좀 모았고, 그래서 애 먹이고, 입히고, 학교 보내는 데는 남부끄럽지 않을 만큼 해줄 수 있었어요. 애도 똘똘해서 공부도 곧잘 했죠, 선생님도 아시겠지만. 그런데 이 애가 중학교 가고 머리가 좀 크더니 지가 하고 싶은 공부를 하겠다는 거예요. 그게 미술이었죠, 하필이면……."

그녀는 담배를 또 한 모금 빨았다.

"보영이 친부가 화가였어요. 이건 절대로 애한테 말해주지 않았죠. 아이가 절대로 지 애비가 하던 그림쟁이 짓만은 하지 않기를 바랐는데, 결국 그걸 하겠다고 고집을 피우더라구요. 참, 피가 진하긴 진한가 보죠. 그 일로 나와 사이가 많이 틀어졌어요. 그런데 설상가상으로 고등학교 들어가더니 제멋대로 미술반이란 데를 들어가서는 동갑내기 남자애를 친구라고 사귀는 거였어요. 그 남자애가 미대 지망이라면서요. 뭐, 지금 내가 선생님한테 나를 이해해달라는 거 아니에요. 어쨌든 난 그때 정신이 돌아버리는 것 같았어요. 그래서 그 남자애도 다신 못 만나게 하고, 미술반도 그만두게 하고, 그리고 내 앞에서 미술의 '미'자도 꺼내지 못하게 했어요. 그래서 애가 어쩔 수 없이 인문계열 진학반으로 갔는데, 거기서 한 1년 잘 다니는 듯싶더니만, 휴우, 그렇게 가버렸네요."

보영 모녀의 가족사는 유진이 전혀 모르던 것이었다. 그 외로운 모녀 사이에 이같이 어두운 과거가 있었는지를 짐작도 못하고 있었다. 유진은 이 일을 어떻게 판단해야 할지 도통 갈피를 잡을 수가 없었다. 보영 어머니는 담배 한 모금을 더 빨고는 꽁초를 재떨이에 비벼 껐다.

"난 매일매일 고문받으며 살고 있어요. 아마 속죄 같은 걸 하고 있는지도 모르죠. 그런 건 아무래도 상관없어요. 이제 내가 바라는 건, 한 사람이라도 더, 보영이가 진정으로 원하던 걸 알아주고 이해해주는 것밖에 없어요. 그저 그 애를 진심으로 이해해주면 돼요. 그래서 오늘 선생님을 만나자고

한 거예요."

얼음장같이 냉정한 이 여인, 10여 년 동안 거친 세상에서 남자의 도움 없이 홀로 무슨 일을 하며 어떻게 돈을 벌어서 딸을 양육했을지 짐작조차 하기 어려운 여인, 속을 꽁꽁 싸매서 결코 드러내지 않을 것만 같던 이 여인, 그녀의 무표정한 눈가에 눈물 한 방울이 맺혀 있었다.

해 저물 무렵 서울의 거리는 인파로 북적이고 있었다. 보영 어머니와 헤어져 길을 걷던 유진은 헝클어진 머릿속을 어떻게 정리해야 할지 갈피를 못 잡고 있었다. 보영의 유서 속 필체가 머릿속을 계속 맴돌며 영 사라지지를 않았다. 전에는 존재조차 부인했던 딸의 유서를 오늘은 손수 들고 나와서 유진에게 보여준 것이다. 유진의 뇌리에 박힌 글은 이런 것들이었다.

'이젠 내가 더 할 수 있는 게 없다. 난 이 세상에 맞지 않는다. 잘못 태어난 인간이다. 사람들은 모두 나름대로 이유가 있어서 세상에 태어났을 것이다. 나는 태어날 이유도 없이 태어났다. 그런데도 나는 진정한 내가 원하는 길을 찾으려고 노력했다. 그럴 이유도 없는 존재가 그랬다는 것이 기특하다고 생각했다. 그러나 아무도 나에게 박수를 쳐주지 않았다. 모두가 나를 비판하고, 말리고, 방해만 했다. 이제 내게는 동지가 단 한 명도 없다. 학교는 감옥이다. 선생들은 간수다. 이런 세상에서 계속 존재해 있을 아무런 이유가 없다. 진정한 나를 원하는 사람은 이 세상에는 없다.'

보영 어머니의 고백을 듣고 나니 유서의 내용이 조금 이해가 갔다. 심리학적으로 보기에 유서는 우울증 환자의 마음을 드러내고 있었다. 보영이 우울증을 앓았던 것은 어쩌면 영유아기 때의 모친과의 비정상적인 관계에 그 근본원인이 있는지도 모른다. 그러나 모든 우울증 환자가 자살을 결심하지는 않는다. 그리고 유진이 알았던 보영은 조용하고 내성적이기는 해도 매우 착실하고 좋은 성품을 지닌 소녀 같았고, 극단적인 선택을 할 정도로 불안정해 보이지는 않았다. 그렇다면 자살의 직접적인 동기는 무엇이었을까? 가족사의 굴레에서 벗어나 참다운 자신을 구현하고자 발버둥 치던 어린 소녀, 그녀가 겪을 수밖에 없었던 현실적인 좌절이었을까?

유진은 머릿속을 정리해야 할 필요가 있다고 느꼈다. 좌절에 빠진 제자의 손길을 잡아주지 못했다는 죄책감으로부터 벗어나기 위해서가 아니었다. 물론 그 죄책감은 충분히 유진을 괴롭히고 있었다. 또 보영 어머니의 말대로, 죽은 보영을 진심으로 이해해줘야 할 책임이 자신에게도 명백히 있다는 생각도 들었다. 그러나 유진의 머릿속이 혼란스러운 것은 죄책감이나 책임감보다, 마음속 깊은 곳에서 형언키 어려운 슬픔이 솟구쳐 올랐기 때문이었다. 이미 여러 달이 지나버린 보영의 죽음에 대한 슬픔은 아니었다. 아무리 생각해도 이 슬픔 덩어리의 원인을 알 수가 없었다. 답답했다.

일단 유진은 보영의 죽음의 원인을 밝혀보기로 마음먹었다. 보영 어머니의 간청대로, 무엇보다 보영을 진정으로 이해하기 위해서는 아이가 삶을 마치기 직전의 정황을 알아야 하겠다는 생각이 들었다. 그리고 어쩌면, 보영을 진정으로 이해할 수 있다면 자신의 알 수 없는 슬픔도 이해할 수 있을지 모르겠다는 직감이 들었다. 유진은 보영의 학교를 찾아가기로 마음먹었다.

유진은 보영이 다녔던 학교를 찾아가 보영의 전 담임교사와 급우들을 만났다. 그리하여 보영이 자살하기 전후의 사정에 대해서는 대충 파악할 수 있게 됐지만, 여전히 그 결정적인 동기는 알아내지 못했다. 헝클어진 마음을 이끌고 시내로 나온 유진은 저녁 때 오랜만에 윤아를 불러냈다. 그간 있었던 일들에 관해 잠시 이야기를 나눈 뒤, 그녀는 이내 불평거리를 끄집어냈다.

"그 거지같은 고등학교 말야, 옛날 우리 학교 다닐 때보다 더하더라. 걘 어쩌다 그따위 학교엘 들어가선……."

유진은 한숨을 푹푹 내쉬며 자신이 찾아갔던 보영의 학교에 대해 거칠게 비난을 퍼부어댔다. 그 학교의 교사들이 얼마나 보영 일에 대해 무관심했던 가, 심지어는 전 담임교사조차도 그에 관해 이야기하는 걸 꺼려했으며, 겨우 불러낸 동급생 몇 명도 얼마나 보영에 대해 해줄 얘기가 없던지 등등의 불평을 쏟아냈다. 현직 교사인 윤아는 알 듯 모를 듯한 표정을 한 채 잠자코 친구의 불평을 듣고만 있었다.

유진이 겨우 수집한 정보에 의하면 보영은 학급에서 집단따돌림을 당한 이른바 '왕따'였던 것으로 보였다. 보영이 왕따였던 데는 급우들과 거의 교제가 없는 외톨이였고, 몇몇 교사들에게 반항적 행동을 보였으며, 보충수 업도 다 제치고 틈만 나면 미술실로 사라져버리는 등 스스로 초래한 요인이 많았던 듯했다. 보영이 왜 그다지도 학교생활에 부정적으로 반응했는지는 보영 어머니의 이야기를 반추해보면 어느 정도 이해할 수 있을 것 같았다. 유진이 이해할 수 없었던 것은 교사와 급우들의 반응이었다. 한마디로 교사건 학생이건 보영에 대해서 별 관심이 없어 보였다. 유진은 여기에 분개했다.

"사람들이 어떻게 그럴 수가 있어? 이거 정말 심한 거 아냐?"

씩씩거리는 유진을 조용히 바라보고만 있던 윤아가 입을 뗐다.

"얘, 근데 넌 그게 왜 그렇게 화가 나니?"

유진은 윤아의 깊은 눈동자를 기가 막힌다는 듯이 바라보았다. 윤아가 말을 이었다.

"난 솔직히 말해서 보영이란 아이 일에 그렇게 분노하는 네가 이상해."

"아니, 넌 같은 반 친구가 그렇게 죽었는데도 무심하기만 한 애들과 선생이 정상이라는 거니?"

"글쎄, 정상인지 비정상인지는 잘 모르겠고……. 뭐, 요즘 같아선 학생이 나 교사나 남들 사생활에 관심 안 기울이려는 분위기니까. 더구나 가까운 친구도 없던 '따'였다니 입시가 코앞에 닥친 고3 학생이나 선생님들이 특별히 신경을 쓸 것 같지도 않아. 그래, 그런 사정이 나도 서글프긴 한데, 너의 분노는 그 정도를 훨씬 뛰어넘는 것 같거든. 너는 무관심한 그들이 아니라 보영이에게 화가 난 것 같아. 너 혹시 네 감정을 보영이한테 투영하고 있는 건 아니니?"

심리학적으로 볼 때 타인에게 자신의 감정을 투사하는 일은 일상적으로 빈번히 일어나는 현상이고, 특히 C. G. 융의 분석심리학에서 내면의 부정성인 '그림자'의 무의식적 투사에 관해 제시하는 해석은 유진도 흥미롭게 여겼던 부분이다. 사람들은 자신이 가진 부정적인 속성을 타인에게서 발견할 때 몹시 화를 내곤 한다. 예를 들어 자신의 우유부단함이 너무도 싫은 사람이 제 주변 인물의 우유부단함에 과도하게 화를 내는 것 같은 경우 말이다. 그가 싫어하는 것들을 보면 그 사람을 잘 알 수 있는 법이다. 유진은 윤아의 질문에 말문이 막혔다.

"내가, 내가 무슨 감정을 투사한다고⋯⋯. 말도 안 돼."

생각해본 적도 없는 일이니 말이 안 될 수밖에. 그러나 유진은 자신을 잘 아는 친구의 지적에, 혹시 죽은 보영에게서 자신과 닮은 부분을 본 것은 아니었을까 하는 의심을 처음으로 품게 되었다. 만약에 자신과 닮은 부분을 보고서도 봤다는 사실을 의식하지 못했다면, 이는 유진이 무의식적으로 방어기제를 발동한 것인지도 모를 일이다. '보지 마라, 너는 못 본 거다, 그걸 보면 너만 더 아프다⋯⋯.' 유진의 무의식이 이런 주문을 걸어놓은 것인지도 모를 일이다. 유진은 보영의 학교에서 교사와 학생들을 만나보고 그들 모두에게 성리학적 마음공부가 필요하겠다며 분개했건만, 정작 마음공부가 필요한 이는 자신이 아닐까 하는 생각이 들었다.

이단 성리학자

토요일인 다음 날 오후, 유진은 윤아의 차를 타고 전라남도 해남으로 향했다. 오형모 교수가 하달한 두 번째 임무를 수행하기 위해서였다. 오교수의 오랜 벗인 또 한 명의 재야학자로 장원이라는 동양철학자가 해남의 바닷가에 은거하고 있는바, 그를 찾아 유교교육에 관하여 또 한 수 배우고 오라는 명이었다. 마침 휴일을 맞은 윤아가 바람도 쐴 겸 하룻밤만 함께 지내기로 하고 차를 몰고 나온 것이었다.

서해안 고속도로를 타고 두어 시간 달리니 전라도로 접어들었고, 주말의 행락 차량도 눈에 띄게 수가 줄었다. 시원스레 뚫린 고속도로를 질주하며 두 사람은 음악을 듣기도 하고 가볍게 수다를 떨기도 했다. 어젯밤 유진을 당혹스럽게 한 심리적 투사에 관해서는 이야기를 나누지 않았다. 서울을 출발한 지 네 시간여가 지나자 목포에 다다랐고, 그곳서부터 다시 한 시간쯤 더 달려 해남읍에 도착했다. 마을 어귀의 한산한 나무 그늘 아래 차를 세우고 색다른 대기와 새로운 분위기를 맛보며 휴식을 취한 뒤, 둘은 차를 땅끝마을 쪽으로 돌렸다.

땅끝 못 미친 곳 바닷가 언덕 위의 민박집에 도착한 것은 이미 해가 서쪽으로 많이 기울어진 무렵이었다. 집은 호젓한 해안 도로변의 바다 쪽으로 비밀스럽게 돌출된 언덕 위에 자리 잡고 있었다. 키 큰 상록수들이 안뜰을 가리고 있어 바깥 차도에서는 내부가 보이지 않는 까닭에 초행길에는 입구를 발견하기가 어려웠다. 나무들 사이로 좁다랗게 난 진입로를 통해 안으로 쑥 들어가니, 승용차 몇 대를 세워둘 수 있을 만큼 널찍한 안뜰이 나타났다.

뜰로 차를 몰고 들어갔지만 집주인이 나오는 기색은 없었다. 유진과 윤아는 차에서 내려 주변을 둘러보고 바다 냄새를 들이마셨다. 고즈넉하고 조용한 집이 마음에 들었다. 공부 목적이 아니라 며칠 쉬기 위해서도 올 만한 곳이라는 생각이 들었다. '민박'이라는 자그마한 간판이 걸려 있는 주 가옥의 현관문을 열고 들어가니 집 안에서 누군가 나오는 소리가 들렸다. 현관의 미닫이 유리문을 열고 나온 이는 30대 중반쯤 되어 보이는 곱상한 생김새의 여인이었다. 그녀에게 유진이 말했다.

"안녕하세요? 전 서울에서 장원 선생님을 뵈러 온 서유진이라고 하는데요."

여인이 반색을 하며 맞았다.

"아, 예. 우리 바깥양반이 기다렸구먼요. 어서들 들어오세요."

장원이란 이는 오형모 교수와 동년배라 했는데, 그 아내는 20년은 연하인 것으로 보였다. 집 안은 대중식당으로도 쓰이고 있었다. 여인은 두 손님을 식당 홀로 안내했다. 홀은 바다를 바라보고 있는데, 바다 쪽으로 낸 커다란 창문은 두터운 통유리로 되어 있어 전망이 아주 시원스러웠다.

"먼 길 오셨는데 잠깐 쉬드라고요. 요 앞에 나갔는디, 벌써 들어올 때가 됐는디……. 나가서 불러와야겠네."

두 사람이 젊은 안주인에 대해 섣부른 인물평을 펼치며 차를 마시고 있다 보니, 곧 밖에서 인기척이 들리며 주인 내외가 들어왔다. 다소 호들갑스러운 편이지만 상냥한 안주인은 손님을 기다리게 했다며 남편을 책망했고, 남편은 아무 말도 않고 성큼성큼 손님들 쪽으로 걸어왔다. 유진과 윤아가 자리에서 일어나 그에게 인사를 했다.

"오 교수 이 친구가 요새는 외모를 보고 제자를 들이는 모양이구먼."

딱딱한 표정에 내심을 알 수 없는 음성이었다. 그러나 유진은 금세 이렇게 응수했다.

"칭찬해주셔서 고맙습니다!"

장원도 바로 화답했다.

"아가씨가 오 교수 제자야? 난 저 새악씨보고 얘기한 건디."

윤아도 즉시 웃으며 답했다.

"아무튼 고맙습니다."

장원이 호탕하게 너털웃음을 터뜨렸다.

"하하하, 고맙긴. 칭찬이 아니라 실력은 없어 보인다는 비난일 수도 있는
디 뭘. 어찌됐든, 반갑네. 유진이, 그리고…… 그래, 윤아라고 그랬지?
우리 아들놈 또래구만. 나한테 잘 보이면 우리 아들 소개해줄 수도 있어."

무뚝뚝한 인상에 반백의 꼬장꼬장해 보이는 50대 남자. 그러나 유진은
그의 깊숙한 눈매 한구석에 자리 잡고 있는 속일 수 없는 장난기를 포착했다.
오형모 교수의 대학동창인 그는 박사과정 공부를 지루하다고 집어치운
후 세상을 돌아다니며 자유로운 삶을 구가했던 괴짜로 소문이 나 있었다.
세상 구경 한다며 세계 일주를 하다시피 여행을 다녔고, 문화계의 사업판에
도 뛰어들어 한때 꽤 큰돈을 번 적도 있다 한다. 그러나 40대 때, 오랜
세월 고생만 한 아내가 갑자기 병사한 뒤로는 모든 것을 뒤로 한 채 해남으로
낙향하여 독수공방, 오로지 학문에만 전념했다는 것이다. 지금의 젊은
아내와 재혼한 지는 3년이 되었다 했다. 그다지 크지 않은 키에 몸도 마른
편이었지만 목소리와 몸 전체로부터 강단과 힘이 뿜어져 나오는 듯했다.

유진과 윤아가 방에 여장을 풀고 쉴 동안 장원 내외는 '특별한 저녁상'을
준비하겠다며 부엌으로 갔다. 그리고 저녁 7시에 집주인은 두 사람을 식당
으로 불렀다. 미향(味鄕) 전라남도하고도 해남의 명성은 헛된 것이 아니었
다. 식탁은 서울 태생의 두 여인이 아직껏 경험해보지 못한 다양하고도
희한한 음식들로 빼곡하게 채워졌다. 두 여인은 위장의 포효와 식도의
거센 침 넘김 소리를 숨기기 위해 전전긍긍했으나 연장자인 집주인이 수저
를 들기 전에 취식을 할 수는 없는 노릇이었다. 헌데 집주인은 밥상머리에
앉아서 돌연 눈을 감고 묵상에 잠기는 것이 아닌가. 다행히도 묵상이 아니라
개인적인 기도였던 듯, 약 10초 만에 주인은 눈을 번쩍 뜨고 수저를 집으며

함께 들기를 권했다.

인근의 완도 해역에서 잡힌 해물로 요리한 맛깔스러운 저녁식사에 두 처녀는 황홀경에 빠져들었고, 주인장은 호주산 포도주 한 병을 손수 따서 잔을 돌리고 건배를 제청했다. 해남까지 오는 도로변에는 '반 FTA' 구호가 처절하게 박힌 현수막들이 여럿 걸려 있었건만, 시장 개방에 대한 농촌의 반감에는 아랑곳 않고 주인장은 외산 와인을 즐기는 것일까? 윤아는 이런 의문이 들었으나, 일단 허기 앞에 압도되어 복잡한 질문은 하지 않기로 했다. 유진과 윤아는 잠시 주인장의 요리 솜씨를 극찬했고, 그 이후로는 오롯이 먹기에만 집중했다.

술잔이 몇 차례 비워지고 배가 어느 정도 채워질 무렵이 되어서야 식사에 '경(敬)'하는 듯 열정적으로 먹기만 하던 유진이 마침내 입을 뗐다.

"선생님, 저, 근데 아까 식사하기 전에 기도하신 건가요?"

"응, 그래. 왜?"

왜 묻는지 의아하다는 듯이 장원이 대답했다.

"아, 저, 듣기로는 동양학의 고수시라던데, 교회에 나가시나 보죠?"

"아, 그게 이상해 보이나? 동양철학 공부하는 건 맞는데 고수는 아니고 중급반 정도 되고, 교회는 안 나가는데 예수쟁이야."

"네? 교회는 안 가는데 크리스천이시라고요?"

"그래. 아직 어려서 그런 거 모르나? 무교회주의라고? 그거 하면 예수 모실라고 귀찮게 예배당 안 가도 되거든."

장원은 거침없이 말하며 술잔을 비우고는 호주머니에서 담뱃갑을 꺼냈다. 유진은 속으로 중얼거렸다. '하긴, 그렇게 술 마시고 담배 피우시려면 예배당 다니기 힘드시겠지.' 유진은 장원의 얼굴이 사탄처럼 생겼다고 생각했다.

이번에는 윤아가 물었다.

"근데 선생님, 동양철학이라면 노장(老壯)을 주로 하시나요?"

"맞아. 노장도 보고, 장로도 보고, 공맹도 보고, 맹꽁도 보고, 또 붓다도 보고, 쓸 만한 건 다 보지. 예수도 쓸 만하니까 보는 거야."

장난스럽게 대꾸하는 장원에게 윤아는 의아함을 해소할 수 없다는 표정으로 물었다.

"노장사상 하시고, 불교도 하시고, 그러시는 분께서 기독교 신자라니 저는 잘 이해가 안 가요."

장원은 데친 낙지 한 점을 집어먹고 술 한 잔을 또 들이키고는 입을 우물거리며 대답했다.

"니들이 아직 어려서 그래. 더 크면 이해가 간다니께."

장원의 거침없는 언사는 상대방을 불쾌하지 않게 하는 묘한 매력이 있었다. 그에게서 풍기는 기운이 왠지 밝고 명랑하기 때문인 것 같았다. 유진은 그의 사상 세계를 가늠할 수가 없었다. 유불선을 넘나들며 교회 안 나가는 기독교 신자. 그를 이해하는 것은 대강 포기하기로 하고, 그로부터 유교교육에 관해 무엇을 배울 수 있을 것인지 조심스레 따져보기로 했다.

"전 지난주에 안동에 가서 송주황 선생님께 가르침을 받았습니다."

"아아, 송 훈장. 재미난 친구야. 선배보다 아는 게 더 많아서 내가 미워하지. 근데 글방 훈장님께서 뭘 가르쳐주던가?"

"마음공부의 '경' 방법을 가르쳐주셨어요."

"경 그거 좋지. 자, 우리 이 술잔에 경하며 또 한잔해불까."

통 공부 쪽으로 진전이 이루어지지 않았다. 장원은 일어나서 홀의 한쪽 구석으로 가더니 창문을 열고 담배에 불을 붙였다.

"니들은 담배 안 혀?"

장원의 물음에 유진과 윤아가 화들짝 놀라며 손사래를 쳤다.

"저희 담배 못 피워요!"

그는 담배 한 모금을 매우 소중한 듯이 들이마셨다.

"담배도 요렇게 경해서 태우면 우리의 몸과 마음에 도움을 주지. 하지만 우리 고운 처자들한테까지 굳이 권할 필요야 없지."

그는 담배 한 모금을 더 빨아들인 뒤 재떨이에 비벼 끄고 식탁으로 돌아와 앉았다.

"늙은이 앞에서 담배 태우라고 했다고 그러코롬 놀란 토끼 눈을 한겨? 젊은이들까지 그따위 고리타분한 생각 물려받을 필욘 없어. 손윗사람 앞에서 담배 피우는 게 예의에 어긋난다는 건 한심한 우리 조상들이 지들 맘대로 지어낸 관습일 뿐이여. 그건 유교가 아니라 무가치한 유습(遺習)에 불과혀. 유교 믿는 중국 애들 일본 애들 봐, 어디 그런 에티켓이 있나. 그런게 혹시 내숭 떠느라고 안 피우는 척 했다믄 고 지갑에 숨겨둔 담배 꺼내 물고 나랑 맞담배질해도 좋다 이거여."

장원의 직설화법 앞에 윤아는 몸가짐을 삼가며 어색한 미소를 지었으나 유진은 쾌활하게 웃으며 응수했다.

"선생님, 우리 오 교수님보다도 멋지세요! 캡이에요! 윤아야, 네 담배 좀 꺼내봐!"

"얘는? 내가 무슨 담배를 피운다는 거야!"

"오형모 그 친구? 멀대 같이 키만 커서 점잔 빼고 있는 놈한테 비교하면 안 되제."

"네엣, 선생님이 훨씬 한국적인 멋쟁이십니다!"

장원과 유진은 잔을 부딪치며 의기투합했다. 유진은 오형모를 배신한 듯한 일말의 죄책감을 느꼈다. 장원이 말했다.

"오형모 갠 사실 겉만 번지르르했지 진짜 멋을 몰라. 술도 잘 안 하고, 꽃다운 처자들하고 놀아줄 줄도 모르고 만날 책이나 끼고 앉아서 공부만 하고, 갑갑한 친구여. 어디, 너한테 술 한 잔 사주던가? 거봐, 안 사주지?

일찍 서양엘 가버리는 바람에 풍류를 못 배웠어. 젊은이들, 유교도 좋지만 우리 선조들이 물려줄 수 있는 유산 중 최고는 바로 풍류여. 풍류도를 깨치면 맹꽁이 소리가 우습제."

"풍류라면, 선비들이 경치 좋은 데 가서 기생들하고 놀면서 술 마시던 거 아닌가요?"

윤아가 물었다.

"허허, 이 친구, 고등학교 선생이래더니 이래 우리 문화에 깜깜하다니. 풍류는 단순히 술 처먹고 기생 끼고 노는 게 아니여. 풍류란 내 몸의 기를 최고조까지 끌어올려서 순수한 '나'가 되어서 자연의 법리와 하나가 되는 예술적 구도의 방법이지."

유진은 '아아, 그러니까 록 가수가 뽕 맞고 헤까닥해서 자신의 예술을 더 높은 경지로 승화시키는 것과 비슷한 거로군요?'라고 물으려다 표현을 다소 순화해서 물었다.

"아아, 선생님, 나 자신과 내 앞의 자연에 '경'해서 몸이라는 '기' 속에 감춰진 인간의 본연지성과 자연의 '리'를 표출하는 거라고 말해도 되겠습니까?"

"허허, 역시 오 교수의 제자가 뭘 좀 알고만. 풍류는 호연(浩然)의 도를 자연스럽게 불러일으키지. 그래서 술의 독이 풀리고, 가야금 소리는 바람을 타고 하늘에 이르게 된다네. 그때 시 한 수가 흘러나오면 내가 곧 천지와 합일(合一)하게 되는 거지."

'오 교수님 욕할 땐 언제고.' 유진은 볼수록 장원이 우스웠다. 밉지가 않았다. 유진도 장난기가 발동하여 장원의 술잔에 연신 자신의 술잔을 갖다 붙이며 분위기를 살렸다. 실제로 주도(酒道)를 풍류의 차원으로 승화시키는 능력을 보유했는지, 장원은 계속 술을 들이키며 이야기를 멈추지 않았다.

"신라의 최치원이 유불선 삼교가 풍류도 속에서 하나라고 쓴 것이 유명하잖여. 원래 셋 다 껍데기 자아를 떨치고 최상의 자신, 참된 자신, 자연과 신과 하나인 자신으로 돌아가라는 가르침을 펼쳤지. 그거이 바로 하나님과 하나인 상태란 말이여. 좁아터진 우리의 자아를 내던지고 무한한 하나님과 하나가 되는 엑스터시를 우리 조상들은 봄, 가을에 하나님께 제사를 지내면서 체험했던 것이지. 몰아의 경지가 돼서 하나님을 체험하면 몸과 마음에 사랑이 넘쳐서 주변에 사랑의 기운을 퍼뜨리려고 하게 돼. 바로 홍익인간! 요것이 풍류의 본질이여. 물론 강단에서 연구하는 학인들은 이런 얘기가 너무 거칠다고 안 좋아하지만, 난 세심한 갸들처럼 사실 확인이나 허고 앉았기엔 풍류를 즐길 일들이 너무도 많거든.

니들도 생각의 지평을 확 넓혀봐! 만날 재미없는 교과서만 파서 책벌레나 되지 말고. 난 생각을 넓힐 단서를 던져줄 텡께 엄밀한 확인 작업은 알아서 하드라고, 잉?"

술기운이 약간 오른 장원은 표정이 많이 부드러워졌다.

"안동의 구도자 송주황이한테 좋은 얘기 많이 들었겠지. 여기 내하고 며칠 지내믄서는 우리 해남 나들이나 다니세. 어려운 얘기 많이 듣는다고 공부 많이 하는 거 아닝께. 자연의 품에 안겨서 체험학습도 하고, 호연의 법도 배워야 공부도 잘 되는 법잉께."

"정말 오 교수님보다 훨씬 멋쟁이세요, 저도 며칠 만에 선생님께 풍류도를 사사할 수 있으면 참 좋겠어요."

유진은 또 한 잔을 장원과 함께 들이켰다. 옆 자리의 윤아가 과음에 대한 경고라도 하듯 옆구리를 쿡 찔렀다. 유진은 옆구리를 찔려서가 아니라, 오 교수를 배신한 간사한 제자가 돼버린 듯하여 뱃속이 간질거렸다. 네 사람은 바람처럼 산전수전 다 겪은 장원의 세상살이 얘기를 중심으로 밤이 이슥하도록 긴 대화를 나누었다. 어느덧 11시가 넘자 장원의 아내가 남편에게 핀잔을 주었다.

"싱싱한 처녀들이 옹께 아주 신나게 멍석 깔아부렀네. 피곤한 손님들 붙잡고 밤 샐 작정이시오?"

어린 아내에게 의외로 고분고분한 장원이 이내 술잔을 물리더니, 손님들에게 방으로 가서 편히 쉬라 말하고 자리에서 일어났다. 상당한 음주량에도 장원은 자세에 흐트러짐이 없었다. 문제는 유진이었다.

"에이, 선생님, 벌써 가시게요? 그래서 그 영화감독한테 한 수 가르쳐주신 얘기 마저 해주셔야죠, 네에?"

"허허, 이 새악씨가 우리 마누라 뺨치게 술 좋아해불구만. 그러다 내일 속 버리고 고생항께, 오늘은 그만 건너가서 쉬더라고, 허허."

윤아가 난처한 웃음을 보이며 유진을 부축하여 식당을 빠져나왔다. 유진은 윤아가 잠자리를 펼쳐주기도 전에 방구들에 코를 처박고 잠이 들어버렸다.

다음 날 오후, 윤아가 서울로 떠난 뒤에 유진은 장원과 식당 홀에 마주 앉았다. 간밤의 술 파티 덕분인지 두 사람은 쉽게 가까워진 듯했다. 그러나 장원은 술자리와는 다소 다른 분위기 속에서 자못 위엄 있는 목소리로 자신의 유교관을 피력했다.

"니가 유교의 교육사상을 공부해서 훗날 학교를 하나 세우겠다 이거지? 학교 짓겠다는 거에는 시비 걸 게 없어. 아주 훌륭한 일이여. 시비 걸 부분은 유교의 교육사상이란 말이지. 우리나라에선 교육과 관련해서 유교 얘기를 할 때, 예외 없이 맹자 계열의 분위기가 압도적인 주도권을 행사해버리거든. 그러나 맹자가 유교의 전부는 당연히 아니야. 성선설과 측은지심으로 유교를 싸잡아 말할 수는 없다 이 말이여. 맹자의 적통인 주자, 그중에서도 근본주의적인 조선의 주자학만 봐서는 유교를 온전히 알 수 없다 이거여.

맹자에 비하면 공자는 대단히 복잡한 인물이지. 공자 안에는 맹자적 사랑 말고도 어두운 부분들이 적지 않아. 공자 안에 내재돼 있는 일종의 어두운 현실 이해를 맹자적 이상과 상반되는 검은 그림자라고도 할 수 있겠어. 그 자신이 대단한 인본주의적 낙관론자였지만 공자는 현실의 비극과 고통 앞에 통곡하기도 했거든.

이 현실주의적 그림자는 순자의 사상을 통해서 잘 표현됐어. 순자는 맹자처럼 왕도정치만 주장하지 않고, 주자학의 교기질론(矯氣質論: 기질 교정론)처럼 도덕적 개선만 강조하지 않았어. 순자는 현실주의자로 개혁과 개선, 그리고 인간의 이기심을 염두에 둔 법제의 구비를 외쳤지. 공자 안에는 맹자도 있고 또 순자도 들어 있는 것이여."

장원은 결론적으로 선언했다.

"장차 쓸 만한 학교를 만들겠다믄 성리학적인 심학(心學)의 이상만 갖고는 현실적인 성과를 거두기 어려울 것이여. 지 마음만 착하게 잘 다스리믄 세상만사가 잘 돌아간다? 그건 아마도 플라톤의 철학자 왕이 다스리는 이상향에서나 가능한 일일 거야. 현실을 세심하게 잘 봐야 해. 학교란 현실세계로 나가서 일할 인재를 길러내는 곳이거든. 현실엔 악이 많아. 어둠이 많아. 현실의 악과 어둠을 마음만 잘 벼려서 상대하겠다는 건 너무 순진한 생각이여. 소림사 중들이 험한 세상에서 지 몸 지켜가며 수행하려고 무술을 연마했듯이, 학생들한테 지금의 이 세상에서 잘 생활할 능력을 당연히 키워줘야 하고, 또 나아가 그들이 성인이 돼서는 세상의 어둠에 빛을 쬐어줄 현실적 시스템도 만들어낼 수 있을 소양을 배양해줘야 해.

근데 사실, 세상의 어둠을 보려면 지 속의 어둠도 볼 줄 알아야 돼. 그러니 공부의 시작은 마음공부가 돼야 하겠지. 근데, 지 마음속의 어둠을 보는 거, 요것이 만만한 일이 아니란 말이여 내 말은."

유진은 장원의 말을 이해한다고 생각했지만 결코 쉬운 말이 아니라는 생각도 들었다.

"그렇다면 선생님, 제가 무얼 해야 제 안의 어둠과 세상의 어둠도 볼수 있고, 또 그래서 그 어둠에 잘 대응할 수가 있죠?"

"먼저 니 마음속을 들여다봐야 해. 공부는 끝이 없는 법. 끝없이 '경'해야해. 하다 말거나 대충 하면 이도 저도 아닌 사이비밖에 못 되지."

어느덧 시장기가 느껴지는 저녁이 되었다. 어젯밤의 그득했던 한상차림에는 못 미치지만 아기자기한 음식과 매운탕이 저녁 식탁에 올라왔다. 세 사람이 식탁에 마주 앉아 식사를 시작하자 장원은 이내 소주 한 병을 가져와 자작을 했다. 결국에는 세 사람 모두가 소주잔을 하나씩 챙기고 또 다시 주거니 받거니 술판이 벌어졌다. 장원은 전날에 이어 또다시 풍류도를 논했다. 유진은 또 적지 않은 술을 마시고 하루를 마감했다. 경건하기까지 했던 안동 체류 때와는 큰 차이가 있는 밤 문화였다.

다음 날 유진은 장원의 차를 타고 강진의 다산초당으로 향했다. 다산초당은 정약용이 강진에서 유배생활을 할 때 제자들을 모아놓고 학문을 가르쳤던 곳인데, 땀 흘리며 험한 산속으로 얼마간을 걸어 올라가야 나타난다. 최근 들어 운동을 별로 하지 않았던 유진은 초당에 다다르자 숨이 턱에 차는 듯했다. 산기슭의 고요하고 아늑한 숲 속에 연못이 있고, 그 주위로 정자와 기와집 몇 채가 흩어져 있었다. 흐르는 약수 한 바가지를 떠 마시니 머릿속이 깨끗해지는 것 같았다.

"내가 오늘 왜 너를 여기 데리고 왔는지 알겠나?"

물 한 바가지를 들이켠 장원이 물었다.

"글쎄요. 정약용의 유교교육에 대해 가르치려고 데려오신 게 아닐까요?"

"아마 그렇게 짐작하고 있었겠지? 근데 다산의 교육은 니가 송주황이한테서 배워 온 심학하고는 상당히 달러. 주자학에서는 사람 마음만 제대로 '경'허면 만사형통이라 주장했지만, 다산은 현실의 악을 제어하기 위해

사회와 경제의 제도적 개혁도 필요하다고 외쳤어. 허나 그렇다 혀서 다산이 주자학의 유심론을 완전히 부정하고 사회 시스템적 개혁, 그러니까 물질적·환경적 요인만을 중시했다는 건 아니여. 나는 우리가 양쪽을 다 봐야만 한다는 말을 하고 있는 것이지. 우리 마음속과 우리 마음 밖의 사회경제적 조건 양쪽을 다 말이야. 니 학교를 그렇게 만들어봐!"

유진은 정자에 앉은 채로 다소곳이 경청했고, 장원은 이야기를 계속했다.

"니가 '경'을 개념적으로 이해한 것 같아 말하는데, 성리학에서 세상 공부를 하는 주된 방법을 '격물치지(格物致知)'라 하는 건 알고 있겠지? 격물치지가 무어냐, 말 그대로 사물 하나하나를 깊이 파고들어 가서 그 안에 숨겨진 이치를, 법리를 발견함으로써 앎에 이르게 된다는 말이지. 근데 요것이 서양 자연과학의 접근법과는 다른 것이 많어. 서양의 과학자들은 사물의 분자, 원자, 심지어는 그보다 더 밑바닥의 구성요소까지 헤집고 파악해내서는, 그 사물에 대한 완벽한 소유권을 주장하고 그 사물을 완전히 써먹을 수 있는 능력을 가지려 하지. 그리고 서양식 과학자는 자신이 사물을 소유하고 그 사물에 대한 지식까지 소유한다는 것, 그리고 그 사물을 지배하고 써먹는다는 것이 어떤 의미를 지니고 있는지, 또 어떤 결과를 초래할지에 대해 생각해야 할 의무까지는 부여받지 않어. 허나 성리학자는 사물이나 사물에 대한 지식을 소유할 의도도 없고, 한 사물을 공부하는 것과 그 사물에 대한 공부가 초래할 영향에 대해 생각하는 것이 절대로 분리될 수 없다고 여기지. 성리학자는 자연 속의 사물을 위하고, 그 사물과 자신과의 관계를 아름답게 만들 수 있는 공부가 아니면 길이 아니라고 판단해. 한마디로 개구리를 메스로 해부해서 죽이는 것은 길이 아닌 게야. 이러니 서양 자연과학의 실험을 앞세운 현실적·실용적 파워 앞에 맥을 못 췄지."

유진은 대체 장원이 성리학을 옹호하고 있는 건지 비난하고 있는 건지 갈피를 잡을 수가 없었지만, 한참 '필'을 받아서 자신을 가르치고 있는 이 독특한 학자의 열강을 끊기 싫어서 아무 말 않고 계속 경청만 하기로 했다. 장원은 정자 옆의 나무 한 그루를 가리키며 말했다.

"자, 이 참나무를 한번 보자고. 서양식 과학자는 이 나무를 해부해서 뭐로 이루어져 있는가를 연구하고, 이 나무를 인간이 어떻게 써먹을 수 있을까 머리 터져라 연구하잖아. 그 과정에서 지금 이 순간 자신 앞에 서 있는 참나무는 참나무 종(種) 전체를 대표하는 하나의 샘플이 돼버리지. 샘플은 손쉽게 실험 재료가 될 수도 있어. 과학자는 도끼로 이 나무를 베어버리고 잘게 썰어 현미경 재물대 위에 올려놓을지도 몰라. 그렇게 함으로써 과학자는 이 나무가 대표하는 참나무라는 수종의 인간에 대한 유용성을 밝혀내게 되지.

그러면 우리의 성리학자는 어찌 할까? 이 작자는 우선 이 참나무가 참나무 종을 대표하는 하나의 샘플에 불과하다고 보지를 않아. 바로 지금 내 눈 앞에 서 있는 요 나무, 바로 요 나무 그 자체로서만 바라볼 뿐이야.* 생각하고, 분류하고, 다시 말해서 냉정하게 객관화된, 관찰자와 철저하게 분리된 하나의 '대상'으로 이 나무를 보지 않고 그냥 있는 그대로인 이 참나무에게 '경'하는 거야. 바로 이 참나무의 독특한 개성을 보고, 이 참나무가 지금 이 위치에서 하늘과 별과 바람과 무슨 관계를 맺고 있는가를 살피고, 이 구체적이고도 특수한 정황과 맥락 속에서 바로 요 참나무가 존재하는 이치를 깨닫고자 하는 거야. 그래서 요 참나무와 나와의 관계를 알고, 자연 속의 참나무에 담겨 있는 '리'를 보고, 그 '리'가 자신 내면의 '리'인 본연지성과 교감하는 것을 맛보는 거야. 바로 '호연지기'하는 게지.

이게 바로 성리학자의 격물치지 방법이여. 사물을 소유하고 써먹는 것이

---

* 이하의 구체적 생물 개체에 '경'하는 태도에 관한 내용은 웬델 베리의 『삶은 기적이다』(녹색평론사, 2006)를 참고했다.

아니라 그 사물과 궁극적으로 결코 분리될 수 없는 '나'하고의 관계, 그 가장 높은 경지를 깨치는 것이 목적이지. 그렇게 될 때 '나'는 참나무를 분류하거나 인간 문명에 대한 그 기여도를 분석할 수는 없지만, 이 참나무 한 그루를 존경하고 사랑스러워할 수 있게 되는 거지. 이 참나무에게 친절하게 마음 써주게 되고, 이 참나무와 더불어 자신의 삶을 더욱 풍요롭고 아름답게 만들 수 있게 되는 것이지.

허허, 이것이 바로 성리학이, 유학이 21세기 지구 문명에 제공해줄 수 있는 크나큰 기여일지 몰라. 서구식 자연과학이 지배한 20세기는 자연 속의 사물을 존경하고 그들에게 친절을 베풀며 평화롭게 공존하는 방법을 전혀 몰랐거든. 우리가 격물치지의 방법을 익혀서 자연 속의 생명들에게 '경'할 수 있다면 작금의 생태계 파괴의 위기를 극복할 수 있을지도 모르지."

장원은 이에 덧붙여 소비를 존재의 이유로 삼은 현대인들의 병든 마음이 지금과 같은 경제체제를 형성했고 그 체제가 생태계를 파괴하고 있음을 볼 때, 현대인들이 자신의 마음에 제대로 '경'하지 못하고 있음을 알 수 있다는 주장을 폈다.[6] 그는 다산의 연구소를 방문했으니 격에 맞도록 유교의 실학적인 면모를 부각시키면서 실학의 심학적 차원 역시 짚어주었다. 또한 그는 현실을 극복할 수 있는 실학적 정신과 균형을 이룰 수 있도록 성리학을 창의적으로 재해석하지 않는 한, 유학이 오늘날 우리에게 쓸모 있는 교육사상이 될 수 없음을 누누이 강조했다. 성리학 자체에 대해서도 기초적인 이해밖에 없는 유진에게, 성리학의 약점을 실학으로써 보완하라는 주문은 벅찬 요구가 아닐 수 없었다.

해남에서의 셋째 날, 유진은 장원 부부를 따라 완도에 다녀왔다. 민박의 식당에 단체손님 예약이 들어와서 완도의 어시장에 장을 보러 가야 했다. 어시장을 오가는 길에 장원은 유진을 완도 구석구석으로 데리고 다니며 농민과 어민들의 삶을 가까이서 볼 수 있는 기회를 주었다. 그가 마주치는 완도의 중년 남녀들은 대체로 쾌활하고 농담을 좋아하는 순박한 이들이었다. 반백에 환갑을 바라보는 나이의 장원은 완도의 어민, 상인들과 격의 없이 대화를 나누며 즐거워했다. 소형 어선들이 즐비하게 늘어선 완도항 해안가를 천천히 걸으며 장원이 유진에게 넌지시 말했다.

"성리학을 우리 시대에 다시 써먹는 데 큰 걸림돌이 아마 '정제엄숙' 같은 가르침일 거야. 몸가짐을 바르게 하고, 의관을 정제하고, 엄격하게 자신의 일거수일투족을 모니터링하며, 매사에 '경'하는 것이 주일무적(主一無敵), 상성성(常醒醒)을 내세우는 성리학에서는 필수적인 것이긴 한데, 그걸 요즘 세상의 발랄한 젊은이들한테 갖다 들이대면 과연 어떤 반응이 나올까? 그런 귀족적인 행동거지가 민초들에게는 또 어떻게 받아들여질까? 조선 말엽에 백성들이 도학자들에게 헌납했던 경원감과 경멸감의 냄새가 이 시대의 '먹물'이라는 단어에서도 풍기지 않는가? 나는 성리학이 '예 (禮)'를 중시하면서도 현대의 자유분방한 '기(氣)'를 천시하지 않는 일종의 지혜로운 타협점을 마련해야만 하리라고 봐. 사람이 심신을 바르게 해야 '경'할 수 있는 것은 맞는 말이지만, 바르게 하는 데만 너무 치중하다 보면 '선(善)'의 독주에 빠지기 쉽거든. 중용의 도를 벗어나 지나치게 바르기만 한 것 말야. 선함, 밝음, 순수, 이런 것들이 지나치게 강조되다 보면 도덕주의의 독재가 발생하기 쉬운 법이지. 그런 상황에서는 당위론에 근거한 이상주의의 엄격함이 세태를 짓눌러서 자유롭고, 다양하며, 확산적인 기운이 일어나지를 못해. 그리하여 극단적인 근본주의와 흑백론이 판을 치게 되지.

바꿔 말해서 자유롭지 못한 상태가 초래된다는 것이야. 애초에 내 안의 '리'를 안다는 것은 궁극의 자유를 누리기 위해서인데, 그 '리'를 알려고 하는 과정 속에서 자유가 압살당해버리고 마는 아이러니가 발생하는 거지. 너무 '정제'하고 너무 '엄숙'하면 자유를 잃을 수도 있고, 또 우리 민초들의 삶의 냄새를 맡기가 어려워지지.

그래서 나는 공맹과 정주의 가르침만 파고들지 않고 노장과 붓다의 말씀도 새겨들으려 하고 있어. 정제엄숙이 분명히 수행의 어느 수준에서 필요하긴 한데, 그걸 뛰어넘는 자유로운 경지 또한 없어선 안 되거든."

장원은 토속적 사투리를 잃지 않고 살아가는 지방의 서민들이야말로 자유를 삶의 구체적 차원인 언어생활에서 향유하는 이들이라 칭송하며, 이 민초들의 '정'이 바로 한국적 정서의 보석이라고 예찬했다.[7]

"이 '정'이란 거, 난 요것이 한국인의 정신의 본질적인 중핵이 아닐까 생각해. 고걸 잃어버리면, 글쎄, 우리 민족의 앞날이 어찌 될지 참 난감해. 자네, '정'에 대해서도 생각해봐, 학교 지을 때 말야. 학생들을 정 있는 놈들로 키울지, 정은 없어도 경쟁력 있는 엘리트로 키울지."

'언어는 존재의 집'이라며 하이데거까지 동원하여 한참 동안 펼쳐진 장원의 '사투리 존재론'에 유진은 고개가 갸우뚱해졌다. '난 원래 서울에서 태어났고, 평생 서울말만 쓰고 살아서 무슨 얘긴지 이해가 잘 안 가는 건가? 내가 딱히 정이 없지도 않은 것 같은데…….' 강원도 출신인 준혁에게나 물어봐야겠다는 생각이 들었다. 그러고 보니 지방 출장 동안 한 번쯤 찾아오겠다던 준혁은 전화도 한 번 없다. '정나미 없는 자식.'

저녁이 되자 몰려오는 식객과 숙객들 때문에 민박 식당은 대단히 분주해졌다. 이번 주 중에는 단체손님이 예정돼 있어 한가하게 유진과 담론을 나눌 여유가 없을 것으로 보였다. 늦은 밤 식당 정리와 설거지를 끝낸 뒤에야 장원 내외는 허드렛일을 거들어준 유진과 조촐하게 밤참을 먹으며 술잔을 나눴고, 유진은 그간의 가르침에 감사한다며 서울로 돌아가겠다는 인사말을 전했다. 재미있고 인정 많은 스승을 만날 수 있었던 데 대해 유진은 진심으로 감사의 마음이 들었다. 장원에게서 들은 유교교육에 관한 많은 이야기들은 책상에 앉아 한번 차분히 정리해봐야 할 것 같았다. 크리스

천 유학자의 들쑥날쑥한 사상을 말끔하게 정리할 수가 있을지는 의심이
들었지만.

안동과 해남을 오가느라 유진은 거의 2주 만에 오형모 교수와 개인교수
시간을 가질 수 있게 되었다. 오 교수는 유진이 자신의 지인들과 유쾌하고
도 유익한 시간을 가졌다는 보고에 매우 흡족해했고, 유진은 짧은 시일
동안의 '체험학습'을 통해 터득하게 된 유교교육의 이모저모에 대해 스승에
게 보고했다. '경'의 방법 등 나름대로 인상 깊었던 대목들을 열심히 보고하
는 유진에게 오 교수는 보다 체계적인 방식으로 조선 유교교육과 현재의
교육 간의 연관성에 대한 자신의 논지를 폈고, 다음과 같은 잠정적 결론을
내렸다.[8]

현대인의 관점에서 볼 때, 대체로 유교교육의 부정적 요소들(계층 및
성차별적 이데올로기 등)은 조선시대 교육의 거시적 영역(통치이념, 제도,
행정체계 등)과 미시적 영역(교수-학습, 교과내용 등) 전반에서 골고루 눈에
띄는 데 비해서, 그 긍정적 요소들(인성교육 등)은 당시 교육의 미시적
수준, 또는 개인적인 수양의 영역에서만 효과적으로 실행된 것으로 보인다.
다시 말해 유교교육의 탁월한 '경' 사상이 선비 개개인의 수양에는 영향력을
발휘했지만 정치와 정책, 사회와 교육행정 등에서 제대로 실행되지는 않은
것으로 보인다는 말이다. 따라서 유교교육의 유산을 오늘에 되살린다 할
때, 유교의 긍정적 부분을 개인 차원을 넘어서서 체제, 시스템, 학교 차원에
서도 작동되게 하는 것이 필수요건이 된다. 개인 차원의 효용성을 사회
차원으로 전이시키는 일이 어떻게 가능할까? 오 교수는 그것이 서구사회에
서 불충분하나마 달성됐다고 보았다. 즉, 민주주의 교육이 개인과 사회
두 수준에서 공히 효과적으로 실행되고 있으며, 민주주의 정신으로 미시적
개인의 차원과 거시적 사회의 차원이 통합되었다는 말이다. 오 교수는

그러나 우리는 이것을 아직 이루지 못했다고 진단했다. 단순히 표현하자면, 우리나라가 민주주의 제도는 받아들였지만 민주주의가 개개인에게 충분히 내면화되지는 않았다는 말이다. 따라서 그는 개인과 사회 차원의 통합을 이루기 위한 교육사상의 재정립이 필요하다고 했다. 동양이 개인과 사회의 최대 성취를 위한 사상을 결여했다는 것이 아니라, 단지 개인의 최대 성취와 사회의 최대 성취 사이에 서양에서 이루어진 원활한 연결이 동양에서는 이루어지지 않았다고 진단한 것이다.

"교수님, 저도 성리학의 마음 다스리는 효과에 대해선 다시 보게 됐어요. 더 이상 성리학을 고리타분한 골동품이라고는 여기지 않아요. 하지만 그 원리를 우리가 지금 다시 쓸 수 있을지에 대해선 잘 모르겠어요. 제가 뵌 분들은 워낙 독특하시고 튀는, 그러니까 개성이 강한 분들이죠. 그런 분들이야 남들이 뭐라 하든 신경 끊고 초야에 묻혀서 일편단심으로 격물치지할 수 있을지 모르지만, 평범한 보통 사람들이 현대사회 속에 살고 있으면서 성리학적 마음공부에 자신을 바칠 수가 있을까요?"

지난 2주간의 체험 기간을 통해 쌓여 있던 의구심을 유진이 오 교수에게 드러냈다. 이는 장차 이들이 세우려고 하는 학교의 주 교육원리를 유학에서 차용하는 것에 대한 완곡한 회의의 표출이었다. 오 교수는 주저하지 않고 말했다.

"'경' 그 자체는 쓸 만하다고 평가한다는 말이지?"

"네."

"그렇다면 관건은 현재의 환경 속에서 '경'을 어떻게 실행할 수 있을까 하는 방법적 모색이 되겠군?"

"……아마 그렇겠죠?"

"그래, 우리 한번 그 방법을 알아보자. 너무 서두를 것 없어. 세상에 모든 가치 있는 일들은 상당한 시간을 투입해야 성과를 볼 수 있거든.

우리에게 주어진 숙제야 이건. '21세기 도시생활 속에서 어떻게 '경'할 수 있을까?' 창의성을 발휘해보자구."

"근데 어떡하죠? 전 창의성이 별로 없는데요."

유진의 볼멘소리에 오 교수는 경쾌한 한마디를 던졌다.

"요즘 세상엔 창의성 없는 직원은 회사에서 잘리지, 아마."

부드럽고 인자한 말투 속에 담긴 속뜻은 마냥 부드럽지만은 않았다.

3. 고향을 잃은 오디세우스

만약에 우리가 태어나기 이전에는 갖고 있던 지식을 태어남과 동시에 잃어버렸지만 후에 감각을 사
용하여 지식을 되살펴봄으로써 과거에 이미 우리가 가지고 있던 바로 그 지식들을 되찾게 된다면,
이른바 배운다고 하는 것은 제 것이었던 지식을 되찾아 가지는 것이 아니겠는가? 이런 것이 말하자
면 '기억해냄(想起)'이라고 말해 옳은 것일 테지?

— 소크라테스

서양으로

"뭐? 유교에 대해 조사하러 다녔다고?"

미진은 어처구니없다는 표정을 지었다. 동생 유진이 학교설립이라는 야심 찬 프로젝트를 맡게 돼서 기대했었는데, 난데없이 케케묵은 유교정신을 되살려보고자 한다니.

"얘, 그런 거 네가 안 찾아다녀도 이미 다 틈새시장이 형성돼 있어. 아이들 대상으로 하는 유교식 예절학교 뭐 그런 것도 있고, 너도 알 거 아냐. 청학동 서당도 장사 잘된다더라."

유진은 세상만사를 마케팅의 관점으로만 대하는 언니에게 교육사업이라는 걸 어떻게 설명해줘야 할지 도무지 실마리를 잡을 수가 없었다.

"언니, 그런 피상적인 거 말고 유교교육의 정신, 또는 이상이 뭘까 좀 알아볼 필요가 있었어."

"너 박사논문 쓰니? 그런 학구적인 것하고 실제 학교하고 무슨 상관이 있어? 네가 학교 하나 잘 차려서 문 열고는, '에~ 우리 학교는 전통적 유교정신을 구현하고자 합니다' 그러면, 그 학교에 올 학생이 몇 명이나 될 거 같아? 뭘 잘못 짚어도 이렇게 잘못 짚다니."

경쟁사회에서 도태되지 않고 생존할 '인재'를 양성하는 것이 초미의 관심사인 소위 '강남 아줌마' 미진의 비판 앞에 유진은 뭐라 말해야 할지 알 수가 없었다. 미진은 '지식기반 경제'로 전환하고 있는 현 세태에 대한 분석에 기초하여, 한국 사회의 '엘리트층'이 어떻게 미래를 위한 자녀교육에 대비하고 있는지 조목조목 설명하기 시작했다. 영어 조기교육과 선행학습, 그리고 전략적 엘리트 코스 맞춤교육 등으로 대표되는 소위 '대치동 교육'이 왜 유일한 선택이어야 하는지 그녀는 거침없이 논지를 전개했다. 가만히 듣고만 있던 유진이 불쑥 미진의 말을 가로막았다.

"근데 언니, 언니 행복해?"

"뭐? 무슨 소리야, 난데없이?"

"언니 행복하냐고. 그리고 언니의 그 철저한 관리를 받고 있는 대현이하고 경선이는 행복하냐고."

"얘, 넌 행복하려고 사니?"

"아니, 그럼 뭐하려고 살아?"

유진은 이제 미진과 교육에 관해 이야기를 나누다 보면 참기 힘들 정도로 골치가 아파왔다. 어떤 대안을 제시해도 귀를 막아버리고 자신의 경쟁주의적 세계관만을 맹신하는 미진의 태도는, 마치 자기 집단의 교리를 믿으면 천국에 가고 그렇지 않으면 지옥에 간다고 협박하는 광신도들의 그것에 근접해 있는 듯했다. 미진은 지나치게 비인간적인 현 교육체제에 대한 대안을 모색할 필요성 때문에 전통적 유교교육의 정신을 살펴봤다는 유진의 강변을 쓸데없는 시간낭비라 폄하해버렸다. 유진은 그 이상의 논쟁은 접기로 했다. 미진이 왜 그다지도 사고의 융통성을 상실했는지 의아했지만, 그것을 따져보고 있기엔 목전의 과제의 양이 적지 않았다. 유진은 책가방을 챙겨서 대학 도서관으로 향했다.

　도서관에 자리를 잡은 유진은 오형모 교수가 빌려준 자료들을 펼쳤다. 서양의 문명사와 교육사상에 관한 자료들이었다. 며칠 전 만났을 때 오 교수가 서양사상사의 큰 줄기에 관해 설명해준 것을 보완해주는 내용이어서 찬찬히 읽다 보니 나름대로 대강의 윤곽이 그려지는 것 같았다. 오 교수는 이렇게 말했다.

　"우리가 유교교육에 대해 좀 알아봤지만, 유교교육이 우리의 현재의 교육을 다 설명해주는 건 아니거든. 우리의 현재의 교육을 이해하기 위해선 유교 이후의 영향들을 살펴봐야만 해. 자, 지금 우리 학교들을 한번 봐. 이게 동양 것인가, 서양 것인가? 우리가 과거 유교문명권이었던 동양에 살고는 있지만, 지금의 우리 학교들이 어디 동양 것이라 할 수 있겠나? 겉모습부터 그 안의 내용까지 죄다 서양 것 아니야? 교육이념, 교육정책, 교육과정, 교과서, 교수-학습 방식, 교육이론 할 것 없이 전부 서양에서 가져온 거란 말이야. 자, 그래서 우리는 이러한 우리 현대 교육의 발상지인 서양에 관해서 알아보지 않을 수가 없다, 이 말이야. 어디, 서양이 우리 교육의 폐해와 성과에 관해 무얼 말해줄 수 있을지, 한번 알아보자구."

　오 교수는 이런 잔소리도 덧붙였다.

　"지난번 유교교육을 알아보기 직전에 내가 오리엔탈리즘의 폐해를 지적했던 것 기억하지? 우리가 '동양'에 대한 선입관을 벗어버리지 못하고서는 동양을 있는 그대로 볼 수가 없다는 것 말야. 똑같은 주의사항이 '서양'에도 해당돼. 서양은 우월하다는 콤플렉스를 가지고 서양의 교육을 봐선 곤란해. 서양이 동양을 능가하게 된 것은 최근 200~300년 동안 일어난 역사상의 전개일 뿐이야. 그 이전에 기록된 수천 년 역사를 통틀어서는 대체로 동양이 더욱 진보된 문명을 유지했어. 따라서 서양이 본질적으로 동양보다 우월하다는 논리는 성립이 안 돼. 둘 다 유전자 레벨에서 차이가 없는 호모 세이피언스 세이피언스(Homo Sapiens Sapiens)가 만든 문명일 뿐이야. 우리의 콤플렉스에 얽매이지 않고 서양을 봐야 해."

유진은 서구문명의 성립과 발전의 커다란 틀을 다루고 있는 글을 읽고 있었다. 서구문명의 사상적 본류로 헬레니즘(Hellenism)과 헤브라이즘(Hebraism)*을 제시하고 있는 쉽지 않은 영문 문서들을 한참 읽다 보니 슬며시 졸음이 오기 시작했고, 몇 분 지나지 않아 책상에 엎드린 자세로 오수에 잠겨버렸다.

유진은 꿈을 꾸었다. 선잠이라서 그랬는지도 몰라도 잠들기 전에 읽던 책에 나왔던 인물들이 등장하는, 꿈치고는 전개가 꽤나 논리적인 꿈이었다. 끝없는 하늘, 광활한 대지, 그 세상 위로 여신이 날아간다. 지혜의 여신 아테나다. 지중해 연안의 신전으로 내려온 아테나는 자신을 숭배하러 모여든 인간들에게 계시를 내린다. 숭배자 무리의 한 사람인 헤라클레스는 '네 껍데기를 버리고 죽음으로 향할 때 너 자신을 찾으리라'는 신탁을 받는다. 그러나 뒤늦게 혼자 찾아온 오디세우스에게는 여신의 꾸짖음이 주어진다. '너를 어여삐 여겼거늘 너는 얄팍한 호기심만 좇아 헤매다 네 고향을 잃고 말리라.' 그러나 아테나는 젊은 오디세우스의 머릿속에다 이성이라는

* 서양문명의 양대 사조를 헬레니즘과 헤브라이즘으로 보는 것이 통설이기는 하지만 유럽의 사상적 전개와 문화 발달에서 양자가 확연히 구분되는 것은 아니다. 기원전 지중해문명에 관해 사가들 중에는 헬레니즘적인 신인(神人) 신화가 헤브라이즘적인 기독교 교리 형성에 결정적인 영향을 끼쳤다고 보는 이들이 있고, 헤브라이즘이 유럽을 장악한 중세에도 교회의 교부철학의 중핵에 헬레니즘 문명의 아리스토텔레스 사상이 자리 잡고 있음은 명백하다. 그 밖에도 네오플라토니즘에 영향 받은 기독교 신비주의 사상이라든가 르네상스기에 헬레니즘 복귀의 정점을 점유하고 있는 단테가 그린 기독교적 내세관 등 양대 사조 간의 상호작용은 이루 헤아릴 수 없을 만큼 복잡하고도 풍부하다. 따라서 헬레니즘과 헤브라이즘 간의 변증법적 대결이라는 도식적 구도만으로 서구문명을 이해하는 데는 엄연한 제약이 있다.

선물을 집어넣어 준다. 헤라클레스는 그리스로 갔으나 오디세우스는 로마로 길을 떠난다. 그리스에서 헤라클레스는 소크라테스를 만나 신탁을 전해주고, 로마에서 오디세우스는 시저의 군대에 힘이 가득 찬 바람을 불어준다. 그때 로마의 황궁 위로 천신(天臣) 바오로가 강하한다. 바오로가 로마의 광장 한복판에 번쩍이는 섬광과 같은 지팡이를 꽂자 바로 그 자리에서 바티칸궁전이 솟아오른다. 황금처럼 찬란하게 빛나는 바티칸궁전은 서쪽과 북쪽과 동쪽으로 엄청나게 밝은 광선을 발사한다. 광선이 비추는 길로 로마의 군단이 행진하고, 광선을 맞은 북쪽 땅에서는 수많은 정령들이 증발하여 사라진다. 아직도 동쪽에 살아 있는 소크라테스가 그 광선을 비껴서 더욱 머나먼 동쪽 땅으로 여행을 떠난다. 머나먼 동쪽 이방에서는 아테나가 그를 기다리고 있다. 유럽 대륙의 한가운데 서 있던 바오로는 동녘의 아테나에게 윙크를 보낸다. 아테나도 바오로에게 윙크한다. 둘은 천천히 서로에게로 다가간다. 매우 천천히.

오른팔이 너무도 저려와 유진은 눈을 뜨고 몸을 일으켰다. 머리는 헝클어졌고 입가에는 타액이 묻어 있었다. 소매로 대충 입을 훔치고 기지개를 켜자, 곁에서 자신을 바라보는 시선을 의식할 수 있었다. 준혁이 싱글거리며 앉아 있었다.

"근데 참 신기하다, 안 그러니? 내가 서양사를 특별히 공부한 적도 없고, 옛날에 배웠던 것도 다 까먹어 버렸는데 오늘 한 시간쯤 책을 읽었다고 그런 꿈을 꾸다니 말야! 넌 서양사 공부 많이 했지? 네가 한번 해몽해볼래?"

도서관 밖으로 나와서 자판기 커피 한 잔씩을 빼들고 벤치에 앉으며 유진이 준혁에게 말했다. 유진의 꿈 얘기를 다 듣고 난 준혁이 입을 뗐다.

"너 말야, 그거 진짜 꿈 맞아? 너무 내용이 사실과 딱딱 맞아떨어지는데."

"야, 내가 비싼 밥 먹고 너한테 그깟 뻥은 뭐하러 치니?"

"글쎄, 아무튼 아테나는 헬레니즘 문명을 상징하고 바오로는 헤브라이즘을 상징하고 있는 건 뻔한 거고."

"호오, 그래?"

되묻는 유진의 눈동자를 잠시 말없이 응시하던 준혁이 상대방의 자존심을 다치지 않게 하려고 애를 쓰며 말을 계속했다.

"그래, 아테나는 그리스 신화의 지혜의 여신이잖아, 헤라클레스와 오디세우스는 그리스 신화의 영웅들이고. 물론 신화 속 인물이긴 하지만 다른 시대에 속한 인물인 헤라클레스와 오디세우스가 같이 등장한 걸로 봐선 그리스 신화의 기초지식이 부족한 네 머릿속에서 나온 꿈이라는 게 잘 드러난다고 봐."

유진은 아무 말 없이 싸늘한 표정으로 준혁을 계속 바라만 봤다. '쓸데없는 소리 집어치우고 하던 얘기나 계속해'라는 무언의 메시지를 접수한 준혁이 말을 이었다.

"근데 이상한 건, 헤라클레스에게 아테나가 해준 예언이 네 머릿속에서 나온 것으로 보기엔 지나치게 의미심장하다는 점이야. 실제로 헤라클레스는 자아를 초월함으로써 별자리가 된 영웅이거든."

더욱 차가워진 유진의 눈초리를 의식하며 준혁은 지체 없이 다음 말을 계속했다.

"그리고 오디세우스에게 준 메시지에 방황과 고향이 등장한 것도……. 에헴, 그러니까…… 지나치게 적확한 감이 없지 않아. 『오디세이』가 바로 오디세우스의 방랑과 귀환에 관한 얘기니까. 또 아테나가 오디세우스를 어여뻐했다는 것도 신화 속 얘기와 같고. 그렇지만 실제 『오디세이』 내용과 다른 건 고향을 잃게 될 거란 예언이지, 원래 얘기에선 오디세우스가 고향인 이타카로 돌아가서 아내 페넬로페와 재회하니까. 그리고 오디세우스가 아테나한테서 이성을 받았다고 했지? 그건 도대체 무슨 의미일까? 나도 잘 짐작이 안 가는데."

"고향 떠나서 길을 떠돌며 방랑하려면 살아남기 위해서 이성의 능력을 써먹어야 할 거 아냐."

지적인 우월을 은근히 내비치는 준혁의 말을 까칠하게 듣고 있던 유진이 퉁명스럽게 한마디 내뱉었다. 그 말을 들은 준혁이 갑자기 한줄기 생각이 떠오른 듯 눈빛을 반짝이며 말했다.

"그래, 바로 그거야. 헬레니즘적인 서양이 이성을 무기로 자연과학을 엄청나게 발전시켜서, 그래 바로 '호기심'을 좇아서 세계를 휘젓고 다니다 보니 고향을 잃어버린다는 얘기야! 그게 바로 오디세우스의 여정과 유사하고, 영혼의 고향인 이타카로 돌아오기 위해선 헤라클레스가 소크라테스한테 전해준 자기초월의 메시지를 회복해야 한다는 거지."

약간 흥분해서 문득 떠오른 통찰을 풀어놓던 준혁이 갑자기 말을 멈추고 유진을 똑바로 쳐다보았다. 다소 미심쩍다는 표정을 숨기지 않은 채.

"근데 말야, 네가 이런 걸 어떻게 네 머릿속에서 만들어낼 수가 있어? 언젠가 어디서 읽었거나 들은 내용 아냐?"

마침내 유진이 발끈했다.

"네 머릿속에서 '이런 걸 어떻게' 만들 수가 있냐고? 그래, 너 박사과정에 있어서 되게도 유식하다. 난 대학에서 인문계나 대충 졸업하고 대학원이나 몇 학기 다녀서 무식하고."

두 남녀는 수준 낮은 말다툼에 감정적으로 휩쓸리는 듯하더니, 이내 애써 평정심을 되찾았다. 스스로 생각해도 유치함이 과했다고 판단한 것이다.

"알았어. 너 잘난 척하려고 그런 게 아니라는 변명을 인정해주겠어. 하지만 나도 정말로 이 꿈 얘기를 전에 딴 데서 읽거나 들은 기억이 전혀 없거든."

"그러니? 그것 참, 하여간 신기한 일이다. 어험! 어쨌든 간에 말이야, 헬레니즘 문명의 키포인트가 이성인 건 부인할 수 없고, 그러나 보다 깊은 차원에서 헬레니즘의 고귀한 본질이 소크라테스의 정신 안에 들어 있다는 것도 그럴 듯한 얘기야. 소크라테스의 제자인 플라톤이 서양정신사의 시조나 마찬가진데, 플라톤이 이성만을 후대에 물려줬다고 볼 수는 없거든. 플라톤의 이데아론은 후대에 신플라톤주의자들에 의해서 신비주의적으로 재해석된 적도 있고. 무엇보다도 오디세우스의 지적인 탐구의 여정을 아테나가 비난했다는 건 대단히 흥미롭고도 의미심장한 얘기야. 이건 정말, 너 혼자 생각해냈다고 보기엔……. 아니, 그건 그렇고.

그 다음으로 오디세우스가 로마로 갔다는 건 물론 환상적인 표현이겠는데, 그 은유를 해석해보자면 아테나가 준 이성이라는 선물의 힘이 헬레니즘을 통해 로마제국에 전승됐다고 할 수 있겠지. 그건 타당한 얘기 같아. 그리고 동시에 로마에는 바오로가 강림해서 궁극적으로 바티칸, 즉 가톨릭교회를 세우고 기독교의 광명을 유럽 대륙에다 거세게 비췄다는 것도 역사적으로 타당한 얘기고. 그 다음에 바티칸의 광선에 북쪽의 정령들이 증발했다고 그랬지? 이것도……, 너 전에 북유럽 신화 읽은 적 있어? 오딘이라든가 토르가 나오는?"

"아니."

고개를 젓는 유진을 바라보는 준혁의 눈동자 속으로 의구심이 모락모락 피어오르고 있었다. 그는 자신의 의구심이 밖으로 분출되는 것을 애써 억누르며 하던 말을 계속했다.

"거참, 신기한 일이야. 갑자기 아테나 신의 혼이 너한테 강림한 건가? 아무튼 기독교가 유럽 대륙 구석구석에 전파되면서 유럽의 전래 민간신앙이 다 소멸됐거든. 바티칸의 광선을 맞은 게르만족과 켈트족의 정령들이 사라져버렸다는 건 타당할 뿐만 아니라 문학적인 표현이기도 해. 그리고 나서 그 다음엔 뭐랬지? 아, 소크라테스가 동쪽으로 떠났다고 그랬지? 달마가 아니라 소크라테스가 동쪽으로 갔다고. 응, 그건 간단하다. 소크라테스의 제자인 플라톤과 그 제자인 아리스토텔레스, 로마의 키케로 등등으로 대표되는 고대 그리스와 로마의 사상과 문학, 과학적 지식이 중세기 동안 유럽을 떠나서 동방의 오리엔트 문명에 의해 보존되고 발전된 것을 의미할 수 있겠어. 15세기에 르네상스 시대가 오기 전까지는 그레코로만 문화가 동방에서 잘 보존됐거든. 이런 것도…… 네가 다 알고 있던 거니?"

"너! 내가 그 정도 상식도 몰랐을 줄 알아?"

유진은 짐짓 성을 내며 준혁에게 호통을 쳤지만, 실은 헬레니즘이니 르네상스니 하는 건 대학 1학년 때 교양과목에서 조금 들었던 적은 있어도 기억하고 있는 내용은 거의 없었다.

"아, 알았어. 난 네가 평소에 별로 아는 척 안 하고 겸손한 편이라 혹시 모르나 해서 그런 거야. 근데 말야, 네 꿈의 마지막 대목 있지, 바오로하고 동방의 아테나가 서로 윙크를 주고받는다는 거. 그게 뭔지는 아직 잘 떠오르지 않는데. 문자 그대로 보자면 바오로가 상징하는 헤브라이즘과 아테나가 상징하는 헬레니즘이 서로에게 다가간다는 얘기 같은데."

"얘는, 그게 제일 쉽잖아. 헬레니즘하고 헤브라이즘이 중세 이후에 변증법적 상호작용을 형성한다 이런 뜻이지 뭐."

준혁은 놀란 눈으로 유진을 쳐다봤다. 자신이 들은 것을 믿을 수 없다는 듯한 표정이었다. 유진은 평소에 헬레니즘이니 변증법적 상호작용이니 하는 단어를 거의 입에 담은 적이 없던 인물이었다. 유진은 지적 허욕만 강했을 뿐 학문적 용어를 생활화할 만큼 공부에 빠져본 일이 없었던 것이다. 유진이 낮잠 자기 직전에 바로 그런 내용을 읽었다는 것을 알지 못하는 준혁으로서는 놀라지 않을 수 없었다.

"뭘 그리 놀라나? 나도 요즘은 책 좀 읽어. 세상에 공부하는 사람이 너 하나냐?"

꿈의 마지막 대목을 스스로 해석한 것은 이상한 일이 아니었으나, 앞의 대부분의 내용이 자신의 머릿속에서 나왔다는 것은 유진으로서도 신기한 일이었다. 그리스 신화라든가 초기 기독교의 로마제국 전파라든가 하는 건 모두 유진이 평소에 알고 있거나 의식하고 있던 내용이 아니었다. '혹시 정말로 내가 잠든 사이에 아테나 여신이 다녀간 건 아닐까?'

유진은 준혁에게 지방 여행 때 한 번 들르기는커녕 왜 연락조차 없었는지 따져볼까 하다가 그만두었다. 그럴 만하여 그랬겠거니 하는 마음이 들기도 했고, 여느 때처럼 거만하기는 해도 자신의 꿈을 해몽하는 데 많은 기여를 한 남자친구가 꽤 쓸모 있다는 생각도 들었다. 그리고 무엇보다 자신의 공부가 빠른 속도로 '동양'에서 '서양'으로 넘어가는 것을 정리하는 데 정신이 팔려 있어 준혁에게 특별히 관심을 베풀 여유가 없었다. 그런데 준혁은 유진과 조금 방향이 달랐다. 그는 자신과 대화를 나누는 동안 전에 없이 눈빛을 반짝이는 오랜 여자친구를 보며 그녀에게게서 좀 색다른 매력을 감지하기 시작했다. 유진이 예전과는 상당히 달라진 느낌을 풍기고 있었던 것이다. 세상에 흥미 있는 일이 하나도 없다며 '간판' 따려고 대학원이나 다니던 예전과는 많이 달라져 있었다. 준혁은 지방 출장 동안 왜 연락 한 번 없었는지 묻지 않는 유진에게 오히려 서운함을 느꼈다.

며칠 후 오 교수와 만난 유진은 자신의 꿈 이야기를 꺼냈다. 유진의 이야기 전반을 매우 흥미롭게 듣던 오 교수는 오디세우스가 '고향'에 돌아오지 못하리라는 아테나의 예언 부분에 대해서는 놀라움을 감추지 못했다.

"오디세이는 대체로 서양의 진취성과 탐험정신에 대한 상징적 용어로 쓰이는데, 그걸 서양의 한계로 해석한다는 것 자체가 대단히 참신한 시각이야!"

그는 실눈을 뜨고서 유진의 눈을 지그시 응시했다.

"정말로 이런 얘기를 전에 어디서 듣거나 읽은 적이 없는 거야?"

준혁에 이어 존경하는 오 교수로부터도 의심에 찬 눈초리를 받은 유진의 마음속에서는, 제자로서 한결같았던 자신의 나긋나긋한 태도를 계속 유지하기가 어려울 정도의 반감이 솟아올랐다.

"교수님! 교수님께서 주신 글 읽다가 잠깐 잠들었는데 그때 꿈속에서 본 이야기라니까요!"

전에 없이 감정 섞인 반응을 보이는 유진의 기세에 오 교수가 다소 어안이 벙벙한 표정이 되어 유진을 바라보았다. 자신의 반응이 과했음을 깨달은 유진은 그 꿈을 해석해준 준혁과의 일을 털어놓으며 오 교수에게 사과했고, 오 교수는 유진에게 지적인 열등감을 안겨준 남자친구를 두둔하며 사과를 받아들였다.

"자네가 불쾌할 일은 조금도 아니라고 생각해. 내가 보기에도 느닷없이 꿈속에서 만들어졌다고 하기에는 너무도 적확한 면이 많은 이야기거든. 이건 자네를 무시하는 게 결코 아니야. 확실히 이전에 이런 스토리에 대한 아무런 인풋(input)이 없었다면, 나로서도 참 신기한 현상이라고밖엔 할 말이 없어."

오 교수는 준혁에 관해 호기심을 내비치며, 며칠 후의 국제학술회의 피로연에 함께 오라고 권유했다. 유진은 그러겠노라 대답하면서 마음속으로는 스스로에게 질문을 던지고 있었다. '정말 그래, 저 머나먼 지중해에서 아테나 여신이 날아와 강림한 것도 아닐 텐데, 내 머릿속에서 어떻게 그런 생각이 나올 수가 있는 거지?' 오 교수가 한마디 덧붙였다.

"혹시 과거에 그런 이야기를 접했거나 그런 생각을 해본 적이 있는데 그걸 까맣게 잊어버렸을 수는 있지. 그런 건 불가능한 일이 아니야."

루소, 부르주아를 넘어서

변덕스럽게 감정적이 되어버린 어린 제자에게서 오 교수의 예민한 관찰력은 모종의 억압된 욕구를 읽어냈다. 그는 유진의 그런 면모를 세심히 살펴볼 필요가 있겠다는 생각을 했다. 오 교수는 이날, 자신의 강의에서 사용하는 서양 교육의 역사와 사상에 관한 자료를 유진에게 건네주고 대강의 설명을 더해주는 정도로 개인교수를 마쳤다. 그는 서양의 고대 그리스와 로마의 교육보다는 중세 프랑크왕국의 성당 부속학교 및 근세 초기의 예수회(Jesuit) 학교 등에서 근대에 확립된 서양 교육제도의 원형을 찾기 쉽다고 했다. 그러나 한국의 교육을 이해하는 데 더욱 의미심장한 서양 교육사상의 전통은 헬레니즘과 헤브라이즘의 융합을 구현한 르네상스 이후의 교육사상 가들에게서 엿볼 수 있다며, 근대교육의 아버지라 불린 아모스 코메니우스의 지, 덕, 성(聖)을 지향한 교육사상에 관해 설명했다. 다음 시간에는 이 같은 융합을 코메니우스보다 더 심화시켰다고 할 수 있는 루소의 사상에 관해 공부하기로 했다.⁹

유진은 준혁의 손목을 잡아끌고 황급히 호텔 로비를 가로질렀다. 저녁 시간대의 호텔 로비는 많은 내외국인들로 붐볐다. 매끈거리는 대리석 바닥 위로 유진의 구두 굽 소리가 또각또각 반사됐다. 휘황찬란한 천정의 황금빛 샹들리에를 올려다보며 준혁이 중얼거렸다.

"번쩍거린다고 다 황금인 건 아니여."

유진은 발걸음을 재촉하며 차갑게 쏘아붙였다.

"야, 늦었단 말야. 바보 같은 소리 말고 빨랑 오기나 해."

오 교수로부터 국제학술대회에 초대받은 유진은 준혁을 이끌고 도심 5성급 호텔의 연회장으로 향했다. 유네스코와 한국정부가 공동 주최한 이 학술회의에 오 교수가 기조 연설자로 참여하고 있었다. 유진은 회의의 오후 세션 발표부터 청강한 후 저녁 피로연 때 오 교수를 만나기로 했지만, 오후 세션을 놓치고 뒤늦게 피로연 장소로 달려가고 있었다. 만찬장 입구에서 행사요원의 안내를 받아 홀 안으로 들어서니 이미 많은 내외빈들이 수십 개의 원형 식탁에 자리를 잡고 있었다. 유진은 군중들 틈에서 겨우 오 교수를 발견해내고는 준혁의 손을 잡아끌었다.

"교수님! 늦어서 죄송해요, 저랑 친구가 오늘 일이 많아서 이제 왔어요."

준혁과 함께 유진이 나타나자 오 교수는 싱긋 웃었다.

"오늘 오후 발표에 대한 개요는 숙제다, 내일까지 제출하는 거야."

유진은 잠시 항의성 변명을 개진하다가 스승에게 아직 준혁을 소개시키지 않았음을 깨달았다. 오 교수는 준혁과 악수를 나눈 후 두 사람에게 좌석을 권했다. 오 교수의 테이블에는 이미 일행이 두 명 앉아 있었는데, 그들에게 눈을 돌려 인사하려던 유진은 깜짝 놀라며 소리쳤다.

"어머! 송 선생님!"

안동의 송주황이 그 자리에 앉아 있었다. 긴 머리는 여전히 뒤로 묶었지만 눈에 익지 않은 양복 차림이라 유진이 얼른 알아보지 못했던 것이다.

"그새 벌써 해남 장 도사네 다녀왔다면서요? 바쁘네."

유진은 송주황과 반갑게 인사를 나누고 준혁도 소개시켰다. 원탁에는 오 교수를 가운데 두고 송주황과 또 한 명의 남자가 앉아 있었다. 오 교수는 그를 송주황과 같은 자신의 대학 후배로, 현재 주요 일간지의 논설위원이라고 소개했다. 유진이 인사하며 보니 신문에서 사진을 본 적이 있는 것 같았다. 별 특징 없이 깔끔한 생김새에 공부 많이 한 분위기가 역력히 풍겼다. 세련되고 고급스러운 콤비네이션 재킷에 실크 셔츠를 받쳐 입은 모습은 투박한 싱글 차림인 송주황과 대조를 이루고 있었다. 날카로운 눈매의 송주황은 마치 강직한 무사처럼 보였다. 그렇게 서로 인사를 나눈 다섯은 원탁에 둘러앉아 국제학술회의의 뒤풀이로 제공되는 고급 정찬 서비스를 받았다.

언제나처럼 여유롭고 세련된 오 교수의 리드로 대화는 부드럽게 이어지고 있었다. 유진으로서는 이미 친분이 있는 송주황과의 대화도 부담이 없었고, 논설위원도 점잖고 고상한 화술로 응했다. 준혁이 좌중에 익숙해지는 데는 조금 시간이 필요했지만, 애피타이저가 나오고 적포도주 잔을 기울이면서 분위기는 갈수록 화기애애해졌다. 포도주를 한 모금 마신 오교수가 이날의 행사에 관해 설명하며 특히 유진에게 유네스코의 교육적 이상을 일러주었다.

"지난 시간에 코메니우스 얘기를 했지? 인간 내면의 고귀한 본성을 키워주는 교육을 통해 세상을 더 나은 곳으로 만들 수 있다는 비전을 갖고 있었던 사람이잖아. 세상의 모든 이들에게 교육을 제공함으로써 인류가 진정한 평화를 만들 수 있다고 본 그의 사상이 현대에 태동한 국제기구의 중요한 목표가 됐지. 유네스코도 코메니우스의 이상을 받들고 있는 조직이야. 이번 회의는 이런 유네스코의 목표에 우리나라와 같은 후발산업국들이 동참할 길을 조망해보는 자리지."

지금까지 조용히 '어른'들의 말씀을 경청하고만 있던 준혁이 낮은 음성으로 한마디 했다.

"제3세계를 돕자는 얘기를 나누기 위해 모인 장소가 대단히 호화롭군요."

'어른'들 앞에서도 기죽지 않고 호기를 부리는 젊은이에게 원탁에 둘러앉은 기성세대의 시선이 쏠렸다. 조금 당돌하긴 하지만 귀엽다는 듯한 눈빛들이었다. 오 교수가 말을 받았다.

"세상에는 레토릭(rhetoric; 수사학) 또는 외교적 테크닉이란 게 있지. 돈을 좀 써서라도 그 테크닉을 구사하면 정계, 관계, 재계, 언론 등의 조명을 받고, 그럼으로써 소위 '주류 사회'를 움직이고, 그럼으로써 사회의 가용자원을 동원하는 게 용이해지는 법이지."

여느 때나 마찬가지로 정곡을 짚고 논리 정연한 오 교수의 설명에 일간지 논설위원이 한마디 더했다.

"그렇게라도 해서 가용자원을 동원해 못사는 나라를 돕겠다는 의지가 있다는 것 자체가 대단한 일이에요."

준혁은 '어른'들의 말씀을 알아들은 듯한 눈치였다. '그렇게 볼 수도 있겠군'이라고 말하는 듯한 멋쩍은 미소를 띠며 준혁은 포도주를 한 모금 마셨다. 포도주 탓인지 기분이 다소 흥겨워진 것 같은 오 교수는 준혁과 그 곁에서 준혁을 노려보고 있는 유진을 미소 띤 얼굴로 바라보며 말했다.

"두 사람이 스타일이 비슷한 것 같아. 앞으로 유진이 프로젝트에 준혁 군이 여러모로 도움이 될 것 같군."

유진은 부정하는 표시로 손사래를 쳤지만, 오 교수의 이런 평은 그저 뜻 없이 흘리는 '립서비스'만은 아닌 것 같았다. 그는 비판적인 자세를 가진 젊은 인문학도의 역할을 긍정적으로 보고 있었다.

"유진, 우리 헬레니즘하고 헤브라이즘 얘기는 했고, 이젠 루소 얘기 할 차례지? 자, 그럼 어디서부터 볼까……. 헬레니즘과 헤브라이즘의 전통에는 공히 인간의 비좁은 자아를 초월하는 크고 높고 고귀한 어떤 지향점이 있었다고 할 수 있어. 그런데 이런 게 근세 초기에는 사라져버렸다고 개탄한 이들이 유럽에 있었지. 이 작자들은 이런 초월적 고귀함이 사라진 것과 당대에 부르주아 계층이 득세한 것이 직접적으로 연관된 일이라고 보았어. 대표적 인물이 루소인데, 루소는 부르주아를 오로지 돈밖에 모르는 탐욕스럽고 이기적인 인간들이라고 봤던 거야. 루소가 더 심각하게 본 건 바로 그런 부르주아가 유럽 대륙에 새로이 떠오르는 시민사회의 주역이 돼가고 있다는 점이었어. 그에게는 축소된 인간성이 만연된 사회를 예고하는 것과 다름없었지."

식탁에는 드디어 본 요리인 스테이크와 바닷가재찜이 올라왔다. 요리를 받고 냅킨을 셔츠에 받친 뒤 오 교수는 짧은 강연을 시작했다. 부르주아의 태생적 한계를 비관한 루소는 『에밀』을 통해 새 시대를 위한 이상적인 인간상을 제시하고자 했는데, 그 이상적인 인간은 자연으로부터 부여받아 자신의 내면에 잠재돼 있는 본성을 일깨움으로써 이기적이고 비좁은 에고보다 위대해지고 고귀해질 수 있는 존재라는 것이었다.[10]

"그리스인 헤라클레스는 비극적 운명을 딛고 일어나서 목숨을 바쳐 타인을 구함으로써 하늘의 별이 됐고, 유대인 요셉은 복수심과 원한을 떨치고 큰마음을 실천함으로써 후손들이 추앙하는 선지자가 됐잖아. 이런 위대한 인간상을 근세에는 꿈도 꿀 수 없게 된 것이 루소는 안타까웠던 거야."

오 교수의 다소 긴 설명을 들고 난 논설위원이 말했다.

"루소가 개탄했다는 현실이 비단 18세기 유럽에 국한되지는 않는군요. 지금 우리 사회에도 똑같이 해당되는 얘기 아니겠습니까?"

오 교수는 고개를 끄덕였고, 논설위원은 이야기를 계속했다.

"21세기 한국 사회의 이상적 인간상은 뭘까요? 부르주아 아닙니까? 그밖에 뭐가 있나요? 돈만 많이 벌면 다 되는 거 아니겠습니까?"

그때까지 묵묵히 듣고만 있던 송주황이 끼어들었다.

"그래, 니 말이 맞다. 바로 그런 점을 니가 얼마 전에도 칼럼에서 날카롭게 지적했더구먼. 돈 따위는 초월한 듯이 진리를 논하는 지식인들이 얼마나 위선적인가, 그들도 결국 부르주아임에 안주하고 있는 것 아니냐는 비판은 예리했지."

송주황의 말은 표면상으로 분명히 동창에 대한 칭찬이었는데, 이상하게 오 교수와 논설위원의 표정이 굳어졌다. 특히 논설위원은 안색마저 달라졌다. 유진과 준혁은 정황을 납득하기가 어려웠다. 송주황은 거침없이 발언을 이어갔다.

"그렇게 예리하게 위선적 지식층을 비판해서 우리 사회의 참다운 성숙에 기여하고 있는 언론인들이 정작 자신이 소속된 조직의 어마어마한 위선에 대해서는 뻔뻔하게도 입을 꾹 다물고 있는 건 정말 우습지 않나? 하하하!

이건 참말로 웃기는 일이 아닐 수 없습니다, 오 선배님! 최고 발행부수의 일간지들이 재벌기업 홍보지로 전락해버린 작금의 현실을 보고 있노라면, 제가 왜 어려서 철없이 선각자 전두환 전 대통령 각하를 그렇게 욕했었는지 부끄러울 지경입니다. 재벌이 방송국을 소유하는 것이 민족의 장래에 끼칠 심대한 폐해를 일찍이 꿰뚫어보신 그 혜안! 삼성이 소유하고 있던 동양방송을 1980년에 강탈해서 국가에 귀속시킨 그 결단성! 그런 나랏님께서 지금까지 권좌에 앉아 계셨다면 재벌의 이익을 수호하기 위해 온갖 불법과 타락을 눈감아주고 편파적인 기사 쓰기에만 몰두하고 있는 이런 신문사도 마땅히 강탈해서 정부 기관지로 만들지 않았을까요?"

그제야 유진은 일이 어떻게 돌아가고 있는지 눈치 챌 수 있었다. 송주황이 동창 논설위원을 노골적으로 비아냥거리고 있는 것이었다. 평소에는 도덕성과 지성을 외치던 이가 자신이 소속된 신문사에 큰 영향력을 갖고 있는 재벌그룹의 비리에 대해서는 침묵하고 있는 것, 자신의 신문사가 그 재벌의 비리를 덮고 왜곡 보도를 일삼아서 유야무야하려는 데 대해서마저 침묵으로 일관하는 행태를 비난하고 있었던 것이다. 이는 정치에 관심 없는 유진도 준혁에게 들은 바가 있어 어느 정도 알고 있던 일이었다. 그 신문사 소속의 필진들이 위선자들처럼 느껴지기는 했지만, 알고 보면 그들도 참 딱한 소시민에 불과할지도 모르겠다는 생각을 했었다. 그런데 송주황은 그 소시민을 대놓고 욕하고 있는 것이다. 오 교수가 진화에 나섰다.

"우리 송 훈장의 대쪽 같은 선비정신은 세월이 가도 변함이 없군. 신문사 쪽에서도 아주 난처했겠지. 물주를 마음대로 비판하고 고발하지도 못하고, 또 송 훈장 말대로 양식 있는 언론인으로서 침묵만 지키고 있을 수도 없는 노릇이고……. 허허, 지금 바로 한나 아렌트 얘기 꺼내려는 거지? 악에 대해 침묵하는 것이야말로 무시무시한 죄악이라고. 그래, 그렇기도 허이. 자네처럼 선명하게 비판하지 않고 있는 나도 침묵 방조죄일 수 있겠지.

그렇지만 말야, 이번 일로 신문사 데스크와 칼럼니스트들도 느낀 바가 적지 않을 거라고 생각해. 내면에 갈등이 심했을 거야. 나는 그런 내적 갈등과 번민이 결코 무의미하지 않은 사건이라고 봐."

송주황이 말을 받았다.

"선배님은 대단히 우호적으로 평가하시는구먼요. 그러나 말입니다, 우리가 이런 것들을 언제까지 용납하며 살아가야 하는 겁니까? 대표적 신문사 논설위원들까지도 잘릴 게 두려워 얌전히 말 잘 듣고 있는 부르주아에 불과한 이런 사회에서 우리 젊은이들은 누구를 바라봐야 합니까? 헬레니즘 전통의 인간상 말씀하셨습니까? 제 목숨 버려 살신성인하는 헤라클레스 같은 영웅의 수준이나, 자기 신문사의 과오를 점잖게 비판하는 젠틀맨 수준 같은 건 바라지도 않아요. 국가적 비리의 온상을 비호하지 못해 안달인 그따위 신문사라면 과감하게 박차고 뛰쳐나와야 하는 거 아닙니까? 그 안에서 자신의 한계에 자괴감이나 느끼며 병자처럼 웅크리고 숨어 있기만 할 게 아니라 말입니다. 아니, 지들이 루소가 경멸한 쁘띠 부르주아에 불과하다면, 나는 부르주아적 가치를 추구한다, 돈을 숭배한다고 솔직하게 까놓고 공표를 하면 최소한 정직하기라도 하겠어. 이건 안으로는 돈과 안락에만 온 신경을 다 기울이고 있으면서 때때로 잔머리 굴려 고상하고 듣기 좋은 글이나 써서 연명하고 있는 모습이라니, 에이!"

어느새 벌써 식사를 마친 송주황은 냅킨을 식탁 위에 올려놓고 단호하게 자리에서 일어났다.

"선배님, 모처럼 불러주셨는데 죄송하게 됐심다. 저로선 이러지 않을 수가 없습니다. 자, 유진 양, 친구도 왔는데 험한 모습 보인 거 사과하겠소"

그러면서 그는 아무 말 없이 포도주를 홀짝이고 있는 논설위원을 정면으로 바라보며 말했다. 송주황의 음성은 단호하고 힘 있었으나 나지막했다.

"니한테 내 실망했다. 니는 민중에 대한 책임을 내던져버린 거야. 우리가 애초에 학문 시작한 게 이리 살자고 했던 게 아니지. 초심은 어디로 가버렸단 말이고?"

그리고는 송주황은 오 교수에게 가볍게 목례를 한 뒤 바로 떠나버렸다. 식탁에는 어색한 침묵이 흘렀다. 논설위원은 얼굴이 일그러져 있었다. 오 교수 역시 난감한 안색이었다. 준혁은 어쩐 일인지 밝은 표정이었고, 유진은 모두의 눈치만 보고 있었다. 가볍게 헛기침을 한 번 한 논설위원이 씁쓸한 미소를 지으며 입을 열었다.

"우리 젊은 친구들, 나이 들어서 내 꼴 되지 않게 굳은 심지로 삶을 개척하시게나. 후후, 자식놈들 미국에서 학교 다니는 것 뒷바라지하다 보니 내 회사가 아무리 마음에 안 들어도 붙어 있는 수밖에 별 도리가 없더라고. 허허."

지극히 자조적인 웃음을 남기고 그 또한 자리에서 일어났다. 떠나려 하는 그에게 오 교수가 한마디 건넸다.

"이봐, 그런 말도 송주황이한테는 안 통해. 그 친구는 제 딸들을 촌구석에서 마구 굴리고 있잖아, 학원 하나 안 보내고."

논설위원은 웃는 것인지 우는 것인지 알 수 없는 표정으로 오 교수를 바라본 뒤 테이블을 떠났다.

오 교수 이마 위에 굵은 주름이 깊게 파였다. 말없이 포도주를 마시는 스승 앞에서 유진은 무슨 말을 해야 할지 난감했다. 준혁이 침묵을 깼다.

"교수님, 송 선생님이라는 분 정말 멋지십니다."

오 교수는 넌지시 준혁을 쳐다봤다. 그의 입가에 희미한 미소가 감돌았다.

"아마 그렇게 보이겠지. 내겐 두 사람 다 소중한 후배들인데……."

오 교수는 포도주를 한 모금 더 마셨다.

"얼마 전에 저 친구가 칼럼에서 일종의 립서비스를 했어. 세상엔 별의별 비리들이 다 많지만 그게 어느 정도 불가피한 면도 있다 해놓고, 하지만 신문사도 재벌 비호만 하고 있어선 안 되겠다는 식의 얘기를 잠깐 비친 거지. 그 정도의 표현은 비판이라고 할 수도 없고, 너무 지나치게 편파적으로 재벌 편만 들기가 좀 쑥스러웠던 '대표적 일간지' 나름의 구색 갖추기, 체면치레 정도의 표현이었다고 할 수 있지. 헌데 되레 그런 얄팍한 립서비스가 더 지식인들의 비난을 사게 된 거야. 이런 상황을 송주황은 묵과해선 안 된다고 판단한 거지. 나는 이런 사건을 계기로 지식인의 내적 일관성에 대해 보다 진전된 대화가 이루어지길 바라고 있었는데……."

"때로는 충격요법이 큰 효과를 불러일으키지 않습니까?"

내심 송주황의 일갈이 대단히 마음에 들었던 준혁은 그를 옹호하는 태도를 누그러뜨리지 않았다. 오 교수가 나지막히, 그러나 또박또박 대답했다.

"장기적으로 볼 때 부작용을 일으킬 확률도 아주 높지."

이때 유진이 한마디 했다.

"지행합일적 관점에서 보자면 비난받아 마땅한 태도라도 지행병진의 관점에서 본다면, 뭐랄까, 용인해줄 수 있다는 말은 아니지만, 당장에 심판하거나 처단하기보다는 나중에라도 결국은 앎을 따르는 실천을 할 것으로 믿어줄 수도 있지 않을까요?"

두 남자는 동시에 유진의 얼굴을 빤히 쳐다보았다. 유진으로부터는 전혀 기대할 수 없었던 의외의 고차원적인 의견이라는 표정들이었다.

"송 선생님은 실은 지행병진을 더 높이 치신다던데, 그럼에도 불구하고 친구의 위선은 견딜 수가 없으셨나 보네요."

오 교수가 물었다.

"지행병진이 지행합일과는 많이 다른가? 난 그 차이점은 잘 모르고 있었는데."

제자 앞에서 자신의 전문이 아닌 분야에 대한 무지를 거리낌 없이 털어놓는 오 교수의 모습을 보고는, 예상 못 했던 유진의 유식함에 대한 반론거리

찾기에만 분주했던 준혁의 마음속에 존경의 염이 피어올랐다.

"아, 차이가 있다고 배웠어요. 지행합일은 아는 것과 하는 것이 딱 일치돼야 하잖아요. 헌데 지행병진은 그게 그렇지 못한 경우도 있을 수 있음을 인정하고, 그러나 지와 행이 함께 갈 수 있도록 만들기 위해 노력하는 태도쯤 된다고나 할까요."

"허허, 남녀 한 쌍이 아주 지성이 철철 넘치는구만! 출장 가서 농땡이 안 치고 공부 열심히 한 것 같으니 내일 숙제는 모레까지 연기해주겠어."

숙제에 대해선 여전히 항의하는 유진은 아랑곳없이 오 교수는 생활 속의 사건을 의미 있는 교육의 기회로 전환시키는 전문가다운 능력을 발휘하기 시작했다.

"지행병진이 바로 우리가 공부하고 있는 루소 사상의 핵심을 이해하는 데 큰 도움을 줄 수 있겠어. 자, 루소, 이 사람은 이해하기가 참 어려운 사람이야. 내면이 아주 복잡한 사람이지. 복잡한 만큼 그 안에 서양문명의 다양한 요소가 풍부하게 들어가 있고, 그 다양성 사이의 통일과 융합을 모색하기 위해 투쟁한 흔적이 배어 있거든. 그래서 누구도 루소를 존경한다는 말은 하지 않을지 모르지만, 그가 빼어나게 깊고도 넓은 사상과 번득이는 영감의 소유자였음을 의심하는 인문학자는 없을 거야. 좀 과장된 감이 있을지 모르지만, 나는 그가 개인의 영달과 사회적 인정, 존경, 부나 명예 같은 것들은 다 팽개치고 오로지 자신의 확신대로만 삶으로써 이 세상에 자신을 온전히 바친, 어쩌면 성자와 같은 구도자라고 볼 수 있을 거라고 생각하네. 심지어 후세의 존경이라는 '보상'까지도 담보로 잡힐 만큼 좌충우돌하는 삶을 살았고, 바로 그렇게 자신에 대한 평판까지도 내던진 고독한 삶을 통해 후대 인류의 여정에 새로운 지평을 열어줄 수 있었던 거지. 이런 자도 성자의 부류에 넣을 수 있을까? 우리는 우리의 비좁은 가치관에 맞춰보아 존경해줄 수 있는 사람들만을 성자로 간주하고 있는 건 아닐까?"

자기 편하자고 자식들을 죄다 고아원에 보내버리고는 만년에 그걸 후회
합네 하고 참회록에다 자기연민의 글이나 쓴 루소라는 인물을 오 교수가
이다지도 높이 평가하고 있다는 것이 준혁으로서는 놀라웠다. 바로 그런
준혁의 생각을 꿰뚫어보기라도 한 듯이 오 교수는 이렇게 말했다.

"과오, 실수, 악행, 뭐 이런 것들이 있지, 누구의 인생에나. 그리고 우리는
그 과오와 악행에만 집중하는 경향이 있어. 하지만 그런 '악'들이 그 자체로
의미 있고 가치 있는 건 아니지. 그 악들이 맡은 역할이나 기능이 있을
것이고, 그것을 밝혀낼 때 비로소 악의 의미를 더 깊이 알 수 있게 될
거라고 나는 생각해. 악을 비난하고 단죄하는 건 간단한 일이야. 그러나
그 악의 의미를 밝히는 건 깊은 성찰과 번뇌를 수반하는 일이지. 심판보다는
성찰이 우리를 더 고귀하게 만들어. 그런 의미에서 자식 문제, 여성 편력,
방랑기 등으로 손가락질받는 사상가 루소의 과오와 악행을 욕하기보다는
그 의미를 따져보는 것이 우리에게 더 가치 있는 활동일 거라고 봐. 그리고
특히 루소라는 인물은 이 같은 내면의 다양한 스펙트럼의 조화로운 합일에
대해서 우리에게 해줄 말이 아주 많은 사람이지."

내적인 통일성을 추구하는 루소의 자취를 살펴봄으로써 오 교수가 논설
위원과 송주황 간의 입장 차이에 대한 이해의 가능성을 열어 보여주고자
한다는 것을 유진은 눈치 챌 수 있었다. 정찬 코스가 끝나고 포도주와
음료, 후식이 제공되는 동안 오 교수는 루소의 사상에 대해 두 젊은이에게
설명해주었다.

18세기에 스위스에서 태어난 장 자크 루소는 당대의 주류 세력이라 할
계몽주의자들과 절대왕정과 바티칸 교황청 모두에게 공히 반기를 든 희대
의 이단아였다. 1789년 프랑스 부르주아 시민혁명의 사상적 아버지였던
그는 역설적으로 부르주아의 한계를 비판하기도 했는데, 그의 이런 관점은
교육에 대한 일반의 시각을 바꾸기 위해 쓴 철학서 『에밀』에 잘 드러나

있다. 칸트는 루소가 『에밀』을 통해 '화해'를 모색했다고 보았다. 이는 선과 악, 또는 빛과 그림자 사이의 타협이 아니라 선·악 양자의 존재를 인정하되 선의 주인됨을 근간으로 시도되는 인간 전체성, 또는 참된 자기(the Self)의 온전한 구현을 지향한 것이었다. 이같이 화해를 위한 교육은 외부의 타자가 학습자의 두뇌에 지식을 주입하는 방식을 지양하고, 반대로 학습자 내면의 잠재성을 일깨워 밖으로 끄집어내는 소극적 교수방식을 강조했다. 루소의 이런 사상은 후대에 페스탈로치, 프뢰벨, 몬테소리, 듀이 등 서양 교육사상의 거장들에게 전승되었다.[11]

내면의 화해

오 교수가 루소에 대한 설명을 마칠 때쯤 일행의 테이블로 두 사람이 다가왔다. 그들을 본 오 교수는 합석할 것을 권하며 유진과 준혁에게 하던 이야기를 계속했다. 합석한 이들은 50대쯤으로 보이는 여자와 남자였는데, 오 교수와는 서로 잘 아는 사이인 듯 대화를 방해하지 않고 눈짓만으로 인사를 나눈 뒤 오 교수의 이야기를 경청하며 앉아 있었다. 이야기를 끝낸 오 교수가 유진과 준혁을 두 남녀에게 소개했다. 후덕함과 지혜로움을 모두 가진 듯 보이는 여성은 유네스코의 한국 측 업무를 관장하는 국제공무원이었고, 환갑이 다 되어 보이는 백발의 남자는 교육문화계의 국제교류 일을 오래 해온 정부 관리였다. 유진은 간단한 인사를 나누는 것만으로도 이들이 오 교수와 마찬가지로 나이의 권위를 내세운다든가 어깨에 힘을 준다든가 하는 것을 싫어하는 개방적인 태도의 소유자임을 확인할 수 있었다. 유네스코의 송미숙 실장이라는 여성이 웃으며 말했다.

"오 교수님, 저쪽에 콜클로프 교수하고 마루야마 국장께서 차관님과 환담중이신데, 교수님께선 이렇게 빠져나오셔서 젊은 선남선녀와 재미난 이야기를 나누고 계셨네요."

오 교수가 한쪽 눈을 찡긋거리며 일종의 시그널을 송 실장에게 던졌다.

"그쪽 높으신 양반들끼리 긴히 나눌 대화가 있으실 텐데, 뭘 나까지 끼어들 필요 있겠습니까?"

송 실장과 함께 온 김문수 서기관이라는 남자는 낯빛이 발그스레한 것이, 이미 술기운이 거나하게 오른 것 같았다. 껄껄 웃으며 그가 한마디 보탰다.

"허허, 오 교수님, 핵심 요인들의 대화에 객관적인 전문가께서 균형 잡힌 견해를 제시해주셔야죠."

유진은 이들이 무슨 일에 대해 이야기하고 있는지는 몰라도 오 교수가 이런 공식 석상에서 고위 관료들과 친분을 쌓는 일에 큰 관심이 없다는 점은 눈치 챌 수 있었다. 송 실장과 김 서기관은 그걸 뻔히 알고 있으면서도 공연히 오 교수를 떠보고 있는 것이, 그들도 지루한 관료들의 대화에서 벗어나 재미난 얘기를 나누고 싶었던 모양이었다. 송 실장이 말했다.

"내가 젊어서 오 교수님 강의를 들었더라면 반해서 쫓아다녔을 텐데 말예요. 지금이라도 교수님 말씀 좀 듣고 오염된 마음을 정화해야겠어요, 호호호."

오 교수도 농담조로 화답했다.

"제가 대학에서 강의한 지만 20년이 훌쩍 넘건만 나 좋다고 따라다닌 여학생은 한 명도 없더구만. 송 실장님 마음에도 없는 가정법 진술 별로 고맙지 않아요, 허허허."

김 서기관도 가담했다.

"허 참, 젊은 학생들 앞에 두고 평소 하던 식으로 말씀들 하시면 곤란하지."

오 교수가 답했다.

"김 서기관님, 젊은 학생들의 스승에 대한 환상을 깨주는 것, 쓸데없는 우상을 만들지 않게 하는 것도 중요한 교육이 아니겠습니까?"

오 교수도 조금씩 포도주의 기운이 전해오는 것 같았다. 언제나 머릿속에는 활자화된 지식덩어리들이 수백 기가바이트씩 차곡차곡 정리돼 있을 것처럼만 보이던 오 교수가 자신과 비슷한 연령대의 아저씨 아주머니와 농을 주고받으며 느슨해진 모습을 보이는 것이 유진에게는 매우 생경했다. 해남에서는 그 스승의 친구와 술잔을 부딪치며 다소 발칙하게 놀았지만 왠지 오 교수에게는 그리 하기가 어려울 것만 같았다. 세 중년 남녀는 몇 마디 주고받다가 의기투합하여 행사장을 빠져나가기로 하기에 이르렀다. 잠시 후 근처 맥줏집으로 장소를 옮긴 후 대화는 이어졌다.

"오 교수님, 드높은 교육의 이상과 구질구질한 현실 사이의 화해지점을 찾는 게 국제기구라는 유네스코 같은 조직 안에서도 힘든 일이지만요, 이런 걸 루소가 말한 것처럼 한 사람의 내면에서 추구한다는 건 어쩌면 더 어려운 일일 것 같아요. 그렇지 않은가요?"

오 교수가 생각에 잠기는 듯한 표정이 되며 나지막하게 답했다.

"그렇죠. 우리는 이상이라든가 선함, 이타심, 윤리성 등을 내면에 품고 있는가 하면 동시에 현실성, 악함, 이기심, 본능 같은 것들도 분명히 안에 지니고 있죠. 루소는 후자를 억압하거나 제거하는 것이 아니라 전자, 그러니까 선하고 빛나고 신적인 것들이 주체가 되어 악하고 어두운 것들을 감싸 안음으로써 인간적 전체성을 온전히 보존하는 자연인이 될 것을 지향했던 거지요. 판이하게 다른 것으로 보이는 선과 악, 양자 중에서 한쪽을 택하는 것도 아니고 양자 사이의 어정쩡한 절충이나 타협을 구하는 것도 아니죠. 필히 참다운 나인 선함과 신성이 주인이 되어 악함과 어둠을 이끌어가서 화해해야 한다는 얘기인데…… 물론, 이게 쉬운 일은 아니겠습니다."

송 실장이 동조했다.

"그래요. 우리 인간 안에는 성자 같은 고귀한 선이 있는가 하면 악마같이 어둡고 사악한 것도 있단 말이에요. 이런 딴판의 인간성이 한 인간 안에 동시에 존재한다는 게 엄연한 사실인데도 얼핏 생각하면 내면에 선과 악이 항상 공존하는 사람이란 꼭 미친 사람인 것만 같죠."

오 교수가 또 말했다.

"네. 하지만 인간 안의 양면성, 아니 다면성은 부정할 수 없습니다. 사회가 어둡고 음습한 면을 부정하니까 그런 면이 억압돼서 무의식 속에 뒤틀려서 쌓이게 되는 거죠. 억지로 억눌린 건 나중에 튀어나오기 마련이에요. 그것도 예측 못 했던 기이한 방식으로 말입니다. 애초에 억압하기보다 인정을 해줬더라면 최소한 기괴하게 뒤틀린 욕망으로 변형되지는 않을 텐데. 자, 프로이드 말 들어보면 우리의 무의식 세계를 알아내는 게 대단히 어려운 일이지만, 어찌 됐든 무의식 안에 억압된 욕망을 많이 축적하지 않도록 어릴 때부터 자신의 본 모습 그대로, 있는 그대로 살 수 있게 해주는 게 중요합니다. 바로 그런 점에서 300년 전에 태어난 루소의 사상이 빛을 발하는 거죠. '자연으로 돌아가라!'"

묵묵히 듣고만 있던 김 서기관이 입을 열었다.

"프로이드가 무의식도 말하고, 초의식도 말했는데, 그 초의식이란 게 오 교수님께서 말씀하신 선하고 밝고 신적인 우리의 부분과 다소 비슷하겠죠? 그 부분을 찾아내는 게 물론 중요하겠지만, 저는 제가 맡은 국제교류 일을 해오면서 무의식에 대해 더 많은 생각을 해보게 됐습니다. 제가 관장하는 일 중에 해외입양아들과 교류하는 업무가 있습니다. 미국과 유럽에 퍼져 있는 수많은 한국 출신 입양인들과 그들의 생물학적 조국인 한국을 연결해주는 일이 포함돼 있죠. 이 친구들을 만나서 고국방문이나 생모, 생부와의 만남을 주선해주다 보면 별의별 생각도 못 했던 일들을 보고 듣게 됩니다. 제가 충격적으로 본 케이스들은 무의식이라는 인간 내면의 위력에 대한 증언이라 할 수 있어요."

김 서기관은 맥주를 한 모금 들이켰다. 송 실장이 어서 하던 얘기를 계속하라는 무언의 눈빛을 보냈다. 세 중년 중 가장 나이가 많은 듯한, 사람 좋아 보이는 김 서기관이 이야기를 계속했다.

"한 친구는 스웨덴에 입양돼서 잘 컸어요. 거기서 대학도 나오고, 번듯한 직장도 구해서 어려움 없이 한 서른쯤 될 때까지 살았더랍니다. 한국에 대해서 진지하게 생각해본 적이 한 번도 없었대요. 물론 생부모에 대한 기억은 전무했구요. 양부모를 친부모처럼 사랑했다더군요. 성공적인 해외 입양 케이스라고 할 수 있죠. 그런데 서른이 다 된 어느 날 오후, 혼자 자기 방의 침대에 걸터앉아 있는데 갑자기 평생 한 번도 의식에 떠올려본 적이 없는 생부의 모습이 방 안에 떠오르더란 겁니다. 자신이 한 살, 또는 두 살 때 봤던 한국인 아버지의 모습이 환하게 방 안에 나타나더라는 거죠. 그때부터 이 청년은 만사를 제치고 아버지를 찾아 나섰답니다. 30년 가까이 신경도 쓰지 않고 살았던 생부를 만나지 않고는 도저히 못 견딜 것 같은 심정이 됐다는 거예요. 그래서 우리 센터까지 찾아와서는 이런 사정 얘기를 하는데, 나도 듣고 하도 기가 차서 함께 꼭 부모님을 찾아보자고 나섰죠."

송 실장이 놀란 음성으로 말했다.

"30년 가까이 전혀 기억에 없던 아버지의 영상이 갑자기 나타나다니, 정말 놀라운 일이군요!"

김 서기관은 맥주 한 모금을 더 마시고 말을 이었다.

"또 한 번은 미국서 번듯하게 자라서 대학원생이 된 지적인 청년 한 명을 만났는데, 이 친구는 일곱 살 때 부모와 떨어져서 미국으로 입양돼 갔더랍니다. 그런데 한국어를 한 마디도 못 하는 거예요. 만 7세면 모국어의 기본 구조가 뇌 안에 딱 자리 잡고도 남을 나인데, 아주 똑똑한 이 친구가 기초적인 한국어도 이해를 못 하는 거예요. 헌데 이 친구 팔뚝을 보니까 말입니다, 오래된 상처가 많더라고요. 내 짐작으론 담뱃불로 지진 자국 같았어요. 아주 오래된 희미한 상처였어요. 자라면서 원래의 상처의 면적이

넓어지면서 희미하게 돼버린 그런 자국 말예요. 아마도 얘가 유아기에 부모나 또는 다른 성인으로부터 하도 학대를 많이 받아서, 그 끔찍한 기억을 안고 사는 건 도저히 견딜 수 없었기 때문에 그 시절에 대한 기억을 깡그리 지워버린 게 아닐까 싶더군요. 심지어는 모국어 구사 기능까지 말입니다. 얼마나 현실이 견디기 힘들었으면 그 어린 것이 자신의 눈앞에 일어난 일들의 기억을 지워서 무의식 속에 꼭꼭 숨겨버렸을까요? 세상이란 게 참, 우리의 상상을 뛰어넘을 정도로 무섭고 잔인한 것 같아요. 그런데 이 친구가 말이죠, 한국에 와서 거리를 다니다가 떡볶이, 번데기 냄새를 맡더니만 그것들을 다 기억해내더라고요. 그런데도 한국말은 한 마디도 기억해내지를 못합니다."

"그러니까 그 청년은 자신이 유아기에 형성한 모국어 구사능력, 또는 그 언어적 구조 전체를 깡그리 무의식의 서랍 속에 쑤셔 넣어버린 셈이군요."

심각한 목소리로 송 실장이 말했다. 유진도 김 서기관의 이야기를 듣고 적잖이 놀랐다. 어떻게 자신의 기억을 실제로 그렇게 지워버릴 수가 있단 말인가? 대학원 다니며 심리학 공부를 했어도 무의식에 관해 상세히 공부한 적은 없어서 이런 실제 사례는 익숙지가 않았다. 오 교수가 말했다.

"서기관님께서 말씀해주신 그런 케이스들이 신기하기는 하지만, 정신분석학 쪽 임상 기록을 보면 결코 드문 사례가 아닙니다. 억압된 고통스러운 기억들이 무의식 깊숙이 숨어 있는 경우는 사실 꽤 일반적인 일이라고도 할 수 있죠. 우리가 그저 보통 사람이라고 보는 평범한 사람 중에도 억압된 기억을 무의식 속에 안고 살아가는 이들이 꽤 있습니다. 어쩌면 우리들도 부분적으로 그런 경험을 갖고 있을지도 모르죠."

오 교수가 이렇게 말하며 좌중을 돌아봤는데, 그의 시선과 마주치는 순간 이상하게도 유진의 가슴속이 뜨끔했다. '혹시 내가 그럴 거라는 말씀은 아닐까?' 오 교수가 말을 이었다.

"이 무의식의 억압된 욕구에 휘둘리게 될 경우, 루소가 말한 내면의 화해는커녕 내면의 밑바닥으로부터 반란과 쿠데타가 일어나게 되겠죠. 무의식이 삶을 지배하게 된다는 말입니다. 물론 프로이드 쪽에서는 대부분의 인간이 자신은 모르고 있지만 무의식적 욕구에 의해 평생 좌지우지되고 있다고 봤지만, 글쎄요, 저는 그건 잘 모르겠어요. 설사 지배당한다 해도 프로이드가 말하는 성욕에 기반을 둔 리비도에 의해서라기보다는 칼 구스타프 융의 원형이라든가 아니마, 아니무스 이론을 더 그럴 듯하다고 여기는 편입니다만. 하여튼 간에 무의식적 욕구에 의해 삶이 지배되는 건 결코 바람직하지 않죠. 그런 케이스의 최악의 극단에는 무의식적 욕구를 해소하기 위해 인간적인 모든 면, 그러니까 윤리의식, 양심, 애정, 자비심, 사회성 등등을 죄다 희생해버리는 경우가 있겠죠. 연쇄살인범이나 아동변태성욕자 등 전형적인 반사회적 인격 파탄자들이 그 예가 되겠습니다."

오랜만에 준혁이 입을 열었다.

"하지만 교수님, 과연 대부분의 사람들이 억압된 무의식적 욕구에 휘둘리며 살아가고 있을까요? 그건 너무 프로이드적인 세계관 아닙니까? 일종의 과도한 심리결정론 같습니다."

오 교수가 답했다.

"나도 프로이디언이 아니라 그렇게 보진 않아. 우리 중에는 물론 무의식보다는 명징한 의식의 의지로써 삶을 개척해가는 전인적으로 성숙된 인물도 있겠지. 하지만 글쎄, 그런 이들이 오히려 소수가 아닐까 하는 생각을 하거든."

그때 유진이 다소 상기된 목소리로 발언했다.

"무의식이란 게 우리의 의지와는 상관없이 제멋대로 기억을 지우고 살릴 수 있는 게 사실이라면, 그리고 그 안에 쌓여 있는 해소되지 못한 욕구가 우리를 조종할 수 있는 게 사실이라면, 그렇다면 루소가 말한 내면의 화해를 도대체 어떻게 해낼 수가 있는 거죠?"

유진의 음성에는 어쩐지 주관적인 절실함이 배어 있는 듯했다. 유진의 동그란 눈동자를 직시하며 오 교수가 답했다.

"흠…… 화해가 제대로 되려면 그 화해의 주체가 무의식이어선 안 되겠지. 루소 같은 낙관론자나 낭만주의자라면 화해의 주체가 상위 자아가 된다는 것에 대한 믿음을 가질 수도 있었겠지만, 우리 같은 회의주의자 현대인에게는 꼭 동의할 수 있는 일은 아닐 거야. 여기서 루소 사상의 초지성적(超知性的) 차원이 엿보인다네. 루소가 우리의 밝고 선한 신적인 부분이 우리의 전체를 포용해주고 그 전체적인 조화를 추구할 수 있다고 본 것은 하나의 믿음이야. 아주 단순히 말하자면 루소는 성선설을 믿은 거지. 우리가 적절한 가르침과 적절한 조건하에서는 결코 무의식의 음습한 본능이나 마성에 지배당하지 않고 보다 높고 고귀한 본성에 의해 이끌릴 것이라고 봤다는 점에서 루소는 신앙인이라고도 말할 수 있겠어. 물론 전통적인 기독교인은 아니었지만."

오 교수의 이러한 설명은 그러나 유진에게는 여전히 비실용적이었다. 루소가 신앙심이 있건 말건 간에, 스스로 어떻게 무의식의 지배를 떨치고 고귀한 자기(self)의 안내를 받아야 하는지에 대해서는 아무런 설명도 없기 때문이었다. 그냥 그런 가능성을 믿으라는 말인가, 루소처럼? 그런 유진의 심정을 아는지 모르는지, 오 교수가 설명을 더 보탰다.

"융의 분석심리학에 그림자의 통합이라는 개념이 있는데, 이와 비슷한 것으로 정신분석학에는 '양가(兩價)감정의 통합'이라는 개념이 있어. 이건 내면의 밝은 감정뿐만 아니라 어두운 감정도 그 존재를 인정하고 드러내야 한다는 말인데, 어두운 감정을 억압하는 일에 손을 뗌으로써 우리가 억압에 썼을 에너지를 확보할 수 있게 되고, 이렇게 확보된 에너지가 우리의 자아를 강화해줘서 결국 자아를 치유하고 창의성을 발휘할 수 있게 도움을 준다는 이론이야. 그러나 여전히 과제는 남아 있지. 과연 어떻게 이 양가감정을 통합하느냐 하는 과제 말일세. 과연 어떻게 하면 될까?"

답을 제시해줘야 할 전문가인 스승이 되레 질문을 하니 유진은 말문이 막혔다. 송 실장이 넌지시 웃으며 개입했다.

"실은 오 교수님도 그 답을 모르시는 거 아니에요?"

오 교수가 껄껄 웃었다.

"하하하, 내가 그 답을 알았으면 진즉에 사이비교단 하나 차려서 떼돈을 벌었겠지!"

그러자 김 서기관도 끼어들었다.

"허허, 오 교수님, 그냥 답을 아는 척만 해도 교단 하나쯤은 차릴 수 있어요."

유진은 어이가 없었다. 자신은 이렇게 심각한데 이 중대한 문제에 어른들은 농담이나 나누고 있다니. 그러나 언제나 진지함을 잃지 않는 오 교수는 잠시 웃고 농하던 것을 멈추고 유진의 눈을 꿰뚫기라도 할 듯이 깊숙이 응시하며 이렇게 말하는 것이었다.

"그 답은 자네가 스스로 구해야만 해!"

이날 밤 그 순간 이후의 대화에 대해서 유진은 특별히 기억할 만한 것이 없다. 밤 11시경 모임은 파했고, '어른'들께선 각자 알아서 귀가했으며, 말없이 술잔만 홀짝이느라 취해버린 준혁을 먼저 돌려보내고 난 뒤 유진 홀로 집으로 향했다. 전철 안에서 유진은 이날 밤의 대화를 계속 곱씹어보고 있었다. 사람이 자신도 모르는 중에 멀쩡한 기억을 지워버릴 수 있다는 사실, 그 지워진 기억을 저장해놓는 무의식의 어둠이 사람의 삶을 휘두를 수 있다는 사실, 그리고 그러한 어둠이 자신을 지배하지 못하도록 하는 방법과 나아가서 자기의 고양된 신적인 잠재력을 실현하는 방법은 스스로 찾아야 한다는 명령까지. 우선 유진은 자신에게도 지워져 버린 기억이 숨어 있을 수 있다는 추측을 최초로 할 수 있게 되었다. 또한 자신의 행동, 습관, 태도 중 어떤 부분은 그 알 수 없는 무의식의 조종을 받고 있을 수 있다는 추론도 할 수 있게 되었다. 그리고 가장 어려운 결정은, 과연 자신이 스스로의 힘으로 그 무의식의 조종 또는 속박으로부터 벗어나 고차원적 자기를 드러낼 수 있을지, 그 가부에 대한 답을 구하는 일이었다. 이 세 가지를 한꺼번에 생각하다 보니 머리가 어지러워졌다.

다음 날 아침, 유진이 늦잠을 자고 일어나서 이메일을 확인해보니 몇 분 전에 준혁이 보낸 메일이 도착해 있었다. 최근 들어선 이메일이나 휴대폰 문자를 주고받으며 애틋한 감정을 나눈 일도 전혀 없던 터라 준혁의 아침 메일은 의외였다. 메일에는 다음과 같은 문구가 적혀 있었다.

세상의 악을 전부 없애버리기는 불가능하지만 악을 너의 마음속에만 담아두는 것은 가능하다.

_솔제니친

대체 무슨 소리일까. 아직 잠이 완전히 안 깨서 정확히 이해가 안 가면서도 그다음 내용을 읽기 위해 유진은 스크롤 버튼을 내렸다.

미국의 체로키 원주민(인디언) 노인이 손자들에게 인생에 대해 가르치고 있었다. 그가 말했다.

"내 안에서 싸움이 일어나고 있다. 그건 무시무시한 싸움인데, 두 마리의 늑대가 싸우고 있는 거란다. 한 늑대는 악마다. 두려움, 분노, 시기, 슬픔, 후회, 욕심, 교만, 자학, 죄책감, 증오, 열등감, 거짓, 가짜 자부심, 경쟁심, 우월감, 자기중심적 생각과 같은. 또 한 늑대는 선하다. 기쁨, 평화, 사랑, 희망, 나눔, 고요, 겸허, 친절, 자비, 우정, 동정,

너그러움, 진실, 애정, 믿음과 같은. 이와 같은 싸움이 너희들 안에서, 또 모든 다른 사람들 안에서도 일어나고 있단다."

아이들은 잠시 생각에 잠기더니 그중 한 아이가 할아버지에게 물었다.

"어떤 늑대가 이겨요?"

체로키 노인이 짤막하게 대답했다.

"네가 먹이를 주는 놈이."*

그 다음에는 준혁의 글이 적혀 있었다.

위의 두 글은 루소적인 '내면의 화해'가 어떻게 가능할 것인지 꽤 상관성 있게 표현하고 있다고 생각해서 갖다 붙여봤다. 네가 꽤 신경 쓰는 거 같더라, 왠지는 모르겠지만. 나도 좀 생각을 해봤는데, 전에 PC게임하던 때가 떠올랐어. 게임을 하다 보면 새로운 세상에 새로운 나로 태어난다. 거기서 나는 극한의 상황에 처한다. 그래서 평소의 일상에서는 상상도 못 했던 나 자신의 깊숙한 면들을 끄집어낼 수 있게 되더라. 그렇게 끄집어낸 나의 부분들 중에는 선함이나 빛이나 고귀함 등에 가까운 것들이 없지 않았다. 팀을 위해서 나의 이익을 포기하고 내 목숨을 걸고 싸운다. 주군에게 충성을 바치기도 한다. 하지만 또 내가 끄집어낸 부분들 중에는 악함과 어둠이 결코 적지 않았다. 아니, 참으로 많았다. 나는 배신했고, 도망쳤고, 중상모략했고, 살육했다. 그런 것들이 내 안에 있을줄은 정말 몰랐다. 그래서 나도 내면의 화해를 생각해본다.

오 교수님이 좀 더 친절하시면 좋겠단 생각도 든다. 어떻게 화해할지 그 방법까지 알려주시면 참 편하겠지. 하지만 그건 길이 아니겠다는

---

* 미국의 한 종교단체의 뉴스레터에 게재된 내용을 발췌, 번역한 것임.

생각도 들어. 너와 내가 스스로의 힘으로 찾아내는 게 정답일 것 같다.
오 교수님의 의도는 아마 우리의 자발적 헌신 그 자체가 내면의 화해라는
문제를 해결하기 위한 핵심적 요소임을 깨닫게 하는 것일지도 모르겠다.

유진은 조금 의아했다. 준혁은 이런 자상한 메일을 보내는 타입이 아니었
다. 준혁과 교제를 시작한 이후, 이처럼 바로 전날 일에 대한 예민한 성찰을
담은 메일을 유진은 받아본 기억이 없었다. 이 사내가 대체 무슨 심경의
변화를 일으킨 걸까 하는 의문은 들었지만, 그보다는 전달된 자료의 유용함
이 더 마음을 끌어당겼다.

실은 그보다 더 인상적인 것이 준혁의 진솔한 자기고백이었다. 워낙에
나약한 면을 드러내 보이기 싫어하는 자존심 센 남자가 이렇듯 자신의
부끄러운 경험을 솔직하게 표현하는 것은 예외적인 일이었다. 게다가 오
교수의 의도가 제자의 자발적 헌신을 촉구하는 것이라고 추측한 것도 놀라
웠다. 그간 유진이 오 교수를 멋진 스승님이라고 묘사할 때마다 준혁은
늘 시큰둥한 반응을 보이곤 했던 터였다.

유진은 오전 내내 방 안에서 간밤의 대화에 대해 이런저런 생각을 하며
시간을 보냈다. 마음의 좋은 면이 이끄는 삶을 사는 편이 그 반대의 경우보다
훨씬 나을 터이니, 선함이 주체가 되어 악함을 포용함으로써 내면의 화해를
이루어야 한다는 데는 동의할 수 있었다. 이때 악한 늑대보다는 선한 늑대에
게 먹이를 많이 주도록 의도적으로 노력해야 한다는 점은 뭇 종교나 수행
단체들이 주장하는 바와 다르지 않을 것이다. 그러나 유진은 이미 자신
안에 엄연히 살아 있는 악한 늑대를 어떻게 다루느냐 하는 것이 중요한
문제로 여겨졌다. 악한 늑대를 형성하는 무의식이라는 거대한 창고 속에
이미 엄청나게 큰 상처의 억압된 기억이 저장돼 있는 해외입양인들과 같은
경우에는, 도대체 무슨 수로 상처를 치유하고 늑대를 달래줄 수가 있을까?

심리학 연구서에서도 유아기에 심각한 상처를 입거나 애정결핍을 경험한 사람이 정신건강에 문제가 생겼을 경우, 그 치료가 대단히 어렵다고 했다. 그런 경우, 악한 늑대가 일어나지 않도록 길들이는 게 과연 가능한 일일까?

갑자기 보영 어머니가 딸이 죽도록 방치했다는 이야기가 떠올랐다. 유아기에 심한 애정결핍을 경험한 케이스라면 보영이 그에 해당될 것이다. 비록 보영이 너무 어려서 기억을 할 수는 없었지만, 그런 엄마의 마음은 결국 아기에게 전달될 수밖에 없지 않았을까? 그런 상처가 보영의 무의식에 얼마나 큰 억압된 욕구를 숨겨놓았을까? 유진은 성장기에 입은 심리적 상처로 인해 아이가 평생 치유할 수 없는 정신적 장애를 안게 될 수도 있다는 교육심리학의 이론이 지극히 타당하다는 데 생각이 이르렀다. 과거에 한 특강에서 들었던 저명한 서양 학자의 경고가 떠올랐다. 그는 성장기의 한국 아동들이 과도한 주입식 교육으로 인해 정상적인 인지기능 발달이 저해될 수 있으며, 그럴 경우 자칫 평생토록 치유가 불가능한 학습장애라는 피해(permanent damage)를 입게 될 수 있다고 했다. 만약 치유 불가능한 심리적 상처가 있다면, 그런 사람에게도 루소 식으로 내면의 화해를 통해 고귀한 자기를 드러내라고 요청하는 것이 과연 타당한 교육적 기도일까?

골똘히 이런 생각을 하고 있던 중 새로운 생각 하나가 의식 밑바닥으로부터 떠올랐다.

'네가 지운 기억을 찾아내 봐.'

그것은 분명히 자신의 마음속에서 떠오른 생각이었지만, 마치 누군가 제3자가 말을 건넨 것처럼 느껴졌다. 묘한 느낌이었다. '과연 나 자신이 만들어낸 생각이었을까? 나 자신이 아니라면 누가 내 마음속에 생각을 집어넣을 수가 있겠어? 그래, 그냥 마음속에서 그런 생각이 영감처럼 발생한 거야! 사람에겐 영감이나 직관이란 게 있잖아!' 이 생각의 출처에 대해서는 더 이상 따지지 않기로 하고 유진은 이 생각의 의미를 곱씹어보았다.

'내가 지운 기억이 있다면, 마치 해외입양인들처럼 말야, 그렇다면 그것이 무엇에 관한 기억인지 지금으로선 내가 전혀 짐작도 할 수가 없잖아. 짐작도 못 할 걸 도대체 어떻게 찾아낼 수가 있지?' 자신이 무슨 기억을 지웠을지 실로 짐작도 할 수가 없었다. 유진은 마음속에서 그저 엉뚱한 생각 하나가 명멸한 것에 불과한 일이라고 치부해버렸다.

다음 날 오후, 유진은 오 교수와 약속한 개인수업에 가기 위해 학교 도서관을 빠져나왔다. 11월의 창공은 눈부시게 파랬고, 차가워진 대기는 머리를 상쾌하게 식혀주었다. 워낙에 사람들 속에서 부대끼고 어울리는 것을 즐기지 않는 유진은 가장 가까운 친구가 아니면 주로 혼자서 다니는 편이었다. 혼자에 익숙한 유진은 고독감 같은 것도 잘 느끼지 않는 편이어서, 가을을 탄다든가 하는 따위의 감상에 젖는 경우도 드물었다. 그런데 집안이 몰락한 후 학교설립 프로젝트를 시작한 이후로는 여러 가지 이유로 자신의 내면을 돌아보는 기회가 점차 늘어났고, 그 때문에 혼자 자기 안으로 파고드는 일이 많았다. 이즈음도 '내면의 화해'라는 서양 교육사상 관련 주제로 너무 골머리를 앓았던 것 같아서 기분 전환도 할 겸 오랜만에 제일 좋은 투피스와 세련된 트렌치코트를 꺼내 입고 외출했던 참이었다.

유진이 학교 정문 쪽을 향해 다소 빠른 걸음으로 향하고 있을 때, 차도 건너편에는 준혁이 학우들과 책을 잔뜩 들고 과사무실로 향하고 있었다. 때마침 유진의 뒷모습을 포착한 준혁이 손을 흔들며 유진을 불렀지만, 그 소리는 자동차 소음에 묻혀 그녀에게까지 전달되지 못했다. 친구들과 할 일이 있는 탓에 더 쫓아가지도 못하고 돌아서야 하는 준혁의 발걸음이 무거웠다. 보통 청바지 차림으로 수수한 편인 유진이 오늘처럼 투피스로 멋을 낸 모습을 본 적도 거의 없었고, 그렇게 멋을 내고 급하게 어디로 가고 있는지도 의아했다. 먼발치에서도 잘 차려입은 유진의 외양은 시야에 확 들어왔다. 며칠 전 국제회의 다녀와서 나름대로 마음 써서 이메일도 보냈건만 유진으로부터 돌아온 답장에는 고맙다는 말 한 마디만 적혀 있었다. 유진의 마음도 이젠 변한 것일까 하는 생각이 들었다. 하긴 이제는 자신도 유진에게 예전 같은 헌신을 바치고 있지는 않다는 걸 그도 잘 알고 있었다. 준혁은 조금 울적한 기분이 되어 가던 길을 계속 갔다.

오후 4시경, 유진이 오 교수의 연구실 문을 노크하고 안으로 들어서니 방문객 한 명이 오 교수와 함께 있었다. 진성실업에서 유진의 학교설립 안에 대한 '대안'으로 배치해둔 경제학 박사 김도헌이었다. 유진이 연구실 안으로 들어오며 고개 숙여 인사하자 김도헌은 자리에서 벌떡 일어나며 정중하게 인사했다. 서로 인사를 나누고 잠시 마주보는 순간, 김도헌의 귓불이 발그레해진 것이 시야에 들어왔다. 눈치 없이 대화 도중에 불쑥 들어온 것은 아닌가 하는 생각에 유진은 조금 미안한 감이 들었다. 그러나 오 교수는 김도헌이 막 떠나려던 참이었다며 유진을 자리에 앉혔다. 김도헌은 약간 어색하게 선 채로 두 사람에게 인사를 하고 연구실을 나섰다.

"김 박사 저 친구가 우리의 철학적 고찰이 어떤 성과를 낼지 못내 궁금했던 모양이야. 자신도 유진이와 상호 의견 교환을 하며 계획안을 추진해야 하지 않겠냐고 그러더군."

감정을 잘 숨기지 못하는 유진이 순간적으로 미세한 부정의 반응을 미간에 보이며 오 교수에게 응답했다.

"에…… 서로 지향점이 다른데 상호작용을 많이 하는 게 일 추진에 도움이 될까요?"

오 교수는 무슨 생각에선지 씩 웃은 다음, 회전의자를 돌려서 책상 위의 문건을 정리하며 대답했다.

"글쎄, 난 그렇게 냉정하게 말하진 않았지만 김 박사는 꽤 적극적인 것 같았어. 혹시 자네가 마음에 든 건 아닐까 몰라."

유진의 눈이 동그래졌다.

"네엣? 그게 무슨 말씀이세요, 교수님?"

오 교수는 다시 유진 쪽을 향해 의자를 돌려 앉으며 말했다.

"허허, 자네 같은 미인을 어디 젊은 남자들이 가만히 두고 구경만 할 줄 알았다면 지나치게 순진한 거지. 아무튼 난 준혁 군 생각도 나고 해서 김 박사한테는 그다지 다정하게 답해주지 않았네."

유진은 아무 말도 하지 않았다. 일 관계로 대해야 할 사람과 감정이 얽히는 것은 그녀가 조금도 원치 않는 바이다. 약간 기분이 좋지 않았다.

돋보기안경을 내려 쓰고 물끄러미 유진을 바라보던 오 교수는 싱긋 미소를 지으며 일정을 시작했다. 그는 유진에게 스테이플러로 철한 서류 몇 가지를 건네주며 말했다.

"그제 회의 때 만났던 영국인 교수 한 사람이 긴히 의논할 게 있다며 잠깐 만나자는군. 자네한테는 미안하게 됐지만, 한 시간 정도만 여기서 내가 준비해놓은 이 글을 좀 읽고 있겠나?"

유진은 오 교수에게 자기 걱정은 말고 충분히 일을 보고 오라고 말했다. 오 교수가 나간 뒤 유진은 자리에 앉아서 건네받은 글을 읽기 시작했다. 그 글에서 오 교수는, 칸트 이후 근세 서양문명의 전개 과정에서 과학과 신학이 결별하게 되며 서양의 학교교육에서도 이성과 신성(혹은 영성)이 철저하게 분리되었다는 주장을 펼쳤다. 오 교수는 또 이성과 신성의 분리를 지양한 루소가 온전한 자기를 찾기 위해 제시한 내면의 화해에 관해서도 설명했다. 그에 의하면 내면의 화해란 자기 안의 부정적인 면을 인정함으로써 내부에 깊이 자리 잡은 그 부정적 성향을 총체적 자아의 일부로서 받아들이는 일이고, 그같이 온전한 '나'를 성숙시킬 때 비로소 부정성을 잠재우거나 극복하는 일이 가능하다는 것이다. 따라서 내면의 화해를 위한 선결 과제는 먼저 자신의 밝음과 어둠을 모두 대면하는 일, 즉 깊은 자아성찰이어야 한다고 했다. 나 자신이 진정 누구인지 아는 것이 매우 중요하다는 것이다.[12]

여기까지 읽어 내려온 유진이 자신의 내면도 살피려 시도해보면서 다음 페이지로 넘기려는 순간, 누군가가 연구실 문을 두드렸다. '네'라고 대답하자 곧 문이 열리면서 아까 나갔던 김도헌이 고개를 꾸벅 숙이며 방 안으로 들어왔다. 유진은 엉겁결에 자리에서 일어나 같이 인사를 했다. 두 사람 사이에 잠시 어색한 침묵이 흘렀다. 유진이 자연스럽지 못한 미소를 짓자 김도헌이 입을 뗐다. 가까이에서 자세히 보니 매우 얇고 창백한 입술이었다.

"저, 유진 씨, 요즘 교육사상에 대해서 공부 많이 하고 계시다는 얘기 들었습니다. 혹시 우리의 이 학교 프로젝트에 경제학적인 차원에 대한 논의가 필요하다는 생각이 드시면 주저 마시고 제게 연락하십시오. 이건 제 명함입니다. 에…… 저도 나름대로 열심히 연구하고는 있는데, 저로선 철학적 고려가 좀 미흡하네요. 저도 유진 씨의 공부 성과를 참고해서 도움을 좀 받을 수 있지 않을까 하는 생각이 들어서요."

약간 더듬거리는 김도헌의 말을 경청하고 있다는 제스처를 취하며 유진은 두 손으로 명함을 받았지만, 딱히 뭐라 해줄 말이 없어서 대답은 대충 얼버무리고 말았다.

"아, 네, 앞으로 잘 부탁드리겠습니다. 아직은 구체적으로 이룬 것도 없이 그저 기본적인 공부나 이것저것 하고 있는 중이라서요."

소심하고 예리한 사람으로만 보이는 김도헌은 그러나 의외로 자기주장이 강한 것 같았다. 그가 힘주어 한마디 더 보탰다.

"제 생각에는, 진성이라는 기업의 실질적인 후원을 제대로 확보하기 위해서는 반드시 이상과 현실을 균형 잡힌 시각으로 종합하는 진지한 시도가 있어야 할 거라고 보는데요. 이 점 유진 씨가 진지하게 생각해주십사 하는 말씀만은 꼭 드리고 싶군요. 오늘 이렇게 다시 만나 뵐 수 있어서 대단히 반가웠습니다. 그럼, 다음 기회에 또 뵙죠."

그렇게 다시 물러가는 김도헌에게 유진은 깍듯이 예를 갖춰 인사했다.

남자가 연구실을 나서고 방문이 닫히자 유진은 한숨을 푹 내쉬었다. 김도헌이 특히 마음에 안 드는 인간형인 것은 아니었지만, 그의 말을 듣는 내내 가슴이 꾸욱 죄어오는 듯한 부자유를 느꼈던 것이다. 마치 엄격한 완벽주의자인 무대감독 앞에서 눈치를 보고 있는 불쌍한 무용수가 된 기분이라고나 할까.

유진은 자리에 앉아 김도헌의 방문이 무슨 의미인지 추측하기 시작했다. 그리고 10여 분이 지났을까, 마침내 오 교수가 미팅을 마치고 돌아왔다. 유진은 김도헌에 대해서는 언급하지 않은 채, 그때까지 읽은 내용에 대한 감상을 그에게 늘어놓았다. 유진의 독후감을 경청한 오 교수는 자신이 최근에 읽은 인상 깊은 글이라며 한 원로 철학자의 글이 인쇄된 종이 몇 장을 유진에게 건넸다.* 이 철학자는 선과 악이 항상 동전의 양면처럼 공존할 수밖에 없음을 철학과 역사를 통해 역설하며, 악을 제거하려는 선의 순수주의마저 근본주의나 순혈주의의 폭압성을 배태할 수 있듯이 악과 싸우려는 마음에 이미 악이 배어 있음을 밝혔다. 그는 악을 제거하기 위해 헛된 노력을 기울일 것이 아니라 마음의 고요를 찾아 우리의 어지러운 무의식을 안정시키고, 그렇게 평화로워진 마음속에서 자연스럽게 피어오르는 자리이타적(自利利他的) 본성을 드러내라고 요청했다. 본성이 피어오르는 경지란 각자에게 부여된 생래적 재능을 발휘하여 에고를 비울 수 있을 정도로 어떤 일에 몰입해 있는 상태라는 것이다.[13]

"김형효 교수가 우리에게 요구하는 것은 사물을 좀 더 깊이 철학적으로 보라는 거야. 세상만사를 ○나 ×로 쉽게 판정해버릴 수만 있다면 얼마나 간편할까만, 사실 세상에 그럴 수 있는 일은 지극히 제한되어 있을 뿐이라는

---

* 《서울신문》 2006년 1월 19일자에 실린 김형효 한국학 중앙연구원 명예교수의 글을 참조함.

걸 살아갈수록, 그리고 공부를 할수록 절감하게 되지. 흑백론으로 설명할 수 있는 일이 세상엔 별로 없다 이 말이야. 선과 악의 판단도 마찬가지야."

이날도 루소와 서양 교육사상에 대한 공부가 이어졌다. 유진은 질문을 던지고, 의문을 제기하고, 또 자기주장을 펼쳤다. 열띤 토론과 학습 속에 시간은 훌쩍 흘러가고, 창밖에는 컴컴한 밤이 내려앉았다. 시장기를 느낀 두 사람은 조용한 식당으로 자리를 옮기기로 하고 연구실을 나섰다.

오 교수의 연구실에서 인근 번화가의 식당촌까지는 10여 분 이상 걸어가야 했다. 싸늘한 늦가을의 밤거리를 걸으며 스승과 제자는 대화를 멈추지 않았다. 유진은 준혁이 메일로 보내준 체로키 추장의 훈화를 이야기했고, 오 교수는 그 예화가 매우 마음에 든다며 자신도 한 가지 예를 들려주겠다고 했다.

"늑대라고까지 말하니 우리 안의 긍정적인 면과 부정적인 면 사이의 간극이 더욱 처절하게 느껴지는군. 그리 생각하는 것도 괜찮겠지만 좀 더 가볍고 덜 심각하게 볼 수도 있지 않을까 싶네. 내 자신의 예를 들자면, 나는 어릴 때 아주 내성적이어서 사람들 앞에서 말도 잘 못 했어. 약간의 무대공포증 같은 것도 있었지."

유진이 깜짝 놀라며 물었다.

"네? 교수님께서요? 정말요?"

오 교수는 쑥스러운 듯한 웃음을 흘리며 대꾸했다.

"왜? 도저히 아닐 것 같아? 하하, 내가 이 아가씨를 완전히 속이는 데 성공했구먼."

유진은 늘 세련된 매너와 유창한 화법으로 좌중을 리드하는 이 달변의 학자가 무대공포증이 있는 내성적인 아이였다는 것을 믿기가 어려웠다.

"정말요, 교수님? 놀랍네요. 하지만…… 하긴, 교수님한테서는 뭐랄까 정적(靜的)이랄까, 고요함이랄까, 이런 분위기가 풍기거든요. 특히 아무 말씀 안 하시고 남의 얘기에 귀 기울이고 계실 때는요. 그러고 보니 아마 그런 분위기가 교수님의 소년기 내향성을 간직하고 있는 건 아닐까 하는 생각도 드는데요."

옆에서 걷고 있는 유진을 돌아보며 오 교수가 말했다.

"나름대로 예리한 면도 있군, 자네도. 그냥 톰보이인 줄로만 알았더니."

유진은 항의성 표정을 지었고 오 교수는 하려던 얘기를 계속했다.

"내가 원래는 내성적이었는데, 내향성이 그 자체로 나쁘다고는 생각하지 않지만 그게 타인들과 청중에 대한 두려움 때문에 형성된 거라면 두려움은 어둠에 속한 감정이므로 끝내 지지하고 북돋워줘야 할 감정은 결코 못 되거든. 그래서 두려움에 터한 내향성은 극복해야 할 필요가 있지. 헌데, 내가 내향성을 극복할 수 있었던 계기가 된 가르침이 하나 있었어. 고등학교 은사께서 그 가르침을 주셨지. 당시의 내게는 굉장히 귀중한 가르침이었어. 선생님은 내성적이고 소심한 나도 그 자체로 소중한 존재이기 때문에 나의 내향성도 있는 그대로 인정하고 받아들이라고 하시더군. 나는 그때까지만 해도 나의 내향성을 증오하고 부끄러워만 했거든. 그런데 선생님의 말씀을 듣고 생각을 고쳐먹었지. 그때부터는 나 자신을 미워하고 부정하는 걸 그만두고, 내 마음에 안 드는 면인 내향성을 있는 그대로 인정해주기로 했지. 그랬더니 내향성에 대해 한탄만 하고 있을 게 아니라 그 내향성의 불편한 점을 힘닿는 한도 내에서 개선해보고 싶다는 생각이 처음으로 들더라구. 그래서 조금씩 개선해나가기 시작했지. 물론 꽤 오랜 세월이 걸렸어. 급우들 앞에서 내 감정이나 생각을 털어놓고 얘기해보기도 하고, 내 생각을 글로 써서 발표해보기도 하고, 대학에 가서는 일부러 토론반에 들어가기도 하고, 또 용기를 내서 강의실 앞으로 나가 발표도 했지. 이런 식으로 몇 해가 지나니까 내 내향성의 불편함이 조금씩 사라지기 시작하더군. 그때서 부터 진정한 극복이 시작됐던 거지. 내가 내 안의 부정적인 측면을 극복할 수 있었던 건, 실은 그 부정성을 긍정하고 인정하는 데서부터 출발했다고 할 수 있어. 어때, 이것도 '내면의 화해'에 해당될 수 있을까?"

조용히 스승의 이야기를 경청하던 유진이 화답했다.

"네, 교수님, 분명히 해당된다고 전 생각해요."

존경하는 스승이자 세계적인 학자인 오형모 교수가 성장기의 내밀한 부분을 자신에게 나누어주었다는 사실에 유진은 가슴속이 무언가 따스한 기운으로 가득 차오르는 듯한 희열을 맛보았다.

스승과 제자는 잠시 후 조용한 이탈리아식 식당에 자리를 잡았다. 베르디의 선율이 은은하게 흐르는 실내에는 너무 밝지도 어둡지도 않은 조명이 따사로운 빛을 퍼뜨리고 있었다. 사제지간의 딱딱하고 공식적인 거리감이 해소되자 보다 편안한 기분으로 대화를 나눌 수 있을 것 같았다. 두 사람은 각자 파스타를 주문했고, 오 교수는 포도주 한 잔씩을 주문에 추가했다.

"아까 내가 준 글 읽고 내 종교관에 대해선 대충 감을 잡을 수 있었겠지? 실은 난 종교를 그다지 좋아하지 않지만, 너무 오만해지지 않으려고 기성 종교단체들의 의견에도 귀를 기울이려 노력하는 편이지. 종교보다는 그 종교들 원래의 메시지를 전해준 인류의 스승들에 관심이 아주 많아. 예수나 부처 말이야. 우리 공부의 맥락에서, 요즘 세상의 종교, 특히 한국과 미국의 기독교와 관련해서 이 점 하나를 짚어보고 싶군. 나는 요즘의 기독교가 병자, 창녀, 범죄자와 같은 루저(loser; 낙오자)들을 끌어안았던 예수를 잊은 채, 오직 깨끗하고 순수하며, 반듯하고 바르며, 밝고 맑은, 성공한 사람들만 인정하면서 도덕적인 경건주의·엄숙주의·율법주의의 옷을 걸치고 있다고 평가해. 추함과 악함을 외면하면서 밝고 깨끗함만을 추구하는 수많은 크리스천들은 '전체'를 못 보고 있어. 어둠 없이 빛이 있을 수 없거늘, 이들은 어둠은 무시하고 오로지 빛만 보려 하고 있는 거야. 우리가 루소의 가르침을 따라서 모순덩어리인 우주의 수많은 '다른' 요소들을 인정해주고, 그것들 사이의 '화해'를 구하지 않고서는 세상을 온전히 바라보는 것이 불가능해. 세상을 구원하는 것은 말할 것도 없고. 예수처럼 볼 수 있어야 해. 성스러운 것과 속된 것, 선한 것과 악한 것을 끝내 구분해놓으려는 분열심을 초월해서 그 모든 것이 화해한 상태인 무분별심을 엿볼 수 있어야 해."*

유진은 이것이 좀 전에 오 교수가 해설해준 김형효 교수의 주장과 다르지 않다는 생각이 들었다. 주방에서 갓 내온 따뜻한 빵을 올리브유에 찍어 먹으면서도 심각하게 이야기를 듣고 있는 유진에게 오 교수가 포도주 잔을 내밀었다.

"자, 건배. 허허, 이거 이틀 만에 또 건배네."

"저 술 못한다는 말씀은 안 드리겠어요, 교수님."

"그 솔직함이 바로 유진이의 매력이란 걸 처음 만났을 때 알아봤지."

"네? 정말이세요?"

"난 가식적인 사람하고는 함께 일 못 해. 그래서 유진이를 처음 보고는 안도의 한숨을 내쉬었어."

오 교수의 말에 유진은 두 달 전에 오 교수의 첫 테스트를 무사히 통과했다는 사실을 처음으로 알았다. 오 교수는 새 학교 프로젝트의 주역이 될 자신의 제자가 진지한 성찰적 삶의 자세를 보유한 젊은이이기를 기대했다고 했다. 목전의 이익이나 허영을 좇는 수재보다는, 공부가 느려도 좋으니 진지하게 자신을 돌아보고 교육의 심연을 들여다볼 수 있는 순수한 젊은이를 바랐다는 것이다.

---

* 오 교수가 떠올린 것은 기독교에서 '외경(外經)'으로 취급되는 도마복음의 다음 구절이다. "너희가 둘을 하나로 합하고, 안을 밖으로 밖을 안으로 하며, 위를 밑과 같게 하고, 남자와 여자를 하나로 하여 남자가 남자 같지 않고, 여자가 여자 같지 않게 되고, 눈이 눈을, 손이 손을, 발이 발을, 형상이 형상을 대신하게 하면 천국에 들어갈 것이다" (도마복음 22장).

"하하, 교수님께서도 저한테 완전히 속으셨네요! 전 그렇게 성찰적이거나 진지한 사람이 못 되거든요. 그렇다고 이제 와서 자르시진 않겠죠? 하하하."

유진의 쑥스러워하는 듯한 부정에 대해 오 교수는 이렇게 평했다.

"그렇게 자신의 장점과 단점을 솔직하게 있는 그대로 시인하는 자세가 바로 루소적 '내면의 화해'의 출발점이지. 그 지점엔 겸허가 깃들어 있기 때문에 정신이 개방되고, 따라서 자신 내면에 숨어 있던 잠재성이 밖으로 무한히 뻗어나갈 가능성이 높거든!"

그 말에 유진은 더욱 쑥스러웠다. 그러나 자신 안에 숨겨둔 잠재성이 앞으로 뻗어나갈 것이라고 본다는 스승의 말은 참으로 고마웠다. 이내 파스타가 나와서 두 사람은 조금 늦은 저녁식사를 시작했고, 식사를 하면서 오 교수는 자신이 박사 논문 쓸 때쯤에 자아성찰을 했던 경험을 이야기했다.

"내가 30대에 박사 논문을 쓸 때였지. 교육의 철학적·심리학적 측면에 대해서 쓰긴 써야겠는데 도통 쓸 만한 테마가 떠오르질 않는 거야. 하도 고민을 하다 보니, 과연 나라는 인간이 논문을 쓸 만한 창의성이 있는 인간일까 하는 데 대해 의심이 들더군. 미국 대학에선 논문의 독창성이 아주 중시되거든. 그런데 그때 논문 지도교수 중 한 분이 바로 인간의 창의성에 관해 연구 중이셨어. 그 양반이 나한테 해주시는 말씀인즉슨, 창의적인 사람들은 양면성을 갖고 있더라는 거야. 그러니까 창의적인 사람들은 서로 모순돼 보이는 양극단의 성향을 동시에 지니고 있다는 거지. 이건 위선이 아니라 융이 성숙한 인격의 특징으로 여겼던 바와 같은 얘기라고 할 수 있어. 예를 들어 창의적인 사람은 동시에 공격적이며 협조적일 수 있는데, 이건 상이한 두 성향 사이의 어중간한 타협이 아니라 경우에 따라 양쪽 극단을 다 발휘할 수 있는 폭넓은 양면성이고, 창의적인 이들은 자신의 이러한 내적 모순으로 인해서 갈등하지 않고 모순을 있는 그대로 수용한다는 말이지.

　나 자신은 과연 창의적일까 궁금해지더군. 그래서 그 교수가 제시해준 창의적인 사람들의 양면성들을 하나하나 짚어보면서 나를 진단해봤지. 이런 자아성찰은 그 자체로서 내 삶의 가장 중대한 과제 중의 하나이기도 하지만, 꽤 오랫동안 스스로를 창의성 높은 인간이라 믿고 싶어 해온 나의 심리가 뒤틀린 욕구에 근거한 허영이 아니라 정확한 관찰에 근거한 타당한 판단임을 내심 확인해보고 싶기도 했어. 분석심리학 이론을 근거로 추측건대, 내가 창의성이 심히 결핍된 조직이나 인물을 경멸하기까지 하는 데는 나름대로 내 내면에 그만한 이유가 있는 건지도 모르는 거야. 아직도 좀 그런 경향이 있거든. 내가 대단히 창의성 높은 인간이 돼놔서 그렇지 못한 이들을 깔보는 게 아니라, 오히려 내가 창의성이 부족하고 그에 대해 콤플렉스를 가지고 있기 때문에 역으로 타인들의 창의성 결핍을 혐오하는 걸 수도 있다 이 말이야.

　어쨌거나 그분이 알려준 창의적인 사람들의 양면성 리스트를 가지고 자아성찰을 해보니까, 내가 나름대로 창의성이 있을 것 같다고 낙관할 수 있게 됐어. 그리고 얼마 후에 쓸 만한 논문 주제를 잡을 수 있었지."*14

　이야기를 잠시 중단하고 오 교수는 포도주를 한 모금 마셨다.

　"얘기 들으면서 눈치를 챘는지 모르겠지만, 난 지금 내면의 화해를 이룬 이들이 창의성을 발휘할 힘을 갖게 된다는 말을 하고 있는 거야. 내면의 화해란 자신의 전부를 긍정하고 현명하게 활용하고자 하는 자세라 할 수 있어. 루소는 이런 화해와 긍정을 통해 우리들 내면 깊숙이 자리 잡고 있는 저마다의 최고의 경지, 자연성, 또는 신적인 고결함이 밴 탤런트를 드러낼

＊ 창의적인 인재의 특성에 관해 젊은 시절의 오형모에게 조언해준 지도교수는 미하이 칙센트미하이(Mihaly Csikszentmihalyi) 교수였다.

수 있다고 본 거야. 그래서 그의 교육은 집어넣는 교습이 아니라 끄집어내는 교육이고, 주지주의적 교습이 아니라 전인적 교육인 거지. 부분적 인간이 아닌 전체로서의 인간을 만드는 교육, 이런 교육이 서양 교육의 이상이 됐어. 비록 그 이상이 현실로 완전히 구현된 것은 아닐지라도."

두 사람은 포도주를 한 잔 넘게 마시지는 않았다. 오 교수가 오늘 중으로 처리해야 할 일이 있다며 식사를 마치자마자 귀가했기 때문이었다. 택시를 타고 먼저 떠나는 오 교수를 배웅하고 유진은 터벅터벅 번화가의 밤길을 걸어 지하철역으로 향했다. 그간 딱딱한 공부 얘기만 나눴던 스승과 오늘은 의외로 개인적이고 감성적인 대화를 나눌 수 있었던 것이 좋았다. 다만 내면 성찰이라는 차원에서 자신의 개인적인 이야기도 내비추고 싶었는데, 오 교수가 일찍 귀가해버리는 바람에 그럴 기회를 못 가진 점이 조금 아쉽기는 했다. 그러고 보니 요즘 들어 교육사상 공부를 하면서 자신의 마음속과 머릿속을 전에 없이 자주 들여다보게 됐고, 그래서 그런 성찰의 정리되지 않은 경과에 대해서 누군가 신뢰하고 의지할 수 있을 만한 사람에게 털어놓고 싶은 심정이 되었다는 것을 문득 깨달았다. 그래서 어쩌면 스승인 오 교수에게 자신의 이야기를 풀어놓고 싶은 마음이 들었던 건지도 모르겠다. 유진은 지난여름에 겪은 집안의 여러 일들과 그 이후에 일어난 커다란 삶의 변화를 스스로 차분히 정리할 수 있도록 도와줄 사람을 필요로 하고 있었다.

그러나 이유를 딱 꼬집어 말할 수는 없지만 내면의 화해와 무의식의 이해 등에 관해 골똘히 생각한다는 것이 유진의 가슴속에 점점 더 무거운 짐을 얹어놓는 것처럼 느껴졌다. 서양의 교육사상적 유산도 성리학적 유산처럼 거부할 수 없는 진실성을 내포하고 있다고 유진은 믿게 됐지만, 두 가지 다 그녀에게는 여전히 버거운 임무였다.

4. 트라우마의 위협

당시 일본사람들은 요란한 소리를 내는 공장의 기계가 영혼을 빼앗아갈 것이라며 두려워했다.
_19세기 말 메이지시대의 공장 노동자들에 관한 기록에서

노블레스 오블리주

진성실업의 김재명 회장은 1931년에 원산에서 출생하여, 일제강점기 말에 원산보통학교를 졸업한 뒤 일본으로 건너가 해방 후에 게이오 대학을 졸업했다. 그는 유아기에 부모를 여의는 불행을 당했으나 백부의 도움으로 학교에 다닐 수 있었다. 11세 되던 해, 인근의 덕원 학무국에 파견 나와 있던 일본 문부성 관리인 키다 히로시의 눈에 들어 그의 양자로 입양되었다. 1942년에 양부를 따라 일본으로 건너간 그는 전쟁 중의 열악한 환경 속에서도 향학열을 불태워 학업에 전념했고, 22세에 공과대학을 졸업한 후 도쿄의 미 점령군 사령부(GHQ)에 기술지원 인력으로 취직했다. 그의 양부 키다는 1945년 일본 패망과 동시에 패전국의 교육 관료로서 미군의 민간정보교육국(CI&E: Civil Information and Education Section)에 조력해야 했다. 젊은 김재명은 자신을 친자식처럼 사랑한 양부가 그와 같은 상황 속에서 번민하는 모습을 지켜보며 국가교육에 관심을 갖게 되었다. 1952년에 일본인 기술자들로 구성된 폭파지원 부대가 비밀리에 한국에 파견되어 미군 지휘

아래 작전을 수행했는데, 김재명은 이 부대의 통역 겸 기술요원으로 다시 고국 땅을 밟게 되었다. 낙동강전선에서 전공을 세워 미군 야전사령관의 특명으로 국군 부대에 배속된 그는 이를 계기로 한국에 남아 자신의 운명을 시험해보기로 결심했다. 어린 시절부터 파란만장했던 그의 삶은 한국전쟁으로 이어졌고, 우여곡절 끝에 한국군 장교로 임관되면서 결국 군에 몸담게 되었다. 그는 육군대령으로 베트남전에 참전했고, 그때 유진의 아버지와 인연을 맺게 되었다.

유진이 오형모 교수와 공부를 시작한 지 석 달쯤 지난 12월 초의 어느 날, 김재명 회장이 예술진흥재단의 연례만찬에 오 교수를 비롯한 학교설립 프로젝트 참여자들을 초대했다. 김 회장의 부인이 미술에 조예가 깊어 10여 년째 이 재단을 통해 미술가들과 음악가들을 지원해왔다고 한다. 현대의 거부들은 중세 유럽 귀족들처럼 예술에 대한 후원자 역할을 자임하기를 즐긴다. 한 개인의 내면에 결핍된 예술성이나 성찰을 금전적 지원을 통해 대리 충족시키는 것이 가능한지에 대해서는 확정된 이론이 없다.

진성실업 본사 건물의 만찬회장은 4중주 관현악단의 음악이 실내에 흐르는 가운데 100여 명에 이르는 내빈과 회사 직원들, 그리고 웨이터들로 가득 차 있었다. 국내 최대 규모는 아니지만, 사회적인 명망을 지닌 내실 있는 기업 진성의 모습이 만찬장의 분위기에 잘 비추어져 있는 것 같았다. 유진은 오 교수, 김도헌, 이 비서, 그리고 초면의 두 중년 남녀와 한 테이블에 앉게 되었다. 이 비서는 그들 중 남자가 미대 교수이자 화가이고 그 옆의 여자는 음대 교수라고 소개했다. 서로 통성명을 하고 의례적인 인사말을 나누고 있을 때, 만찬에 앞선 공식행사가 시작되었다.

단상에 오른 진성의 임원이 올해의 재단 사업현황 등에 대한 설명을 마치자 사회자가 김재명 회장의 인사말씀이 있을 것임을 알렸다. 김 회장이 마이크 앞에 서자 장내에는 숙연한 침묵이 흘렀다. 간략히 재단의 사업에 관해 설명한 다음, 김 회장은 자신의 교육사업의 비전에 대해 발표했다. 그가 말하는 비전이란 '바른 국가사회를 이끌어갈 도덕적이고도 우수한 인재를 양성하는 일'이었다. 유진은 몇 달 전에 처음 알게 됐을 때는 아무런 감흥도 일지 않았던 이런 김 회장의 교육적 비전에 대해 이번에는 몇 가지 의문점이 생겼다. 국가의 리더를 양성한다면 엘리트에 국한된 교육이라는 얘기인가? 우수한 인재를 양성한다는 것에 대해서 뭐라 할 말은 없지만, 그런 인재의 도덕성은 어떻게 키워줄 수 있을 것인가? 유교교육이라도 실시해야 하는 걸까? 유진이 머릿속으로 이런 문제들에 관해 골똘히 생각하고 있을 때, 김 회장이 진성실업의 교육사업을 책임질 전문가들을 소개한다며 유진의 테이블 쪽을 가리켰다.

"우리 진성의 교육에 대한 비전을 현실로 이루어주실 세계적인 교육학자, 스탠포드 대학의 오형모 교수님을 소개합니다."

뜻밖에 김 회장의 소개를 받은 오 교수는 자리에서 일어나 좌중을 둘러보며 고개 숙여 인사했다. 오 교수가 자리에 앉자 이번에는 김 회장이 유진을 가리켰다.

"그리고 우리 학교 프로젝트를 실질적으로 추진해주실 젊고 명석한 재원, 서유진 양을 소개합니다."

별 수 없이 유진도 엉겁결에 자리에서 일어나 인사를 했다. 자격지심에서인지, 프로젝트의 핵심인물이 너무 어린 것 아니냐며 청중들이 수군거리는 것만 같았다. 김 회장은 인사를 하고 자리에 앉는 유진에게 따뜻한 미소를 건네며 연설을 계속했다. 자신의 교육사업의 취지를 이해해주고 앞으로 여러모로 지원해달라는 이야기였다. 그렇게 김 회장의 연설이 끝나자 곧 만찬이 시작되었다. 웨이터들이 테이블을 돌며 포도주를 유리잔에 따랐고, 손님들은 대체로 서로 안면이 있는지 금세 테이블 단위로 화기애애한 대화의 장이 이루어졌다. 유진의 테이블에서는 미대 교수라는 이가 오 교수에게 말을 건넸다.

"그러고 보니 일전에 신문에서 교수님 인터뷰 기사를 읽은 적이 있습니다. 새로운 시대의 인재 양성을 위한 창의적 교육에 관한 말씀이셨는데, 저에겐 상당히 인상적이었습니다."

최 교수라고 불린 이 사람은 자신이 진성실업 인력관리 부서와 함께 직원의 창의성 향상을 위한 시각적·공간적 디자인을 고안하기 위해 일하고 있다고 했다. 그런데 점잖은 미대 교수를 말의 속도로 제압한 음대 교수의 이야기는 그다지 예술적이지는 않아서, 성형수술 후에 '뜬' 어떤 연예인과 유진이 많이 닮았다거나 영국 배우 제레미 아이언스와 오 교수의 분위기가 비슷하다는 등 연예계 소식이 큰 비중을 차지했다. 증권 얘기만 나누는 것에 비하면 그래도 상대적으로 흥미로운 화제라고 유진이 내심 자위하며 식사를 마칠 무렵, 이 비서가 오 교수와 유진, 그리고 김도헌에게 김 회장이 잠시 함께 이야기를 나누고 싶어 한다는 전갈을 가져왔다.

오 교수 일행은 만찬장에서 빠져나와 회장실로 안내되었다. 그들을 반갑게 맞이한 김 회장은 자신의 교육적 비전에 대해 이야기하기 시작했다. 학교사업에 대한 논의가 있은 후로 처음 있는 일이었다.

"제가 꿈꾸는 학교에 대해 여러분들께 제대로 설명을 드린 일이 없는 것 같습니다. 한마디로 말씀드려서 우리 국민들을 이끌어가고 그들에게 길을 제시해줄 수 있는 유능하고도 도덕적인 지도자들을 배출하는, 그런 학교를 저는 꿈꾸고 있습니다. 우리 한국 국민들을 이끌어갈 만한 리더가 될 젊은이들이라면 그에 걸맞은 출중한 실력이 있어야 하겠습니다. 미국 최고 명문대학에 충분히 들어갈 수 있을 정도의 실력을 갖춰야 하겠습니다. 헌데 국민들의 리더가 되려면 실력뿐만 아니라 높은 도덕성이 요구됩니다. 도덕적으로 청렴하고 국가에도 헌신하는 그런 리더들이 아니라면 제아무리 하버드, 예일을 나와도 국민들이 따르질 않겠지요. 우리 민족이 선진국

진입의 기로에 서 있는 이 역사적인 시점에, 이기심과 소인배 근성을 극복하여 국가 전체의 발전을 이끌어갈 뛰어난 지도자 계층이 절실하게 요청되고 있습니다. 저는 우리 사회가 저한테 베풀어준 은덕을, 새로운 지도자가 될 인재를 양성함으로써 조금이나마 되갚고 싶습니다."

김 회장의 이 같은 말을 듣고 오 교수는 딱히 좋다 나쁘다는 표시를 보이지 않았다. 유진 역시 어떻게 답해야 할지 언뜻 생각이 떠오르지 않았다. 그것은 김 회장이 꿈꾸는 학교가 과거의 집단주의적 · 국가주도적 근대화 과정에서 배태되었던 국가교육의 면모들을 고스란히 갖고 있다는 느낌 때문이었다. 김도헌은 오 교수의 눈치를 살피고 있는 것 같았다. 물주의 발언에 대한 가시적인 경배가 현저하게 부재된 분위기를 감지하면서도 김 회장은 당황하는 기색이 전혀 없었다. 오히려 여유롭게 미소 지으며 할 말을 계속했다.

"허허허, 제가 늙었지만 아직도 공부를 하고 있습니다. 저도 오형모 교수님의 학문적 스타일이라든가 교육자로서의 뜻 같은 것을 전혀 모르는 일자무식 늙은이가 아닙니다. 개성을 존중하는 창의성 교육에 대해 말씀하신 오 교수님의 책도 안 읽어보고 고리타분한 옛날 얘기나 끄집어내고 있는 게 아니에요. 저는 오 교수님의 교육적 이상을 나의 교육적 꿈과 합쳐서 더 나은 학교를 만들 수 있을지 알아보고 싶은 겁니다. 그렇지 않고서야 서구의 리버럴한 기풍을 가진 오 교수님을 초빙할 이유가 없지요."

김 회장은 진심을 말하고 있는 것 같았다. 그러나 과연 김 회장의 국가주의적 교육 비전과 오 교수의 개인주의적 교육정신을 조화롭게 통합하는 것이 가능할지 유진은 의문스러울 뿐이었다. 오 교수가 답했다.

"회장님께서 처음에 밝혀주신 교육적 꿈은 제가 듣기에는 일본 제국주의 전성기 교육 시스템의 이상적인 버전이 아닐까 싶습니다. 그래서 저로서는 저처럼 개성 진작이나 창의성 고양 같은 얘기를 주로 하는 교육학자와는 잘 맞지 않는 교육적 꿈이라는 생각이 들었습니다."

물주에 대한 경배가 엿보이지 않는 직설적인 답변이었다. 그러나 유진이 듣기에 오 교수의 어투에는 일말의 반감이나 부정성이 느껴지지 않았다. 오히려 김재명 회장에 대한 애정이 느껴졌다. 그렇기에 김 회장도 이 같은 직설적인 거부 표시에도 웃음 띤 모습으로 응대할 수 있는 것 같았다.

"그 말씀이 아주 좋습니다. '일본 제국주의 교육의 이상적인 버전'이라는! 우리가 일제의 것을 무조건 배격하는 경향이 있는데요, 저는 거기에 동의하지 않아요. 저는 과거의 제국 일본에도 그 나름의 이상이 있었다고 믿습니다. 물론 일본 제국주의는 악이 돼버렸습니다. 그건 결코 부인할 수 없어요. 하지만 일본 제국주의가 미처 달성하지 못했던 가치 있는 이상이 있었고, 만약 타이쇼시대(大正, 1912~1926)의 민주주의가 성공했더라면 어쩌면 그러한 이상도 제대로 다루어졌을지 모를 일입니다. 오 교수님께서 그런 차원에서 일본 제국주의 교육의 잃어버린 이상에 관해 연구를 좀 해주실 수 있다면 저로서는 대단히 고마운 일이겠습니다."

학자 앞에서도 결코 자신의 뜻을 쉽사리 굽히지 않는 김 회장의 말에는 확실히 힘이 담겨 있었다. 유진도 김 회장의 말을 들으며 거대한 제국을 건설했던 과거 일본의 교육에 어떤 내재된 힘이 있지 않았겠는가 하는 생각을 가지게 되었다. 오 교수가 대답했다.

"제가 일본 교육의 역사에 관한 전문가는 아닙니다만, 제국주의 시대의 교육에 내재된 전체주의와 국가주의의 본질만으로도 그것이 민주주의적 교육으로 이어질 가능성은 매우 희박할 것이라고 예상합니다. 그렇지만 김 회장님의 견해도 학문적으로 그 타당성을 논할 가치가 충분히 있다고 판단하고, 따라서 김 회장님의 뜻을 좇아 일본 제국주의 시대의 교육에 대해 나름대로 조사해보겠습니다."

역시 오 교수는 김 회장의 시각을 그대로 수용해주지 않았지만 김 회장은 개의치 않는 듯한 태도를 보였다. 견해 차이와는 상관없이 김 회장과 오 교수는 상대방에 대한 신뢰와 존중을 당연시하는 것으로 보였다. 그때 여태껏 한마디도 없던 김도헌이 불쑥 말을 꺼냈다.

"제 생각으로는 일본 제국주의 시대의 교육제도가 반드시 구태의연하고 시대에 뒤떨어진 것으로 결론내리는 것은 시기상조일 것 같습니다. 그 교육제도가 나름대로 한 국가의 정치와 경제를 위해서 이룩한 성과가 있었습니다. 만약 그런 성과를 지금의 우리나라가 필요로 한다면, 그 성과를 이룰 수 있었던 교육제도의 유용성에 주목할 필요가 있지 않겠습니까?"

김 회장은 김도헌의 논리가 꽤 마음에 든 표정이었다.

"흐음, 김 박사의 논지가 상당히 건설적이야. 그래, 일제 것이라고 무조건 폐기처분하기에 앞서 보다 신중히 따져볼 필요가 있다고 봐요."

그러나 오 교수는 무표정에 가까웠다. 오 교수가 단조로운 어조로 말했다.

"일제의 교육제도가 이룩한 성과가 뭐가 있었을까요? 군국주의, 전쟁, 패망, 원폭 투하?"

오 교수가 일본 제국주의 시대의 군국주의적 교육을 매우 혐오한다는 것은 감출 수가 없었다. 대단히 날카로운 반론에 김도헌은 약간 당황한 듯했다. 그러나 그는 자신의 주장을 쉽사리 굽힐 줄 모르는 사내였다.

"그런 부정적인 결과 말고도, 예를 들어 국부 창출이라든가 근대적 인력동원 체제 같은 것도 동등하게 평가해야 한다고 생각합니다."

오 교수는 웃음을 터뜨리며 응답했다.

"하하하! 그 국부를 전쟁에 죄다 퍼붓고, 근대적으로 전 국민을 전쟁에 동원한 것들에 대해서 말인가요?"

김도헌의 얼굴이 벌게졌다. 매너 좋은 신사로만 알고 있던 오 교수가 의외로 날카롭고 공격적이며 냉소적이기까지 한 모습을 보였기 때문이었다. 오 교수의 날선 반응에 유진도 놀랐다. 그러나 김도헌은 멈추지 않았다.

"어쩌면 일본의 군부는 그렇게라도 하지 않을 수가 없었을지도 모르죠. 밖으로 뻗어나가지 않았다면 안에서 내분으로 자폭해버렸을 수도 있으니까요. 그리고 그들이 그렇게 패전으로 실패했다고 해서 그들이 썼던 교육적 방식이 꼭 실패로만 이어질 것이라고 단정 지을 수는 없다고 봅니다. 무엇보다 우리나라는 지금 국부 창출을 위해 국민을 동원할 효과적인 수단이 필요하지 않은가요?"

"젊은 학자께서 박정희 정권 때의 사고방식을 갖고 계신 것이 놀랍습니다."

오 교수의 대꾸는 여전히 냉소적이었다. 분위기 수습이 필요하다고 느낀 김 회장이 개입했다.

"허허, 교육학자와 경제학자의 시각차랄까, 머 그런 걸 확인할 수 있는 기회였다고 봅니다. 제가 비록 늙기는 했지만, 이런 차이를 포용함으로써 우리 프로젝트가 더 큰 스케일을 가지게 될 것이라는 점을 매우 긍정적으로 보고 싶습니다. 자, 우리가 지금 이 시대에 군국주의를 필요로 할 까닭이 있겠습니까? 허나 김 박사 의견처럼 점점 개인주의화되고 국가 개념이 희박해지는 젊은 세대에게 일종의 사회적 구심점 역할을 해줄 이념이나 가치관을 제공해줄 교육도 필요하지 않을까 싶습니다. 제 뜻을 이해하시겠죠, 오 교수님? 자, 오 교수님께서 그러한 교육의 가능성도 한번 점검해봐주시면 좋지 않겠나, 마, 이런 말씀입니다."

오 교수는 차가웠지만 친절했다.

"회장님 의중은 어느 정도 이해하겠습니다. 사회 통합과 전체주의는 종이 한 장 차이일 수도 있습니다. 하지만 저도 전자의 필요성은 결코 부인하지 않습니다. 앞으로 이런 측면에 대해서 좀 타진해보겠습니다."

결국 물주인 회장의 요청은 그의 내부 직원인 김도헌에 의해 지지받고, 외부 컨설턴트인 오 교수의 거부에도 불구하고 앞으로 추진해야 할 하나의 안건이 돼버렸다. 회장실을 나와서 오 교수가 김도헌에게 말했다.

"김 박사께선 나와는 교육을 보는 시각에 큰 차이가 있는 것 같습니다. 그 차이가 우리의 프로젝트에 득이 될 수도 있겠고 장애가 될 수도 있을 것이라는 예상이 듭니다."

평소의 오 교수답지 않은 냉정한 언사였다. 다소 상기되어 있던 김도헌은 뚜렷이 무어라 대답을 하지 않은 채 오 교수와 유진에게 인사를 하고 발길을 돌렸다. 그런데 그의 마지막 눈빛에는 희미한 미소가 감돌고 있었다. 의미를 알 수 없는 야릇한 미소였다.

진성실업 본사를 빠져나와 버스정류장 쪽으로 걸어가며 유진이 오 교수에게 물었다.

"교수님, 정말 일본의 군국주의적 교육을 활용하는 것에 대해서 생각해보실 거예요?"

오 교수는 빙긋 웃었다.

"김 회장님은 젠틀맨이야. 우리 회장님의 뜻을 존중해드려야지, 안 그래?"

"네에? 일제 교육을 그렇게 싫어하면서 그렇게 하시겠다구요?"

"누가 그래? 내가 일제 교육을 싫어한다고?"

"어머, 교수님! 저를 바보로 만드시네요!"

"거 참, 이봐, 서유진 양, 우리 다음 주부터 일본의 제국주의적 교육체제에 대해 공부 시작할 거야."

아버지

유진은 1주일 만에 아버지의 병실을 찾았다. 예전에는 거의 매일 아버지 곁을 찾아갔지만 일이 많아지고부터는 발길이 점점 뜸해졌다. 다행히 아버지의 병세는 차츰 회복세에 접어들어서, 언어기능도 상당히 돌아왔고 기력도 좋아지고 있었다. 비록 과거의 강남 부르주아적 영화는 누리지 못하고 있지만, 유진의 어머니도 새로운 환경의 소박한 생활에 그런대로 잘 적응해 가고 있었다. 덕분에 유진이 학업에 몰입하기가 어렵지 않았다. 유진은 오 교수가 건네준 교육 근대화에 대한 자료를 생각하며 병실 문을 열고 들어갔다.

"유진아!"

입원실 안에 들어서는 순간 유진은 깜짝 놀랐다. 아버지가 침대에 걸터앉 아 있다가 들어오는 유진을 보고 환하게 웃으며 또렷한 음성으로 딸의 이름을 불렀던 것이다.

"아빠! 이제 일어날 수 있네요! 말도 잘할 수 있는 거예요? 와아!"

유진은 눈물을 글썽이며 아버지의 축 처진 어깨를 두 팔로 감싸 안았다. 1주일 전에 왔을 때만 해도 아버지는 병상에 누워 일어나지도 못했고 언어구 사 기능도 완전하지 못했다.

"이눔아, 뭐가 그리 바빠서 이렇게 한참 만에 와? 아빠 여기서 얼마나 심심한지 몰라?"

어쩌면 이러다 아버지가 영영 회복 불능이 될지도 모른다는 불길한 생각 을 해왔던 유진은 눈물을 흘리며 감사했다. 믿지도 않는 신에게. 아버지는 매우 빨리 회복되어가고 있었다. 아직은 하반신이 불편해서 휠체어에 의존 해야 하지만, 전에 비하면 신체 기능은 훨씬 원활해졌다.

잠시 후 유진은 바람도 쐴 겸 아버지를 부축해서 휠체어에 앉힌 뒤 병실을 나섰다. 유진은 휠체어를 밀며 넓은 종합병원의 이곳저곳을 돌아다녔다. 바깥은 너무 추워서 쇠약한 아버지가 나가기엔 역시 무리였다.

"유진아, 네가 우리 집안의 대들보가 됐구나."

조금 덜 붐비는 로비 한 귀퉁이에 다다랐을 때 아버지가 유진에게 말했다.

"대들보? 하하, 웃기다. 아빠, 내가 심청이야?"

"그래, 공양미 삼백 석으로 우리 식구가 지금 잘 먹고 잘살고 있잖아."

"그런 말 하시면 언니는 섭섭해할 텐데. 우린 언니가 구해준 집에 살고 있는데."

"그래, 내가 딸들 잘 둔 덕에 이렇게 살아남는구나."

유진 아버지는 병원 로비의 거대한 유리창을 통해 쏟아지는 초겨울의 비스듬한 햇살을 응시하며 과거에 대한 회상에 젖어들었다. 환갑이 다 돼서 겪게 된 이번의 사업 실패도 충분히 힘겹고 고통스럽지만, 그에게는 그보다 더 고통스러운 젊은 시절의 경험이 있었다. 베트남전에 참전하여 최전선에서 적군 게릴라들과 사투를 벌이던 중, 차마 떠올리기도 끔찍한 민간인 학살에 가담했던 경험이 그것이었다. 얼떨결에 십 수 명의 베트남 민간인을 게릴라로 오인하여 학살했던 것이 단순히 그만의 과오는 아니었지만, 가해자였던 그는 평생토록 그 순간의 고통스러운 기억을 천형(天刑)처럼 짊어지고 살아왔다. 아군의 총탄에 쓰러진 어린 베트남 소녀들의 비참한 모습이 떠올라 그는 밤마다 독한 술을 몇 잔씩 마시지 않고는 잠을 이루지 못했다. 참전 후 유진 아버지의 정신적 외상은 결코 완전히 치유되지 못했다. 그리고 그런 상처는 그의 가정생활에까지 악영향을 미쳤다. 고통스러운 기억들이었다.

"내가 천벌을 받아 마땅하지."

아버지가 나지막하게 되뇌는 말을 유진은 알아듣지 못했다.

"아빠, 뭐라구요?"

유진의 아버지는 세상에서 가장 사랑하는 딸의 얼굴을 바라보며 미소 지었다.

"이렇게 예쁜 여자애들을……."

아버지의 미소가 너무도 슬퍼 보이는 것이 유진을 놀라게 했다.

"아빠, 뭐라고 하시는 거예요?"

"김재명 회장님이 많이 도와주고 계시다며? 음, 그래, 그분과 내가 옛날에 베트남전쟁 때 생사고락을 같이한 전우였다는 얘기 들었지? 그때 말이야, 아빠가 죄를 많이 졌어. 그래서 늘그막에 그 벌을 받고 있는 거야."

"그게 무슨 말이에요, 아빠?"

"전쟁 때문에 아빠가 죄인이 됐어. 근데 이제 와 생각해보니, 내가 저지른 죄과를 나 혼자 다 받지 않고 아무 죄 없는 내 가족들한테 전가시켰다는 걸 알겠구나. 내가 네 엄마와 너희들한테 정말 형편없는 아빠였다는 걸 이젠 알겠어. 아마도 너는 기억 못 하고 있겠지만."

"아빠, 무슨 말씀인지 전 못 알아듣겠어요. 우리들 키우고 뒷바라지하느라 평생 일만 하셨는데, 갑자기 뭐가 형편없는 아빠였다는 거예요, 참 내!"

유진의 아버지는 더 이상의 설명은 하지 않았다. 그저 딸의 얼굴을 보며 쓸쓸한 미소를 지을 뿐이었다. 그리고 한참동안 아무 말 없이 창밖만 바라보았다. 이윽고 유진의 아버지가 다시 이야기를 꺼냈다.

"유진아, 김 회장님하고는 말이야, 지금보다 훨씬 젊었을 때 둘이서 약속했던 게 있어. 돈 벌어서 세상에 도움이 되는 일 좀 꼭 해보자는 약속이었지. 그리고 나중에 내가, 교육사업을 벌여서 우리의 그 약속을 지키자고 김 회장께 제안했고, 그 양반이 그걸 지금까지 가슴속에 품고 지켜오다가 이번에 너를 불러서 일을 맡기게 된 거야. 내가 굳이 교육사업을 택한 건, 교육을 통해서만 우리나라가 제대로 국가 구실을 할 수 있을 거라고 생각했기 때문이었어. 한 나라에 제대로 중심이 서 있고, 그래서 그 국민들이 정신 차려서 역사를 헤치고 나가지 않으면, 언제 베트남 꼴이 돼서 국민들이 도탄에 빠지게 될지 아무도 모를 일이거든."

유진의 아버지가 들려준 학교설립의 꿈은 한국의 '민족중흥'* 개념과

---

* 1968년에 반포된 '국민교육헌장'은 "우리는 민족중흥의 역사적 사명을 띠고 이 땅에 태어났다"라는 문장으로 시작되었다. 이는 한국인 개개인이 한반도라는 지역에 생물학

크게 다르지 않았다. 아버지의 이야기를 듣고 보니 며칠 전에 들은 김재명 회장의 논지를 더 잘 이해할 수가 있었다. 이 어른들이 일본 제국주의 시대의 국가주의 교육을 본받자는 단순한 이야기를 하고 있는 것만은 아니라는 판단이 섰다. 그러나 어쨌든 이들의 이야기는 유진이 익숙한 최신 교육 사조들과는 동떨어져 보였다. 다행히도 김 회장과 아버지의 교육적 비전을 감싸고 있던 모호함의 안개는 다음 날 오형모 교수와의 대화를 통해 대부분 걷혔다.

가짜 배움

겨울치고는 꽤 푸근한 날씨가 12월 내내 계속되고 있었다. 이것이 다 지구온난화 때문일까 하는 생각을 잠깐 하면서 유진은 오 교수의 연구실로 향했다.

"유진, 내가 준 자료의 근대화 얘기들과 지난번에 들었던 김 회장님의 교육적 비전에서 서로 어울리는 부분들이 있는 것 같아?"

연구실로 들어서자마자 다짜고짜 던진 오 교수의 질문에 유진은 당황했다. 아무 대답도 못 하고 있자 오 교수가 회의용 테이블 앞으로 의자를 끌어당겨 앉으며 선언했다.

"오케이, 그럼 이제 강의시간이다!"

적 개체로 자연의 원리에 따라 태어났다기보다 이 지역을 점유하고 있는 인간의 사회체제인 '국가'에 대한 헌신이라는 인위적 사명을 생래적으로, 선천적으로 부여받고 태어났다는 선언이다. 다시 말해, 국가는 내가 이 세상에 태어나기 전에 나에게 이미 삶의 목적을 부과해놓았다는 말이 된다. 이처럼 개체생명 형성 이전의 선천적 사명부과 과정에 국가가 실제로 개입할 수 있는 메커니즘이 무엇인지에 대해서는 아직까지 알려진 바가 없다.

오 교수는 김 회장의 일본 제국주의식 교육에 대한 이야기는 접어둔 채 일단 근대화에 대한 강의를 시작했다. 오 교수는 과거 제2차 세계대전 이후의 이른바 '근대화 이론(modernization theory)' 학자들의 연구 성과를 빌려, 이성과 과학을 최고로 중시하는 현대인이 전근대인과 구별되는 어떤 태도를 지니고 있는지 나열한 뒤, 합리적이고 개인주의적이며 진취적이기까지 한 현대인들이 만든 문명의 강점과 한계에 대해 논했다. 즉 '현대'는 인류를 전근대적 미신의 질곡에서 해방시켜 인간 이성의 기치를 드높였고, 민주주의의 저변을 확대했으며, 여성의 권리가 공식적으로 인정받게 만드는 등 인류에 대한 공로를 갖고 있지만, 동시에 핵무기 확산, 생태계 파괴, 빈부격차 심화, 인간 소외 등 수많은 심각한 위해 역시 가했다는 것이다.[15]

오 교수의 강의가 끝나자 묵묵히 듣고만 있던 유진이 질문을 했다.

"교수님, 그럼 김 회장님의 교육 비전을 근대화 교육이라고 정의할 수 있는 건가요?"

오 교수는 유진을 지그시 바라보다가 답했다.

"자네도 그렇게 생각하나? 그런데 근대화 중에서도 동아시아적 환경 특유의 국가주도적 근대화 교육과 유사하지 않을까 싶군. 일본과 한국에서 실행됐었던……."

"교수님께선 그럼 일제 강점기 때 조선총독부가 강제로 시행한 그런 교육을 말씀하시는 건가요? 김 회장님께서 만약에 그 같은 일제 교육을 모델로 삼고 계시다면 그건 심각한 시대착오잖아요?"

"일제 때의 교육도 근대화 교육의 속성이 강했는데, 그런 근대화 교육이 실은 해방 직후 상황에서도 국가적으로 시도됐고, 또 60년대 이후 박정희 정권 때도 다시 본격적으로 추진됐지. 지금 이 시점에서 우리가 김 회장 측의 교육적 비전을 제대로 이해하기 위해서는 그 비전이 일제 강점기의 폭압적 식민지화 교육이라는 측면을 중시하는 게 아니라 일제 때 교육의 근대화 추구라는 측면에 무게를 두고 있다는 점을 고려해야 할 거야. 해서, 김 회장께서 지난 반세기가 넘는 세월 동안 우리나라가 추구해온 근대화 교육의 기치를 다시 한 번 되살려보자는 뜻을 품고 계시다면, 우리는 그런 근대화의 이상적이고 핵심적인 추구가 과연 쓸 만한 건지, 또는 타당한 건지를 재고해볼 필요가 있어. 이게 내가 지난번 회동 때 김 회장께 고했던 바야."

"그럼 교수님께선 근대화 그 자체를 완전히 폐기하기로 결정하신 상태는 아니군요."

"응. 나도 70년대에 학생운동을 하면서 박정희의 유신정권에 이를 갈았던 시절이 있었어. 돌이켜 생각해보면, 역시 내가 잘못했다고는 조금도 믿지 않지만, 당시의 반정부 노선이 지나치게 비난 일변도였다는 점은 다소 수긍하게 됐어. 경제성장에 치중하다 보니 민주화가 소홀하게 됐다는 것 때문에 박정희를 백성의 원수라고 심판하지는 못하겠더군. 또 그런 차원에서 그 사람의 '조국 근대화' 노선과 그 견인차 역할을 했던 교육정책도 무조건 백안시하지는 않게 됐다, 뭐 이런 얘기지."

오 교수의 표정과 어투는 다소 자조적이기까지 했다. 노화과정에서 젊은 날의 이상주의를 재평가해야 했던 것이 딱히 유쾌한 경험은 아니었던가 보다. 그는 분위기를 바꿔 조금 다른 이야기를 꺼냈다.

"얼마 전에 아이들 그림책으로 나온 흥부놀부 이야기를 봤어. 쉰이 넘어 다시 보니, 흥부라는 인간형은 자신의 최고의 본성인 사랑을 일관되게 밖으로 드러내는 인물이라는 생각이 들더군. 그에게 베풀어지는 제비의 박씨라는 보상은 '보상'이라기보다는 자신의 최상의 경지를 끊임없이 드러내는 삶이 가져오는 당연한 귀결로써 발생한 거야. 삶이라는 것이 내면의 신성(神性)을 드러내는 여정이고, 그런 일관된 신성의 드러냄은 최선의 결과를 부산물로 가져올 수밖에 없다는 우리 민족의 이해를 나는 이 설화에서 읽을 수 있었어.

한국 교육학계의 거두인 정범모 교수가 1960년대에 독특한 '놀부론'을 제기한 적이 있었어. '근대화'에 박차를 가하고 있던 우리 사회에 바람직한 인간형으로 놀부를 부각시키고 놀부의 '진취적'이고 '합리적'인 성향을 옹호하는 논지를 폈지. 서구에서 일어난 '근대화' 또는 현대성(modernity)의 획득에 적합한 인간형은 놀부일 수밖에 없겠다는 생각이 그때 처음으로 들었어. 자신의 최고의 속성인 사랑을 드러내는 흥부는 현대에는 부적합한 인물일 수밖에 없을 것이고. 결국 우리의 최선을 드러내는 것에 제재를 가하는 '현대성'이란 것은 그래서 지극히 제한된 전환기적인 문명 모델에 불과하다고 봐. 그런 점에서 20세기에 서양이 동양으로 눈을 돌린 걸 이해할 수도 있을 성싶구만. '현대'가 끝나고 '탈현대'로 넘어와서 천만 다행이다."

오 교수는 근대화론자의 연구결과 하나를 소개하며 근대화라는 역사적 과정의 교육에 대한 함의를 부각시켰다.* 이 연구자들이 6개 개발도상국을 대상으로 조사한 바에 의하면, 이들 국가의 국민에게 근대적 의식을 가장 효과적으로 배양시켜준 대표적 사회기관은 학교와 공장이었다. 그런데 주목할 점은 학교보다도 공장에서 구성원들의 의식의 근대화가 더 빨리, 또 더 깊숙하게 이루어지더라는 것이다. 이는 근대적 의식을 공식적으로 '가르치겠다'는 학교의 교육 프로그램보다 근대적 의식으로 '살라'는 공장의 일상 그 자체가 근대적 의식 배양에 더 효과적이었음을 뜻한다.[16]

학생들에게 현대인이 되려면 이러저러해야 한다고 가르치는 학교보다 그냥 현대인으로 살라고 요구하는 공장에서 더 빨리, 더 효과적으로 현대화가 일어난다는 연구결과에 비추어보면, 학교에서 학습을 이렇게 저렇게

---

* Alex Inkeles & David H. Smith, *Becoming Modern: Individual Change in Six Developing Countries* (Cambridge, Mass.: Harvard University Press, 1974).

하라고 '지시'하는 것보다는 학생들에게 그냥 '학습을 하라'고 요구하면 될 일이겠다.

"그렇다면 지금 한국의 학교는 학생들에게 그냥 학습을 하도록, 배우도록 해주고 있나?"

오 교수는 지금의 학교가 학생들에게 그저 학습을 이리저리 하라는 지시만 하고 있는 게 아니냐는 질문을 던지고 있는 것이다. 과연 후자가 진짜 배움이냐는 이 질문에 유진은 답을 못 하고 머뭇거렸다. 현재의 학교에서 행해지는 교사 중심 교습, 강의, 설명, 암기 등의 과정이 과연 진짜 학습이냐, 진짜 배움이냐 하는 점에 대해서 유진은 확신이 서지 않았다. 과연 진짜 학습, 진짜 배움, 'learning'이란 무얼까?

"교수님, 전 요즘 학생들은 학교에서 진짜로 뭔가를 배우고 가는 게 아니라, 배워야 할 내용에 대한 선생님의 설명을 듣고 가는 거라는 생각이 들어요."

오 교수의 눈이 반짝였다.

"그래? 배울 내용에 대한 설명을 듣는 게 배움 그 자체가 아니라면, 그럼 진짜 배우는 건 도대체 뭐야?"

"그건 학생이 스스로 터득하는 거죠. 결코 타인이 대신 터득하고 배워줄 수 없는 것, 그걸 스스로 이해하는 게 진짜 배움이죠. 선생은 그런 배움을 위한 산파 역할밖에는 할 수 없다는 소크라테스의 가르침을 바로 교수님께 들었는걸요."

"좋아, 나의 예전 발언까지 참고자료로 삼아 답하니 내가 그걸 공박하긴 더욱 힘들어지는군. 그래, 자네의 의견이 타당하다고 치고 더 생각해보자. 자네 말대로 현재 우리의 학교에서 진정한 배움이 이루어지지 않는다고 한다면, 그럼 우리의 학교에서 이루어지고 있는 건 뭘까?"

"가짜 배움이겠죠."

"웅? You mean, pseudo-learning? 이를테면?"

"이를테면 권위 있는 선생님이 설명해준 방식대로 세상을 이해하는 게 옳다는 배움, 나의 맨손과 맨눈으로 이해한 세상에 대한 앎은 진정한 지식이 못 된다는 배움, 교과서에 실려 있는 게 진짜 지식이라는 배움, 시험에 나올 답을 미리 알아내는 게 바로 배움의 전부라는 배움, 따라서 배움은 오직 성적을 잘 받기 위해서만 필요한 정말로 지겨운 과정이라는 배움."

"또 배움은 내가 만드는 게 아니라 남이 만들어서 심지어 떠먹여주는 것이라는 배움까지도 말이지?"

오 교수와 유진은 현대 한국의 학교교육에 대하여 매우 비판적인 자세를 공유하고 있다는 점에서 실로 마음이 잘 통하는 사제지간인 것만은 분명해 보였다. 두 사람은 서로의 눈동자를 바라보며 동조의 미소를 교환했다.

"그래, 우리는 현재 한국의 학교에서 대체로 발생하는 교육활동이란 것이 진정한 배움과는 거리가 있다는 점에서 같은 시각을 공유하고 있어. 하지만 이런 우리의 시각도 과장된 점이 없지 않아. 내 생각에는 현재의 교육방식 속에서도 충실한 배움을 경험하고 가는 학생들 역시 적지 않을 것 같아."

"아, 상위 10퍼센트 정도의 학생들 말씀이세요, 제 경우처럼?"

유진은 장난스러운 표정으로 대꾸했으나 오 교수는 진지한 미소로 응답하여 유진을 조금 무안하게 만들었다.

"하하, 물론, 자네는 상위 5퍼센트에 속하는 우수한 학생이었겠지. 뭐, 좋아, 그 비율이 얼마나 되는지는 나도 알 수 없어. 하지만 최소한 합리적으로 추측할 수 있는 것은 소수의 뛰어난 몇 명을 제외한 대다수의 학생들은 충실한 배움으로부터 소외돼 있고, 그저 배움에 대한 지시사항들만 수동적으로 듣다가 가는 학교생활에 익숙해져 있을 거라는 점이야."

끄덕이는 유진을 바라보며 오 교수는 이야기를 계속했다.

"정리하자면 잠재적 커리큘럼, 또는 비공식 교육과정의 효율이 공식 커리큘럼에 못지않다고 말할 수 있어."[16]

"넷, 잘 알아듣겠습니다."

"자네의 그 순종적인 태도에서 한국 학교의 상명하달식 교육의 영향력을 감지할 수 있군. 아, 됐어, 변명할 건 없고. 비록 현대화 이론이 미국 학계에서는 퇴물이 된 지 오래지만, 아무튼 이 레슨은 우리의 학교사업에도 대단히 중요해. 학생들에게 공부를 지시하는 학교가 아니라 학습이, 배움이 바로 삶 그 자체가 되는 학교를 만들면 어떻겠어?"

"그 말씀을 듣는 것만으로도 제 가슴이 뛰어요."

"역시 순종적이군."

망각의 늪

"교수님, 그러면 저를 이렇게 순종적인 학생으로 만드는 데 기여한 전체주의적인 일제교육이 아무리 근대화를 추구하는 요소를 갖추고 있다 해도 지금 이 시점에 되살릴 만한 가치가 있을까요?"

"물론, 교육을 포함한 근대화의 역사적 사례들 중에서 일제가 식민지 조선에 강요했던 근대화는 최악의 케이스라 할 수밖에 없어. 비록 김 회장께선 그 근대화 교육의 최상의 요소들만을 복권시켜서 미처 이루지 못한 것들을 완성시켜보자는 취지시지만. 나는 개인적으로 일본 군국주의와 관련된 것들에 대해서 좀 앨러지 반응이 있어. 말이 나왔으니 말이지만, 제국주의 일본이 아시아에서 벌인 만행은 인간의 암울한 전쟁역사 중에서도 독특하게 튀는 측면이 있거든. 난징 대학살, 종군위안부, 731부대의 생체실험, 남양군도 학살, 오키나와 집단자살 등등."

유진의 눈이 놀라움으로 동그래졌다.

"교수님, 그런 얘긴 전 잘 몰라요."

"음, 자네도 잘 모르나? 왜 요즘 젊은 친구들은 이런 얘길 모르지? 뭐, 별로 얘기해주고 싶은 유쾌한 거리가 못 되긴 하지. 아, 그러고 보니 얼마 전에 미국 저널에서 읽은 흥미로운 증언이 기억나는군. 에, 그 기사가 여기 어디 있었는데…… 자네, 마루타라고 들어봤어?"

"아, 그건 들어봤어요. 인간을 산 채로 의료 실험의 재료로 삼았다는 끔찍한 얘기죠?"

"그래, 맞아. 그 마루타 생체실험을 자행한 만주의 731부대원이었던 일본 사람의 증언을 읽었는데, 그 얘기를 읽다 보니 말야, 일전에 우리가 유네스코 디너에 갔을 때 그때 합석했던 김문수 서기관 기억나?"

"아, 네, 기억나요. 해외 입양아 케이스 얘기해주셨던 분이시죠?"

"그래, 그 양반이 입양아들이 기억을 억압해서 완전히 망각했던 경우를 얘기해줬잖아. 바로 그와 똑같은 경우가 마루타 실험을 했던 일본인들에게 집단적으로 발생했더라구."

오 교수는 서류 더미를 뒤져서 잡지 한 권을 끄집어내더니, 호기심에 가득 찬 눈초리로 경청하고 있는 유진에게 다음과 같은 이야기를 해주었다. 태평양전쟁 시에 자신이 731부대에서 저지른 만행을 공개적으로 고백한 뒤 참회의 생을 살아가고 있는 일본인 유아사 켄 씨의 증언에 의하면, 만주의 731부대는 상상하기 어려울 정도의 가공할 만한 생체실험을 대규모로 자행했다고 한다. 문제는 전쟁이 끝난 뒤였다. 중국에서 전쟁포로가 된 유아사는 자신이 저지른 생체실험에 대해 일절 기억해내지 못했다 한다. 자신의 만행을 기억해내고 자백하는 데만 4년이 걸렸고, 그 후 1956년까지 타이완에 수감돼 있다가 도쿄로 돌아왔다는 것이다. 그가 도쿄로 돌아왔을 때의 상황에 대한 기사를 오 교수가 직접 읽어주었다.

제가 도쿄로 돌아왔을 때, 샨시의 그 병원에서 저와 함께 있었던 의사와 간호사들 전부가 저를 맞이하기 위해 시나가와 역으로 나왔습니다. 간호사들이 제게 그러더군요. "박사님, 너무 고생 많으셨어요. 박사님 생각으로 저희는 너무 죄송했어요." 한 남자가 말했습니다. "유아사 박사, 천황폐하의 정책이 정의로웠고 공산주의는 잘못된 것이라고 당신이 최선을 다해 주장했기를 바라오." 그들이 이렇게 말하더군요! 제가 그들에게 말했죠. "기억나지 않아요? 난 당신들과 그 짓거리를 했어요. 당신들도 함께 그 짓을 했단 말이오." 그 말을 들은 남자가 부르르 떠는 것 같았습니다. 갑자기, 처음으로 그는 자신이 살인자였다는 걸 기억해낸 것이었어요!

무서운 일입니다. 사람을 죽인다는 건 끔찍한 일입니다. 그런데 자신이 했다는 걸 잊어버리는 건 훨씬 더 지독한 일입니다. 그건 정말 상상도 못 할 만큼 무서운 일입니다!

저는 3년 반쯤 동안 약 10명 정도를 해치웠습니다. 전부 합쳐서 여섯번, 저는 의사들의 기술을 향상시키기 위한 실습에 참여했습니다. 뇌와 고환을 제거했습니다. 우리 사단, 아니 중국 전역의 병원에서 대부분의 의사들이 그 짓을 했습니다. 하지만 모두가 침묵하고 있습니다! 왜 그들은 망각할까요? 모두가 잊고 말았습니다. 그 당시에 우리는 뭔가 좋은 일을 하고 있었다고 우리 스스로 믿도록 만든 것입니다. 그들은 여전히 입을 다물고 있습니다. 만일 회상해내려 한다면 그건 견딜 수 없는 일이니까요. 그래서 조용한 겁니다. '그건 전쟁 때문이었습니다.' 그들은 그렇게 말하는 것으로 다 되었다고 생각하지요.*

---

* Haruko Taya Cook & Theodore F. Cook, *Japan at War: An Oral History* (New York: W. W. Norton, 1992, pp. 146~151)에 대한 필자의 번역임.

오 교수가 기사를 우리말로 바꿔서 읽기를 마치고 고개를 들어 유진을 바라보니, 그녀는 얼굴빛이 하얗게 돼서 입을 다문 채 굳은 인상을 하고 있었다. 오늘따라 코트 안에 받쳐 입고 온 새하얀 셔츠 때문에 얼굴빛은 더 창백하게 보였다.

"이 얘기가 너무 충격적이었나?"

오 교수의 채근에도 유진은 아무 대답을 하지 않은 채 허공 한구석을 뚫어져라 응시하고 있었다. 오 교수는 방금 전해준 증언이 매우 충격적이긴 하지만 스물일곱 살 먹은 성인의 얼을 빼놓을 정도는 아닐 성싶었다. 오 교수가 조금 목소리 톤을 높여서 다시 한 번 물었다.

"Hello, are you there, Yujin?"

오 교수의 장난기 섞인 영어에 유진이 화들짝 놀라며 제정신을 되찾았다. 마치 유체이탈을 했던 것처럼 보였다.

"어머! 교수님, 제가 잠깐 딴생각을 하느라……."

그러면서도 유진은 그 '딴생각'으로부터 완전히 회복되지 않은 듯 보였다. 유진의 눈빛과 태도, 그리고 여느 때와는 달리 머뭇거리는 그녀의 몸짓에서 심상치 않은 기운을 감지한 오 교수는 말없이 그녀를 관찰하고만 있었다. 유진은 한숨을 한 번 푹 내쉰 뒤에 자리에서 일어나더니 화장실에 다녀오겠다며 연구실 밖으로 나갔다. 몇 분 뒤에 돌아온 유진의 얼굴에는 찬물로 세수를 한 듯 물기가 묻어 있었다. 그녀는 자리로 돌아가 앉은 뒤 잠시 고개를 숙이고 있었다. 그리고는 뭔가 결심했다는 표정으로 고개를 들고 말문을 열었다.

"교수님, 갑자기 죄송해요. 지난번에 김 서기관님한테서 억압된 기억이 되살아난 얘기를 들었을 때도 충격을 받았지만, 방금 해주신 이야기에서 그 일본사람이 자신이 한 일을 까맣게 잊어버렸다는 얘기를 듣고는 굉장히 놀랐어요. 이런 얘기들을 들으면서 제가 왜 그렇게 놀라는지 이상하다는 생각이 들었어요. 근데 그게 다 이유가 있어서 그렇다는 걸 방금 처음으로 깨달았어요."

오 교수는 계속 해보라는 제스처를 보내며 묵묵히 듣고만 있었다. 유진은 아랫입술을 지그시 깨물었다가 놓고는 말을 시작했다.

"저에게도 까맣게 잊고 있던 기억이 있다는 걸 깨달았어요."

사방이 환한 것이 마치 태양이 바로 창문 밖까지 와 있는 것만 같다. 환한 방 안에는 세 모녀가 앉아 있다. 가만히 보니 엄마다. 엄마가 참 젊고 예쁘다. 엄마 앞에 앉아 있는 아이들은 바로 언니인 미진과 유진 자신이다. 미진은 여덟 살, 유진은 겨우 세 살. 지금 유진은 24년 전의 자신의 모습을 그렇게 바라보고 있다. 엄마는 무릎에 앉힌 유진에게 그림책을 읽어주고 있고, 미진은 곁에서 뒹굴며 그 책을 들여다보고 있다. 따사롭고 평화로운 순간이다. 그런 행복한 순간이 얼마나 지속됐을까. 갑자기 창밖이 어두컴컴해지더니 방문이 와락 열리며 맹수가 방 안으로 쳐들어왔다. 괴물처럼 시커메 형체도 알아볼 수 없는 그 맹수는 굉장히 화가 나서 무시무시한 괴성을 내지르며 세 모녀를 위협했다. 겁에 질린 엄마는 두 아이를 꼭 껴안고 부들부들 떨었다. 성난 맹수는 아이들이 보고 있던 책을 빼앗아 갈기갈기 찢어버리고 다시 한 번 미친 듯이 포효했다. 맹수의 손길이 유진의 곁으로 다가오자 날카로운 술 냄새가 났다. 유진은 눈을 질끈 감아버렸다. 그리고 세상은 깜깜해졌다.

아주 오랫동안 세상은 그대로 깜깜한 채로 있었다. 그리고 유진은 다시 성인이 된 자신의 몸속으로 되돌아와 있었다.

오 교수가 나지막한 음성으로 물었다. 그의 눈빛에는 약간의 염려와 타인의 심리를 파헤쳐보려는 냉정함이 동시에 깃들어 있었다.

"유진, 잊었던 기억에 관해서 말해볼래?"

유진은 기억해낼 수 있었다. 지난 20여 년 동안 까맣게 잊고 있었던 것을. 그것은 엄마와 언니와 자신을 공격한 무시무시한 맹수에 관한 기억이었다. 헌데 그 기억을 최초로 끄집어내자마자, 유진은 곧 그 맹수가 실제로는 맹수가 아니라는 것을 알았다. 맹수 같은 얼굴을 한 그 공격자의 얼굴을 좀 더 자세히 알아볼 수가 있었다. 세 살짜리 아이에게는 사자나 호랑이처럼 무시무시하게 보였던 그 얼굴의 주인공은 다름 아닌 자신의 아버지였다. 유진을 그렇게도 끔찍이 생각하는 바로 그 아빠의 얼굴이었던 것이다. 유진의 두 볼 위로 눈물이 주르륵 흘러내렸다. 유진은 고개를 떨어뜨리고 흐느끼기 시작했다.

오 교수는 잠시 동안 아무 말 않고 유진의 곁에 있었다. 유진이 흐느낌을 그치고 다시 자리에서 일어나 화장실에 다녀올 때까지 오 교수는 생각에 잠겨 있었다. 겉보기에는 세상에 부러울 것 하나 없을 것 같은 이 매력적인 젊은 여성의 마음속 깊은 곳에, 아무도 눈치 챌 수 없는 아픈 상처가 자리잡고 있었다는 것은 오 교수로서도 놀라운 발견이었다. 이 젊은 제자의 심리 깊숙한 곳에 뭔가 알 수 없는 억압된 감정이 미세하게 깔려 있음을 어렴풋이 눈치 채고는 있었지만, 이제 그것을 확연히 식별할 수 있게 된 것이다. 자세를 추스르고 난 유진이 어렵게 입을 뗐다.

"저희 아버지는 워낙엔 아주 인자한 분인데, 젊어서 베트남전에 참전한 뒤로 어떤 정신적 외상을 입으셨나 봐요. 그 상처로부터 회복되는 데 시간이 오래 걸렸던 것 같아요. 제가 아주 어렸을 적엔 아버지가 아주 무서울 때가 많았어요. 자라면서 지금까지 완전히 잊어버린 채로 덮어두었던 일들도 있다는 걸 지금 처음으로 알게 됐어요. 지금 바로 그걸 기억해냈어요."

오 교수는 말없이 유진의 눈동자를 응시하고 있었다. 유진이 말을 이었다.

"아주 어렸을 때, 아버지는 술을 마시면 굉장히 난폭해져서 집안을 때려

부쉈어요. 그 와중에 언니도 저도 아버지에게 맞았고……. 그 광경이 너무도 끔찍했는데, 생각해보니 지난 20여 년 동안 단 한 번도 그 일을 떠올려본 적이 없었어요. 그런데 지난번 입양아 이야기를 들었을 때 뭔가 묻어둔 기억 같은 게 있다는 느낌이 들더군요. 그리고 좀 전에 교수님 얘기를 듣고 나서는 저 스스로 묻어뒀던 그 기억이 갑자기 되살아났어요."

오 교수는 아무 말도 하지 않았다. 그러나 그의 눈길에는 제자에 대한 따스한 연민이 배어 있었다. 오 교수가 자리에서 일어나 두 잔의 차를 만드는 동안 유진은 창밖의 을씨년스런 겨울풍경을 조용히 바라보고 있었다. 유진은 오히려 마음이 차분해지는 느낌이 들었다. 잠시 후 유진에게 찻잔을 건네주면서 오 교수가 물었다.

"어때? 기분이 좀 나아지지 않았어?"

유진이 싱긋 웃으며 대답했다.

"네, 그러네요, 교수님."

그제야 오 교수도 미소를 지으며 말하기 시작했다.

"우리 마음이 하는 일이 놀라울 따름이지. 어린아이가 감당할 수 없는 기억은 무의식 깊숙한 서랍 속에 쑤셔 넣어서 꼭꼭 닫아놓는다는 것도 그렇고. 문제는 그렇게 억압된 기억이 얌전히 분리된 채로 죽어 있는 게 아니라, 오히려 억압됐기 때문에 더 지속적으로 의식과 행동에 영향력을 행사한다는 데 있어. 프로이드가 명료하게 설명해주었듯이 말야. 자네는 그 억압의 원천을 오늘 찾아냈기 때문에 마음의 치유를 시작했다고 볼 수 있겠어. 그것만으로도 큰 성과야. 자네 부친께서 어떤 충격을 받아서 그걸 가족에게 전가했는지 내가 그 상세한 내용은 모르겠지만, 어쨌든 그 같은 부친의 폭력적인 행동으로 인해서 자네 심리 속에 억압의 기제가 발동한 것은 사실일 테고, 그리고 그런 학대와 무의식적 억압 등의 작용으로 인해서 자네의 마음에 일종의 부작용이 형성됐을 거라고 예상할 수 있어.

그런 부작용은 아마도 자네 스스로도 원인을 파악할 수 없는 내면의 무기력함이나 감정적 문제, 또는 나쁜 습관 같은 것들을 야기했을지도 몰라. 또 때로는 그런 부작용이 인지 작용에 악영향을 미치기도 하고 학습동기에 장애 요인이 되기도 하거든. 물론 자네처럼 학업에 동기부여가 잘 되어 있는 젊은이라면 그런 경우에는 해당되지 않을 테지만."

"교수님, 그건 그렇지 않아요. 제가 이른바 명문대 졸업해보겠다고 버둥거리며 공부했던 건 사실이지만, 그게 진짜로 좋아서 공부했던 게 아니거든요. 전 이번에 교수님 만나서 학교사업 때문에 공부하게 될 때까지 단 한 번도 공부를 좋아했던 적이 없어요. 정말로 이번이 저로선 처음이에요."

유진의 이러한 항변에 오 교수는 놀란 듯했다.

"흐음, 그렇단 말이지? 그렇다면 이건 상당히 흔한 심리적 피해의 케이스라고 볼 수 있겠는데. 인식 작용이 활발한 성장기에 뭔가를 학습하고 배우고 익히는 데 대해 심한 스트레스를 받거나, 장애요인이 있었거나, 강압에 의해 억지로 임했거나, 뭐 그런 경우에는 아동의 학습동기를 부여하는 기제에 회복하기 어려울 정도의 피해가 일어날 수 있거든. 일종의 영구적 손상이 발생한다고 경고하는 이도 있어. 쉽게 말해서 어릴 때 이미 배우는 것 그 자체에 질려버린단 말이지. 그리고 이런 일은 사실 한국의 경우엔 드물지 않다고 나는 짐작하고 있어."

'배우는 것 그 자체에 질려버린다.' 유진에게는 그 표현이 전혀 생소하지가 않았다. 자신뿐 아니라 주변의 수많은 친구들이 대학에 진학하기 이전 입시경쟁 속에서 이미 배움 그 자체에 질려버렸던 것을 잘 기억하고 있기 때문이다. 유진은 미간을 찌푸리며 생각을 모았다.

"그렇다면 제 경우엔 아빠의 비정상적인 폭력적 행동 때문에 겁에 질려서 그 나이에 알맞은 학습활동을 제대로 하지 못했다는 얘기가 되는 건가요? 아빠가 전쟁으로 쇼크는 받으셨겠지만, 아빠 때문에 저한테 그런 학습장애

같은 게 생겼다고 말하는 건 아빠한테 너무 가혹한 것 같아요. 그렇다면 고등학생 때의 제 친구들은 전부 아빠한테 학대를 당했었겠네요, 다들 배우는 것 그 자체에 질려했으니까요."

오 교수는 잠시 아무 말 않고 차를 한 모금 마셨다. 유진의 열기가 느껴졌기 때문이다. 불필요한 감정의 열기는 의사소통에 장애가 된다. 차를 두 모금 마신 후 오 교수가 유진의 눈을 직시하며 입을 뗐다.

"마음의 병은 일반화될 수 없어. 사람 하나하나마다 다르게 나타나는 법이지. 자네의 마음의 병은 자네에게만 심각한 문제야."

그윽한 눈매와는 달리 냉정한 말이었다. 유진은 아무 말도 할 수가 없다. 개인교수를 해주는 제자에게 이렇게까지 냉정하게 말할 수 있는 걸까 하는 서운함이 일었다. 그런 유진의 마음을 감지한 듯 오 교수는 이렇게 위로의 말을 덧붙였다.

"자네의 학습의욕 부진이라는 장애는 자네의 성장환경이라는 독특한 조건하에서만 분석할 수 있다는 말이야. 당연히 그걸 자네 주변의 다른 친구들한테까지 확장 해석할 수는 없는 일이지. 자네가 어릴 때 뭔가를 배우고자 하는 의욕에 상처를 입었다는 게 무슨 의미일까? 그 원초적인 의미를 알아낼 수만 있다면 어쩌면 자네의 상처가 완전히 치유될 수도 있어. 그런 게 우리한텐 중요한 일이겠지?"

"네……."

"이게 유진이 케이스에 적용될지는 아직 나도 모르겠지만, 미국의 아동심리학자 한 사람이 이런 해석을 한 적이 있어. 학교에서 공부를 썩 잘하는 학생들 중에 의외로 지적으로는 수동적이고 학습활동에 호기심도 별로 없는 아이들이 간혹 있는데, 이런 아이들이 공부를 열심히 하는 이유가, 학업성취라는 보상이 자신의 모든 심리적인 문제들을 한 방에 해결해줄 거라고 믿기 때문이라더군.* 헌데 난 이와 유사한 경우들을 한국의 학생들 사이에서 적지 않게 목격했어. 아이들이 분명히 마음속에 어떤 해결되지 않은 문제점들을 안고 있는데, 학교에서 1등만 하면 그런 문제들이 다 해결되고 용서가 되는 거야. 명문대만 들어가면 인생의 모든 문제들이 다 해결이 되는 거라구. 명문대 입학이 곧 영혼의 구원이고, 부모의, 아니 가문의 영광이 되는 거야. 공부하고 뭔가 새로운 걸 배우는 것 그 자체에 대해선 별 흥미도 없는데도 불구하고 시험만 잘 보는 이런 학생들이 적지 않더군. 혹시 자네도 이런 경우에 해당될까?"

오 교수의 말을 듣고 유진은 내심 크게 놀랐다. 바로 자기 자신의 심리를 족집게처럼 집어내 묘사하고 있는 것 같았기 때문이었다. 그러나 유진은 기어들어가는 목소리로 이렇게 대답했다.

"글쎄요……, 잘 모르겠어요."

그날의 수업은 조금 일찍 끝났다. 유진의 다소 감정적인 반응에 냉정하게 대했던 오 교수는, 그러나 제자의 마음의 치유를 위해 진심 어린 조언을 들려주었다. 그는 우선 묻어두었던 아픈 기억이 되살아남으로써 자신을 어떻게 다르게 바라볼 수 있게 되는지 성찰해보라는 주문을 했다. 복원된 기억을 새로운 재료로 삼아 자아관을 재정립하라는 조언이었다. 연구실을 나서서 집으로 가면서 곰곰이 따져 보니 새삼 자아성찰을 어떻게 해야 할지 감이 잡히지 않았다. 유진은 일단 자아관 재정립부터 다뤄보기로 하고 언제부턴가 유진의 자아성찰의 파트너가 돼버린 윤아를 불러냈다.

윤아의 집 부근 카페에서 두 사람은 오랜만에 만났다. 유진을 보자마자 윤아는 눈을 흘기며 그간 연락도 안 한 것에 핀잔을 줬다. 핀잔을 무시하고 유진은 단도직입적으로 자신의 근황에 대해, 그리고 이날 일어났던 기억

---

* John Bradshaw, *Home Coming: Reclaiming and Championing Your Inner Child* (New York: Bantam Books, 1990).

회복에 대해 말하기 시작했다. 언제나처럼 윤아는 금세 눈을 동그랗게 뜨고 단짝 친구의 신기한 소식에 귀를 기울였다. 한참을 그렇게 유진의 이야기를 듣고 난 뒤 윤아는 한숨을 푹 내쉬었다.

"알고 보면 세상에 복잡하지 않은 인생이 없어."

"그래, 진짜 그런 거 같아. 참 이상한 건, 요즘 들어 이런 일에 대한 징조들이 심심찮게 나타나더라는 거야. 억압된 기억에 대한 실감나는 이야기들을 자꾸 듣게 됐고, 그런 이야기에 민감하게 반응하는 나를 예리하게 관찰해준 사람들이 있고. 오 교수님이나 준혁이 말야. 그러다 보니 결국 나도 몰랐던 내 무의식 속의 지워진 데이터가 복원돼버렸어. 참 신기해."

유진의 토로를 듣고 나서 윤아는 뭔가 반짝이는 영감이 떠오른 듯이 외쳤다.

"그래! 그게 그랬었던 거야!"

"뭐가?"

"그래, 네가 보영이 일에 그렇게 평정심을 잃고 과민 반응했던 것 말야. 그러니까 그게 네 무의식의 반응이었나 봐!"

친구의 말을 듣고 보니 이 또한 틀리지 않은 것 같았다. 오 교수도 윤아도, 어떻게 자신도 모르는 자기 마음속을 이렇게 잘 들여다볼 수가 있는 걸까!

"네 말은, 내 억압된 의식 때문에 내가 보영이 일에 그렇게 화가 났고 또 슬퍼했단 말이야?"

"그래! 알고 보면 이건 전형적인 무의식의 투사 케이스야. 보영이가 제 뜻을 못 펼치고 좌절한 게 그렇게도 싫었던 이유가, 바로 너 자신이 네 뜻을 못 펼치고 좌절했던 걸 스스로 지독히 싫어했기 때문이라구. 넌 어렸을 때 심리적 상처로 인해 네가 해보고 싶었던 걸 시도해보지도 못했고, 그래서 좌절하여 네 안으로 숨어들어 버렸나 봐. 그러면서 그런 자신이 너무 싫었던 거야. 그런데 그렇게 싫어했던 너 자신의 경우와 비슷한 상황이

네가 예뻐하는 제자에게도 강요됐다는 걸 알았을 때, 숨어 있던 네 무의식의 분노가 삐져나오고 만 거지. 분노나 속상한 감정을 보영이의 비극에 투사했었나 봐. 아마 보영이한테 무의식적으로 동질감을 느꼈던 건지도 몰라."

윤아와 이야기를 나누고 밤이 깊어서야 집에 돌아온 유진은 잠자리에 누워 그날 자신에게 일어난 심리적 사건에 관해 차분히 생각을 정리해보았다. 최근 들어 경험한 일련의 자극으로 인해 20년도 넘게 묻어두었던 학대의 기억이 되살아났다. 어린 유진으로서는 감당할 수 없이 두려웠던 아버지의 학대를 무의식에 숨겨뒀지만, 감춰진 상처의 억압된 기억은 사실 유진의 삶 전반에 지속적으로 영향을 끼쳐왔던 것이다. 겁에 질려 지적인 모험심과 본질적인 학습욕구를 상실했던 어린 유진은 뭔가 해결되지 않은 마음의 문제에 대한 반발심으로 학업의 성취에 자신을 바쳤다. 학교에서 1등을 하고, 명문 대학에 진학함으로써 유진의 에고는 만족할 수 있었다. 부모와 사회로부터는 칭송을 들었다. 그러나 감춰진 상처가 치유된 것은 전혀 아니었다. 명문대생인 유진은 여전히 배움에 무관심했으며, 결과적으로는 산다는 것에 적극적이고 긍정적인 의미를 부여하지도 못하고 있었다. 그런데 돌연 발생한 보영의 자살 사건으로 무의식에 묻혀 있던 상처가 다시금 자극을 받았고, 보영의 처지와 자신을 거의 동일시하게 되는 마음의 움직임에 대해 의문을 품게 되었다. 그리고 결국 자신의 무기력감과 의욕 부족, 그리고 분노와 좌절감의 단초가 되는 유아기의 상처를 기억해내게 된 것이다.

'그래, 그 상처를 일찌감치 알아차리고 치료해줬더라면 아마도 내 인생이 달라졌겠지. 하지만 그렇다고 지금의 내 모습을 부정하고 싶지는 않아. 뒤늦게라도 그 일을 기억해낸 것이 과연 오 교수님이나 윤아 말처럼 다행스러운 일일까?'

이런저런 생각으로 뒤척이느라 유진은 늦게까지 잠을 이루지 못했다.

한참을 그렇게 뒤척이며 고심한 후에야 스스로에게 던진 질문에 확실한 답을 얻을 수 있었다. 묻혀 있었던 자신의 어두운 부분을 알게 된 것이 잘된 일이라고 확신하게 된 것이다. 앞으로는 더 잘 살아갈 수 있을 것 같은 기분이 들었다. 그때서야 유진은 잠에 빠져들었다.

엘리트주의와 개인주의

그다지 내키지 않는 일이었지만 피할 수 있는 일도 아니었다. 별 수 없이 학교 프로젝트의 일환으로 김도헌과 자리를 함께하게 된 것이었다. 오 교수의 연구실에 모여서 일전의 김재명 회장의 요청에 대해 논의하기로 한 것이 오늘이었다. 유진은 김도헌이 오 교수에게 힐난을 받았던 날, 헤어지며 그가 보였던 기분 나쁜 미소가 영 찜찜했다.

이날 모임에서도 오형모 교수와 김도헌 사이의 견해 차이는 분명했다. 오 교수는 민주주의적 정신에 입각해서 일본 제국주의 시대 교육의 엘리트주의를 비판했고, 김도헌은 신자유주의 시대의 국가경쟁력 확보를 위해 엘리트주의적 교육의 중요성을 역설하며 '뉴라이트'적 주장을 제기했다. 유진이 보기에 두 사람은 결코 만나지 않을 평행선을 긋고 있는 것 같았다. 물론 유진은 철저히 오 교수 편이었다. 그런데 조금 의아한 점은 전날과 달리 김도헌의 태도가 상당히 느긋해 보이는 것이었다. 유진은 이유가 궁금했지만, 그에게 직접 '왜 그렇게 느긋해졌어요?'라고 물을 수도 없는 일이었다.

이날 논의의 말미를 장식한 것은 유진과 김도헌 사이의 논쟁이었다. 발단은 엘리트가 이끄는 전체주의적 국가교육에 대한 김도헌의 옹호에서 비롯되었다. 김도헌은 국민 전체를 위해서는 명석한 소수 엘리트가 효율적인 경제성장을 지원하는 정책적 노선을 견지해야 하고, 이에 대해 지식과 창의력이 떨어지는 다수 대중은 복종해야 한다는 주장을 개진하고 있었다. 그때까지 조용히 듣고만 있던 유진이 받아쳤다.

"엘리트의 우월성과 대중의 열등성을 부각시키시는 사고방식이 잘못됐다는 것을 김 박사님께 아무리 말씀드려도 소용없을 것 같아서 가만히 있었는데요, 집단주의와 심지어는 전체주의마저 옹호하시는 데 대해서는 가만히 있기만 할 수는 없다는 생각이 드네요. 저는 집단주의보다는 개인주의를 옹호하고 싶거든요. 김 박사님께서도 개인주의와 이기주의를 동일시하시나요?"

"이론적으로는 다를지 몰라도 현실적으로는 동일하다고 봅니다. 개인주의가 아무리 서구 시민의식의 대두와 맞물려 있다 해도 결국 개인주의자가 이기적이 되는 것 아니겠습니까?"

"그럼 개인주의 성향이 우리보다 훨씬 강한 서구인들은 대부분 이기주의자겠네요? 집단 성향이 강한 우리나라 사람들은 이타주의자구요."

"실상은 그러할 테지만, 선진국의 서구인들은 합리적인 계약적 관계가 서로에게 이익을 준다는 걸 인정하기 때문에 이기심을 조절할 줄 아는 개인주의자라고 할 수 있겠죠."

"아하, 서구인은 본질적으로는 이기적이다, 이런 말씀이군요. 그럼 우리나라 사람은 본질적으로 이타적이겠네요?"[18]

오 교수도 한마디 보탰다.

"김 박사는 특이하게, 개성과 창의성을 발휘할 특정 계층을 상정해서 이들에게만 개인주의적 권한을 부여하고, 그 밖의 일반 대중에게는 집단주의적 순종을 요구하는 일종의 이분화된 국민교육 체제를 구상하고 있는 것 같군요. 글쎄요, 흥미로운 아이디어이긴 한데, 난 개인적으로 그 정신에 반대합니다. 독특한 개성을 있는 그대로 인정해주고, 그 개성이 공동체 전체를 위한 공동선에 기여할 때까지 지켜봐주는 관용의 정신을 베푸는 건 어떻겠습니까?"

결국 오 교수는 자신이 개인주의 쪽으로 더 편향돼 있음을 천명한 셈이었다. 유진은 아까보다 조금쯤 더 의기양양해진 데 비해 엘리트주의의 효율성을 고수하고 싶은 김도헌은 약간 떨떠름한 표정이 되었다. 약간 피곤해진 유진은 더는 김도헌에게 반론을 제기하고 논쟁을 재개할 기분이 들지 않았다. 오 교수는 개인주의 논쟁을 그 정도 선에서 정리하고, 프로젝트의 리더로서 학교 단위에서 엘리트주의적 교육을 실행하는 데 대해 좀 더 공부한 뒤에 마지막 결정을 하자고 제언했다. 그것이 이날의 공식 논의의 끝이었다.

모임이 끝났을 때는 시간이 오후 5시경을 가리키고 있었다. 오 교수는 연구실에서 해야 할 일이 있다고 하여 별 수 없이 유진은 김도헌과 함께 밖으로 나오게 되었다. '교수님은 눈치도 없으셔. 날더러 연구실에 남아서 잠깐 할 얘기가 있다고 해주시면 될걸, 이 남자하고 나오게 놔두시다니.' 유진은 속으로 이렇게 투덜대고 있었다. 그러나 김도헌은 그와 정반대의 심사인 것 같았다. 처음에는 말없이 연구동 건물을 빠져나오더니 이내 적극적으로 유진에게 다가가기 시작했다.

"유진 씨, 시간이 괜찮으시면 제가 저녁식사를 대접하고 싶습니다. 이제 한 배를 탄 동업자인데 서로를 잘 알게 되면 일하는 게 수월해지지 않겠습니까?"

유진은 난감했다. 같이 저녁식사를 하고 싶은 마음은 눈곱만큼도 없는데, 그렇다고 업무상의 동료가 분명한 그를 무례하게 차버리는 것도 적절치 않은 것 같았다. 어쨌든 이 상황으로부터는 빠져나가는 게 좋겠다는 생각이 들었다.

"아, 네. 죄송한데요, 말씀은 감사하지만 오늘은 제가 선약이 있어서요."

아까의 설전 때와는 달리, 유진은 대단히 예의바르고 정중한 태도로 거절 의사를 밝혔다. 남자의 얼굴이 미세하게 흐려지는 것 같았다. 그러나 김도헌은 그 정도로 물러서지는 않았다.

"그러시다면 할 수 없군요. 하지만 우리 젊은 사람들끼리 다음에 단합대회는 한 번 하기로 하죠. 약속장소가 어디세요? 제 차로 모셔다 드리겠습니다."

유진은 머뭇거리며 사양의 뜻을 비쳤으나 정중하면서도 완강한 김도헌의 뜻을 단칼에 자르듯 거절하기는 어려웠다. 다른 상황이었다면 충분히 그러고도 남았을 그녀지만 업무상의 동료에게는 그럴 수가 없었다. 결국 김도헌의 차를 타게 됐지만 그녀는 재빨리 약속장소가 아주 가까운 곳이라고 둘러댔다.

그의 승용차는 값나가는 독일제였다. 기업체 연구원이 그런 차를 보유할 정도로 보수가 많은지 의아했지만, 유진의 호기심은 거기까지뿐이었다. '흥, 집에 돈깨나 있나 보네.'

"아까 토론은 매우 흥미로웠습니다. 앞으로도 종종 유진 씨와 그런 깊이 있는 대화를 나누면서 제 교육관을 보다 성숙하게 발전시키고 싶군요. 하하하."

"아, 네에."

유진은 도통 상냥하게 말대꾸를 해주고 싶은 마음이 들지 않는 자신이 꽤 성격 나쁜 여자라는 생각이 들었다. 그러나 싫은 것을 좋은 척하는 재주가 유진에게는 없었다. 김도헌은 다소 긴장한 듯한 표정이 되었다. 뭔가 할 말이 있는 것 같은 표정이었다. 그가 침을 한 번 꿀꺽 삼키더니 입을 열었다.

"실은 유진 씨 처음 봤을 때부터, 뭔가 저에게는 없는 귀중한 것을 갖고 있는 여성일 거라는 직감이 들었었습니다. 유진 씨에게 호감을 갖고 있다는 걸 굳이 감추고 위장하고 싶진 않습니다. 앞으로 유진 씨에 대해서 좀 더 잘 알고 싶습니다. 오늘은 모셔다 드리기만 하겠지만 다음에는 정식으로 데이트 신청을 하겠습니다."

'이 남자가 갑자기 왜 이렇게 들이대지?' 탐색전도 없는 저돌적인 '들이댐'에 당황했지만 그녀도 호락호락한 여자가 아니다. 유진은 지금까지의 '예의바름' 모드를 칼같이 중지시켜버렸다.

"김 박사님, 저를 이렇게 대하시면 전 대단히 난처합니다. 김 박사님과는 철저하게 일 때문에 만나게 된 업무적인 관계일 뿐입니다. 이렇게 일과 감정을 구분하지 못하시는 분이 우리 프로젝트 같은 중대사를 책임 있게 도와주실 수 있을지 문득 의구심이 드는군요!"

느닷없이 돌변해버린 유진의 찬바람 쌩쌩 부는 반응 앞에 김도헌은 할 말을 잊고 충격을 받은 듯했다. 그는 잠시 말없이 운전대만 잡고 있었다. 이내 유진이 한마디를 더 보탰다.

"아, 바로 저기 횡단보도 앞에 세워주시면 되겠네요. 고맙습니다."

차는 곧 멈춰 섰고, 유진은 재빨리 문을 열고 내렸다. 그리고는 다시 '예의 바름' 모드로 복귀해서 정중하게 고개 숙여 '안녕히 가세요'라고 인사한 뒤, 차문을 얌전히 닫고 돌아서서 종종걸음으로 그 장소를 벗어났다.

김도헌은 빠른 속도로 멀어져 가는 유진의 뒷모습을 바라보며 어금니를 꽉 깨물었다. 보기 좋게 차인 것이다. 자존심은 구겨질 대로 구겨졌다. 그는 여자 뒤꽁무니를 따라다니는 과가 아니었다. 엘리트의식과 나르시시즘이 대단히 강한 남자로, 딴에는 굉장한 마음을 먹고 시도한 대시였던 것이다. 그만큼 그는 유진이 마음에 들었다. 그런 그에게 이런 식의 거절은 참기 어려운 일이었다. 유진의 거절은 자존심 강한 그에게 큰 상처를 입혔다. 앙다문 입에서 욕설이 튀어나왔다.

"나쁜 년."

이상의 누락

김도헌을 차버리고 지하철을 타고 집에 돌아온 유진은 어머니와 저녁식사를 한 뒤, 컴퓨터를 켜고 책상 앞에 앉아 오 교수에게 보낼 이메일을 쓰기 시작했다.

'교수님, 교수님이 아끼시는 제자로 하여금 그 남자와 함께 연구실을 떠나게 하시어 이 제자는 적잖이 난처했습니다. 그 남자 꼴통이에요!!! 교수님 예상이 적중했어요. 차를 태워주겠다더니 데이트를 하자는 것 아니겠어요? 물론 보기 좋게 뺑 차버렸지만, 앞으로 이자를 계속 만나며 일을 해야 하는 건지, 참, 소녀는 여전히 난감하네요. 사고방식도 너무 고리타분하고 우리 프로젝트에 방해만 될 것 같은데, 김 회장님께 그 남자 잘라달라고 청할 수는 없을까요?'

유진은 그다지 유쾌하지 않은 기분으로 잠자리에 들었다. 자아관 재정립이라는 과제도 잘 풀리지 않고 있었다. 다음 날 아침에 일어나 이메일을 확인해보니 오 교수의 꽤 긴 답신이 도착해 있었다.

어차피 부딪히게 될 일, 그렇게라도 해치우고 나아가야지. 제자의 곤란한 처지는 이해가 가지만, 김 회장께 김 박사를 자르자고 청하기는 어려울 것. 김 회장께서 친손자를 자르고 싶어 하지는 않으실 테니까. 이 얘기는 제자에게 아직 안 해줬는데, 김도헌 박사는 김 회장의 손자야. 이것도 다 새옹지마라고 여기세.

유진은 크게 놀랐다. '그 꼴통이 김재명 회장의 친손자였다니! 왜 아무도 귀띔 한 번 안 해준 걸까? 에이, 제기랄. 그 인간이 지 할아버지가 편들어줄 걸 알고는 오늘따라 자신만만한 표정을 하고 있었나 보군.' 뭔가 뒤통수를 한 대 맞은 듯한 기분이었다. 이 비서도, 오 교수도, 김 회장도 아무도 김도헌의 '정체'에 대해 일언반구도 안 비쳤다. 순간적으로 자신을 둘러싼 모종의 음모가 꾸며지고 있는 건 아닐까 하는 의혹까지 일었다. 그러나 유진은 곧 고개를 가로저었다. 그건 피해망상에 가까운 의심인 것 같았다.

아마 군이 알릴 필요성을 못 느꼈거나, 또는 회장 손자임을 밝히는 것이 일에 걸림돌이 될지도 모른다는 판단을 했을 수도 있다. 그러나 그보다도 회장 손자의 위치에 비할 때, 이번 학교설립 사업에서 유진의 실질적인 위상은 어떤 것인지 조금 불안한 마음이 들었다. 만약 김도헌이 학교설립 사업의 실질적 주체가 되고 자신은 월급쟁이 관리인이 되는 구도라면……. 상상만으로도 그만 기분을 잡쳐버렸다.

그러고 보니 김 회장이 김도헌에게 꽤 다정하게 말했다는 점도 생각났고, 또 은근히 김도헌을 추어올리는 것 같았던 느낌도 기억났다. 그런데 오형모 교수는 김도헌이 김 회장의, 그러니까 사업 물주의 손자인 것을 알면서도 그 할아버지 면전에서 귀한 손자에게 그렇게 면박을 줬던 것인가? 생각해보니 오 교수야말로 참 특이한 인물인 것 같았다. 어쩌면 유진이 회장 손자의 위상에 주눅 들지 않도록 하기 위해서 오 교수가 일부러 사실관계를 알려주지 않았을 거라는 생각도 들었다.

아무튼 유진은 기분이 그다지 좋지 않았다. 앞으로 가까이 하지 않기를 바랐던 인물이 자본주 집안의 인물이라는 점도 그렇고, 또 그 재벌 3세를 인정사정 안 보고 차버렸다는 점도 그랬다. 그러나 유진은 자신의 행동에 대해 후회하는 타입이 아니었다. 곧 '할 수 없지, 뭐' 하고 중얼거리며 읽다 만 오 교수의 메일로 눈길을 옮겼다.

그보다 자아관 재정립에 좀 더 집중해봐. 내가 예전에 상담했던 한 여학생의 얘기를 참고하기 바래. 이 여학생은 사회생활에 문제가 많았어. 타인과 상호작용을 거의 못했지. 이유는 타인의 의견을 경청할 줄 모르고, 제3자가 제시하는 방법을 무시하며, 또 다른 누구의, 심지어는 지도교수의 조언이나 잔소리에도 신경질적인 반응을 하는 거야. 그런데 학교의 심리 카운슬러가 이 학생과 상담을 해보니 마음속에 아버지에 대한 불만이 가득 차 있더라는군. 성장기 내내 아버지의 잔소리가 너무 심해서 자신에 대한 존중감 자체가 발달되지 못했다는 거야.

그래서 나는 카운슬러와 상의해서 이 학생을 과거의 기억으로 거슬러 올라가도록 유도했어. 다행히 어릴 적 아픈 기억을 무의식 속에 깊숙이 묻어두지는 않아서 의식적 회상만으로 자신에게 상처를 입혔던 일을 기억해낼 수가 있었지. 회상하며 고통스러워하더군. 하지만 나는 그 기억 속의 자신을 직시하라고 주문했지. 그녀는 결국 어릴 때 아버지로부터 힐난과 욕설을 듣고 혼자 울면서 느꼈던 배신감과 두려움, 서러움을 다시 한 번 경험했어. 그런데 이제 성인이 되어 어린 시절의 고통을 다시 경험해보던 중에 그녀에게 하나의 통찰이 발생한 거야. 아버지도 나름대로 남모를 상처가 있었고 불완전하기 그지없는 한 인간일 따름이 더라. 그리하여 이제는 그의 불완전함을 용서해줄 수 있다는 생각이 들더라는 거야. 그리고 과거의 속박으로부터 자신 역시 자유롭게 풀어주고 싶다는 생각도 들었다더군.

그때부터 이 학생은 아픈 과거의 기억을 상기할 때 예전과 같은 두려움과 고통 없이 있는 그대로 바라보는 것이 가능해졌어. 그래서 기억 속에서 자신을 감정적으로 학대하고 있는 아버지에게 당당하게 자신의 뜻을 요구하고 주장할 수 있게 됐어. 이 과정에서 20년 가까이 숨겨졌던 상처는 서서히 아물었고 고통도 사라져갔어. 나는 이 과정이 화해의 과정이었다고 생각해. 전에 얘기했던 루소의 '내면의 화해' 말이야.

나에게 심한 상처를 준 기억을 우리는 제거하거나 억압할 수가 없어.

그것을 있는 그대로 용감하게 받아들여야 해. 그리고 그것을 용서하고 그것과 화해할 수 있어야 해. 고통도 슬픔도 다 우리 삶의 구성요소라는 점을 인정해줘야 해. 인정하면 그것이 나를 괴롭히는 걸 멈추게 되지.

오늘은 여기까지만 얘기하자. 내 얘기를 힌트 삼아 자신의 내면을 한번 들여다봐, 나의 자랑스러운 제자여. 그리고 첨부파일 열어봐. 근대화에 관한 추가 논의로, 내가 예전에 어느 세미나에서 했던 강연 내용 정리한 걸 보내네. 이 정도로 근대화 논의는 정리하고, 다음 시간부터는 실제의 교육 근대화 과정을 공부하도록 하지.

'내면의 화해가 다시 나오는구먼.' 과연 오 교수가 상담해준 케이스처럼 쉽게 될는지는 모르겠지만, 어쨌든 유진은 어린 시절의 상처를 다시 헤집어 보고 그걸 치유해줄 수 있을지 시험해보기로 했다. 딱히 아침부터 공부하고 픈 기분은 아니었지만, 마음속이 복잡한 상태로 있는 게 싫어서 유진은 딸려온 첨부파일을 열어 억지로 글을 읽기 시작했다.

오 교수의 글은 한국인들, 아니 동아시아인들이 무심코 현대화와 서구화를 동일시하는 오류를 범해왔음을 지적하고 있었다. 그는 현대화 또는 근대화의 명암에 대한 평가 이전에, 예컨대 한국 교육의 주된 목적으로 현대화를 추진해오는 과정에서 과도한 서구화가 아무 생각 없이 병행되었음을 비판했다. 즉, 현대 교육의 과학존중 정신을 우리 교육에 채용하려는 시도는 현대화를 위한 타당한 노력이라 하겠으나, 어떤 교육적 실천이 오직 서구의 것이라는 이유 때문에 채용됐다면 이는 서구화이기는 하되 반드시 현대화라고 단정할 수는 없다는 말이다. 이런 오류로 인해 아직까지도 미국 교육이라면 비판적 여과 없이 모방하려는 정책적 관습이 형성됐고, 이것이 교육현장의 혼란을 야기했다고 평가했다.

우리의 교육 현대화는 사실상 일본 제국주의자들의 손에 의해 처음 추진

되었다. 그런데 일제가 단시일에 자국을 현대화시키려 하던 소위 국가 비상시에 서구 교육제도를 흡수하여 만든 이 교육체제는 서양 교육의 루소적 이상을 고의적으로 누락시킨 기능성 위주의 축조물이었다. 따라서 일제가 우리 땅에 이식한 '현대화'된 교육체제에는 서구의 교육이상이 현저하게 누락되어 있었다고 오 교수는 주장했다. 한마디로 서양 교육의 전인교육적 이상, 민주시민교육적 이상은 쏙 빠진 짝퉁 현대 교육체제가 우리나라에 뿌리내렸다는 말이다.[19]

오 교수의 글을 읽은 유진은 인간관계 문제로 더 머리 아파하지 말고, 자아 재정립도 미뤄두고, 일단은 책 읽으며 공부나 하기로 마음을 다잡았다. 유진은 오 교수가 준 일본 교육 관련 자료들을 가방에 챙겨서 도서관으로 향했다. '하다 보면 어떻게 되겠지 뭐.' 낙관성은 유진의 강점 중 하나다. 낙관성의 주성분이 감정이다 보니 감정을 거스르는 경우에는 그 성능이 급격히 약화된다는 약점이 있기는 하지만.

5. 거부당한 영혼

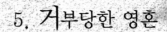

전국의 모든 학교가 (천황의) 교육 칙어를 통하여 천명된 원칙을 준수한바, 그 형태뿐만 아니라 내용
에 있어서도 국가의 요청에 잘 부합되는 교육이 탄생하게 되었다. 바야흐로 일본은 제도 및 실체에
있어서 그 어떤 서구 열강의 교육에 비하여도 전혀 뒤지지 않는 교육을 보유하게 되었으며, 이는 일
본의 국체의 정수를 토대로 삼아 동양과 서양의 문명을 성공적으로 융합시켰기에 가능한 일이었다.

「문부성 교육총람」 (1937), 5쪽

반일감정의 역학

유진은 감색 겨울코트를 벗어서 옆의 의자에 걸어두고 자리에 앉았다. 인근 대학교가 겨울방학을 시작했기 때문인지 커피숍은 한산한 편이었다. 먼저 와서 자리에 앉아 있던 준혁이 살짝 미소 띤 얼굴로 '안녕' 하고 인사를 했다. 유진도 미소를 담아 인사를 받았다.

"나 안 늦었지?"

유진은 적갈색 니트에 두터운 주름치마를 받쳐 입고 있었다. 고동색 부츠가 그녀의 늘씬한 종아리를 감싸고, 갈색 톤의 스카프는 긴 목을 휘감고 있었다. 예전처럼 대충 아무렇게나 입은 청바지 차림이 아니었다. 어깨까지 늘어뜨린 긴 머리칼은 적당히 우아한 웨이브를 이루고 있었다. 귓불에는 정교하게 세공된 기다란 귀걸이가 매달려 있었는데, 색조가 어두워서 눈에 확 띠지는 않지만 머리를 움직일 때면 이따금씩 감춰진 빛이 반짝이곤 했다.

"너, 좀 예뻐졌다?"

준혁의 코멘트에 유진은 무표정하게 응답했다.

"나 원래 예뻐. 공주과잖아."

준혁이 피식 웃더니 자리에서 일어나 카운터로 걸어가며 물었다.

"추우니 코코아나 마시지?"

유진은 요즘 자아존중감을 높여줘야겠다는 생각이 들어 '어릴 때'처럼 막 입고 다니지 않기로 했다. 조금 신경 써서 갖춰 입고 나가면 몸가짐까지 우아해지는 것 같았고, 그만한 사회적 대우도 받는 것 같았다. 그저 자기중심을 잡고 흔들리지 않는 삶을 살고자 하는 심경의 반영이었지, 이성을 유혹해보려는 의욕 같은 건 없었다. 겉모습의 조작으로 내면의 중심이 잡힐 리야 없지만 겉모습이 흐트러지면 마음속까지도 곧잘 흐트러지는 것 또한 사실이다. 그러나 준혁의 시선에는 이런 유진의 변화에 대한 다른 해석이 담겨 있는 것 같았다.

둘은 뜨거운 차를 홀짝이며 서로의 근황에 대해 이야기를 주고받았다. 준혁의 눈빛에 뭔가를 탐색하고 있는 기색이 엿보였다.

"요즘 바쁜가 보다? 학교에도 잘 안 오고."

"안 오긴, 거의 매일 왔는데. 공부할 거 대따 많아."

"그래? 공부할 게 많은 사람치곤 옷차림에 꽤 신경 썼네."

"응. 이제 연세도 연세고 하니 좀 중후해져야 할 것 같아서. 네가 신경 쓸 거 없잖아?"

준혁은 아무래도 미심쩍었다. '누군가 만나는 남자가 생긴 게 아닐까? 설마, 오형모 교수? 에이, 주책! 그럴 리야 없지. 그럼, 그 진성실업 쪽에 누군가 새 인물이 나타난 건 아닐까?'

이렇게 머릿속으로 잡생각들을 하다가 준혁은 유진이 던진 질문을 놓쳐 버렸다.

"얘! 넌 논문 시작했냐니까?"

"어? 아, 그래, 참, 논문? 그러니까, 그게……."

유진이 보기에도 아무래도 맞은편에 앉아 있는 이 남자의 심사가 정상 궤도를 벗어나 있는 것 같았다.

"박준혁! 대체 무슨 꿍꿍이속인지 모르겠는데, 요즘 내가 심기가 좀 불편하거든. 웬만하면 상대방 기분도 좀 배려해주면 고맙겠어."

"그래? 심기가 불편하서? 대체 무슨 일이 있는데 그러신 거야?"

자비롭고 상냥해질 기분이 영 아니었던 유진은 약간 무시하는 표정으로 말을 돌려버렸다.

"좀 힘들어."

"그래, 힘드셔? 털어놓고 얘기할 기분은 안 난다 이 말이지?"

"너까지 이런 식이면 나 정말 맥 빠진다. 우리 좀 젠틀하게 대화해보자."

유진은 잽싸게 화제를 바꿔서, 요즘은 일본 제국주의 시대의 교육에 대해 알아보고 있다고 말했다. 준혁도 화를 억누르고 대화에 응했다.

"혹시나 했는데 역시나군! 재벌기업이라니, 의지할 데가 수구 보수들의 빈곤한 상상력뿐이라면 어쩔 도리가 없지. 하긴 뭐, 세상이 아무리 변해도 계급 이익의 수호정신은 가장 강한 동기부여 기제일 테니."

잠시 동안 준혁은 일본의 군국주의와 제국주의가 얼마나 자국과 주변국을 피폐하게 했는지, 또 전체주의적 교육제도가 얼마나 시대역행적인지에 대해 열띤 주장을 개진했다. 이런 주장에 유진이 반기를 들 것은 없었다. 그러나 이날은 준혁이 '오바'했다.

"진성 거기 좀 수상쩍지 않아? 너희 아버님과의 의리를 중시해서 진짜 너한테 학교사업을 맡기게 될까? 혹시 안으로는 무슨 딴 꿍꿍이가 있는 거 아니야? 너나 오 교수님을 이용하려든다거나……."

"그만해! 정말 너 왜 그러니? 짜증나게!"

한 번 통제했던 유진의 성질이 드디어 터져 나왔다. 그러나 준혁 역시

한 번 성질을 억눌렀던 터였다.

"짜증? 웬 과민반응? 너 뭐 찔리는 거 있냐? 갈수록 수상하네!"

"뭐? 찔려? 내가 너한테 찔릴 게 뭐가 있어? 기가 막혀서 정말!"

유진은 도끼눈으로 준혁을 노려본 뒤에 벌떡 일어나서 코트와 가방을 집어 들었다.

"나 좀 힘들댔지? 너랑 얘기하니까 더 힘들다. 가야겠어."

그리고는 휙 돌아서서 나가는 그녀의 뒤통수에 대고 준혁이 외쳤다.

"그래, 재벌하고 잘해봐라!"

그 말에 유진은 우뚝 걸음을 멈추고 고개를 돌려 준혁을 노려보았다. 커피숍 안 사람들의 시선이 그녀에게 쏠렸다. 졸지에 '재벌하고 잘해'보려고 가난한 애인을 차버리고 떠나는 '된장녀'* 꼴이 된 것 같았다. 준혁의 마지막 말이 유진의 속을 뒤집어놓았다. 유진은 증오를 가득 실은 시선 한줄기를 준혁에게 발사한 뒤, 다시 몸을 돌려 출구 쪽으로 걸어갔다. 사람들이 그녀를 훔쳐보며 수군거리는 것 같았다. '재벌한테 붙은 여자라 역시 겉보기는 뻔지르르하네.' 며칠 간격으로 남자 둘을 차버린 셈이었다.

유진은 불쾌감을 몸에서 떨쳐내려는 듯 빠른 걸음으로 서울 시내를 돌아다녔다. 자신의 복지와 아무 관련도 없는 익명의 타인들이 째려보고 수군거린 것 따위에 신경 쓸 여자는 아니었다. 그렇지 않아도 머릿속이 복잡한데 가까운 친구에게 그런 말을 들었다는 사실이 불쾌할 뿐이었다. 이제 준혁은 만나고 싶지 않다는 생각까지 들었다.

찬바람을 맞으면서 혼자 그렇게 두어 시간을 걸어 다닌 후에야 유진은 오 교수의 연구실로 향했다. 수업시간까지는 아직 두 시간이나 남아 있었지

---

* 뉴요커와 상류계층의 소비생활을 동경하여 그런 '라이프스타일'을 몸소 실천하는 젊은 여성을 가리키는 속어.

만 날이 추워서 더 쏘다닐 기분이 나지 않았다. 수업을 좀 일찍 시작해도 괜찮겠냐고 양해를 구하기 위해 전화를 걸었더니, 오 교수는 잠시 망설이는 듯하다가 알겠다며 바로 오라고 했다.

몇 분 후 오 교수의 연구실 문을 두드리고 들어가니, 평소 유진이 앉던 의자에 한 낯선 여자가 앉아 있었다. 오 교수와 여자는 나누던 이야기를 멈추고 유진을 바라보았다. 어쩐지 자신이 방해가 된 기분이 들었으나 오 교수는 초면의 손님에게 자연스럽게 제자를 소개해주었다. 30대 후반쯤 돼 보이는 여인은 창백할 정도로 새하얀 얼굴에 가느다란 은테 안경을 쓰고 있었다. 마른 몸매에 은회색 정장이 잘 어울리는, 대단히 지적이고 청초한 용모의 소유자였다. '안녕하세요, 반갑습니다'라며 상냥하게 인사하는 여자의 발음이 좀 이상하다는 느낌이 들었지만, 그녀의 용모도 국적 파악이 어려울 정도로 이국적이었다. 그녀의 부친이 백인이고 모친이 한국인이라는 사실은 나중에 알게 되었다. 오 교수의 소개에 의하면 그녀는 미국 브라운 대학에서 동양학을 가르치는 아이리스 필드 교수로, 학술회의 참여차 서울을 다녀가는 길이라고 했다. 그리고 10여 년 전 스탠포드 대학원 재학 중에 오 교수의 수업을 들은 적이 있는 제자이기도 했다. 유진보다 원조 제자였던 것이다.

오 교수는 원조 제자가 먼 곳까지 찾아왔고 또 어린 제자도 약속시간보다 일찍 찾아왔으니 딱딱한 수업은 보류하고 함께 번화가로 나가서 식사를 하며 대화를 나누자고 제안했다. 스승의 제안을 필드 교수도, 유진도 반겼다. 유진은 마치 예상치 못한 휴강을 맞은 대학생처럼 기뻐했다. 어차피 공부하고 싶은 기분도 들지 않던 참이었지만, 스승에게 응석을 부려서 착잡한 기분을 좀 삭여보려던 계획은 수포로 돌아간 셈이었다.

마치 크리스털처럼 깨지기 쉬워 보이는 겉모습과는 달리, 필드 교수는 상당히 소탈한 여자인 것 같았다. 전형적인 서울 시민들이 즐겨 찾는 먹거리가 나오는 곳에 가보고 싶다 하여 무교동의 삼겹살집으로 안내했더니 입을 다물지 못하며 즐거워하는 것이었다. 유진은 오늘 저녁은 다 체념하고 몸을 버리기로 결심했다. '에라, 모르겠다. 이 아줌마 인간성도 괜찮아 보이니 오늘은 그냥 쐬주나 거하게 걸치고 집에 가서 자빠져 자야겠다.'

그러나 그것은 유진의 오산이었다. 석학들께서는 술판을 벌이기는커녕 제사지내듯이 술 한 잔 받아놓고는 20, 30분씩 학문적인 이야기를 나누는 것이었다. 이야기의 소재는 필드 교수가 방금 학술회의에서 토론한 주제였다는 한국인들이 가지는 '반일감정'의 정치 이데올로기적 역학이었다.

"세계에서 일본인을 우습게 아는 국민은 한국인밖에 없다더군요."

필드 교수는 웃으면서 이렇게 말했다. 완벽하지는 않았지만 한국어 구사가 어색할 정도는 아니었다. 유진이 맞장구를 치며 웃었다. 오 교수가 끼어들었다.

"아이리스, 유진은 서구 학계의 동양학적 인식에 익숙하지 않을 거야. 그래서 내가 노파심에 유진에게 미리 몇 가지 말해줘야겠어. 한국인인 우리가 한국과 일본의 관계를 냉정하게 바라본다는 건 쉬운 일이 아니라고 생각해. 그렇지만 우리가 이왕 이번 프로젝트의 일환으로 일본의 제국주의적 교육 시스템을 관찰해보기로 한 이상, 가능하면 냉정하게 일본과 일본의 문화, 교육제도 등을 바라봐야지. 그러니까 감정적으로 봐선 곤란하단 말이야. 전에 유교 교육사상에 대해서 공부할 때도, 또 서양 교육사상에 대해 설명할 때도 미리 말했던 것처럼, 우리가 일본의 교육을 볼 때 선입견과 감정, 편견, 스테레오타입(stereotype) 같은 것의 포로가 되어서 본다면 결코 일본을 제대로, 정확히 파악할 수 없을 거야. 물론 이건 철학하는 자세의 기본이고. 기억하고 있지? 타인의 통념이 아닌 자기 자신만의 눈으로 봐야 한다는 것."

"넷, 알겠습니다!"

"오늘 마침 일본 전문가인 필드 교수께서 내한하셨으니 이 기회를 활용해서 뭔가를 배워보자고. 그러기 위해선 상투적인 반일감정에 방해를 받아선 안 되겠지."

오 교수는 유진이 견지해야 할 학문적 자세에 대해서 자상하게도 잔소리를 했다. 새삼 유진이 생각해봐도 자신이 일본에 대해서 공평무사한 시각을 가졌던 적은 없는 것 같았다. 유진은 잔소리에 공감했고, 그래서 마음의 문을 좀 열고 배우는 자세로 이 외국인 동양학자의 이야기를 들어야겠다고 마음먹었다.[20]

"우리가 일본 제국주의 시대의 교육에 대해 참고할 만할 점을 말해주면 좋겠군."

오 교수가 필드 교수에게 주문했다.

"일본의 교육이라……, 일본인들이 근대화 과정에서 서구 문물을 일본 고유의 전통과 융합시킨 그 독특한 방식을 교육개혁에서도 볼 수가 있죠."

그녀는 메이지유신 이후에 일본인들이 추진한 교육 근대화 과정에 대해 이야기했다. 오 교수는 일본이 근대화를 추구한 방식이, 서양의 하드웨어를 수입해 쓰면서 그것을 조종하는 소프트웨어로는 일본 고유의 정신을 유지했다는 평을 보탰다. 교수님들의 학구적 대화가 길어지면서 별 수 없이 유진 혼자서 소주를 홀짝거리다 보니 고단한 몸에 쉬 취기가 올랐다. 학자들의 대화는 유진 나름의 방식대로 일목요연하게 정리되고 있었다. '어허, 그러니까 일본은 서양 걸 지들 것하고 짬뽕을 아주 잘 시킨다 이 말이지? 일제 근대교육이란 것도 그런 거구. 그리고 그 짬뽕을 입맛도 다른 우리한테 강제로 먹였다 이런 말이지? 그러면 그 짬뽕 안엔 우리 건 없는 거네. 에이, 웬수탱이 같은 니혼징들.' 슬슬 오르는 술기운 속에서 유진은 필드 교수의 다음과 같은 이야기를 인상 깊게 들었다.

"남한에서 민족주의는 위정자들과 기득권층에게 매우 중요한 정치이념이죠. 국론을 통합하고, 민족을 통합하고, 또 정권의 유지를 위해서 매우 유용한 이념이에요. 남한 정부를 수립한 중추세력인 친일파, 지주, 유산가, 소수 엘리트 등에게는 공산주의가 가장 공포의 대상이었기 때문에 이들 기득권층과 그들의 대변인인 정부에게 최대의 적은 북한의 공산정권이었죠. 해방 당시에는 공산주의가 대중에 엄청나게 많이 퍼져 있었는데, 공산정권을 지지한다는 것은 기존 체제에 대한 정면도전이나 마찬가지로 여겨졌죠. 한마디로 기득권층과 정부는 굉장히 공산주의를 두려워했던 거죠.

이러한 기득권층에게는 오직 민족주의만이 공산주의의 무서운 도전에 맞설 수 있는 유일한 대중통합 아이디알러지(ideology)였어요. 그런데 한국의 민족주의는 일본 없이는 제대로 성립이 안 되잖아요. 일본에 대한 한국인들의 통일된 증오가 한국의 강력한 민족주의적 정서의 주된 양분이니까요. 따라서 남한의 역대 정권은 실제로는 전혀 위협이 되지도 않는 패전국 일본을 가상의, 또는 상상 속의 민족의 적으로 영구히 유지시키고 싶었다는 겁니다. 즉 내부적으로는 끊임없이 일본의 재계와 정계와 가까운 관계를 유지하면서도 겉으로만 일본을 투쟁의 대상으로, 민족의 적으로 대중에게 선전해왔다는 거지요. 그 결과 한국인들은 아무리 세월이 흘러도 일본을 더 증오하게만 됐다는 얘기예요. 물론 이런 한국인의 정서에 일본의 극우 정치인들이 종종 '망언' 같은 것을 던짐으로써 자극을 가해왔죠. 이런 민족주의적 정서의 조작은 고전적인 아이디알러지 조작 전술이죠."

유진으로서는 동양에 대한 문화적·예술적 호기심이나 갖고 있는 미국인으로 여겼던 필드 교수가 계급투쟁이나 사회계층 간의 갈등에 관심이 많은 것이 의아하게 느껴졌다. 동시에 오 교수도 필드 교수의 말에 맞장구를 치며 '동아시아에서 사회계층 간의 구조적 모순은 여전히 민주주의의 성숙과 전인교육의 발전을 가로막고 있는 주요 요인'이라고 말하는 것을 보고, 미국 학계에 대한 자신의 판단이 너무 편협했던 것은 아닐까 하는 생각이

들었다. 오 교수가 왜 지금껏 자신에게 사회계층의 문제를 강조한 적이
없었는지도 유진으로서는 의문스러웠다.

일행은 두어 시간을 그렇게 식탁을 가운데 놓고 대화를 나눈 뒤 식당을
나와 커피숍으로 향했다. 그러나 유진은 지친 심신으로 말없이 혼자 소주를
마시고 나니 피로가 몰려와서 두 학자에게 작별을 고하고 먼저 귀가하기로
했다. 흐느적거리는 자신을 냉정하게 버리고는 뒤도 안 돌아보고 필드
교수와 다정하게 어깨를 맞대고 커피숍으로 걸어가는 오 교수가 얄밉다는
생각이 들었다. '아무리 제자라고, 젊은 여자하고 저렇게 밤거리를 댕겨도
되는 거야, 이거!' 귀갓길은 더욱 우울해졌다. 전철 속의 인파에 흔들리고
찬바람에 흔들리며 겨우 집에 돌아온 유진은 기어코 감기몸살에 걸리고
말았다.

유진은 밤새 고열에 시달리며 수도 없이 많은 꿈을 꾸었다. 애니메이션
'슈렉'과 같은 배경 속에서 자신이 무서운 마법사와 그 아들의 포로가 되어
있는 꿈도 꾸었다. 마법사는 김재명 회장이고 그 아들은 김도헌이었다.
유진을 구하러 온 기사는 준혁이었는데, 준혁 기사는 유진에게는 눈길도
안 주고 오 교수와 필드 교수를 쫓아 술집으로 놀러 가버렸다. 꿈속에서도
짜증이 나더니 이제 공주는 그만해야겠다는 생각이 들었다.

영혼을 배제한 교육

고열로 몸져누워 있는 유진에게, 다음 날 오 교수는 친절하게도 보충수업
용 강의록을 이메일로 보내주었다. 유진은 메일 내용만 읽고 첨부된 강의록
은 열어보지도 않았다. 공부도 귀찮고 학교설립 사업도 다 귀찮았다. 그냥
쉬고만 싶었다. 그렇게 하루를 꼬박 병석에 누워 지낸 뒤, 다음 날이 되어서
야 강의록 파일을 들춰보았다.

'19세기 말 미션학교들과 민간 사학의 자생적 교육 근대화 노력에도 불구하고 한국에서는 일제의 손에 의해 근대적 교육체제가 자리 잡게 되었다. 따라서 한국인들은 자력으로 교육 근대화를 시도할 기회를 박탈당했다는 점이 해방 후 교육 역사의 전개에 하나의 멍에로 남게 되었다'는 것이 오 교수의 평가였다.[21] 필드 교수에게 듣던 이야기들은 그런대로 재미있었으나, 오 교수가 보내온 강의록은 어쩐지 지루하게만 느껴졌다. 아무래도 일본 제국주의식 교육 시스템이란 것과는 궁합이 안 맞는 것 같다는 생각이 들었고, 그래서인지 더욱 학습의욕이 일지 않았다. 그간의 교육사상 등에 대한 공부는 개인적 차원의 자아성찰에 대한 자극제가 되어주었지만, 일본의 교육제도는 개인의 내적 성장과는 별 관련 없는, 그저 국가 차원의 추상적 통치 메커니즘으로만 생각되어서 흥미가 반감됐는지도 모를 일이다.

이틀 후 유진은 아직 완전히 회복되지 않은 몸을 이끌고 오 교수의 연구실로 찾아갔다. 사흘간 침대에서 뒤척이며 온갖 잡념에 시달렸던 유진은 자아관의 재정립이라는 과제에 조금도 진전을 이루지 못한 것 같아 마음이 개운치 않았다. 복원된 유아기 기억의 의미도 정리되지 않았고, 김도헌과 준혁에 대한 찜찜한 감정도 가시지 않았다. 게다가 전과 달리 공부의 내용마저 재미가 없었다. 그러나 오 교수 앞에서는 이를 내색하지 않으려 전전긍긍했다.

"필드 교수님은 잘 돌아가셨나요?"

"응, 그래. 브라운 대로 잘 돌아갔다고 연락이 왔어. 자네에게도 'Hi' 해달라더군. 자네가 아주 마음에 들었나 봐. 대단히 아름답고 매력적인 여성이라던데."

"헤헤, 여자한테서 매력적이란 말 들어봤자 뭐 나올 게 있나요?"

"어, 그게 말야, 근데 아이리스는 레즈비언이야."

"네에?"

"뭐, 그냥 그렇다는 말이지, 다른 뜻은 없어."

"……."

유진은 기가 막혀 할 말을 잃었다. 어떤 때는 오 교수라는 사람이 영 이해 못 할 외국인처럼 여겨지기도 했다. '도대체 무슨 말을 하고 있는 거야! 난데없는 레즈비언은 또 뭐야!' 전통과 관습을 우습게 여기는 개인주의적이고 자유주의적인 서구인의 모습을 그대로 지니고 있는 것 같은 오 교수의 모습이 순간 불안하게 느껴졌다.

유진의 기분과는 상관없이 수업은 여느 때처럼 정상적으로 진행되었다. 불안정한 격변의 시기였던 개화기의 동아시아에 대해 오 교수는 아무렇지도 않은 듯이 강의를 시작했다.

오 교수는 일본의 제국주의 교육체제의 특징으로 엘리트주의적 복선형 학제, 고도로 중앙집권화된 교육행정, 전체주의적이고 권위주의적인 교육 내용 등을 꼽았다. 그 체제는 단시일 내에 일본 전 국민을 근대화 및 부국강병 등의 구호 아래 통합시켰다는 강점을 지니고는 있지만, 민주주의·인본주의·인도주의 정신 등의 치명적인 결핍으로 정상적인 국가의 국민교육 체제로 자리 잡는다는 것은 가능하지도, 또 바람직하지도 않다고 결론지었다.[22]

"일제의 근대화 교육 체제에서는 루소 등을 통해 계승된 서양 교육의 이상적 정신이 거부되었고, 동시대 미국 사상계의 기린아였던 존 듀이의 전인교육적 담론 역시 무시됐지. 일본은 서구를 따라잡기 위해 서구의 물질적 힘을 추구했을 뿐, 서구의 정신과 영혼은 원치 않았던 거야."

유진은 고개를 끄덕이며 열심히 듣는 척하고 있었지만, 질문도 하지 않고 조용한 것이 평소와는 조금 달랐다. 넌지시 안경 너머로 제자의 동향을 엿보기는 했지만, 오 교수는 수업내용의 전달을 멈추지 않았다.

"일제 교육은 유교교육을 악용하는 과오를 저질렀어. 유교의 권위에 대한 순종은 부당한 폭력에 대한 복종과는 차원이 다른, 영적인 스승에게

귀의하는 차원의 순종이거늘, 일제는 유교적 순종을 악용하여 백성의 복종을 강요함으로써 유교적 덕성을 오용하고 왜곡해버렸지. 해서 강점기 이후로는 유교적 덕목이 권위주의와 동일시돼버렸고, 권위주의와 일제를 동일시했던 한국인들은 그런 유교를 폐기하기에 이르렀지."

그는 일제 근대화 교육이 더 이상 한국을 이끌 수 없는 죽어버린 망령이라 비판하며 소수 엘리트에 의해 추진되는 전체주의적 국민 동원이 근대화의 특정 시점에 위력을 발휘하기는 했지만, 그런 구시대의 유물을 다양한 재능과 개성이 각광받는 21세기에 다시 끄집어낸다는 것은 엄청난 시대착오에 불과하다고 선언했다.

"왜냐하면 인간 개개인의 능력과 적성은 엄청나게 다양해서 그것을 중앙정부에서 통제하고 지시하는 일은 불가능하기 때문이야. 마치 생태계를 인간의 이성으로 조종하려는 어리석음과 마찬가지로! 서양 교육의 영혼을 빼버린 일제 교육은 영혼이 없는 시체와 다름없어. 육신에서 영혼이 빠져나가면 그 몸뚱이는 썩기 마련이야. 그 썩어가는 시체와도 같은 교육체제를 내다버리지 못하고 그 위에 미국 교육을 대충 덧씌워서 질질 끌고 온 것이 이 땅의 교육 현대화였어. 그 귀결이 바로 만인이 만인과 경쟁하며 오로지 개인의 생존만 추구하는 작금의 교육 현실이라고 할 수 있지. 그걸 다시 끄집어내겠다는 진성의 의중은 요즘의 저 뉴라이트 쪽 궤변론자들의 검은 속내와 다르지 않을 것 같아."[23]

오 교수는 특히 일제의 식민지배가 한국 사회의 전통적인 계층구조의 모순을 존속시킴으로써 과거 지배계층의 학벌존중 문화 또한 존속되었다고 했다. 해방 후의 산업화가 신흥 부유층과 중산층을 배출했음에도 불구하고 (학벌을 소유한) 상류계층에 이르는 채널은 여전히 학교교육에 집중됐기 때문에 대학 진학이라는 통로에 극심한 병목현상이 가중됐다는 것이다. 전통적 유교 가치관과 일제 강점기에 억압된 교육수요의 분출 등과 더불어

계층구조 모순의 미해결이 한국의 유별난 교육열을 설명해줄 수 있다고 본 것이다.

"아, 그렇군요."

오 교수의 긴 설명을 듣고 난 유진의 반응은 크게 열정적이지 않았다.

"만약에 우리의 교육현실이 구조적으로 원체 그렇게 생겨먹은 것 때문에 발생한 것이라면, 그럼 그 사회구조를 뒤바꾸기 전에는 별 희망이 없는 거네요."

"희망도 없는 일을 하는 건 바보지."

"그럼 교수님은 학벌존중을 지지하고 있는 기존 사회구조가 바뀔 희망이 있다고 보시는 건가요?"

"이미 바뀌어왔고 앞으로도 계속 바뀔 거야. 너무 서서히 바뀌어서 체감 정도가 낮아서 그렇지."

고개를 끄덕이기는 했지만, 유진은 오 교수의 진단을 전적으로 수긍해도 좋을지에 대해서는 자신이 없었다. 과연 한국 사회가 학벌의 지배로부터 조금씩이라도 자유로워지고 있는 것인지 의문이 일었을 뿐만 아니라, 그런 변화의 속도가 전혀 만족스럽지도 못하다고 생각했기 때문이었다. 더구나 국내에 거주하고 있지 않은 오 교수로서는, 즉 국내에서 자신의 자녀를 치열한 입시경쟁으로 내모는 경험을 해보지 않았으니 한국 사회의 교육문제에 대해 지나치게 객관적이고 냉정하게 제삼자처럼 비평할 수 있는 게 아닌가 하는 생각도 들었다. '변화? 진정한 변화가 어디 하루아침에 일어나겠어? 교육을 통해 세상을 변화시킨다는 게, 이게 다 맨땅에 헤딩하는 거 아냐? 오 교수님 이분 혹시 몽상가는 아닐까?'

김재명 회장과 일제 엘리트주의 교육에 대한 기본입장을 결정하는 일을 앞두고, 스승과 제자 사이의 팀워크에 균열이 일어나고 있었다. 유진은 오 교수가 너무 정이 없는 사람이라는 생각이 들었다.

내겐 너무 고상한 전인교육

유진의 방에 들어온 어머니가 창문의 커튼을 젖히며 말했다.

"애, 밤새 또 함박눈이 내렸어."

벽에 걸린 시계는 오전 10시가 넘은 시각을 가리키고 있었다. 유진은 겨우 어머니의 목소리를 들은 듯 눈꺼풀을 조금 떠봤다. 창밖을 보니 옆집 지붕 위에 눈이 소복이 쌓여 있었다. 새하얀 눈이 햇빛에 반사되어 방 안으로 파고 들어와 유진의 눈동자를 찔렀다. 유진은 이불을 머리 위로 덮어썼다. 어머니는 근심 가득한 목소리로 얼른 일어나 아침 먹으라고 이른 뒤 방을 나갔다.

유진은 눈을 뜨고 정신을 차리려 해보았다. 간밤에 술을 너무 많이 마신 것이다. 윤아와 준혁과 함께 술 마시던 순간을 떠올리니 진저리가 쳐졌다. 아직도 알코올기가 체내에 남아 있나 보다. 언제 어떻게 집까지 돌아왔는지 기억도 나지 않았다.

어젯밤 유진은 괴로움을 잊기 위해 윤아를 불러서 술을 마시기 시작했고, 급기야 준혁까지 불려나왔다. 그녀의 괴로움은 스스로에 대한 원망에 기인하고 있었다. 그간 반년 가까이 꾸준히 추구해온 자아성찰 프로젝트를 포기해버린 자신에 대한 원망 때문이었다. 유진은 지금까지 오형모 교수와의 공부를 통해 학교사업에 적합할 만한 교육관들을 살펴보면서, 또 한편으로는 자신의 내면을 직시하고 참된 자기를 찾아가는 깊은 자아성찰을 시도해왔다. 이틀 전, 유진은 그 성찰을 스스로 포기하고 만 것이다. 오 교수와 결별함으로써. 그리고 김제명 회장의 수하로 들어감으로써.

오 교수의 일제교육에 대한 비판적 강의를 들은 다음 날 아침, 유진은 이메일을 확인하다가 일전에 오 교수가 보냈던 메일을 무심코 열어보았다.

꽤 긴 메일의 말미에 쓰인 구절에 눈길이 갔다.

'나에게 심한 상처를 준 기억을 우리는 제거하거나 억압할 수가 없어. 그것을 있는 그대로 용감하게 받아들여야 해. 그리고 그것을 용서하고, 그것과 화해할 수 있어야 해. 고통도 슬픔도 다 우리 삶의 구성요소라는 점을 인정해줘야 해. 인정하면 그것이 나를 괴롭히는 걸 멈추게 되지.'

그다음 행에는 '나의 자랑스러운 제자여'라고 적혀 있었다. 순간, 오 교수가 자신을 지나치게 과대평가하고 있는 건 아닐까 하는 생각이 들었다. 과연 자신이 오 교수가 권한 내면 성찰 같은 걸 할 수 있는 인물인가, 아니 그런 심오하거나 고결해 보이는 일 따위에 어울리는 인물인가 하는 생각이 들었다. 자신이 없었다. 과거의 상처를 용서해준다는 게, 그것과 화해한다는 게 무슨 뜻인지 실감이 나지 않았다. 그저 그 상처에 대해 잊고 살면 되지 않겠나 하는 생각만 들었다. 잊어버리면 될 일을 오 교수는 너무 어렵게 바꿔서 요구하는 것 같았다.

메일 계정의 새편지함에는 오 교수가 어젯밤에 보낸 메일이 또 한 통 와 있었다. 열어보니 며칠 후에 있을 김재명 회장 측과의 회합에 대한 준비사항과 더불어 다음과 같은 '가르침'의 말씀이 들어 있었다.

'내면 성찰이 힘들다고 하여 제쳐놓을 수는 없는 법. 왜냐하면 해결되지 않는 한 끝없이 튀어나오니까. 내면 성찰을 통해 자신 안의 어둠과 화해함으로써 참된 자기를 찾아갈 수 있는데, 그 전제조건은 참되지 않은 자기인 에고를 버리는 것, 즉 자아를 비우는 것이라네.'

스승님이 신경 써서 조언을 보내주신 것은 고마운 일이었지만, 그 조언의 깊은 뜻이 잘 이해가 되지 않았다. 유진은 한숨을 푹 내쉬며 중얼거렸다.

"자아를 비우라구요? 마음을 비우라구요? 후유, 내가 도산가? 그런 걸 내가 어떻게 하겠어요, 싸부님."

스승의 수준 높은 조언은 유진을 더 맥 빠지게 만들었다. 이날은 종일 책상머리에 앉아 있었지만 심란한 유진의 머리에 펼쳐놓은 책이 들어올 리 없었다. 그러던 차에 또 한 통의 맥 빠지게 만드는 메일이 날아왔다. 그간 사무적인 용건이나 보내오던 이 비서의 메일에 오늘은 평소와 다른 소식이 담겨 있었다. 유진의 학교설립 사업이 잘 성사되기를 진심으로 바란다며 이 비서가 전해준 말은 다음과 같았다.

'회장님께서 유진 씨께 약조하신 바와는 상관없이, 회장님께서 총애하시는 김 박사의 적극적인 주장을 무시하시는 일은 없을 것이라는 점을 저로서는 충분히 예상할 수 있습니다. 그런데 현재 무슨 이유에선지 김 박사가 유진 씨의 역할을 축소하자는 제안을 회장님께 올리려 하고 있습니다. 이런 일에 대해 알려드리는 이유는 지금까지 이 사업 준비에 혼신의 노력을 바쳐온 유진 씨의 노고를 제가 잘 알고 있고, 또 그에 상응하는 보상이 있어야 한다고 믿기 때문입니다. 다른 오해는 없으시기 바랍니다. 불쾌하실지 모르나, 김 박사와의 관계를 다소 원활하게 진행해주시면 유진 씨의 일에도 도움이 되겠다는 제 생각을 꼭 전해드리고 싶었습니다.'

이 비서의 말을 듣고 보니 꽤 불쾌했다. 김도헌이라는 인간이 자신에게 한 차례 거절당했다고, 그런 사적인 일에 대한 앙갚음을 공적인 일을 통해 획책하고 있다는 것이 아주 기분 나빴다. 김 회장과 아버지와의 관계를 절대적인 조건으로 여기고 자신에게 사업의 주도적인 역할이 돌아올 것을 당연시해온 스스로의 시각에 문제가 있었다는 것도 알게 되었다. 그다지 유념치 않았던 '경쟁'이라는 요소를 이제야 보게 된 것이었다.

"그나저나 이 비서 이 아저씨는 또 왜 이러시나? 날 언제 봤다고 내가 '혼신의 노력'을 했다는 거지? 나이도 많고 유부남인데, 설마…… 아니겠지."

세상에 믿을 인간 없다는 생각에 제삼자의 친절에도 의혹이 일었다. 이 비서의 메일을 읽고 나자 기분이 나빠졌다. 자존심이 상했다. 스물여덟 먹도록 아직껏 남자에게 거부당해본 일이 없었다. 남자들은 다 자신을 우러렀고 흠모했으며 자신의 반응에 울고 웃었다. 남자들이란 그렇게 한심한 족속이고 자신은 그들을 이끌 힘이 있는 잘난 여성이라고 스스로를 믿어왔다. 재벌 3세의 '축출 기도'는 매우 자존심 상하는 일이었다. 그 자잘하고 비열한 인간에게 고개를 숙여 좋은 관계를 만들라는 이 비서의 말은 더더욱 자존심을 상하게 했다.

유진의 상처 입은 자존심은 집에서 어머니와 점심식사를 하던 중에 다시 고개를 쳐들었다. 어머니가 대화 중에 전과 달리 차분하고 얌전해진 것 같다고 한 말에 유진이 그만 욱하고 말았던 것이다.

"엄마, 내가 뭐가 부족해서 얌전하고 착한 척해야 되는 거지?"

정작 내뱉고 싶은 말은 꾹 참고 마음속에 담아뒀는데도 유진의 이런 반응에 어머니는 놀라며 의아해했다.

'어릴 때부터 남자들은 모두 나를 떠받들었어. 예쁘다고, 아름답다고. 학교에선 언제나 공부 잘한다고 칭찬만 들었고, 영어 잘한다고 선생님들도 교수님들도 다 나를 예뻐했어. 그런데 제까짓 게 재벌 3세라고 날 함부로 대해? 내가 그깟 돈 몇 푼 벌자고 그런 자식한테까지 굽실거려야 한다구?'

자존심에 상처를 입은 유진의 마음은 그 자존심을 수호하는 방향으로 반응했다. 자신이 얼마나 '잘났는지'를 스스로에게 확인시키고, 또 그간 잠수해 있던 사춘기적 '공주병'을 재가동시키기에 이르렀다. 자존심의 주인인 그녀의 에고는 그래서 더욱 단단해졌다. 에고가 더 단단해진 것도 스승이 제시한 '내면 성찰을 통해 에고를 비우라는' 길을 역행하는 것이었지만, 스승의 가르침에 대한 거부감은 또 다른 면에서 불거져 나왔다. 에고를 비우기 위해 감행해야 한다는 그 내면 성찰이라는 과제가 얼마나 어려운 일인지를 유진이 곧 절감하게 된 것이었다.

하루 종일 방에만 틀어박혀 있던 유진은 밤이 되자 또 다시 어머니에게 감정을 분출시켰다. 1주일쯤 전부터 유진의 발목을 잡아온 유아기의 트라우마에 대한 스트레스 탓이었다. 사과를 깎아 접시에 내온 어머니에게 유진은 느닷없이, 어렸을 때 자신이 동화작가가 되고 싶다고 했을 때 왜 아무런 지지를 해주지 않았는지 따졌다. 되풀이되는 딸의 영문 모를 까탈에 '너 생리하니?'라고 물은 유진의 어머니는 더 감정적인 딸의 공격을 받고야 말았다.

"왜 엄만 그때 가만히 있었어? 왜 당하고만 있었냐구! 아빠가 폭력을 휘두르면 엄마가 우릴 보호해줬어야 하는 거 아냐?"

심약한 유진의 어머니는 딸의 느닷없는 공세에 낯빛이 백짓장처럼 되어 방바닥에 주저앉았고, 유진은 제 분을 못 삭여 씩씩거리면서 그런 어머니를 바라만 보고 있었다. 아득하게 묻혀 있던 과거지사를 갑자기 끄집어내서 따지는 딸에게 아무런 대답도 못 하고 방으로 돌아왔던 이 50대 중반의 여인은, 늦은 시각에 주무시라는 인사를 하러 방문을 연 딸에게 다음과 같이 말했다.

"너희 아빠 저 꼴 되시고, 나도 이제 늙어서 그저 조용히 살고 싶구나. 지금까지 우리 식구들 그런대로 잘 살아왔는데, 지나간 옛날 일들 괜히 들춰내서 서로에게 상처주지 않았으면 좋겠다. 다 과거지산데, 그걸 낸들 어쩌겠니? 그냥 잊고 살자꾸나."

'강남'의 부촌에서 두 딸을 명문대에 진학시키기까지 혼신을 다 바쳤던 그 헌신적인 어머니의 모습은 간데없고, 초로의 이 여인의 눈매에는 여생에 대한 체념만이 남아 있는 듯했다. 어머니의 그런 말을 들으며 유진은 분노가 치밀었으나, 그날 어머니에게 보인 언행을 후회하고 있던 터라 아무 말 않고 제 방으로 돌아왔다. 처음에는 화가 나더니 시간이 흘러 밤이 깊어갈수록 어머니가 원망스러웠다. 창밖으로 눈을 돌려보니 어느새 눈이 소담스럽게 내리고 있었다. 유진은 낡은 알루미늄 섀시 창문을 힘겹게 열었다. 차가운 바깥 공기가 이마에 부딪혔다. 오랜만에 보는 눈송이가 반가웠다.

그렇게 잠시 눈 내리는 밤길을 바라보고 있노라니 어머니에 대해 일어났던 악감정도 서서히 스러지는 것 같았다.

'엄마나 나나 똑같지 않은가? 과거를 들춰내기 두려워하는 엄마처럼 나도 과거를 있는 그대로 보는 걸 싫어하고 있잖아. 오 교수님은 그 과거를 직시해야 한다는데, 난 그게 그렇게도 하기 싫었던 거잖아. 나도 못하고 있으면서 나랑 똑같은 엄마한테 괜한 화풀이만 하고…….' 생각이 여기에 미치자 유진은 어머니에게 미안한 마음이 들었다.

그러나 유진의 어머니에 대한 회심(回心)은 다음 날 집을 찾아온 미진과의 언쟁 때문에 빛이 바래고 말았다. 그다지 내켜하지 않는 동생을 집요하게 추궁한 끝에 요즘 엘리트주의 교육에 대해 비판적으로 재조명하는 작업을 했다는 말을 듣고 난 미진은 예의 어처구니없다는 표정과 함께 오형모 교수의 주장을 '시대착오적'이라 일축해버렸다.

"그 양반이 세계적인 명성이 있는 학자일진 몰라도 우리나라 속사정에 대해선 제대로 못 꿰고 있는 게 분명해."

미진은 엘리트주의적인 교육이야말로 우리나라를 현재의 '늪'에서 건져 낼 유일한 대안이라고 역설했다. 여러 면에서 그녀의 주장은 김도헌의 그것과 흡사했으나, 유진이 듣기에 언니의 주장에는 개인적으로 거부하기 힘든 '현실성'이 담겨 있었다. 미진은 이상주의적 교육도 좋지만, 학교 하나 달랑 지어서 그런 교육을 실천한다 해서 그것이 세상에 무슨 변화를 가져올 수 있겠냐고 물었다. 유진은 그 물음에 대한 마땅한 답을 찾지 못했다. 어차피 한국 학생 전체에게 오 교수가 옹호하는 전인교육, 인성교육을 적용하는 것이 현실적으로 가능하지 않다면, 차라리 소수 인재들을 엘리트로 키워 그들이 이 혼란스러운 사회를 바른 길로 선도해나가도록 이끌어주는 편이 사회 전체를 위해서도 좋지 않겠냐는 것이 미진의 주장이었다. 미진은 강남권의 '우수 인재'를 흡수하여 최상류층을 위한 귀족학교를 추진하는 쪽이 현명하다고 결론 내렸다.

언니의 이 같은 파상공세에 유진은 흔들렸다. 교육적 이상이라는 전인(全人)의 정신, 즉 심신과 영육과 의식-무의식이 조화를 이룬 온전한 인간을 길러내는 교육, 그런 걸 구현하겠다는 데 반대할 사람은 없다. 그러나 그게 아무나 할 수 있는 일인가? 자신의 전체적 인격을 온전하게 구성하기 위해 유진 자신도 매우 힘겨워하고 있다. 전인성을 추구한다 함에는 한 사람의 육신과 외양, 그리고 외부로 향한 사회적 자아 말고도 한 사람의 깊숙한 내면도 있는 그대로 들여다보고 받아주는 것이 요청된다. 마음 구석에 묻혀 있던 기억 한 자락을 수습하지 못해 이렇게 흔들리는데, 전인을 어떻게 추구해야 하는가. 오 교수는 자아를 비우라지만, 세상에 그런 걸 할 사람이 몇이나 되겠는가? 눈에 보이는 세상 사람들은 전부 제 몫 챙기기에만 급급한 이기적인 인간들뿐인데, 이런 세상에서 자아를 비운다는 게 씨나 먹힐 소린가? 도 닦는 도사나 돼야 실천할 수 있을 이런 숭고한 이상이란, 결국 하나의 아름다운 꿈에 지나지 않을 뿐 아닌가?

그리고 그제 오후, 유진과 오 교수는 김재명 회장과의 회동 직전에 커피숍에서 만나 이야기를 나누었다. 평소와 다름없이 체계적으로 유진의 공부 일정을 정리해주는 오 교수 앞에 유진은 별다른 반응 없이 앉아 있었다. 그런 그녀에게 급기야 오 교수가 물었다.

"유진, 요즘 학습의욕이 예전만 못한 것 같아."

"네? 그냥 좀…… 힘들어서 그런가 봐요."

"음, 자네를 힘들게 하는 게 뭔지 말해보지."

유진은 시선을 밑으로 한 채 잠시 말없이 있었다. 커피숍 안에 흐르고 있는 재즈 선율이 정돈되지 않은 감정의 끈을 더욱 풀어헤쳐 놓는 것 같았다.

"제일 힘든 건…… 지금까지 제가 여러 선생님들과 교수님한테서 배운 대로 제 마음을 다스리는 일인 것 같아요. 그동안 제가 배운 것들, 다 아주 고귀하고 또 제가 감사하는 것들인데요. 그러니까 성리학의 마음공부, 루소의 마음의 화해, 무의식적 자아 관찰, 이런 것들 말이죠. 근데 그 가르침들을 따르는 게 저에겐 너무 힘든 일이라는 생각이 들었어요. 전 그저 평범한 여자일 뿐인데, 제가 평범한 다른 사람들과 달리 진정한 내면의 성찰을 하고, 참된 자기를 찾고 하는, 그런 일종의 도 닦는 일을, 그러니까 구도자적인 생활을 할 수 있을 걸로 보이지가 않아요. 저로선 감당할 수 없이 너무 큰 임무가 주어진 것 같은 그런 기분이에요."

더듬더듬했지만 자신의 속마음을 다 털어낸 유진을 지그시 바라보며 오 교수 역시 잠시 아무 말이 없었다.

"Meaning, you're not quite ready yet, huh?"(아직 자네는 준비가 안 됐다는 뜻인가).

영어로 묻는 오 교수는 침착한 미소를 입가에 담고 있었고, 그의 표정을 보고 안도의 한숨을 내쉰 유진도 희미한 미소를 띤 채 응답했다.

"I guess that is the case, Sir"(그런 것 같아요).

진한 에스프레소를 한 모금 마신 뒤 오 교수가 말했다.

"Well, well, well, 충분히 그럴 수 있지. 자네 심정을 잘 이해해. 그렇다면 휴식이나 요양이 필요한 건가, 아니면 전면 퇴각을 생각하고 있나?"

"전 교수님하고 공부하고, 교수님의 지도를 받는 건 정말 좋은데요, 하지만 제가 그럴 만한 자아실현의 길을 걷는 교육자의 자질이 있다는 생각은 들지 않아요. 아마도 교육사업을 수행하는 기능인이나 사업자쯤은 될 수 있을지 몰라두요."

"흠, 바꿔 말해서 학교경영 같은 직무를 기능적으로 맡는 쪽이 자신에게 어울릴 것 같다는 말?"

"네."

오 교수와의 대화는 그 정도까지였다. 유진은 진정한 자아실현을 위한,

참된 자기를 구하는 그런 이상주의적 교육의 담당자가 되기에는 자신의 역량이 못 미친다는 고백을 한 것이다. 그녀는 그간 동서양의 교육사상에 대해 공부하며 교육의 자아성찰적 차원에 대해 심리적으로도 적극적으로 반응해왔다. 그러나 최근에 유아기의 억압된 기억이 되살아나면서는 자기 성장기의 상처를 치유하기는커녕 치유작업 자체를 힘겹고 부담스럽게 느끼게 된 것이 좌절의 한 요인이었다. 겸허하게 보자면, 자아실현을 기하는 교육이라는 과업이 자신과 같은 평범한 사람에게는 너무 거룩한 일이라는 생각이 든 것이었다. 그러나 냉소적으로 보자면 그 같은 교육의 과업을 현실적으로, 그리고 실질적으로 담당하고 추진할 사람이 이 사회에 과연 몇이나 되겠는가 하는 의구심이 일어난 것이었다. 유진은 오 교수의 뒤를 따라 말없이 김재명 회장의 방으로 들어가면서, 교육을 통한 자아실현 같은 거창한 일은 극소수의 뛰어난 인재들에게나 어울릴 일일 거라는 생각을 하고 있었다.

퇴각 선언

진성의 회장실에서 이루어진 회합에는 유진과 오 교수 외에 김 회장과 김도헌, 그리고 이 비서가 함께했다. 모두 점잖게 인사를 주고받았지만 유진과 김도헌은 서로의 시선을 외면했다. 아니, 유진은 김도헌 쪽을 한 번 쳐다봤으나 김도헌은 유진 쪽으로는 눈을 돌리지도 않았다. 유진은 언짢았다. '흥, 재벌 3세? 니가 잘나서 된 거 같지?'

처음 시작한 발언에서 오 교수는 '영혼이 없는 프랑켄슈타인과 같은 기이한 교육 시스템'이라며 일본의 제국주의적 교육체제를 비판했다. 그의 결론은 설령 소수의 엘리트를 위한 귀족학교를 만든다 하더라도 일제 시스템의 활용은 어불성설이며, 서구의 학습자중심 시스템과 최근 일부 대안학교의 성과를 접목시킨 개량체제가 최적일 것이라는 주장을 펼쳤다.

김 회장은 오 교수의 이런 주장을 묵묵히 듣고만 있었고, 김도헌은 적극적인 반론을 펴기 시작했다. 김도헌은 어느 사회건 소수 엘리트의 역량이 공동체 전체를 위해서 필수적으로 중요하다고 주장했다. 한 명의 천재가 만 명을 먹여 살린다는 모 재벌 회장의 '명언'을 상기시키기도 했다. 그의 주장은 그런 엘리트집단을 양성하는 것이야말로 공동선에 기여하는 것이라는 신념에 근거를 두고 있었다. 그는 또한 세계가 말로만 글로벌화의 구호를 외칠 뿐, 실제로는 힘 있는 국가들이 경제적으로 자국이익 수호에만 매진하고 있는 현실을 직시해야 한다고 역설했다. 한국을 명실상부한 선진국의 반열에 오르게 하기 위해서는 교육에 대한 투자도 '인간자본론(Human Capital Theory)'*의 시각에 터하여 경제성, 투자환수 효율성, 인적자원의 수월성을 기준으로 이루어져야 한다는 주장이었다.

김 회장은 김도헌의 주장에 대한 자신의 선호를 굳이 숨기려 하지 않았다. 그는 김도헌의 '현실 인식'에 찬성하며 자신이 설립할 학교의 국가사회에 대한 선도적 역할을 강조했다. 그가 제국주의 시대의 일본 엘리트에 대해 품고 있는 신뢰는 예상보다 더 확고했다. 시간이 걸리더라도 국민 개개인이 민주시민으로서의 역량을 함양할 수 있도록 비판적 정신과 주체적 사고력을 길러주는 전인교육에 주력해야 한다는 오 교수의 주장보다, 21세기 초 한국이라는 '특수정황'에서는 소수 엘리트가 전 국민의 빠르고도 효율적인 계몽과 계발을 과거보다 훨씬 세련된 방식을 통해 선도하는 것이 불가피

---

* 인간을 경제적인 생산수단인 '인간자본'으로 설정하고, 이 인간자본에게 교육, 훈련 등을 통해 투자함으로써 그에 상응하는 이익을 환수하게 된다는 경제 이론, 시카고 경제학파에 속한 게리 베커(Gary S. Becker)의 대표적 저서 『Human Capital』(1964)에서 제기된 개념이다.

하다는 김도헌의 주장이 결국 김 회장의 지지를 받게 된 것이다.

김 회장은 참석자들을 향해 이제는 '이론적이고 사변적인 학문 연구'는 그만 접고, 보다 '실질적인 교육경영 전략'의 모색에 힘써달라는 주문을 했다. 그리고 오 교수에게는 소수정예 학생들을 위한 창의성 발현 교육 및 리더십 양성훈련 프로그램, 그리고 영어 집중교육 프로그램 등을 개발해주지 않겠느냐고 정중히 제안했다. 오 교수는 '글쎄요'라고만 답했고, 김 회장은 오 교수의 확답을 듣지 않은 채 유진에게도 의사를 물었다.

"유진 양도 그간 깊이 있는 철학적 공부를 하면서 많은 것을 배웠으리라고 믿어요. 이제 노선을 좀 조정해서 실제로 우리 학교에서 추진할 교육방식 쪽도 연구해봅시다."

그때 김도헌이 끼어들었다.

"제가 알기로 서유진 씨는 이상주의적인 교육철학을 신봉하기 때문에 소수정예 원칙에 기반한 실질적 교육방법 같은 데는 관심이 없으실 것 같은데요."

엄연한 '딴죽걸기'에도 불구하고 유진은 대꾸도 없이 물끄러미 김도헌 쪽을 바라볼 뿐인데, 오 교수가 그의 말을 가로막고 나섰다.

"이상주의적 교육철학을 신봉한다는 것이 소위 소수정예적 교육만큼이나 비현실적이지는 않을 거라고 생각합니다. '현실적'이라는 개념은 누가 어떤 의도로 사용하느냐에 따라 굉장히 많이 달라지거든요. 전인교육적 이상을 추구하는 이에게는 인성 함양이 현실적인 문제인 데 반해, 금전적 이윤을 추구하는 이에게는 경제적 효율성 추구만이 현실적인 문제인 것처럼."

이때 유진이 오 교수를 바라보며 말했다.

"저는 아마도 현실이 인성보다는 경제와 더 가깝다고 믿는 부류인가 봐요, 교수님. 유교적 교육이상을 교육자가 스스로에게, 또 학생들에게 실현시킨다는 것은 현실과는 거리가 있는 것 같아요. 아무래도 그런 일은 극소수의 뛰어난 사람들이나 할 수 있는 일 같아요, 퇴계나 다산처럼 말이죠. 저 같은 보통 사람에게 전인교육의 이상을 추구하라고 요구하는 건, 마치 돼지에게 보석을 주는 거나 마찬가지일 것 같습니다. 전, 소수정예 교육 프로그램 운영을 추구하는 게 나을 것 같아요."

유진의 이 같은 선언을 들은 순간 오 교수는 깜짝 놀라 제자를 쳐다보았다. 유진은 스승의 눈길을 정면으로 쳐다보며 시선을 돌리지 않았다. 그러나 그녀의 눈빛에 일말의 회한의 빛이 감도는 것을 오 교수는 포착할 수 있었는가 보다. 그렇게 서로를 바라보며 몇 초가 흘렀다. 그리고 오 교수는 자리에서 벌떡 일어나더니, 기도하듯 두 손을 합장한 채 유진에게 고개 숙여 절을 하는 것이었다. 미소 띤 얼굴로 오 교수는 이렇게 말했다.

"제자님의 결정을 존중하겠습니다."

유진은 대체 왜 자신에게 합장하며 절을 했는지 영문을 알 수가 없어 당황스러웠고, 김 회장을 비롯한 다른 이들도 어쩔 줄 몰라했다. 이번에는 김 회장과 좌중을 향해 몸을 돌리더니 오 교수는 다시 한 번 합장하고 절을 했다.

"우리 서유진 양이 현명한 결정을 내리고 학교설립의 길을 잘 일구어갈 것으로 믿습니다. 허허, 여기까지가 제 역할이라는 것을 잘 알겠습니다. 저는 여기서 이만 물러나겠습니다."

좌중은 오 교수의 거침없는 언사에 당황했다. 오 교수의 퇴각이 김 회장이 바라던 바는 아니었다. 김 회장은 오 교수를 후하게 대접하며 그가 가진 지식의 실용적 부분을 활용하기를 바랐다. 그러나 오 교수의 심상치 않은 태도에서 단호함을 감지한 김 회장은 예의 정중한 카리스마를 회복하여 대단히 겸허한 태도로 '오 교수의 결정을 존중하며 그 뜻을 받아들이겠다'고 화답했다. 오 교수는 돈과 명예라는 미끼를 써서 자기 사람으로 만들 수 있는 유형의 인간이 아님을 절감할 수 있었다. 다소 놀란 이 비서가 상황을 어찌 정리해야 할지 김 회장의 눈치만 보고 있는 반면, 김도헌의 얼굴에는 어쩐 일인지 낭패의 빛이 감돌았다.

결국 이날의 회합에서는 권위주의적이고 학문 중심의 방법*으로 소수정예 학생을 엄격하게 교육하는 일종의 귀족 아카데미를 설립하는 쪽으로 사업의 가닥이 잡혔다. 김도헌이 설립사업의 이론적 주축을 구성하고 유진이 그를 조력하는 형국이 된 반면에, 오형모 교수는 자신의 '컨설팅' 역을 접고 학계로 돌아가게 되었다. 오 교수는 회의가 끝나고 모두가 헤어진 다음에도 아무 말 없이 자신의 뒤를 따라 진성실업 본사 밖으로 걸어 나온 유진에게 마지막으로 이런 말을 남겼다.

"유진, 자네는 돼지가 아니야. 자신이 다이아몬드 목걸이를 걸어야 할 존재라는 걸 깨닫기 바래. 꼭 성공해!"

오 교수는 언제나처럼 웃으며 이렇게 말한 뒤 돌아서서 떠나갔다. 그리고 유진은 그날 밤 친구들과 필름이 끊길 정도로 과음을 했다.

그들의 배반

오 교수에게 작별을 고하고 터벅터벅 홀로 길을 걷는 유진의 심정은 심하게 헝클어져 있었다. 중학생 때 학교 대표로 영어 스피치 대회에 출전했다가 아무 상도 못 받고 집으로 돌아가던 날이 떠올랐다.

일자리는 확보했다. 김 회장이 자신을 좋게 보아준 것 같으니, 열심히

---

* 미국의 조셉 브루너가 1960년대에 제창한 학문중심교육은, 대학에서 연구하는 높은 수준의 학문들 각 분야에 내재된 기본구조를 초중등학생들도 터득할 수 있도록 학교에서 심화학습을 시켜야 한다는 주장을 담고 있었다. 브루너의 이러한 주장은 한국과 같은 개발도상국가에서는 아동들에게 엄격한 틀에 맞춰 다량의 학습을 요구하는 형태로만 축소 해석되었다.

하면 학교 경영자 자리는 꿰찰 수 있을 것이다. 김도헌이 회장 직계손으로 진성실업에서 할 일도 많을 텐데 그깟 자그마한 학교 일에 계속 붙어 있기야 하겠나, 이렇게 자위는 했지만 기분은 여전히 잡쳐 있는 상태였다.

'내가 돼지가 아니라구요? 물론 아니죠, 슬림 체형인데. 하지만 나한테 구도자적인 내면 성찰 같은 게 가당키나 하나요? 난 그냥 평범하다구요. 정도 없고 차가운 교수님이 왜 날 그렇게 과대평가해주시는 거죠? 왜 평범한 나한테 그렇게 거룩하고 성스러운 교육자적 정신 같은 걸 주문하시는 거죠?'

속이 헝클어진 채로 전혀 정상화가 되지 않고 있는 것은 스승에게 등을 돌린 것에 대한 죄책감 때문이었다. 단 한 명의 학생인 자신을 위해 오 교수가 여러 달 동안 공들여 가르치고 이끌어왔는데, 유진은 자본 앞에서 그 스승을 배신한 셈이다. 처음으로 본 스승의 놀란 눈동자를 떠올리면 가슴이 뭔가에 쿡 찔린 듯했다. 유진은 머리를 흔들어 기억을 떨쳐내려 했다.

밤이 되어 윤아 집 근처의 단골 카페를 찾은 유진은 창가의 자리에 앉아 마티니 한 잔을 주문했다. 평소 싫어하던 담배도 피워보고 싶은 마음이 들었다. 윤아가 도착하기 전에 휴대폰의 문자수신음이 울렸다. 진성의 이 비서가 보낸 것이었다.

'오늘 수고 많으셨습니다. 회장님께서 조만간 유진 씨와 식사 한번 하자시 군요. 사업에 속도를 붙이시려나 봅니다. 편한 밤 되세요.'

오 교수가 사라지고 나니 회장께서 학문이고 철학이고 신경 안 쓰고 사업가 기질로 그냥 밀어붙이려나 보다 하는 생각이 들었다. 일자리 유지는 잘 처리된 것 같았다. 그러나 다소 과도하게 친절해 보이는 이 비서의 문자는 별로 마음에 안 들었다.

이윽고 윤아와 마주한 유진은 친구에게 자신의 정황에 대해 푸념하며 칵테일을 한 잔, 두 잔 마시기 시작했다. 준혁과 다툰 이야기를 들은 윤아는 잠시 뭔가를 생각하는 듯하더니, 핸드폰을 꺼내 준혁에게 전화를 걸었다. 만류하는 유진의 손짓을 무시하고 그녀는 다짜고짜 준혁을 불러냈다. 유진은 신경질을 내고 불평했지만, 윤아는 마치 다정한 언니처럼 인자한 표정으로 우정의 가치에 대해 논하는 것이었다. '학교에서 근무하다 보니 얘도 어느새 교장선생님 훈화 문화에 물들어버렸군.' 유진은 투덜거렸지만, 더 다투기조차 귀찮았다.

준혁은 꽤 뜸을 들여 나타났다. 자존심을 세우고 싶었던 것 같았다. 윤아의 지시에 따라 유진의 옆자리에 앉은 준혁은 약간 서먹서먹해했지만, 이미 취기가 오른 유진은 그의 등짝을 손바닥으로 세게 후려치며 술잔을 권했다. 유진의 이런 취중 호기 덕분에 준혁은 그녀와 처음으로 가까워지던 옛 일이 떠올랐다. 자상한 선생님처럼 윤아가 유진에게 벌어진 상황을 설명했다. 세 사람은 예전처럼 머리를 맞대고 알코올을 매개로 대화의 장을 펼쳤다.

유진에 비해 훨씬 술이 약한 준혁은 이내 예의 그 담대함을 회복하고는 유진의 최근 사안에 대한 예리한 비평을 들이댔다.

"일제가 만든 교육 시스템을 써먹겠단 말이지? 넌 일신의 영달을 위해서 그런 정신을 갖고 있는 재벌, 아, 미안, 그 말 하려던 게 아닌데……. 그러니까 자본주 쪽에 가서 붙었고, 그래서 숭고한 교육관을 주장하는 스승님을 차버렸단 말이지?"

준혁은 지난번의 다툼을 의식해서인지 '재벌'이라는 용어의 사용에 신중을 기했다. 유진은 언쟁을 할 의욕도 없는 것 같았다.

"그래, 멋대로 떠들어라, 내가 죽일 년이다. 근데 그게 꼭 나 혼자 잘 먹고 잘살겠다고 그런 건 아니야, 니들이 어떻게 생각하건 간에. 내가 말야, 내가 쫌 잘나긴 했지만, 그렇다고 내가 어떻게 구도자 노릇을 할 수가 있냔 말이야. 싸부님께선 그런 걸 나한테 요구하셨다구. 심한 거 아냐? 뭐, 엘리트주의 교육이면 좀 어때? 그렇게 하는 게 사회 전체에 도움이 될지도 모르는데."

준혁의 얼굴에 냉소의 빛이 감돌았다.

"일제 때 친일파들도 그 비슷한 논지를 폈던 게 기억나는군. 우리라고 뭐 성인군자냐, 식민지라는 주어진 현실 속에서 불가피한 결정을 내려야 하는 것이고, 또 일단 총독부에 부역하기로 결정을 했으면 그것이 민족 전체의 생존을 위해 도움을 주는 쪽으로 나름대로 노력해야 하지 않겠냐, 뭐 이런 주장도 했잖아. 아, 그러고 보니 해방 후에 우리 교육을 친일에서 친미로 돌변시킨 작자들도 바로 친일파들이었다며?"[24]

준혁이 무슨 말을 하건 말건 유진은 술 한 잔을 더 들이키며 중얼거렸다.

"참, 사부님 그분도 꽤 특이한 양반이야. 내가 배신 때리고 뒤통수를 쳤는데, 처음엔 깜짝 놀라시더니만, 쫌 있더니 두 손을 합장하고 나한테 꾸벅 절을 하시잖아! 꼭 절에서 불상에다 절하는 것처럼."

"네가 무슨 배신을 했다고 그래, 스승의 드높은 경지를 못 쫓아가서 힘이 달려 주저앉았을 뿐이지."

윤아의 위로에 유진은 잔을 쳐들고 건배를 외쳤다.

"그래, 나한텐 너무 '숭고한' 이상이었어."

자정이 넘어서자 친구들은 술에 취한 유진을 택시에 태워 집까지 데려다 주었다. 심야의 귀갓길에서 윤아가 준혁에게 물었다.

"준혁 씨, 유진이 포기 안 하죠?"

그 말을 듣고 묵묵히 있던 준혁이 한참 후에야 입을 뗐다.

"유진이가 싫다면 저도 도리가 없죠."

윤아 역시 아무 말 않고 있다가 한마디 했다.

"후유, 도대체 사랑이 뭔지……."

그녀의 한숨에 우울함이 묻어 있었다.

6. 성숙과 통합의 인드라망

사회 구성원들의 성향을 통합시킬 교육은 사회 그 자체를 통합하는 데 크게 기여할 것이다.

_존 듀이

흠모와 두려움의 대상

　교실에 10대 후반의 학생들 수십 명이 도열해 앉아 있다. 꼿꼿한 자세로 미동도 없이 정면의 칠판만 응시하고 있다. 모두 삭발했고 검은색 제복 차림이다. 낡은 목재 교단 위에는 깡마른 교사가 서 있다. 역시 꼿꼿하게 서 있다. 그도 머리가 매우 짧고, 테두리가 쇠로 된 동그란 안경을 쓰고 있다. 반장인 나는 일어나서 '차렷'을 외친다. '경례' 구호에 맞춰 모두 고개를 숙여 교사에게 절한다. 교사는 무표정하게 교탁 위의 묵직해 보이는 목봉을 집어 들고 반듯하게 줄맞춰 선 책상들 사이로 뚜벅뚜벅 내게로 걸어온다. 교사는 내 바로 앞에까지 다가와서 나를 노려본다. 왜 나를? 난 잘못한 것도 없는데. 난 최고의 모범생인 반장인데! 나를 말없이 노려보던 교사는 순식간에 팔을 쳐든다. 그의 손에는 난데없이 장검이 들려 있다. 시퍼런 일본도다. 나는 이해할 수가 없다. 이걸로 끝이란 말인가. 나는 아무 말도 못 하고 두려움에 떨며 교사를 바라보고만 있다. 교사의 손에 들린 장검이 금세라도 나를 내려칠 것만 같다. 바로 그때 거대한 남자가 뒤에서 나타나

교사의 팔목을 잡아 비튼다. 교사는 힘없이 무릎을 꿇고 키 큰 사내의 발에 짓밟힌다. 커다란 사내가 나를 보며 웃는다. "Hello!" 고개를 들고 그의 얼굴을 보니 군용 철모를 쓰고 있다. 철모에 박혀 있는 'MP' 마크가 선명하다. 미군 헌병은 교단 위에 섰다. 그는 웃으면서 다시 큰 소리로 학생들에게 외친다. "Hello!" 엄청나게 크고 무서운 음성이다.

김재명 회장은 잠자리에서 벌떡 일어났다. 꿈이었다. 지난 50여 년 동안 여러 차례 꿨던 꿈이었다. 파자마 등짝이 식은땀으로 흠뻑 젖었다. 악몽이었다.

1945년 9월, 김재명의 양부인 기다 히로시는 도쿄의 문부성에서 미군의 민간정보교육국(CI&E) 장교들과 처음으로 대면했다. 점령군이었던 젊은 미군 장교들은 위압적이지는 않았으나 차갑고 사무적인 태도를 보였고, 기존 문부성 관리들이 자신들의 지시에 잘 협조해야 한다는 점을 강조했다. 당시에 전문교육국의 부국장이었던 히로시는 푸른 눈동자의 점령군들을 상대하면서 패전국 관리의 설움을 충분히 맛보았고, 그 심경을 양아들인 김재명에게도 몇 차례 토로하곤 했다.

점령군에 의한 총체적 개혁 속의 일부인 교육제도 개혁은 민간정보교육국이 담당했으며, 모델은 미국식 교육제도였다.[25] 히로시는 조국의 전시 교육체제를 미국화시키는 작업의 하수인 역할을 수행한 것이다. 히로시와 같은 전직 문부성 관료들은 문부성 건물에서 민간정보교육국으로 걸어가는 길을 '패전의 길'이라 부르며 자조했다. 일본의 역사와 문화에 정통한 학자 출신의 한 미군 장교는 일본의 국가교육을 철저히 쇄신하는 작업의 일환으로, 일본어 글자 체계의 히라가나와 가타카나 사용을 전면 폐지하고 영어 알파벳으로 대체하는 안까지 적극적으로 추진했다. 그러나 이 안은 의도적으로 천황의 존재를 인정할 만큼 정치적으로 정교한 움직임을 전개하던 맥아더 사령부의 재가를 받지 못했다. 그럼에도 일본 교육의 급진적인 환골탈태는 패전국 관료들로서는 어찌해볼 수 없는 대세였다. 히로시는 미군에 5년여를 부역하며 줄곧 자괴감에 시달렸고, 양부의 그런 망국의 한은 청년 김재명의 뇌리에 깊숙이 각인됐다. 제1의 조국은 일본의 식민지였고 제2의 조국은 미국의 점령지였던 처지를 연달아 경험한 김재명은 국가의 부강과 번영 없이는 개인의 행복도 성립될 수 없다는 강한 신념을 갖게 된 것이다.

한국전쟁 때 김재명은 결국 남한의 육군 장교가 되었고, 그리하여 북쪽의 원산에 두고 온 가족과는 영영 이별을 고하게 되었다. 전후에는 서울에 주둔한 미 8군과의 연락을 담당하는 핵심요원으로 성장하면서 혼인도 하고 가정을 꾸리게 됐다. 어린 시절 이후 내내 가족의 정에 굶주려온 그는 자신이 남한 땅에서 이룬 가족을 대단히 중시했고, 공들여 새로이 일군 대가족의 명실상부한 가부장으로 군림했다. 베트남전 이후에 예비역 장성으로 전역한 그는 당시의 고도 경제성장기에 미 대사관과 군·관계 양측의 인맥을 동원하여 토지개발 사업에 투신, 막대한 자본을 축적했다. 그의 사업은 1980년대 신군부 핵심세력과 손잡으면서 더욱 확장되었다. 정계 일각에서는 김재명의 배후에 미국 CIA가 버티고 있을 것이라는 풍문이 있었는데, 그 진위 여부를 떠나 어쨌든 그는 역대 정권과 지속적으로 긴밀한 관계를 유지하고 있었다. 두 아들에게 주력 기업의 경영을 분할·담당시켰는데, 장손인 김도헌을 특히 총애하여 그룹 전체의 경영을 두루 익히도록 트레이닝시키고 있었다. 비록 김도헌이 특권층으로 성장하여 일종의 선민의식을 갖고 있고 자존심이 너무 강해 패배나 실수를 수용하지 못하는 면은 있으나, 나이를 먹다 보면 충분히 성숙해질 것이라 낙관했다.

사업적 성공의 배경에는 물론 운명적으로 맺어진 미국 군·관계 및 한국 군부와의 인맥도 자리 잡고 있었지만, 그의 철저한 능력 위주 인사관리도

주효했던 것으로 평가받았다. 그는 능력이 검증되지 않은 이상 친아들과 딸 이외의 어떤 인물에게도 그룹의 보직을 맡기지 않았고, 자식들의 배우자 선정에도 특히 학력과 두뇌라는 기준을 중시했다. 소용돌이치는 근대화의 여정에서 살아남아 끝내 성공을 거둘 수 있게 한 요인이 자신의 지적 능력이었음을 그는 굳게 믿었다. 그런 그에게 의형제인 서 사장의 딸 유진은 각별한 인상을 심어주었다. 유진의 외모와 태도, 학력, 실력 등 모든 것이 김 회장의 눈에 쏙 들어왔다. 두 아들보다 더 믿을 만하다고 여겨온 장손 김도현과 짝지어주고 싶다는 생각이 들었을 정도였다. 그는 우수한 유전자의 교배에 따른 우수한 가계의 창조를 꿈꾸고 있었다. 평생에 걸쳐 이룩한 자신의 가문을 무엇보다도 소중한 소유물로 여기는 만년의 이 가부장은, 가문의 앞날을 친히 기획하는 작업에 큰 의의를 두고 있었다. 그 때문에 경영수업 중이던 손자를 일부러 소환하여 학교설립 프로젝트에 투입시켰던 것이다.

창의성 컨설턴트

유진은 김 회장의 초대를 받아 시내 호텔의 고급식당에서 학교설립 관계자들과 식사를 했다. 이 자리에는 유진이 일전의 만찬장에서 만난 적이 있는 모 미대의 최종억 교수라는 이도 동석했다. 그는 엄격한 학문위주 커리큘럼에 창의성 촉진 요소를 집어넣기 위해 선정된 일종의 자문 위원이었다. 오 교수의 공백을 메우기 위한 새로운 충원인 셈이었다. 최 교수는 지난 몇 해 동안 독일의 '발도르프'라는 대안학교의 독특한 예술교육 프로그램을 연구해왔다고 말했다. 그 연구를 토대로 학습자의 창의성을 증진시키는 미술활동을 기업체 직원들을 대상으로 실험적으로 운용해왔다는 것이다. '실용적'이고 구체적인 커리큘럼 구상을 위해 앞으로 유진은 최 교수의 자문을 받게 되었다. 첫 만남 때의 인상이 점잖았던 것으로 기억하고 있는 유진은 그나마 괜찮은 사람과 일하게 된 것을 다행으로 여겼다. 이날 이후 유진과 최 교수는 진성의 본사에 마련된 사무실에서 만나 구체적인 커리큘럼 구성에 관한 논의를 시작했다.

최 교수는 오형모 교수보다는 상당히 연하로 40대 중반쯤이었다. 미대 교수답게 옷차림새는 매우 세련됐고 인물도 멀쑥했다. 조금 날카롭게 느껴졌던 오 교수에 비하면 최 교수의 사람 대하는 태도는 아주 부드러운 편이었다. 아버지뻘 되는 오 교수에게는 남성에 대한 경계심을 아예 갖지도 않았지만, 최 교수에 대해서는 완전히 경계를 풀지 않았다. 그러나 대화를 나누는 횟수가 늘수록 자신이 경계하는 '지나치게 친절한' 스타일의 남자는 아니라는 판단이 섰고, 또 유진을 매우 정중하게 대해주자 차츰 경계심을 풀 수 있었다. 어린 시절 이후 형성되어온 그녀의 경계심은 '모든 남자가 나를 유혹하고 싶어 한다'는 공주병적 과대망상의 발로일 수 있으나, 또 다른 한 면은 남자는 원체 예쁜 여자에게는 사족을 못 쓴다는 객관적 현실 이해에 기초하고 있기도 했다.

유진은 인문학자가 아니라 스스로를 예술가라고 칭하는 최 교수와 '코드'가 잘 맞을지 확신이 안 섰다. 오형모 교수 앞에서 느꼈던 지적인 압도감을 그에게서는 느낄 수 없었다. 유진의 떨떠름함과는 무관하게, 최 교수는 발도르프 학교의 예술수업 방식에 굉장히 심취해 있는지 유진과 세 차례 만나 회의하는 동안 줄기차게 그 이야기를 끄집어냈다. 그는 특히 발도르프의 창시자인 루돌프 슈타이너(Rudolf Steiner)에 큰 관심을 갖고 있는 듯했다.[26] 최 교수는 신비로운 인물 슈타이너가 가정도 꾸리지 않고 평생 독신으로 살면서 오로지 교육과 영적인 성숙에 대한 연구에만 헌신한 것에 감동했다고 했다. 특이한 서양 교육사상가 한 사람에 대해 열을 내며 설명하는 최 교수의 모습을 보며 유진의 얼굴에는 빙긋 미소가 떠올랐다. 이 중년남성이 참 천진하다는 생각이 들었다.

오형모 교수가 떠난 지 2주일이 지난 2월 초의 어느 날, 일정이 어느 정도 정리가 되고 나자 최 교수가 '팀 단합' 차원에서 저녁을 사겠다고 제안했다. 유진은 흔쾌히 그의 제의를 받아들였고, 최 교수의 승용차 편으로 북한산 인근의 아담한 프랑스식 식당으로 향했다. 진성 본사에서 식당까지 가는 동안 최 교수는 내내 슈타이너의 독특한 사상인 '인지학'에 관해 이야기 했다. 비록 오 교수처럼 달변으로 예리하고도 정교하게 이야기하는 능력은 없지만, 다소 서툰 언어로 표현되는 최 교수의 열의가 유진은 싫지 않았다. 손님도 거의 없는 조용한 실내에는 북유럽 출신 뉴에이지 계열 관현악단의 아련한 선율이 흐르고 있었다. 유진은 이따금씩 고개를 끄덕이며 포도주를 한 모금 두 모금 마셨다. 메인요리를 마칠 때쯤 되어서는 조금 취기를 느끼기 시작하면서 말수도 늘었다.

"교수님, 그러니까요, 슈타이너는 우리가 살고 있는 여기 말고도 또 더 중요한 차원들이 있다고 했단 말이죠?"

"그렇죠. 우리가 이 현실 속에서 지지고 볶으며 살고 있지만 이곳보다 더 중요한 영적인 차원들이 있단 거예요, 아스트랄계(Astral: 영혼들의 세계) 같은. 그런 차원들을 무시하면서 살 경우, 우리가 이 지구별에 태어나서 살아가는 아주 중요한 진리를 놓치게 된다는 거죠."

"흠…… 그 사람 재미있는 생각을 한 건 같지만, 하지만요, 그런 영적인 차원이니 아스트랄계니 하는 게 진짜로 있는지를 어떻게 알죠?"

"슈타이너는 그런 차원들을 예술을 통해서도 알 수 있다고 합니다. 우리가 현실 속에서 꽉 닫아둔 감각들을 확 열어줄 때, 그 고차원적인 지식도 우리 안으로 흘러들어온다고 해요."

"음…… 글쎄요, 과연 그런 게 있을까요? 헤헤, 이전 싸부님께선 그런 얘기들은 철저히 의심해야 한다고 가르치셨거든요."

"아, 오형모 교수님 말씀이군요. 하하, 저도 존경하는 분인데……. 그래요, 그분 말씀이 잘못됐다곤 생각하지 않아요. 하지만 유진 씨, 나이를 먹고 살다 보면, 그래서 이 세상이란 데서 이리 치이고 저리 치이고 별의별 꼴 다 보다 보면 말이죠, 의심하고 있는 나 자신이란 존재도 의심스러워질 때가 있더군요. 과연 나란 인간은 어떤 존재일까……. 저는 철학자들이 중시하는 이성이란 게 너무 냉정하고, 때론 무섭고, 또 그래서 어쩌면 우리 인간을 충분히 대변해주지 못하는 게 아닌가 하는 생각을 해요. 전 때때로 저의 감성을 불러내보곤 합니다. 이 현대생활 속에서 이성 때문에 늘 뒷전으로 밀려나 있는 우리의 감성을요. 감성과 감정 또한 이성만큼이나 우리의 중요한 부분 아닐까요?"

유진이 듣기에 최 교수의 말에 선명한 논리가 서 있는 것 같지는 않았지만, 꽤 호소력이 있는 말 같았다. 포도주를 한 모금 더 마시며 생각해보았다. 술을 여러 잔 마신 탓에 두뇌가 민활하게 돌아가지 않았지만, 자신의 자아성찰 방식에 대해 새로운 생각을 떠올릴 정도는 되었다.

"교수님 말씀을 이해할 수 있을 것 같아요. 저도 너무 철학적으로, 이성적으로 냉혹하게 안으로 파고들어 가는 그런 게 말이죠, 너무 힘든 일이란 생각이 들어요."

"유진 씨가 이해해준다니 기쁘군요. 어쩌면 유진 씨도 철학적 명상으로 자신을 돌아보려 하지 않았을까 하는 생각이 듭니다. 그러나 그것 말고도 지금 나 자신이 느끼고 받아들이는 것, 이런 걸 통해서 자신에 대해 더 많은 것을 알아낼 수도 있다고 봐요. 우리가 앞으로 학교에서 창의성을 키워주겠다고 하는데, 이게 단지 철학적이고 이성적인 토론만 한다고 되는 일 같진 않아요. 예술을 통해서 키워줄 면도 확실히 있다고 봅니다. 예술도, 제가 하는 미술도 실은 자기 자신을 깊이 들여다보는 일이라고 할 수 있거든요."

"아, 정말요?"

"그럼요! 언제 기회가 되면 유진 씨께 제 작품세계도 보여드리고 싶네요."

"네, 좋아요."

"하하, 오늘 우리가 말이 통하는 것 같아서 기분이 좋습니다. 앞으로 예술적인 대화를 통해서 우리 자신도 더 잘 알아갈 수 있기를 바랍니다."

"네, 그런 의미에서 건배!"

포도주 한 병을 다 비우고 나니 두 사람 다 취기가 올랐다. 유진은 뭔가 의미 있는 생각거리를 잡았다는 느낌은 들었지만, 그것이 구체적으로 무엇에 관한 어떤 이야기인지 잘 파악이 되지 않았다. 그러나 우울했던 그간의 시간에 비해서 기분은 좀 좋아졌다. 내적인 자아성찰의 유일한 도구로 여겼던 이성의 압박에서 풀려나 감정을 풀어놓아 주어도 좋을 것 같은 기분이 들었기 때문이다. 최 교수는 대리운전 서비스를 호출했고, 두 사람은 최 교수 차의 뒷좌석에 나란히 앉았다.

최 교수는 기사에게 유진의 집 방향으로 먼저 가자고 주문했다. 유진은 개의치 않았으나, 최 교수는 유진과 한 좌석에 앉아 있다는 데 대해 상당히 신경을 쓰고 있는 것 같았다. 그는 애써 문 쪽으로 자신의 하체를 당겨 앉으며, 차체가 회전할 때도 유진의 몸에 닿지 않도록 하기 위해 차창 위의 손잡이를 꽉 움켜쥐곤 했다. 술도 마셨는데 그렇게 쩔쩔매는 최 교수의 모습을 곁눈질하던 유진이 우스워서 한마디 했다.

"교수님, 좀 편히 앉아 가세요."

"허허, 남녀가 유별한 걸요."

"호호, 교수님 제자도 여학생이 많을 텐데요, 그렇게 어려워하시면 학생들이 놀려요."

"학교의 아이들하고 유진 씨하고 같나요, 허허."

유진은 이 사람이 숙맥에다 일밖에 모르는 순진한 사람이란 생각이 들었다. 그런 편이 음흉한 스타일보다는 훨씬 나았다.

카르마

학교 창의성 제고 프로그램의 초안이 거의 완성돼갈 즈음, 유진과 최 교수는 진성의 사무실에서 그간 수집한 자료를 정리하고 논의된 것을 검토하는 작업을 하고 있었다. 한참 동안 서로 묵묵히 맡은 일만 하고 있던 중 최 교수가 유진에게 질문을 했다.

"유진 씨, 전에 자신을 돌아보는 일종의 철학적 작업을 하던 중이라고 들었는데요, 잘돼가고 있나요?"

유진은 고개를 들어 최 교수를 바라보았지만 잠시 답을 못 하고 있었다.

"글쎄요, 철학적이라 하기엔 너무 수준이 낮은 것 같아서요. 잘 모르겠어요. 저한텐 철학 같은 게 너무 어려운 것 같구요."

최 교수는 마치 그런 일이 잘 이해가 된다는 듯한 표정을 지었다.

"네에…… 어렵지만, 어려움에도 불구하고 그런 작업을 해야겠다는 필요성은 느끼시나 보죠?"

"아마 그런가 봐요."

"하지만 생각대로 그렇게 잘 되지는 않구요?"

"네."

"후유, 그게 참 사람 답답하게 만들죠. 근데 제 경우엔 붓을 들고 화폭에 제 마음을 담아내면서 그런 명상과 사색, 이런 게 꽤 잘 진전이 되었어요. 그래서 전에도 말씀드렸지만, 혹시 제가 사용했던 방식도 소개를 해드릴 겸 제 작품세계를 한번 보여드리고 싶군요."

"네, 저도 한번 참고해보면 도움이 될지 모르겠네요."

"그러세요. 그럼 이번 주에 제 아틀리에를 한번 보여드리겠습니다."

이렇게 해서 유진은 최 교수의 화실을 방문하게 되었다. 약속한 날, 최 교수는 화실이 대중교통 편이 없는 교외에 위치해 있다며 차로 유진의 집 부근까지 데리러 왔다. 최 교수의 말대로 서울을 벗어나 북쪽의 외곽으로 한참을 가서야 화실이 자리 잡고 있는 전원마을에 도착할 수 있었다. 앞으로 작은 냇물이 흐르는 그 단지에는 십여 채 정도의 전원주택이 고즈넉한 밤나무 숲에 둘러싸여 있었다. 서울을 빠져나온 지 30분밖에 안 된 것 같은데 이 같은 전원의 분위기를 느낄 수 있는 주택단지가 있다는 사실이 놀라웠다. 단지는 조용했고, 겨울이라 그런지 밖으로 나와서 다니는 사람들의 모습은 보이지 않았다.

단지의 구석에 위치해 있는 아담한 단층 주택 앞에 차는 멈췄고, 유진은 최 교수의 안내에 따라 집 안으로 들어섰다. 평범한 크기의 펜션 같은 집 안으로 들어서니 널찍한 거실 전체가 화실로 쓰이고 있었다. 유화용 물감 냄새와 나무의 향이 뒤섞인 특이한 향취가 코를 찔렀다. 베란다를 향해서 난 커다란 창문 앞에는 이젤이 있었고, 벽에는 사람 키 높이만한 캔버스 여러 폭이 포개진 채 서 있었다. 최 교수는 유진을 소파에 앉으라고 권하고 부엌에서 음료수를 내왔다.

"멋진 곳에 화실을 만드셨네요."

"아, 맘에 드세요?"

"네, 전 도시보다는 이런 조용한 자연을 좋아하거든요."

"하하, 그러시면 언제든지 쉬고 싶으실 때 왔다 가세요."

"아이, 아니에요. 조용히 작업에 몰두하시는 곳에 제가 무슨……."

"아니, 진심입니다. 유진 씨에게 그 정도도 못 해드리겠어요?"

이렇게 말하며 최 교수는 벽 쪽으로 성큼성큼 걸어가더니 포개져 있는 캔버스들 중 하나를 골라 끄집어내왔다. 추상화였다. 푸른색과 자주색이 서로의 경계를 넘나들며 서로를 포용할 듯 밀어낼 듯 묘한 긴장을 이루고 있는 형국이었다.

"발도르프에는 프랙털 도형 그리는 것을 연습하는 과정이 있죠. 매우 추상적인 상징성을 갖고 있는 도형인데요, 그 안에 신비한 우주의 이치도 표현되어 있다고 합니다. 저는 한때 그런 도형 그리는 연습을 유치하다고 비웃었습니다만, 에…… 화가의 입장에서 보기엔 너무 도식적이거든요. 그런데 생각이 좀 바뀌었어요. 제가 스스로 그 도형을 그려보면서 말로 표현하기는 어려운 미묘한 느낌을 포착할 수가 있었어요. 그때 제 안의 숨겨진 면모를 발견했다고나 할까 그런 기분이었는데, 그때의 기분을 표현해본 게 이 그림입니다."

유진은 최 교수가 오늘따라 조금 부담스러울 정도의 호의를 베푼다는 느낌을 받았으나, 그림 설명을 들으면서 그런 마음은 스러졌다.

"이 그림에서 어떤 느낌이 드세요, 유진 씨?"

"글쎄요……."

딱히 할 말을 찾지 못하고 있는 그녀에게 싱긋 웃음을 보이더니 최 교수는 또 다른 캔버스 한 폭을 꺼내왔다. 아까 그림과 유사한 색상을 쓰고 있었지만, 다른 점이라면 자주색이 푸른 경계를 뚫고 나와서 비상하고 있는 기운을 보이고 있었다.

"이 그림은 제가 1주일 전에 완성했어요. 어떤 느낌이 드시나요?"

현대화에 조예가 없는 유진으로서는 역시 뭐라 말해야 할지 언뜻 생각이 떠오르지 않았다.

"음…… 뭐랄까, 숨겨져 있던 자주색이 경계를 뚫고 나오는, 뭐 그런 모양인 것 같은데요."

"네, 잘 보셨습니다!"

최 교수는 그렇게 말하고는 그 그림을 거실 중앙의 이젤에 올려놓은 뒤에 자신은 유진의 맞은편 소파에 앉았다. 그는 유진의 눈을 똑바로 바라보며 말했다.

"제 안에 아직도 저런 자줏빛 마음이 남아 있다는 걸 알게 된 것도 한 달밖에 안 됐죠. 그런데 그 자줏빛이 이제는 닫혀 있던 제 마음을 뚫고 빠져나와 버렸어요. 그 자줏빛이 무얼 뜻하는지 아시겠어요, 유진 씨?"

"아니요."

"바로 유진 씨, 유진 씨에게로 향하는 제 마음입니다."

'이런, 왠지 오늘따라 이 남자를 따라나설 때부터 찜찜한 기분이 들더니만 결국엔 이렇게 되려고 그랬나!' 유진은 크게 낭패한 기분이 되었다. 최 교수는 불타는 듯한 눈동자로 유진을 보고 있었다. 유진은 자리에서 벌떡 일어났다. 목소리가 가늘게 떨렸다.

"이건, 이건 아니잖아요, 교수님!"

유진은 그대로 핸드백을 집어 들고는 몸을 돌려 현관 쪽으로 걸어갔다. 그때 최 교수가 민첩하게 자리에서 일어나 달려오더니 유진의 몸을 뒤에서 끌어안는 것이었다.

"이거 놓으세요!"

유진의 손에서 핸드백이 떨어졌다. 사내의 팔은 더욱 세게 그녀의 몸을 조였다.

"유진 씨, 이러지 마세요. 당신을 처음 본 순간, 마치 멀고 먼 시간의 저편에서부터 꿈꿔왔던 바로 그 사람을 찾은 것만 같은 느낌에 얼마나 놀랐는지 모릅니다. 그때 이후로 저는 매일매일을 당신 생각만으로 가득 채우고 살아왔어요. 나를 이렇게 내치고 간다면, 나는 정말 어떻게 살아가야 할지 모르겠습니다."

"알았어요! 알았으니까 이거 놓고 말씀하세요!"

그러나 최 교수는 팔을 풀지 않았다.

"유진 씨, 나를 받아주세요. 당신만 생각하며 오일로 캔버스를 채웠습니다."

유진보다 약간 큰 키의 그는 목을 굽혀 유진의 목덜미에 얼굴을 들이댔다. 그의 거친 호흡과 뜨거운 숨결이 귓불에 느껴졌다. 그의 손이 유진의 가슴 위를 더듬었다. 순간, 유진은 왼쪽 무릎을 위로 쭉 당겨서 들어 올리고는 뒤에 서 있는 사내의 발등을 구두 뒤축으로 있는 힘을 다하여 내려찍었다. 사내가 비명을 지르며 유진을 포박하고 있던 팔을 풀고 자리에 주저앉았다. 유진은 지체 없이 바닥에 떨어진 핸드백을 집어 들고, 그 안에서 호신용 스프레이를 꺼냈다. 뼈가 거의 으스러졌는지 최 교수는 두 손으로 발을 움켜쥔 채 신음하고 있었다. 그가 몸을 뒤트는 순간 유진은 그의 얼굴을 향해 스프레이를 분사했다. 다시 한 번 사내의 비명소리가 집 안에 울렸다.

"나쁜 새끼!"

유진은 비명을 지르는 최 교수에게 그 한마디를 남기고는 서둘러 집을 빠져나왔다. 분노로 온몸이 부들부들 떨려왔다. 떨리는 손으로 핸드폰을 꺼내들었다. 당장 경찰을 불러야겠다고 생각했다. 그런데 길 저편에서부터 차 한 대가 그녀 쪽으로 천천히 다가오더니 바로 곁에 멈춰 섰다. 차창이 열리더니 운전석에 앉은 중년여성이 말을 걸었다.

"아가씨, 혹시 읍내까지 갈 차편 필요해요?"

베트남 참전 시 특전사 수색대 지휘관이었던 유진의 아버지는 딸들이 중학생이 된 이후 여러 가지 치명적 호신술 기법을 훈련시켰다. 유진이 '실전'에서 그런 기술을 쓴 적은 한 번도 없었지만, 마음을 먹었다면 최 교수가 남성 기능을 상실토록 해줄 정도의 필살기도 구사할 수가 있었다. 그녀의 아버지는 직접 호신용 스프레이를 사서 딸의 손에 쥐어주며, '너같이 예쁘고 젊은 여자는 노리는 늑대들이 도처에 있으니 항상 경계심을 늦추지 말라'고 '정신교육'까지 제공해온 터다. 그러나 실제로 성추행 기도를 당하고 그에 대해 폭력으로 응징까지 하고 나니, 유진의 몸은 마구 떨렸고 마음은 충격에 휩싸였다. 경찰에 신고할 생각까지 했으나, 친절한 아주머니 덕분에 차를 얻어 타고 광역버스 정류장이 있는 번화가까지 나와서는 그냥 버스를 타고 서울로 돌아와버렸다. 버스 좌석에 몸을 기대고 앉아 생각했다. 왜 흥분된 그 순간에도 경찰을 부르지 않았고, 그 아주머니에게도 자신이 당한 일에 대해 함구했는지 그 이유를 알 수 없었다. 성폭력의 피해자가 된 여성들에게 사건 현장에서 냉철하고 이성적으로 대처하라는 주문을 하는 것이 얼마나 비현실적인지 실감할 수 있었다.

방심하다가 당한 것이다. 평소에 항상 남자들을 경계하며 똑똑하게 처신해왔다고 자부했건만, 음흉한 중년남자의 노련한 마수에 걸려들 뻔했던 것이다. 순수한 열정을 가진 인간인 척 위장하고, 존경하던 스승과 결별한 젊은 여성의 좌절감 속으로 파고들어서 심오한 신비주의 이론을 미끼 삼아 제 육욕을 채우고자 획책한 최종억 교수. 유진은 생각할수록 분노가 치밀었다. 버스가 서울 시청 앞에 도착할 때까지도 분노는 수그러들지 않았다. 시청 앞 광장 언저리를 걸으며 유진은 온갖 대응책을 생각해보았다.

그날 밤 유진은 또다시 윤아를 불러냈다. 그리고 그날 일어난 일에 대해 이야기해주고, 최 교수에 대해 어떤 행동을 취하는 것이 좋을지 조언을 구했다. 윤아는 놀라면서도 유진의 신중한 대응에 대체로 찬성했다. 그러나 이따금씩 '성추행범들은 말야, 죄다 그 여기자 성추행한 국회의원놈을 여전히 지지해준다는 지역구에 '성추행범 마을'을 만들어서 한데 모여 살게 하면 돼'라며 열불을 내기는 했다. 결국 둘은 좀 더 시간을 두고 생각해보기로 했다.

유진은 자신이 크게 피해를 본 것도 없다는 생각에 최 교수를 학교사업에서 방출하도록 유도하는 선에서 마무리 짓는 방안도 잠시 고려해보았다. 그러나 사건이 일어난 지 이틀 뒤에 이 비서의 전화를 받고나서는 제대로 응징하기로 마음이 완전히 돌아서버렸다.

"이 비섭니다. 잠깐 통화 괜찮으신가요?"

"네, 이 비서님, 말씀하세요."

"저…… 전에 제가 말씀드린 적 있었죠, 김도헌 박사 관련해서요."

"……네."

"말씀드리기가 쉽지 않습니다만, 김 박사가 말입니다. 제가 보기에는 아주 집요할 정도로 회사에서 유진 씨에 대해 부정적인 의사개진을 하고 있습니다. 뭐, 그 사람이 그러는 이유를 제가 알 수는 없지만, 전혀 짐작이 가지 않는 건 아닙니다. 헌데요, 그보다 어제 최종억 교수님이 저와 김 박사한테 이상한 이야기를 하더군요."

"그런데요?"

"……사실 유진 씨께 말씀드리기 난처합니다만, 제 판단으로는 말씀을 드려야 할 것 같군요. 최 교수의 말을 그대로 옮기자면, 유진 씨가 남자들을 이용하기 위해서 유혹하고 조종한다는 겁니다."

"……."

"유진씨…… 제가 이런 말씀을 드리는 이유는, 그들의 이런 말이 사실이 아니라는 것을 제가 잘 알기 때문입니다. 그제까지는 김 박사 건만 무마하면 될 거라고 생각했는데, 어제 보니까 최 교수가 김 박사와 의기투합해서 유진 씨를 이 사업에서 몰아내려 하고 있다는 인상을 받았습니다. 저는 이런 움직임은 결코 우리 진성의 학교사업을 위해서 바람직하지 않다고 믿고요……."

"이 비서님, 잘 알겠습니다. 말씀해주셔서 대단히 감사합니다. 저도 나름 대로 대책을 마련하겠습니다."

유진은 이 비서에게 너무 걱정 말라며 전화를 끊었다. 속에서 뜨거운 것이 부글부글 끓어오르는 것만 같았다. '이 못난 사내새끼들이 이제 아예 작당을 해서 나를 내쫓겠다고? 어디 니들 생각대로 되나 보자, 이 한심한 인간들아!' 김도헌은 이미 논외의 대상으로 제쳐놓은 지 오래였으나, 자신을 덮쳤다 미수에 그친 최 교수가 김도헌에게 쪼르르 달려가서 자신을 중상모략한 것을 생각하면 분노가 치밀어 올랐다. 그날 밤 유진은 다시 윤아를 소환했다. 동시에 준혁도 소환했다.

의외로 차분하게 유진의 이야기를 끝까지 다 듣고 난 준혁의 반응은 자신과 함께 최 교수가 근무하는 대학으로 찾아가서 그와 대면하여 결판을 내자는 것이었다. 그가 교수로 봉직하고 있으면서 함부로 운신하기 어려운 대학에서 그를 정면으로 맞서는 것이 유리할 것이라는 판단이었다. 그러나 유진은 준혁의 동행을 끝내 거절했다. 발상에는 동의하나 혼자 최 교수의 학교로 찾아가서 문제를 해결하고 오겠다고 고집했다. 결국 그렇게 되었다.

최 교수가 출근하는 날을 알아낸 유진은 윤아에게만 자신의 행동계획을 알려주고 홀로 최 교수의 학교를 찾았다. 서울 시내에 위치한 그의 대학에 도착한 유진은 차가운 겨울 벤치에 앉아 차분히 자신의 계획을 되새겨보았다. 그리고 벤치에서 벌떡 일어나 그의 연구실로 향했다. 연구실 문을 노크하니 그의 대답이 들려왔다. 유진은 침을 꿀꺽 삼킨 다음 과감하게 문을 열고 안으로 들어갔다. 책상 위의 문건을 보고 있던 최 교수는 고개를 들어 유진을 본 순간 얼굴이 굳어버렸다. 그는 시선을 아래로 떨어뜨린 채 아무 말도 하지 않았다. 유진이 먼저 말했다.

"일전에 저를 함부로 대하셨는데요, 그만 했으면 최 교수님도 뭔가 알아들으셨을 거라고 믿었습니다."

최 교수는 여전히 시선을 아래로 향한 채 아무 말도 하지 않았다.

"헌데 오히려 재벌 3세한테 가서 저를 중상모략하셨다구요?"

그러자 최 교수는 어처구니없다는 표정을 지으며 예의 니글거리는 목소리로 답했다.

"그게 무슨 말입니까, 뭔가 크게 오해하고 계신 것 같은데요."

"오해라뇨, 교수님! 젊은 여자 끌어들여서 힘으로 제압해 욕심을 채우려 했던 게 오해 살 만한 일인가요? 그런 걸 세상에 누가 오해를 하나요? 그냥 발정난 개가 되겠다는데, 그걸 누가 오해하죠?"

분노를 표출하다 보니 유진의 감정이 벅차올랐다. 야구방망이라도 들고 있었다면 이 뻔뻔한 남자의 면상을 후려갈기고 싶을 정도로 화가 치밀었다. 살기등등한 유진이 연구실 안쪽으로 한 발자국 더 깊숙이 들어왔을 때, 바로 그때 그녀의 시야가 최 교수의 웅크린 고개 뒤편 액자에서 고정되었다. 액자에는 소박하고 치기 어린 수채화 한 점이 들어 있었고, 그림 속에는 파랑새가 선명하게 자리 잡고 있었다. 파랑새. 그 파랑새는 유진이 보관하고 있는 그림의 파랑새와 꼭 닮아 있었다. 유진이 갖고 있는 파랑새 그림은 보영이 선물로 준 것이었다. 자신이 손수 그렸다면서.

유진의 머릿속으로는 오만 가지 생각이 빠르게 돌아가고 있었다. 그녀는 파랑새 그림을 수 초간 노려보다가 입을 뗐다.

"최 교수님, 저 그림 저거 말예요, 어디서 났죠?"

어안이 벙벙해진 최 교수가 유진이 손가락으로 가리키는 쪽을 쳐다보았다.

"뭐 말입니까?"

"저 파랑새 그림 말예요!"

유진의 말을 들은 최 교수의 얼굴이 납처럼 굳어버렸다.

"대체 저 그림이 어디서 났어요? 네?"

최 교수는 제대로 대답하지 못하고 머뭇거렸다.

"예? 그, 그냥 어디서 선물로 받은 거 같은데……."

둘러대는 것이 명백해 보였다. 유진은 그의 눈동자를 매섭게 노려보았다. 저 그림은 분명히 보영이 그린 것이다. 최보영의 아버지는 화가라고 했고,

어릴 때 돌아가셨다고 했다. 최종억 교수는 왜, 어떻게 평범한 소녀의 유치한 그림 한 장을 자신의 미술대학 연구실 벽에 걸어두게 된 것일까? 유진이 물었다.

"최 교수님, 보영이를 아시죠?"

최 교수는 경악의 눈초리로 유진을 바라봤다.

"유진 씨가 어떻게……?"

뚫어져라 최 교수를 바라보다 보니 그의 코와 입가의 모습이 보영이와 흡사하게 생겼다는 걸 포착할 수 있었다.

"보영이가 최 교수님의 딸이죠?"

최 교수의 놀란 눈은 더 커지고 입마저 벌려졌다. 유진은 그에게로 한 발 더 다가섰다.

"세상에, 이런 일이 있을 수 있군요. 보영이는 제 학생이었어요. 제 제자죠. 아주 얌전하고 순한 애였죠. 돌아가신 아버지가 훌륭한 화가였다고 자랑했었는데…… 쯧쯧……."

최 교수는 입을 벌린 채 여전히 아무 말도 하지 못했다.

"보영이가 죽기 전에 만나보긴 한 건가요?"

"으응……. 한 번 만났어요."

서슬이 시퍼런 유진 앞에서 중죄인이 된 듯이 기가 질려버린 최 교수는 자리에 털썩 주저앉았더니 담배 한 개비를 피워 물었다. 그는 독백하듯 더듬더듬 자신과 보영의 관계에 대해 말하기 시작했다.

최종억이 보영의 어머니를 만난 것은 대학생 때였다. 집안이 부유했던 최종억과 형편이 어려워 직업전선에 서 있던 보영의 어머니는 사랑에 빠졌지만 결국 집안의 반대로 헤어지게 되었다. 둘 사이의 치기 어린 사랑의 결과 태어난 보영은 우여곡절 끝에 남자 쪽에 입적시켰지만, 양육은 여자가 맡기로 하고 두 사람은 완전히 결별했다. 그러다가 최종억은 장성한 보영을 작년 봄에 처음으로 만났다. 주민등록증을 교부받을 나이가 다가온 딸에게 더 이상 아버지가 죽었다는 거짓말을 계속할 수 없었던 보영 어머니의 간청 때문이었다. 이미 가정을 꾸리고 있던 최종억은 자신을 아버지로 여기지 말라며 보영을 받아들이지 않았다. 그리고 얼마 후에 보영은 자살했다. 장례식이 다 끝난 뒤에야 딸의 자살에 대해 듣게 된 최종억은 보영의 집을 찾아갔다가 딸의 파랑새 그림 한 점을 받아온 것이었다. 그는 보영에 대해서는 심한 죄책감에 시달리고 있었다. 뒤에서 비열한 짓은 벌일지언정 대놓고 악행을 저지를 만큼 철면피는 아니었던 것이다.

"이미 가정이 있어서 보영이를 받아줄 수가 없었다고요? 그럼, 가정이 있어서 저한테는 그랬었나요?"

"…… 실은, 작년 내내 괴로웠어. 그러다 너를 보니까 기분이 좀 나아지더군. 네가 좋아졌나 봐. 너를 가지면 내 기분이 훨씬 나아질 거라고 생각했어."

"나쁜 자식! 남이야 죽건 살건 간에 자기 기분만 좋아지면 다야?"

유진은 분노에 부들부들 떨며 외쳤다.

"내가 당신 같은 인간 말종을 상대할 필요가 뭐가 있어! 또 한 번 진성에 얼씬거렸다간 내가 당신 집에 직접 찾아가서 다 말해주겠어."

그러자 최 교수는 자조하듯 피식 웃었다.

"보영인 내 호적에 올렸기 때문에 와이프도 원래부터 알고 있었어."

"호오, 그러서? 당신이 호적에 올린 그 친딸을 자살로 내몰았다는 것도? 그리고 얼마 안 있다가 젊은 여자 꼬셔서 몸을 빼앗으려고 했다는 것도? 그걸 당신 아내와 자식들도 알고, 당신 학교에서도 알고 있다고?"

이번에는 최 교수의 안색이 하얗게 질렸다.

"당신 같은 인간이 대학에서 교수 노릇을 하고 있는 걸 그냥 보고만 있을 수가 없어. 또다시 나 같은 피해자나 보영이 같은 피해자가 나오는 걸 막아야 하니까."

유진은 휙 돌아서서 방문을 열고 나가다가 다시 몸을 돌려 한마디를 더 남겼다.

"차라리 당신이란 인간이 없었더라면 보영이가 제 아버지에 대한 환상이라도 간직하고 살았을 텐데."

말없이 앉아 있는 최 교수의 얼굴은 참담할 정도로 구겨져 있었다. 유진이 대범하고 용기 있는 여성이기는 하지만 누군가를 이 정도로 공격하고 짓밟았던 적은 한 번도 없었다. 그만큼 적개심과 분노가 용솟음쳤다. 체내에서 마구 분비되는 아드레날린의 용량이 감지될 정도였다. 유진은 찬바람이 불고 있는 교정으로 나와 하늘을 올려다보며 길게 심호흡을 했다. 아직도 꽉 쥔 주먹이 가늘게 떨고 있는 것을 보니 그 남자를 한 번 후려갈기기라도 할걸 그랬다는 생각이 들었다. 그 길로 당장 총장실로 가든지 해서 부도덕한 남정네의 얼굴에 먹칠을 해놓고 싶었다. '이자를 어떻게 박살내줄까' 하는 생각만 하며 교정을 걷던 중, 문득 보영의 얼굴이 떠올랐다. 기분이 착잡했다.

일단 응징과 처단을 잠시 접어두기로 했다. 유진은 손을 탁탁 털고 캠퍼스를 빠져나왔다.

"유진아!"

대학 정문에 다다랐을 때 누군가 자신을 부르는 소리에 고개를 돌려보았더니 준혁이 서 있었다.

"어? 너 여기 웬일이야?"

"다 아는 수가 있지, 후후. 너 걱정돼서 와봤다."

"그래? 진짜 웬일이야, 네가? 하하!"

지금 이 순간 자신 앞에 서 있는 이 오랜 친구가 이상하게 몹시도 반가웠다.

"잘했니?"

"당연하지! 내가 한 성질 하잖아. 아주 작살을 내버리고 왔어."

유진은 호쾌하게 웃으며 한 손으로 준혁의 손을 꽉 잡아당겼다.

"너 잘 왔다, 내가 오늘 맛있는 거 사줄게!"

조금 어리둥절해하는 준혁의 팔을 힘차게 잡아끌며 유진은 그 학교를 빠져나갔다.

회심

보영의 파랑새는 어떤 마음을 담아 그린 것이었을까? 아마도 꿈이었겠지? 비좁은 새장 속에서 빠져나가 너른 하늘로 마음껏 날아가고 싶은 꿈이었겠지? 보영이 꿈꾼 것은 바로 그런 자유였을까? 음울하고 꽉 조여진 10대의 삶으로부터 빠져나와 넓고 밝은 세상을 자유롭게 날아다니고 싶은 꿈이었을까? 그 꿈을 가로막고 서 있었던 건 보영의 부모였을까? 학교였을까? 사회였을까? 아니면, 보영 자신이었을까? 결국엔 자신을 부정한 아버지에 대한 배신감을 이겨내지 못했던 것일까? 죽은 줄로만 알았던 아버지가 번듯한 대학교수에다 자신이 동경하는 화가로 엄연히 숨 쉬고 살아 있다는 사실을 알게 됐을 때, 보영의 심정이 어땠을까? 그리고 그 죽은 줄로만 알았던 아버지를 태어나서 처음 만났는데 그 아버지라는 사람의 입에서 자신을 잊고 살라는 말이 튀어나왔을 때, 그때 보영의 심정이 어땠을까? 그러나 과연 아버지와의 비극적인 대면이 보영을 죽음으로 몰아간 원인이었을까? 그 자격도 없는 애비는 왜 죽은 제 딸, 자신이 냉정하게 내쳐버린 그 딸의 그림은 제 연구실에 걸어둔 것일까? 제 마음속에는 존재하지 않는 푸른 양심을 제 방의 벽에나마 걸어두고 가끔 한 번씩 바라보기라도 하려 했던 것일까? 그도 인간이고 싶어서? 사회적으로 매장하겠다는 경고에도 아무런 저항도 못한 채, 체념한 듯 고개만 숙이고 있었던 것은 아버지로서의 일말의 양심 때문이었을까?

그날 밤 유진은 이런 생각들에 빠져 뒤척이느라 늦도록 잠을 이루지 못했다. 자신 앞에 펼쳐진 사건을 어떻게 정리해야 할지 알 수가 없었다. 자신을 찾아온 준혁에 대해 느낀 감정도 어찌 정리해야 할지 알 수가 없었다. 준혁이 믿음직스럽다는 마음이 든 것은 단순히 그간 그렇지 못한 사내들을 경험해서 피곤해진 탓일까? 아니면 자신의 마음 깊은 곳으로부터 우러난 한 사람에 대한 신뢰감 때문일까? 그날 유진은 오랜만에 준혁과 단둘이 데이트를 했다. 대학가의 분위기 있는 레스토랑에서 좋은 음식을 시켜놓고 맥주를 몇 잔 홀짝이며, 낮에 겪은 기이한 인연의 고리에 대해 이야기했다. 준혁은 진지한 눈빛으로 유진의 이야기를 들으며 이따금씩 '잘했다'며 추켜세웠고, 유진의 손을 끌어당겨 자신의 두 손으로 따뜻하게 감싸기도 했다. 밤에 집 앞까지 바래다준 준혁과 헤어질 때, 유진은 스스로 그의 몸을 잡아당겨 팔로 감싸 안으며 그의 입술에 입을 맞췄다. 뜨거운 격정의 키스가 아니라 따뜻한 애정의 키스였다. 굉장히 오랜만에 준혁과 입맞춤을 한 셈이었다. 그런 하루를 되새기느라 늦은 시각까지 유진은 잠자리에 누워 있었다.

눈이 스르르 감기며 잠에 빠져들기 직전, 생각 한 줄기가 떠올랐다. '보영아, 너와 나는 하나구나. 우린 똑같구나. 네가 애쓰다 못 해내고 남겨둔 일, 그걸 이제 내가 해야 될 것 같아.' 유진은 꿈속에서 보영의 웃는 얼굴을 본 것 같았다.

다음 날 아침, 유진은 오형모 교수에게 보낼 이메일을 썼다. 그와 작별한 후 처음으로 쓰는 것이었다.

교수님, 안녕하시죠? 애제자 유진을 잊고 계시진 않겠죠?
어쩌면 이런 생각을 하고 계실지도 모르겠네요. '스승을 등진 괘씸한

녀석이 무슨 낯짝으로 애교질인겨!'

그러시담 제발 옛정을 보시어 저를 용서해주시와요. 네? 교수님. 물론 우리 스승님께서 그 정도로 마음이 좁은 분이 아니시니, 아마도 제 메일을 반갑게 읽어주실 거란 예상도 드는걸요.

오랜만에 댁으로 돌아가셔서 사모님과 따님과 함께 즐거운 시간 보내고 계실 줄로 믿어요. 교수님! 교수님 가신 후 그간 제가 겪은 이 일 저 일, 별로 아름다운 일들이 아니었어요. 공부도 잘 못하고 있고요. 또 제 내면 성찰도요.

내가 약하다는 걸 인정하고 싶지 않았었구나…… 하는 생각이 들어요. 전 언제나 승자여야 하고, 유능해야 하고, 아름다워야 한다는 강박관념 같은 게 있었던 것 같아요. 그런 강박이 왜 있었을까 살펴보니 겁이 나서 그랬던 거였어요. 때로는 패자이고 무능하고 추하기도 한 저 자신의 모습 그대로를 드러내는 것이 너무 겁나서 그랬던 것이었어요. 교수님 가르침대로 힘들어도 제 진실한 모습을 들여다보려고 노력해봤어요. 그러다가 제 눈에 들어온 마음에 안 드는 제 자신의 모습들에 깜짝 놀랐어요. 너무 두려웠죠. 그래서 도로 덮어두려 했는데…… 그게 자신을 두 번 죽이는 일이더군요. 이젠 알겠어요. 덮어둔다고, 모른 체하고 산다고 제 내면의 부정적인 부분들이 사라지는 건 결코 아니라는 것을!

그래서 저도 이제는 자신의 가장 약하고 무능한 부분들을 인정하고 받아들여 주기로 마음먹었어요! 겁만 먹지 말고 용감하고 씩씩하게 제 안을 까뒤집어 보고, 거기서 나온 것들을 그대로 인정해주기로 했어요.

다시 생각하고, 다시 도전하겠어요. 돈 많이 버는 것보다 저를 더 잘 아는 게 더 중요하다고 생각하게 됐어요. 자신을 잘 알아가는 길은 결코 소수의 우수한 인재들에게만 부여된 특별한 과제가 아니라, 사람이라면 누구나 반드시 이루어내야 할, 모든 이에게 주어진 고귀한 과제라고 생각하게 됐어요.

저의 감사의 마음을 전합니다. 교수님. 교수님께서 이끌어주시지 않았더라면 저는 여전히 미몽의 사이클 속에서 헤매고만 있었을 거예요. 비록 이제는 못난 제자를 남기고 떠나가셨지만, 저는 교수님의 가르침을 가슴속에 담고 교수님의 뜻을 기억해내며 진짜로 멋진 저만의 길을 가려고 합니다.

보고 싶어요, 스승님. 건강 잘 챙기세요.

애제자 서유진 올림

"회장님, 창의성이라는 것이 기존의 엘리트주의적 커리큘럼에 약간 첨가한다고 해서 생기는 것이 아니라는 결론을 내렸습니다. 이것은 오늘 이 자리에 참석 못 하신 최종억 교수님의 결론이기도 합니다."

김재명 회장과 진성실업의 팀원들 앞에서 발표하던 유진은 자신이 이미 최 교수를 감정적으로 처리해버렸다는 사실을 확인할 수 있었다. 그에 관해 말하는 것이 아무렇지도 않았다.

"우리가 진정으로 학교에서 학생의 창의성을 함양시키는 효과를 내고 싶다면, 창의성의 바탕이 되는 전인적 교육이 선행돼야 하겠고, 그런 전인교육을 엘리트주의 교육과 융합시키는 것은 결코 단순한 일이 아닐 것입니다. 물론 지나치게 준비작업이 지연되는 것은 저도 바람직하지 않다고 봅니다. 하지만 이미 과거에 실행했던 교육을 그대로 답습하는 것보다는 진짜 창의성 발현을 도와줄 수 있으면서, 진짜 우리의 엘리트가 될 만한 전인적 성숙도 기해줄 수 있는 그런 새로운 교육방식을 꼭 구현해야 한다고 믿습니다."

유진의 전과 다른 진지하고도 단호한 발언에 김 회장을 비롯한 회의 참석자들은 조금 당황하고 있었다. 그도 그럴 것이 오늘은 기왕지사 결정된 엘리트주의적 '귀족학교' 설립을 위한 커리큘럼 시안에 대한 브리핑을 들어 보고, 그에 대한 기업 차원의 추인을 내리기로 예정된 날이었다. 그런데 프로젝트의 중핵인 유진이 갑자기 아직 준비가 안 됐다며 지연을 요청했고, 나아가 결정된 방향을 전면 수정하는 새로운 안을 들이밀었기 때문이다. 유진의 자문 역으로 배정됐던 최종억 교수는 신병을 이유로 참석하지 않았다. 김 회장이 입을 뗐다.

"그럼, 유진 양이 주장하는 그런 새로운 교육방법을 이제 어디서 찾을 수 있을까요?"

"그것을 아주 잘 도와주실 수 있는 분이 우리 곁에 계셨죠. 세계적인 교육학자이신 오형모 교수님이라구요. 물론 제가 앞장서서 쫓아냈지만요, 하하하."

거의 뻔뻔함에 가까운 유진의 태도에 김도헌은 기가 차다는 듯이 얼굴을 찌푸렸지만 김 회장은 껄껄 웃었다.

"허허, 우리 유진 양이 그 사이에 최종억 교수님도 내쫓아버린 건 아닌가?"

"아, 네. 내부의 반대에도 불구하고 제가 최 교수님께는 물러나 주십사 요청을 드렸습니다."

유진의 이 발언에 대해서는 김 회장도 웃음으로 화답하지 않았다. 이때 김도헌이 자리에서 일어나 유진의 독단이 지나치게 오만하지 않느냐며 목소리를 높였다. 김 회장과 유진은 오형모 교수를 다시 영입하는 건에 대해 잠시 가벼운 설전을 벌였고, 이 비서는 양측의 눈치만 살피고 있었다. 그런데 김도헌이 다시 자살골을 넣었다. 갑자기 벌떡 일어서서 유진에게 인신공격을 퍼부은 것이다.

"이봐요, 서유진 씨, 당신이 뭐가 그렇게 대단해서 사업에 대해 이래라 저래라 주문입니까? 당신 때문에 함께 일하던 남자들이 죄다 일을 집어치우고 싶어지잖아요!"

유진은 자리에 앉은 채 김도헌을 똑바로 쳐다보며 말했다.

"아, 그러세요? 그럼 김 박사님께서도 최 교수님과 같은 이유로 이 일을 '집어치우고 싶어' 하신다는 말씀인가 보죠? 두 분 다 저를 자신의 뜻대로 이용하지 못하기 때문에 그러시다는 말씀인가요?"

"뭐얏?"

두 젊은 남녀의 감정이 격해오를 때 김 회장은 뭔가 감을 잡은 듯한 표정을 지었다. 혈기왕성한 젊은 사내가 저토록 분기탱천해 감정을 터뜨릴 때는 다 그럴 만한 이유가 있는 법. 그 이유란 거의 대부분 원초적인 남성성의 분출, 즉 여자를 차지하는 문제와 관련돼 있다는 것을 김 회장같이 산전수전 다 겪은 인생의 베테랑은 눈치 챌 수 있었다. 그의 신속한 두뇌는 이쯤에서 판을 접는 쪽이 이로울 것이라는 결론을 도출해냈다. 김 회장은 이 비서에게 눈짓을 보냈다. 이 비서가 크게 헛기침을 한 번 하며 유진과 김도헌에게 자제해달라는 제스처를 취했다. 김 회장이 점잖게 말했다.

"자, 이 문제는 말입니다, 중요한 건이니 우리 잘 생각해볼 필요가 있겠어요. 유진 양의 의견도 당연히 존중해야 하겠고……. 유진 양, 아까 말했던 대로 오형모 교수님을 미국으로 돌려보낸 당사자기도 하니까, 허허, 직접 오 교수님과 연락을 취해서 조언을 한번 구해보세요. 에헴."

결국 일은 유진이 계획했던 방향으로 가닥을 잡았다. 유진은 학교사업 중의 교육과정 구성안에 대한 전권을 위임받았고, 그에 대해 오형모 교수의 추가 자문을 구하라는 김 회장의 재가 또한 받아냈다. 회의가 끝난 후 김 회장이 자리를 뜨자, 김도헌은 몹시 기분이 상한 듯 먼저 회의실을 떠나버렸다. 이 비서는 회의실을 나서기 전에 유진을 향해 빙긋 웃음을 보냈다. 유진이 이 비서를 불러 세웠다.

"이 비서님, 여러모로 감사드려요."

"천만에요!"

그는 이 한마디만 남기고 김 회장의 뒤를 따라 걸음을 재촉했다.

유진이 일을 끝내고 집에 돌아와서 컴퓨터를 켜자 두 개의 주목할 만한 메일이 도착해 있었다. 언니 미진과 오 교수의 메일이었다. 유진은 먼저 미진의 메일을 열었다. '시'라고 명명된 묘한 글이 실려 있었다. 필자 미상의 이 '시'에는 귀족과 평민의 삶의 노정은 다 팔자소관으로 주어진 것이니, 평민은 자신의 분수에 만족하고 귀족은 자신의 행운에 감사하며 각기 주어진 길을 걸어야 한다는 체념론이 담겨 있었다.[27] 유진은 바로 답신을 날렸다.

언니, 그 '귀족'이 단 한 번만이라도 고생하는 '평민'들과 삶을 공유해본다면, 그런 오만방자한 쓰레기 같은 글을 시랍시고 쓰는 죄악을 저지르는 일은 아마 없을 거야.

그 다음에 오 교수의 답신을 열었다. 가슴이 두근거렸다. 짤막한 답신은 이랬다.

나의 자랑스럽고 사랑스러운 제자 유진에게.
자네의 복지는 나의 지대한 관심의 대상.
예상보다도 빨리 답을 찾아 나선 걸 축하해.
I'll be there for you.

오 교수의 답신을 읽은 유진은 아주 기분이 좋아졌다. 이번에는 꼭 자신이 '원래 하기로 되어 있던 일'을 확정지을 수 있을 것이라는 믿음이 생겼다. 조만간 스승과 재회해서, 미처 못 마친 공부를 꼭 재개하겠다고 다짐했다.

U.S.A.

3월 중순이 되었다. 유진은 준혁과 함께 시카고행 항공기에 탑승했다. 준혁은 정부의 '젊은 인문학도를 위한 세계화 프로그램'에서 교부하는 지원금을 받아 교환학생으로 시카고 대학에 가게 되었고, 유진은 진성실업으로부터 '21세기 첨단 서구교육의 실상'에 대해 오형모 교수와 공동으로 조사하기 위한 지원금을 받은 것이다. 유진은 시카고 대학에서 오형모 교수와 합류하게 되었다. 오 교수가 모교인 시카고 대학에서 안식년의 잔여기간에 체류하게 되었기 때문이다. 이렇게 하여 유진은 준혁과 미국의 같은 대학에서 머물 수 있게 되었다. 미국행 항공기에 탑승하기까지 국내에서의 일처리가 결코 간단한 것은 아니었지만, 모든 일을 정리하고 오 교수에게 돌아가게 되었다. 유진의 마음속에서는 처음으로 학교설립 사업을 맡게 됐을 때 미지의 신에게 보냈던 감사의 염이 되살아났다.

14시간 가까이 비행기로 날아가는 동안, 유진과 준혁은 잠시 학문적인 주제에 관해 가벼운 토론을 벌였다. 지난번의 입맞춤 이후로 둘은 서로에 대한 태도가 현저하게 긍정적으로 바뀌어서, 짬이 나면 전화를 주고받으며 소소한 일상에 대해 의논하는 살가운 관계가 되었다. 미국 동행도 즐거운 마음으로 함께 추진했다. 이제는 공부와 관련된 대화를 나눌 때도 언쟁보다는 호의적인 토론을 주고받을 정도로 둘 사이의 분위기는 전과 달라졌다.

"그러니까 넌 미국이란 나라에 일부러 돈 쓰며 공부하러 가면서도 미국이 싫어 미치겠단 말이니?"

비행기가 베링 해협을 지나 알라스카에 가까워질 때쯤, 반미주의적 단상을 풀어놓고 있던 준혁에게 유진이 물었다.

"아니, 그렇게 싫다는 게 아니라, 미국의 지배층과 특수이익집단이 전 세계를 지들 맘대로 쥐고 휘두르는 걸 비판하는 거지. 그게 뭐 잘못됐어?"

"넌 바로 지금 그런 미 제국주의의 본산인 대학으로 가고 있잖아."

"그래, 나도 미국의 명문대들이 다 맘에 드는 건 아니어도 걔들 학문 수준이 세계 최고라는 건 부정 안 해. 나도 네 말대로 바깥바람도 쐬면서 시야를 한번 넓혀볼란다. 워낙에 내가 조선 토종이라 좀 겁도 나고."

"네가 웬일이야? 솔직한 감정도 표현할 줄 알고. 하긴 넌 영어가 달려 겁도 나겠다."

"에이, 거 도착도 하기 전에 스트레스 받게 영어 얘긴 왜 꺼내. 나도 이번에 맘 확실히 잡고 왔어. 영어 한번 끝장을 봐야지!"

"그럼, 그래야지. 잘 모르는 거 있으면 누나한테 물어보고 그래."

"영어 좀 한다 이거지?"

유진이 하품을 하며 말했다.

"아~함. 아마 오 교수님은 이렇게 말씀하셨을 거야. 우리가 미국을 있는 그대로 보기가 매우 힘들다, 왜냐하면 우리 눈엔 편견, 선입견, 통념 등의 렌즈가 씌워져 있기 때문이지, 우리가 감정적으로 미국이라는 대상을 바라보고 있는 한 그런 렌즈를 벗어낼 수가 없고, 고로 우린 미국을 있는 그대로 제대로 보기 위해 그런 렌즈를 벗어버리려는 시도를 해야만 하고, 바로 그런 제거작업을 철학이라고 부른다."

"아이 토탈리 어글리(I totally agree)."

"아이, 발음이 틀렸어요. 준혁 학생, 자~ 따라해보세요. 아임 토틀리 어글리(I'm totally ugly)."

"죽을래?"

입국심사를 마치고 가방을 찾아 공항 로비로 나오니 오형모 교수가 마중 나와 있었다. 유진은 환하게 웃으며 뛰다시피 오 교수 앞으로 가서 허리 굽혀 인사했다. 오 교수 역시 활짝 웃으며 유진에게 손을 내밀어 악수를 청했다.

"Hey, you're still skinny! Told you you were no pig(아직도 말랐네! 자넨 돼지가 아니라고 내가 그랬지)!"

"아, 교수님, 제 옆에 커뮤니케이션에서 소외되는 친구가 있으니 한국어를 사용해주셔야……."

"오, 준혁! Welcome to the Windy City."

"네, 오랜만입니다, 교수님."

유진이 준혁에게 설명했다.

"시카고 별명이 윈디 시티야, 바람이 많이 분다고 해서."

반갑게 재회한 세 사람은 오 교수의 차에 올라 오헤어 공항을 빠져나왔다. 미국 중서부의 널찍한 고속도로에는 차들이 적지 않았지만, 서울 주변에 비하면 교통은 훨씬 원활해 보였다. 오 교수는 운전을 하면서 이들이 당분간 몸담게 될 시카고 대학에 대해 이야기해주었다.* 그는 시카고 대학이 서구 사상을 공부할 준혁을 위해서도 최상의 프로그램을 보유하고 있지만, 교육에 대해 연구할 유진에게는 특별한 중요성을 지니고 있다고 말했다. 이는 바로 미국 교육사상을 대표하는 철학자 존 듀이가 이 대학의 교육학과를 설립했고, 그가 자신의 교육사상을 구현하기 위해 1896년에 교육학과 부설기관으로 창설한 유명한 실험학교(the Laboratory School)도 100년 넘도록 그 전통의 맥을 이어오고 있기 때문이었다. 오형모 교수는 시카고 대학 교육학과에 소속되어 있을 때 실험학교를 통해 축적한 자신의 경험을 토대

---

* 1890년에 미국의 거부 존 D. 록펠러가 설립한 시카고 대학(The University of Chicago)은 전통적으로 소수정예의 대학원 중심 연구대학을 지향했다. 지난 1세기 동안 미국의 학계에서 독특한 학문적 위상을 과시해왔으며, 졸업생과 전현직 교수 중에 노벨상 수상자 수가 80여 명을 헤아린다.

로 듀이의 사상을 재해석하여 서구 학계에서 명성을 떨쳤던 것이다.

"시카고 대학은 가장 미국적인 교육사상의 발원지인 셈이지. 비록 듀이가 당시의 총장 허친스와의 불화 때문에 학과장 자리를 버리고 뉴욕의 컬럼비아 대학으로 자리를 옮기긴 했지만."

오 교수는 미국 교육의 보수-진보 구도의 역사적 전개에 대해 설명하며, 진보 캠프의 사상적 아버지인 듀이의 수제자의 수제자가 자신의 지도교수였다고 말했다.

"헤, 그럼, 사부님 사부님의 성지순례를 하게 되겠네요."

그런 유진의 말에 웃음을 터뜨리며 오 교수가 말했다.

"나의 사부가 듀이의 3대 수제자거든. 그러니 자네 사부의 사부의 사부가 듀이인 셈이지."

오 교수가 미국 교육에 대한 즉석 강의를 계속하는 동안 차는 시카고 다운타운을 관통하여 미시간 호수 쪽으로 방향을 틀었다. 그리고 이내 호변의 고속도로를 달려 남쪽의 하이드 파크로 접어들었다. 동부의 오래된 시가지와 난개발 도심의 모습이 혼재하고 있는 느낌을 주는 지역이었다. 거리에는 흑인들이 많았지만 간혹 백인도 눈에 띄었다. 유진과 준혁은 미국에 첫발을 딛게 된 이곳에서 사방을 두리번거리며 구경하느라 바빴지만, 오 교수는 그에 개의치 않고 운전대를 잡은 채 강의를 멈추지 않았다.[28]

"내 견해로는 보수파와 진보파가 시대에 따라 상승, 하강을 되풀이해온 게 현대 미국 교육의 역사적 패턴이야. 그 과정에서 보수 한쪽도 아니고 진보 한쪽만도 아닌, 양자가 충돌하고 상호작용하는 가운데 변증법적인 제3의 합일체가 발생했지. 바로 그것이 미국 교육의 실체라 할 수 있어. 따라서 미국 교육이라 할 때는 진보적인 것만 논해서도 보수적인 것만 강조해서도 안 돼. 미국 교육은 보수와 진보라는 양 날개를 다 구비하고 있어. 난 그게 미국 교육의 힘이라고 봐. 어때, 이런 점은 한국 교육에 대한 시사점도 많이 갖고 있지 않아?"

시카고 대학 캠퍼스에 도착한 오 교수가 차를 세우며 뒷좌석을 돌아보니 두 젊은 남녀의 눈동자는 부패한 어류의 그것을 닮아 있었다. 한국과의 시차로 인한 피로 때문이었다.

"교수님, 정말 대단하세요. 이 제자는 스승님의 기대를 저버리지 않기 위해 졸음과 싸우며 열심히 경청했습니다만, 이렇게 오랜만에 만나고도 그렇게 어려운 강의를 운전 내내 하시다니, 정말 당할 자 없는 사부님이세요."29

듀이

유진과 준혁은 남녀공용 기숙사에 짐을 푼 뒤 이틀간 시카고 구경을 다녔다. 버스를 타고 박물관, 미술관, 그리고 다운타운 여러 곳을 활발히 돌아다니면서 뒤바뀐 낮과 밤에 적극적으로 대응했다. 사흘쯤 지나니 몸이 이국땅에 적응해가는 것 같았다. 이제는 준혁도 신학기에 대비해 대학 사무실에 가서 잡다한 일들을 처리해야 했다. 아직 제대로 입을 떼지 못해 위축돼 있는 준혁의 등을 두드려 학교로 보낸 뒤, 유진은 오 교수의 연구실이 있는 건물로 찾아갔다. 잉글랜드 고딕 양식의 고풍스러운 석조건물은 육중한 목재 문을 통해 들어갈 수 있었다. 안으로 들어가니 바닥에는 대리석이 깔려 있고, 현대식 사무실 건물과는 달리 조명이 어두운 편이었다. 유진은 천천히 주위를 둘러보며 오 교수가 일러준 대로 중앙의 대리석 계단을 올라갔다. 그리고 3층에 위치한 연구실 방문을 노크하고 들어갔다. 널찍한 연구실 창문 또한 거대했고, 아치형의 검은 철제 창틀은 장중한 분위기를 더해줬다.

"안녕하세요, 교수님? 우와, 이 건물은 분위기가 아주 심각하네요."

"아, 그런 것 같아? 나도 여기서 학생이었을 때 좀 그렇다고 생각했었어. 자, 저쪽 책상을 치워놨으니까 내 공부 방해하지 말고 얌전히 사용하도록."

오 교수는 예전과는 달리 시간이 흐를수록 은근히 제자를 구박하는 태도를 발달시키는 듯했다. 유진은 악의 없는 스승의 태도가 싫지 않았지만 빨리 적응이 되지는 않았다.

"저한테 여기 와서 함께 공부 잘해보자고 하시더니, 이제 와서 이렇게 구박하실 줄이야……."

오 교수는 그녀의 말을 들은 척도 안했다.

"자네가 지금 앉아 있는 이곳이 바로 존 듀이가 교육학과를 창립한 건물이야. 역사가 배어 있는 곳이지. 내가 20여 년 전에 여기서 듀이를 배웠고, 이젠 그 가르침을 자네에게도 전수해줄 수 있을 것 같아. 어때, 유진. 뭔가 의미심장한 일이라고 생각하지 않아?"

"아, 네, 그도 그러네요."

유진은 오 교수가 가리킨 책상 앞에 자리를 잡고 앉았다.

아동친화적인 학교

"자네는 미국 교육이 한국의 교육과 가장 다른 점이 뭐라고 생각해?"

"음…… 엊그제 비몽사몽 중에 교수님께서 미국 교육이란 걸 일반화하기 힘들다고 말씀하신 것 같은데……. 어쨌든 간에 제가 생각해왔던 미국 교육이란 건, 무엇보다 아이들이 선생 명령에만 복종하지 않고, 자유롭게 공부하고, 또 시험 스트레스 같은 것도 별로 없는 그런 생활을 하고 있는 것 같아요. 실제로 제가 대학 3학년 때 교환학생으로 펜실베이니아에 갔을 때 볼 수 있었던 것도 그런 모습이었거든요."

"그래, 비록 일반화는 힘들어도 우리가 한국과 비교해서 미국 교육에 대해 그 정도는 얘기할 수 있겠지. 그렇다면 말야, 왜 미국 아이들은 시험성적에 목매달지 않고 그렇게 여유로운 학교생활을 한다고 생각해?"

"음…… 그야, 전 국민이 제 자식들 SKY*에 집어넣으려고 경쟁하지 않아도 되기 때문이겠죠? 아이들이 제 적성과 능력에 맞는 쪽으로 진학하고, 직장을 갖고, 그러는 것을 당연하게 여기기 때문이겠죠. 물론 일류대를 졸업 안 해도 먹고살 만한 선진국이기에 그런 여유로움도 가능하겠지만요."

"흠, 그래도 제자로 다시 받아주기를 잘했군, 적절한 분석이야. 나도 동의해. 그런 미국에 반해 우리나라는 학부모 대다수가 애들을 일류대에 보내려고 혈안이 되어 있지. 문제는 모두가 일류대에 갈 수도 없고, 또 그래서도 안 된다는 데 있어. 세칭 일류대라는 곳은 수준 높은 학문의 길을 추구할 소수의 젊은이들을 받아들이는 곳이란 말이야. 모든 이가 학문을 할 수는 없거든. 또 그래서도 안 되고. 미국에선 그게 상식이지. 일류대는 소수의 학문에 적합한 애들, 소수의 엘리트 훈련을 스스로 바라고, 또 그에 적합한 애들이 진학하는 곳이고, 나머지 애들은 나름대로 자신에게 맞는 곳으로 진학하든지, 아니면 고등학교 졸업 후에 바로 직업전선에 뛰어들든지 하는 게 미국의 실정이야. 이게 우리나라에선 상식이 될 수가 없다는 데 우리 교육의 심대한 문제가 자리 잡고 있겠지."

"하지만 미국의 부모들도 되도록이면 자기 자식이 일류대에 가길 바라지 않을까요?"

"그런 부모들도 없지 않지, 특히 아시아 3국에서 이민 온 부모들은. 나는 그런 자식교육에 대한 열정이 그들의 힘의 원천이기도 하고, 동시에 그들의 발목을 잡는 덫이기도 하다고 봐."

"왜 덫이 되죠?"

---

* 한국에서 지필시험을 치는 특수한 인지기능이 가장 잘 발달된 독특한 학생들의 분포도가 가장 높은 3개 대학을 일컫는 용어.

"자식들 교육을 위해서 내 대(代)는 희생해야 한다는 사고방식이 한편으로는 헌신적이기는 하지만, 부작용 또한 만만치 않거든. 희생된 부모 세대의 삶은 그렇다 치고, 희생한다 해서 아시아 출신 아이들이라고 죄다 좋은 대학 가는 것도 아니지. 그리고 이런 분위기 속에서 소외되고 낙오되는 아이들도 아주 많고, 또 보다 대국적으로는 미국 학교의 분위기를 시험 지향적으로 뒤틀기도 하고."

"전 그래도 부작용보다는 득이 더 많다고 봐요."

"나도 부인하지 않겠어. 삶과 자식 부양에 대한 한국식 사고와 미국식 사고방식 중에 어떤 게 더 우월하다고 평가할 수는 없는 일이지. 하지만 내가 아이의 입장이 돼서, 일종의 현상학적인 시각에서 양쪽 중 하나를 더 우월한 것으로 골라야 한다면 난 미국 방식을 들겠어. 자네라면 그렇지 않을까?"

"저희 언니라면 한국식을 들겠지만, 저라면 미국식 학교에 제 자식을 보내겠어요."

"왜?"

"자유롭게, 스스로 자신의 적성과 재능을 찾아내고, 그것에 맞는 삶의 길을 구하도록 도와주니까요."

"그 편이 하버드 가서 엘리트가 되는 것보다 더 중요하다고 본단 말이지?"

"네."

"흠, 이제야 자네가 나의 교리에 세뇌가 돼가고 있는 것 같군."

"네, 교주님."

"뭐라고?"

"아니, 교수님이라고요."

"좋아. 내가 20년 이상 미국서 애 낳고 키우며 살아오다 보니 한국과 확연히 다른 점이 한 가지 보이더군. 우리나라 아이들은 장래희망을 물으면

거의 다가 대단히 야심찬 대망을 품고 있어. 예를 들어 법관, 의사, 과학자, 부자, 뭐 이런 것들 말야. 헌데 미국 애들은 그렇지가 않더군. 장래희망이란 게 기껏 해봤자 소방수, 간호보조원, 우편배달부, 엔지니어, 이런 정도야. 소박해. 엘리트 직종을 원하는 애도 있지만 다 그런 게 아니야. 뭐, 이런 현상이 한국에 비해 더 바람직하단 얘길 하려는 건 아냐. 근데 더 놀라운 건, 아이들이 이런 소박한 장래희망을 밝힐 때, 아이들의 부모가 그걸 존중하고 칭찬하고 격려해준다는 점이야. 생각해봐. 우리나라의 철든 애가 제 부모한테 난 커서 소방수 되는 게 꿈이에요 그러면 그 부모가 아이고 똑똑해라 내 새끼, 그럴까?"

"강남의 제 언니라면 그런 자식을 용납하지 않을걸요."

"난 미국 아이들이 이렇게 소박한 꿈을 갖고 자라는 걸 부러워해. 어릴 때부터 일류대 들어가야만 한다는 강박관념에 사로잡혀서 자신의 진정한 적성과 재능이 뭔지도 모르고 치열한 학업경쟁 속에서 스트레스 받으며 자라는 게 아니거든. 미국의 많은 학부모들은 자식이 무슨 직업을 희망하든 간에 그것이 자식에게 맞는, 자식에게 보람 있고 행복한 삶의 수단이 돼줄 만한 직업이라면 그것을 그대로 받아들여 줘.

자, 난 미국 부모들의 이런 성향을 우리가 부정적으로도, 또 긍정적으로도 해석할 수 있다고 봐. 먼저 매우 부정적으로 보자면, 미국 부모들은 한국 부모에 비해 자식에게 그다지 열성이 없다고 하겠지. 자식의 풀 포텐셜을 끄집어내줘서 자식이 사회의 상위계층으로 올라갈 수 있도록 적극적으로 밀어주지 않는단 말야. 이건 인생을 그저 주어진 대로 편하게 살다가 가면 된다는, 선진국의 어느 정도 보장된 경제생활을 바탕으로 형성된 수동적이고 비개척적이고 소극적인 삶의 태도라고 비난할 수 있겠어.

하지만 반대로 긍정적으로 본다면 말이야, 어쩌면 미국인들은 1세기 전에 듀이가 제창한, 경험을 중시하고 프래그매틱한 교육철학을 어느 정도

내면화했기 때문에 자녀교육에 관해 그런 태도를 견지할 수 있는 것이라고
도 해석할 수 있지 않을까? 물론 나의 이런 추측이 과학적으로 입증된
건 아니고 그저 추측에 지나지 않지만, 지금까지 많은 미국의 성인들을
접해오면서 듀이식의 교육에 대한 신념이 그들 정신에 배어 있다는 걸
종종 느꼈거든."

"듀이가 뭐라고 했기에 아이들이 엘리트를 지향하지 않고 소박한 꿈을
가져도 좋다고 하는 거죠?"

"그걸 이해하기 위해선 듀이의 생각을 좀 더 차근차근 들여다볼 필요가
있지."

프래그머티즘

"듀이의 철학을 프래그머티즘(Pragmatism)이라고 부르는데, 이걸 우리말
로 '실용주의'라고 해석하는 건 적절치 못해. 우리는 돈 되는 게 실용적이라
고 생각하지, 돈 안 되는 건 비실용적이라고 여기고. 따라서 경영학은
실용적인 것, 철학은 비실용적인 것이잖아. 그렇지만 듀이에게 프래그매틱
한 것은 '존재의 본질적 목적을 이루는 데 도움이 되는 것'이라고 정의할
수 있어. 따라서 돈을 아무리 많이 벌어도 그게 내 존재의 본질적 목적에
도움이 안 되면 그건 프래그매틱하지 않다는 말이야. 이해가 돼?"

"네, 아직까지는. 지금 겁먹고 교수님 말씀 따라가고 있는 중이에요.
제가 철학에 대한 공포증이 좀 있어서."

"그건 아마도 자네가 아동기부터 '엘리트'만 지향하면서 자네의 진정한
재능을 계발하는 걸 소홀히 해왔기 때문일 거야. 아무튼, 듀이는 상대주의자
였기 때문에 세상천지에 절대적인 지식, 진리란 없다고 봤거든. 듀이는
지식의 진위란 오로지 실천을 통해서 그 지식이 프래그매틱하다는 것이
입증됨으로써 결정된다고 본 거야. 듀이가 존재의 본질적 목적에 도움이

되는, 즉 프래그매틱한 앎과 행위라고 본 것을, 최근의 철학자들은 마틴 하이데거의 '존재론적 욕망'이라는 개념과 흡사하다는 주장을 내놨어. 존재론적 욕망이 바로 존재의 본질적 목적을 성취하고자 하는 욕망이거든. 또 어떤 이들은 존재론적 욕망이 바로 노자사상의 무위(無爲)와 같은 것이라고도 해석하지.

무위란 게 아무 일도 안하고 놀고먹는다는 의미가 아니야. 무위란 남의 눈에 잘 보이려고 하는 가식적이고 계산적이며 쓸데없는 행위를 하지 않는다는 뜻이야. 자신의 존재의 본질을 밝히는 일을 하는 것이 바로 무위지. 무위는 '함(do)'이 아니라 '있음(be)'의 범주야. '있음'에 관해 논하는 철학의 분야를 존재론이라고 일컫지. 존재론의 입장에서 하이데거는 '존재의 사유는 들길 위에서의 사유'라고도 말했어. '들길'이란 단순함의 찬란함과 자유의 비어 있음을 나타내는 상징이지. '들길 위에서의 사유'란 작위적이고 유위적(有爲的)인 노동의 작폐에 반대되는 존재 상태이고, 이는 무위와 다르지 않아."

"잠깐, 잠깐만요! 제가 소홀히 해온 철학적 성능이 한계에 다다르고 있어요, 교수님!"

"괜찮아, 자네가 이해한 대로 말해봐 한번."

"네. 이를테면 제가 만약에 남들한테 잘 보이기 위해 명문대를 가려 했다면, 일류대에 꼭 가려 하는 나의 행동, 이런 게 자유와는 거리가 먼 '유위'란 말씀인가요?"

"You've got that right."

"후유, 그럼 무위란 진정한 내가, 아직은 제대로 발견해내지 못한 내가 자연스럽게 드러나게 되는 그 본질적 목적을 따르는 게 무위이고, 바로 그게 프래그매틱하다는 말씀인가요?"

"빙고!"

"아, 감사합니다. 그럼 아직도 제가 잘 따라가고 있는 거네요."

"그런데 듀이의 프래그머티즘을 제대로 이해하기 위해서는 그의 특이한 우주관을 이해해야 하는데, 그 우주관이 굉장히 동양적이어서 최근에는 듀이를 도가나 유가, 또는 불교적 존재론으로 해석한 사람도 있어. 일례로, 듀이는 개인주의를 옹호하긴 하지만 그의 개인주의는 도덕적·상호의존적 개인주의로, 존 로크(John Locke)의 원자핵과 같이 단독으로 작용하는 개인 주의와는 판이해. 듀이는 로크 류의 '개인'이란 존재하지 않는 허상이라고 일축하거든. 왜냐하면 듀이가 보는 우주란, 이 세계란, 인드라망과 같은 상호관계의 그물 속에 모든 개인들이 모든 타자와 연결돼 있는 상태라 할 수 있어. 어느 관계의 교차점에 '나'라는 개인이 형성돼 있지만, 그러한 '나' 하나만 분리해서 존재하지는 않는다는 말이야. '나'는 오로지 타자들과 의 관계 속에서만 형성돼 있고, 그런 맥락 속에서만 '나'라는 개인이 존재한 다는 말이야."

"다시 브레이크! 잠깐요! 인드라망이 뭐죠?"

"인드라망(Indramang, 因多羅萬)이란 불교의 화엄경에서 저 하늘 위 제석 천의 궁전 위에 드리워진 무한하게 뻗어 있는 그물망을 말하는데, 화엄의 연기적 세계관을 상징적으로 표현하는 도구야. 우주 만물이 독존하지 않고 공존하는 원리를 상징하기도 하고. 우리는 그 그물의 씨줄과 날줄이 만난 한 지점에 개인으로서 존재하는 거지. 따라서 전 우주의 모든 타자와 연계되 어서 뻗어 나온 씨줄과 날줄 없이는 '나'라는 개인은 존재하지도 않는 것이고."

"그러면요, 듀이는 상대주의자라고 하셨는데요, 아무리 상징이고 은유라 하더라도 인드라망 같은 것으로 설명되는 우주에 대한 개념은 절대적인 것이 아닌가요?"

"헛, 그런 걸 꿰뚫다니, 좋아! 인드라망의 우주 같은 건 아마 절대적 진리의 범주에 속하겠지. 이에 대해선 듀이로선 목청 높여 할 말이 없어.

그의 태도는 거의 불가지론에 가까울 정도야. 다만 내가 파악한 듀이 사부는 그런 절대적 진리에 대한 내밀한 믿음을 혼자서 간직하고 갔다고 봐. 바꿔 말해서 절대적인 진리로써 포착할 수도 있는 이 우주 속에서 개개인의 자아실현이란 지극히 상대적인 셈이야."

"알 듯 모를 듯한 말씀……."

"우주를 언어로 설명하긴 불가능한데, 그 안에 존재하는 '나'라는 개인이 어떻게 자신을 꽃피울 것인가 하는 문제는 철저히 그 개인이 알아서 평가할 문제라는 말이야. 자신을 형성한 인드라망의 씨줄과 날줄이라는 조건 위에서 스스로 결정할 문제여서, 타자가 감 놔라 대추 놔라 할 사항이 아니란 거야. 이런 신조에 대해서는 후대에 프래그머티즘을 복권시킨 리처드 로티*가 유려하게 설명을 해줬어. 로티에 의하면 서양철학사의 이성 중심적이고 언어분석적인 시도는 모두 그런 이성·로고스·이데아, 아니면 마음·언어 등과 같은 '거울'에 비치는 본질을 보기 위한 방법이고 메타포였을 뿐이거든. 그런데 절대적 진리 같은 게 없는 이 삶 속에서 자신의 삶, 그 자체를 통해 그 메타포를 독창적으로 표출하는 대표적인 이가 시인이라는 거야. 그리고 그런 시인이 존중받는 사회가 바로 진정한 민주주의 사회라는 거지."

"조금 더 알 듯 모를 듯하네요."

"You're saying you're improving?"

"Perhaps so."

---

* Richard Rorty. 20세기 후반에 영미 철학계가 엄밀한 분석철학적 대세 속에서 일반인의 삶과 동떨어진 언어분석에만 전문적으로 몰두하고 있을 때, 삶의 의미와 효능을 따지는 퍼어스, 제임스, 듀이 같은 미국의 초기 프래그머티스트들의 복권을 주창한 미국 철학자.

성인을 꿈꾸는 사회

"OK. All in good time(때가 되면 다 알게 돼)."* 듀이의 생각을 교육에 적용해서 볼까? 듀이가 옹호하는 교육이란 어떤 것이 될 것 같아?"

"당연히 유위적이거나 남의 눈에 좋아 보이려 하는 교육이 아니고, 자신의 본질에 적합한 진짜 프래그매틱한 교육이어야 하겠죠."

"제대로 따라오고 있네. 그래, 개인의 개성과 적성과 재능에 적합한 교육이어야 하겠지. 이렇듯 교육이 개인에게 프래그매틱하기 위해서는 국가 차원에서, 타율적으로, 추상적인 내용을 전수해주면 될까?"

"하하, 저를 시험하시다니. 그러시면서 힌트도 주시다니. 아니죠! 교육은 로컬(local) 수준에서, 자발적으로, 구체적인 지식을 다뤄야 하지요."

"맞았어. 그래서 지역공동체 차원에서, 구체적인 삶의 활동을 통해, 학생들의 경험을 위주로 교육이 실행돼야 한다는 게 듀이의 주장이야. 자신의 개성·적성·재능에 부합하지 않고, 사회적 인정이나 타인의 기대, 부모 욕심의 대리만족, 이런 것들을 위한 엘리트 되기를 추구하는 것은 듀이가 보기에는 전혀 프래그매틱하지 않다 이거야. 바꿔 말해서 자신의 개성·적성·재능을 드러내게 돕는 교육 속에서 아이들이 선택하게 되는 직업에는 귀천이 있을 수 없지. 따라서 진정으로 프래그매틱한 개인이란, 자신이 삶에서 진정으로 원하는 것을 찾아내고 선택해서 그것을 실천하는 사람이고, 바로 이러한 프래그머티즘을 지난 한 세기 동안 미국인들 중 적어도 일부는 내면화했다고 보는 게 나의 미국에 대한 지극히 호의적인 해석일세."

"호오, 그렇군요. 듀이의 프래그머티즘을 내면화한 미국인이 전무하다고 보는 것이 오히려 비합리적이겠어요."

---

* 이 책의 구성에 모델 역할을 한 소설 『소피의 세계』에서 철학선생 알베르토가 자주 쓰던 말이기도 하다.

"그렇다고 할 수 있지. 듀이의 민주주의 개념의 필수요소는 자아실현의 길을 자각하면서 추구하는 헌신적이고도 유능한 민주시민이야. 그런데 바로 이러한 시민들이 로컬 수준에서 밑으로부터의 개혁을 일으킬 수 있도록 도와주는 결정적인 요소가 교육이야. 프래그매틱한 교육이 시민들을 성숙하게 만들어주고, 성숙한 시민들이 있음으로써 비로소 참다운 민주주의가 가능하게 되는 거지. 그래서 듀이에 있어서 교육과 민주주의는 불가분의 관계로 엮여 있어. 듀이가 보는 민주주의는 각각의 새로운 세대의 시민들에 의해 갱신되어야 하는 그 무엇이거든, 절대적으로 고정돼 있는 게 아니라. 자신의 민주주의 체제를 갱신하고 재정의하는 역량을 가진 민주시민이란, 바꿔 말해서 '자아실현에 대한 지향성'이라는 공통 성향에 의해 통합된 시민이야."

"스톱! 어렵습니다."

"자, 현재 한국이란 사회의 시민들은 어떤 성향에 의해 통합돼 있을까?"

"철저히 분산돼 있지 않구요?"

"하하, 유머가 갈수록 냉소적이 돼가는군. 아무리 그래도 하나의 국가공동체를 형성해서 살고 있는데, 뭔가 통합해주는 성향이 없을까?"

"반일감정?"

"점점 더 나를 재미있게 해주는 나의 사랑스러운 제자, 또 뭐가 있을까?"

"에…… 돈 많이 버는 것?"

"아마도. 듣다 보니 나도 생각이 잘 안 나는군. 그건 그렇다 치고, 여하튼 듀이는 돈을 많이 벌겠다는 목표의식으로 통합된 사회가 아니라, 각자 개개인이 자아실현을 하겠다는 성향으로 통합된 사회에서 진짜 민주주의가 가능하다고 봤다, 이런 말이야."

"아하, 제가 존경하는 유학자 교수님의 표현을 따르자면 '성인(聖人)을 꿈꾸는' 사회로군요."*

"그렇지! 듀이가 지향하는 교육은 성리학의 성학(聖學)과 다르지 않아. 듀이 식으로 보나 성리학적으로 보나, 교육은 본질적으로 우리 개개인의 성스러움을 드러내는 것이야. 이것은 행동주의적 접근방식이 아니라 존재론적으로 이해해야 해. '교육'이란 용어 자체가 근대화 과정에서 애매하게 차용되기 시작했고, 은연중에 교사가 가르치는 행위에 초점을 맞추게 됐지. 그렇지만 실은 가르치는 것보다 더 중요한 건 학생이 배우는 것이거든. 배움은 행동이 아니라 존재론적인 사건이야. '함'이 아니라 '있음'과 관련이 있는 거지."

"아아, 교수님, 너무 어려워졌어요. 감으로 때려 맞춰보자면, 루소 얘기와 비슷한 것 같기는 해요."

"엘리트 지향성 행동의 부산물로 사지선다형 문항을 때려 맞추는 기능은 꽤 발달시킨 것 같군."

"사랑스런 제자라 하시곤, 너무 하세요."

"예쁜 자식 매 한 대 더 때린다는 옛말 몰라?"

"그런 옛말 없어요. 그리고 교수님은 매가 아니라 조롱을 주시고 계시구요."

"All in good time. 자! 듀이는 자아실현의 본성으로 통합된 시민사회를 꿈꿨어. 또 듀이에게 교육은 민주주의를 가능케 하는 도구일 뿐만 아니라, 사회의 개선 또는 진보를 위한 유일한 현실적 방법이었어. 듀이는 혁명을 믿지 않았거든."

"하지만 세상이 너무 잘못됐을 땐 혁명을 일으켜서 뒤집어엎는 수밖에 없지 않나요?"

"그 말이 완전히 그르다는 얘긴 아니야. 근대의 여명기에 세계 도처에는 너무도 불의가 만연되어 있었어. 약육강식, 유전무죄, 빈익빈 부익부, 타락

---

* 연세대학교의 황금중 교수는 성리학적 이상을 추구하는 교육을 이렇게 부른다.

과 인권탄압 등등이 어디에나 넘쳐났지. 그래서 혁명이 도처에서 일어났어. 볼셰비키 혁명 이후에 러시아인 수천만 명이 죽었고, 중국의 공산혁명을 통해 또 수천만이 죽었으며, 한국전쟁 통에 수백만이 희생됐고, 베트남 공산혁명, 캄보디아 공산혁명으로 또 수백만 명씩이 학살됐던가…… 그런 역사를 생각해보면 정말 혁명 말고는 다른 방법이 없을까 절실하게 생각하지 않을 수가 없어.

다행히 우리는 그 시대보다는 다소 문명화됐고, 상대적으로 좀 더 정의로운 시대에 살고 있으니, 이제는 혁명이 아니라 듀이적 개선을 얘기하는게 이성적이겠지? 듀이도 교육을 통한 사회의 개선은 시간이 굉장히 많이 걸린다고 봤어. 하지만 그 밖에 다른 방법이 없다는 거야. 우리도 교육을 백년지대계라고 하잖아. 이 말에는 교육을 통해 이루는 성과를 보려면 100년을 기다려야 한다는 뜻도 포함돼 있다고 봐. 듀이 식의 점진적 개혁을 개량주의(ameliorism)라고도 불러. 나는 정통 듀이주의자는 아니지만 그의 개량주의는 계승했어. 세상만사, 뭐든 중요하고 가치 있는 일을 이루는데는 아주 많은 노력과 시간이 소요되는 법이거든. 단칼에 속성으로 해치우겠다는 건 전부 사기야. 개량주의란 어쩔 수 없이 시간과 노력이 많이 요청되는 현실을 있는 그대로 받아들이는 리얼리즘이기도 해."

오 교수는 교육사상사의 맥락에서 듀이를 평가했다. 듀이는 서구인으로서 유럽 교육사상사의 루소적 전통을 계승한 철학자다. 듀이가 한창 철학자로 날개를 펴던 시절, 서구에서는 근대화의 물결이 거셌고, 그 와중에 루소적 교육의 이상은 자리를 잃었다. 그러나 듀이는 제임스, 퍼스 등의 프래그머티즘을 받아들여 그 기틀 위에 루소적 이상을 견고히 올려놓았고, 그럼으로써 미국만의 독특한 방식으로 루소적 이상을 계승해냈다고 평가받을 수 있다.

거친 근대화의 조류 속에서 '낭만적'이고 '이상주의적'인 루소의 아동관,

교육관을 보존하고 발전시킨다는 것은 매우 어려운 일이었을 것이다. 따라서 그런 어려운 과업은 듀이와 같은 거장들의 헌신이 없었다면 불가능했을지도 모른다. 오 교수는 근세의 한국과 일본에는 듀이의 역할을 맡아준 거장이 없었다고 했다. 그래서 한국이 일본을 통해 수입한 서양 교육에는 루소의 자취가 없었던 것이다. 기존의 질서체계에 의해 틀에 맞춘 지식을 아이들에게 전달하는 교육만 강조됐을 뿐, 아이의 내면에서 자발적으로 우러나는 '배움'의 자리는 존재하지 않았던 것이다.

"서양 것을 받아들이며 그 혼은 빠뜨렸고, 동양 것을 복원시키면서 그 정신 또한 빠뜨렸고, 그리하여 영혼을 상실한 게 현대 한국의 교육이라고 봐."

오 교수는 예의 그 신랄한 표현을 사용하며 조국의 교육을 비판했다.

"이젠 동양 서양 가르는 게 어쩌면 점점 무의미해지는 세상이 돼가고 있어. 아마도 양자의 최상을 결합시켜야겠지. 내 생각엔 그 최상이라는 게 별로 다르지 않은 것 같아. 예를 들어 자네가 열심히 공부한 성리학적 배움의 이상이나 루소의 교육의 이상이나 말이야. 그 최상을 어떻게 복원해서 계승할 수 있을까 하는 게 내 최대 관심사지."

"교수님, 만약에 듀이가 계승한 루소의 이상을 우리가 복원해내는 데 성공한다면, 그럼 우리 교육의 모습도 달라질까요? 달라지겠죠?"

"물론이지, 한두 세대만 기다려준다면야."

"네에? 그러면 50~60년이나요?"

"짧게 잡아서."

"너무하세요. 제가 죽기 전에는 어렵겠네요."

"난 그런 변화가 시작되는 것만이라도 보고 죽으면 좋겠구먼, 자넨 욕심도 많아."

7. 변화의 주역

우리가 기다려온 것은 바로 우리 자신입니다. 우리야말로 우리가 추구하는 변화입니다.

_버락 오바마

냉엄한 현실

　김재명 회장은 심기가 불편했다. 지금껏 수십 년 동안 뜻대로 잘 추진해왔다고 믿었던 가문 축조작업이 이즈음 들어서는 자신의 통제권역을 벗어나고 있다는 생각이 든 것도 그 이유의 한 부분이었다. 유진을 손자며느리감으로 점찍었건만 자신의 인도대로 따라와 주지를 않는 것이다. 그러나 그의 심기가 불편한 더 큰 이유는, 어리석은 동포 한국인들을 위해 여생동안 쓸 만한 학교 하나 만들어놓고 싶은 소망이 있었는데, 그 소망조차 자신의 뜻대로 이루어질지가 불투명해 보였기 때문이었다. 김 회장이 구상해온 엘리트학교 설립의 뜻을 유진이 제대로 이해하지 못하면서, 학교설립 작업이 원래 취지와는 다른 방향으로 틀어지고 있는 것이 그는 불쾌했다. 가문과 학교, 두 마리 토끼를 한 번에 잡기 위해 유진을 선정한 것이 악수(惡手)였다는 생각을 하게 되었다.

　50년도 지난 일이지만 김 회장은 지금도 또렷이 기억하고 있다. 양부 키다가 문부성 은퇴 후 와병 중이던 1950년, 김 회장은 한국에 파견되기 직전에 미군 정보부 장교 한 명을 만났다. 김 회장이 한국 출신임을 알고 있던 장교는 젊은 그에게 도탄에 빠진 조국을 위해 몸 바쳐 일해볼 생각이 없느냐고 물었었다. 지도자도 없고 사회계층 간 갈등이 폭발하고 있는 세계 최빈국 한국을 생존의 길로 제대로 인도해줄 힘이 필요하다고 장교는 말했다. 미국은 그 힘이 될 현실적인 이유들을 갖고 있다고 했다. 미국이 내미는 손을 한국이 잡을 수 있기 위해서는 그 뜻을 이해하고 도와줄 한국사람이 필요하다고 했다. 김 회장은 일본을 떠나기 직전, 그 장교에게 자신이 그 한국인이 되겠노라고 말했다. 그때는 순수한 열정도 있었다. 김 회장은 스무 살 때의 자신의 모습이 또렷이 기억났다.

낙동강전선에서 폭발물 설치 작전을 성공리에 마친 뒤, 김재명은 일본인 동료들과 헤어져서 미군을 따라 부산으로 이동했다. 그곳에서 미군과 절친하며 영어를 유창하게 구사하던 젊은 한국군 장군을 만났고, 곧이어 한국군에 편입하게 된 것은 김재명 자신의 결정이 아니었다. 훗날 군부 권력의 실세가 된 그 젊은 장군은 정전 후에도 김재명의 뒤를 계속 돌봐주었다. 김재명은 육군본부와 미 8군 사령부를 왕래하며 양국 군사령부 간의 긴밀한 협조를 위해 헌신했다. 그 과정에서 그는 어마어마한 미국의 힘을 온몸으로 겪고 목격했다. 약소국의 풍전등화 같은 처절한 운명을 식민지 시대와 전쟁을 통해 그는 절감하게 되었다. 이승만 정권과 박정희 정권을 거치며, 김 회장은 현실을 예리하게 이해하기 시작했다. 현실을 이해한다 함은 현실을 구동시킬 수 있는 힘을 이해함과 다르지 않았다. 그는 그 힘을 좇았다. 막강한 미국은 충성하는 부역자에게 힘을 빌려주었다. 그는 매우 명석했고 세상을 읽는 탁월한 시각을 지녔을 뿐 아니라, 자신의 상관에게 일말의 어김도 없는 충성을 바쳤다. 1957년에 일본 수상이 된 기시 노부스케는, 패전 후 미국에 충성했지만 미 점령군이 일본을 떠난 후 자신의 정치적 욕망을 제어하지 못해 CIA의 눈에서 벗어나 미국으로부터 버림을 받았다.*

그에 비하면 김재명 회장은 금욕주의적 자세로 자신을 통제하며 평생토록 미국 상층부의 신임을 유지해오는 데 성공한 셈이다.

그는 세상을 이해했다. 힘이 미국 권력의 핵심으로부터 나오고 있다는 것을 잘 알았다. 그 힘에 복종할 줄도 알았고, 그 힘을 잘 활용하여 세속적 성공을 일굴 줄도 알았다. 박정희의 유신정권과 전두환 신군부의 등극을 겪던 질풍노도와 같은 시절에도 그는 한국 내 권력의 변화에 일희일비하지 않을 수 있었다. 그런 그가 바라보는 이 세계는 그야말로 치열한 힘의 각축장이다. 어리석고 두뇌회전이 느려서 상황 파악이 안 되는 인간들은 처참한 희생양이 돼버리는 것이 20세기의 세계다. 특별한 애국자라고 할 수는 없을지 몰라도 그는 자신의 소속을 명확히 인식하고 있었다. 한국인이 라는 자신의 국적을. 그는 한국에서 권력과 금력을 누렸고 자신의 가문을 훌륭하게 재건했다. 따라서 그는 한국이 안정되고 번영하기를 희망했다. 그러나 그가 보기에 한국인들은 절망적으로 분열돼 있고 탐욕이 너무 많았 다. 자신의 동포들을 안정과 번영의 길로 인도한다는 것이 현실적으로 지극히 어려운 일일 것임을 김재명은 절감했다. 이제 만년에 접어든 김 회장은 그나마 교육이 이 나라를 위한 구원의 손길이 될 수 있을 것이라고 판단했다. 그러나 그 교육은 비현실적이고 이상주의적인 전인교육 같은 것일 수는 없었다. 분열되고 제 목청만 높이는 어리석은 한국인들을 안정과

---

* 태평양 전쟁 시 만주 괴뢰국의 군수장관이었던 기시 노부스케는, 일본의 패전 후 연합국 측에 의해 전범재판에 회부되지도 않고 정치인으로 승승장구했다. 그는 미국의 국익을 위해 일본인들의 반대를 무릅쓰고 외교정책을 추진한 것으로 알려졌다. 그 외에도 일본의 여러 정치인들이 패전 후 미국의 부역자 겸 첩자활동을 했다는 기록이 발견되었 다. 아직까지 남한의 정치인 중에는 이 정도의 부역자나 스파이로 밝혀진 인물은 없다. Glenn Davis & John G. Roberts, *An Occupation without Troops: Wall Street's Half-Century Domination of Japanese Politics* (Tokyo: Yenbooks, 1996).

번영과 생존의 길로 이끌어줄 헌신적이고도 명석한 지도자들을 양성해야만 한다고 판단했던 것이다. 그는 소수정예의 헌신적인 엘리트집단을 형성해줄 수 있는 터전이 될 학교를 꼭 만들고 싶었다. 오형모 교수와 같은 듀이주의자의 뜻을 따르기에는 자신의 조국에 주어진 시간이 넉넉지 않다고 그는 판단했다.

"이 비서, 전에 자네가 골라서 밑줄 쳐준 논문을 대충 읽어봤어. 이 필자가 얘기하고 있는 것에 나도 대체로 동의해. 그러니까 교육부장관이나 암만 바꿔봤자 별 효과 없을 거란 얘기지? 결국엔 국민의 의식이 바뀌어야 이 나라 교육도 바뀔 수 있다, 마, 이런 얘기 아닌가? 나도 거기까진 동의하는데, 바로 그래서 나는 웬만해선 우리 교육에 변화가 일어나지 않을 거라고 본다 이 말이야."*

김재명 회장은 이 비서가 모 연구소에 의뢰해서 참고자료로 발췌해온 한 논문에 대해 말하고 있었다. 요사이 김 회장은 회사 경영을 아들들에게 맡기고 자신은 시간적 여유를 즐기며 학교사업 같은 일에 관심을 기울이고 있던 참이었다. 그는 발췌된 논문도 손수 읽어보며 자기 교육관의 견고성을 시험해보고자 했다. 그 정도 나이에 다다른 노인들이 다들 그러하듯이, 김 회장 역시 세상을 바라보는 자신의 시각을 바꿀 용의는 없었다. 다만 예외적으로 근면한 성격 탓에, 자신의 시각을 보다 공고히 하려는 노력을 저버리지 않고 있는 것이었다. 김 회장이 언급한 논문은 한국의 유별난 교육 과열상에 대한 책임이 한국정부가 아니라 일반 국민들의 의식에 있다는 주장을 펼치고 있었다.[31]

"지금 세상이 얼마나 정신없는 속도로 획획 바뀌고 있는데 국민의 의식을

---

* 한석훈. 「교육정책결정에서의 교육수요자와 중앙교육행정부의 역학관계: 한·일의 비교 1950~1973」, 『한국교육』(1999, Vol. 26, No. 2), 115~148쪽.

바꾸고 어쩌고 하고 앉았는가! 그래서 난 우리나라가 베팅을 소수정예 엘리트에 걸어야만 한다는 거야. 민주주의적으로 전 국민의 인성교육을 잘 시키고 하는 거, 다 말만 좋지 실현 가능성이 없어. 이런 내 말을 이 비서 자네가 잘 알아듣도록 정리해서 유진 양한테 전해줘. 지금 미국서 오 교수와 뜬구름 잡는 철학 토론이나 하고 있겠지, 아마."

"네, 회장님. 국내 자문진들이 수집해서 준 자료들도 함께 보내도록 하겠습니다."

변화에 대한 믿음

유진은 시카고 대학에 머물면서 오형모 교수의 지도를 받아 자료를 수집하고 책을 읽었다. 4월이 되어 봄 학기가 시작되자 준혁은 대학원 수업을 따라가느라 혼이 쏙 빠져 있었고, 과제 때문에 밤을 새우기 일쑤였다. 그렇게 일과 공부에만 몰입해 있던 어느 날, 유진은 오 교수의 소개로 랩 스쿨(듀이의 실험학교)의 교장을 만나 중학교와 고등학교의 수업시간 참관을 허락받았다. 유진이 가장 인상 깊었던 것은, 반듯하고 총명해 보이는 미국의 잘사는 집 아이들이 수업활동에 적극적으로 열심히 참여하는 모습이었다. 수업시간에 조는 아이도, 딴청 부리는 아이도 없었고, 모든 학생들이 교사의 지도에 따라 생기발랄하게 배움에 참여하고 있는 광경을 바라보며(학급당 평균 인원이 20명 미만인 교실에서 학습활동에 참여하지 않고 배길 재주도 없겠지만), 유진은 자신이 겪었던 중고등학교 시절을 떠올리지 않을 수 없었다. 군대나 조직사회처럼 40명이 넘는 학생이 줄맞춰 앉아서 교사의 '주입식' 강의를 들으며 공책에 내용을 받아 적던 시절. 그런 한국의 학교를 회상하다 보니 보영의 모습이 다시금 떠올랐다.

'세상엔 이런 학교도 있구나. 선진국이란 데는 이런 학교가 한두 군데가

아니겠지……'

랩 스쿨 학생들과 한국 학생들과의 가장 큰 차이는 생동감에 있는 것
같았다. 이곳의 미국 학생들은 끊임없이 움직이고, 말하고, 뭔가를 적거나
그리는 등 젊고 싱싱한 생명력을 마음껏 꽃피우고 있는 것처럼 보였다.
그에 비할 때 한국의 학생들은 늘 녹초가 된 듯, 힘 빠진 모습으로 회색빛
교실 속에 수용돼 있는 것만 같았다. 랩 스쿨 아이들의 교육과정이 다양하고
도 풍부하며 수준 높은 내용을 담고 있는 것도 인상적이었지만, 유진은
무엇보다 학생들의 생기발랄함이 가장 부러웠다.

수업 참관을 마치고 오 교수의 연구실로 돌아오니, 방은 비어 있는데
유진의 책상 위에 소포 꾸러미가 하나 놓여 있었다. 진성의 이 비서가
보낸 자료였다. 유진은 자료를 꺼내고 이 비서의 편지를 읽었다.

'너무 공부만 하지 마시고 미국 구경도 하고 오세요. 다 경비에 포함돼
있습니다. 견문 넓히는 것도 훌륭한 교육자가 되기 위해 필요한 일 아니겠어
요? 김 회장님께서는 엘리트학교의 소수정예 개념이 희석되는 것을 바라지
않으시는군요. 제 말씀의 뜻을 잘 알아들으시리라 믿습니다. 아무쪼록
건강히 일 마치고 생산적인 타협점을 찾아내시기를 기대합니다. 우리 진성
의 학교가 오 교수님과 유진 씨로 인해 진실로 아름다워지기를 바랍니다.'

언제나 그랬듯이 자상하고도 친절한 이 비서의 편지. 유진은 이 비서야말
로 늘 한결같은 인격자라는 생각이 들었다. 그가 보내준 자료 중에서 김
회장이 특히 강조했다는 논문을 먼저 읽기 시작했다. 김 회장이 친히 볼펜으
로 밑줄을 그어놓은 대목들을 눈여겨보며 속독으로 거의 읽어갈 때쯤 연구
실 문이 열리며 오 교수가 들어왔다.

"교수님, 혹시 이 비서님을 잘 아세요? 제가 아무것도 해드린 것도 없는데
항상 친절하게 도움을 주시네요."

오 교수는 책상 위에 문서 더미를 내려놓으며 말했다.

"자네한테 이 얘기를 안 해줬군. 내가 김재명 회장의 연락을 받고 작년에 한국에 갔을 때 말야. 처음에 이 비서와 몇 차례 만나서 이런저런 도움을 받았어. 그때 내 교육관에 대해 어느 정도 이해를 하게 됐는지, 그 친구가 나한테 자기 얘기를 털어놓더군. 10살 먹은 아들이 하나 있는데 문자 난독증세가 있는 데다 내성적이어서 학교에서 집단따돌림을 당했다는 거야. 아이의 정신적 상처가 너무 큰 것 같아서 별 수 없이 학교를 자퇴시키고 집에서 애 엄마가 데리고 홈스쿨링을 하고 있다더군. 그래서 전문적인 치유 프로그램 같은 것들에 관해 알려줬는데, 이 친구 말이, 자신은 자기 아들이 행복하게 친구들과 어울려 놀 수 있는 학교에 보내는 게 소원이라는 거야. 아이들이 부모 등쌀에 학원이다 과외다 영어다 학습지다 하는 것들에 찌들려 살고, 기껏 틈이 나면 컴퓨터 게임에만 빠져 있는 서울의 교육환경 속에서는 자기 아들과 같은 약자를 보듬어줄 또래 애들이나 교육자를 만나는 게 불가능에 가깝다고 한숨을 내쉬더라구. 그래서 내 자기실현 교육시스템을 접목한 중등학교를 진성에서 설립하게 된다면 거기에 자기 아들을 보내고 싶다고 했어. 내 짐작으론 아마도 그래서 이 비서가 자네에게 각별히 지원을 해주는 것 같아."

오 교수의 이야기를 듣고 나니 유진은 이 비서에 대해 한때 의구심을 품었던 일이 부끄러워졌다. 오 교수는 유진에게 이 비서가 보내온 자료에 대해 물었다. 유진은 방금 속독한 논문의 대강을 오 교수에게 보고했다.

"그 논문 얘기는 현재 한국 교육의 실상을 만들게 된 책임소재가 교육부보다 교육수요자에게 더 많이 있다는 말이고, 따라서 교육부의 변화보다도 교육수요자의 변화를 이끌어내야만 한국 교육이 변할 수 있다는 주장까지 함의하고 있는 것 같군."

"네, 그렇게 논의를 연장시킬 수 있겠죠."

"좋아. 나는 그 정도로 교육부가 결백하다고 보진 않지만 그 주장에 기본적으로 동의할 수 있어. 교육수요자들의 변화를 구한다는 실현 가능성 희박한 과제에 대해 따져보는 건 일단 제쳐둔다 해도, 교육행정부를 주축으로 공교육 체제의 변화를 꾀한다는 게 결코 실현 가능성이 높다고 보지도 않아. 교육체제라는 것의 관성이 대단히 강력하다는 아처(Margaret Archer)의 주장이 타당하다면, 한국의 교육체제 역시 그런 관성을 지니고 있을 거야. 그렇다면 조선시대 이래로 오래토록 중앙집권적 체계를 유지해온 한국의 교육행정이 쉽사리 변화할 것이라고 예상하기는 어렵지 않을까?"

"교수님 말씀을 들으니 교육행정 체제라는 것이 교육부 사람들의 의도만으로 그 형태가 유지되는 게 아니라 한국이라는 사회, 또는 문화에 깊이 뿌리박고 자라나다 보니, 그 형태가 장기간에 걸쳐 자리를 잡아서 웬만해서는 변하지 않는 것이 아닐까 하는 생각마저 드는데요."

"그래. 그리고 우리는 한국 교육의 개혁과 변화를 교육부에만도, 그 반대파인 교원단체들에게만도 기대하지 못하게 됐어. 그렇다면 이제 하나 남은 변수 또는 플레이어는 바로 공교육의 공급자인 교육부와 교원들의 반대 축에 속한 교육의 수요자, 바로 학부모와 학생들이 되는 거지. 이런 맥락에서 나도 앞으로는 학부모의 의식의 변화를 꾀하지 않을 수 없다는 생각을 갖고 있어."

"학부모의 의식의 변화를 구한다는 말씀은 국민 전체의 의식이 변해야 한다는 것과 다르지 않잖아요."

"그래. 그래서 끄집어내기 어려운 처방이야. 한국사람들 전체의 마음속을 변화시켜야 한다는 건 몽상가나 제기할 수 있는 비현실적인 전략이지."

"그런데도 교수님께선 그런 전략을 고수하실 건가요?"

"응. 그런 전략의 실현 가능성에 대해선 이성적으로 비관하고 있지만, 그래도 나는 우리가 희망마저 버려선 안 된다고 생각해."

"흐음. 이 대목은 제 생각엔 교수님답지 않게 들려요."

"자네가 그리 말하는 것도 무리가 아니지. 하지만 내게는 그 이외의 전략이란 건 없다는 것이 결론이야. 이 길로 갈 수밖에 없어. 우리의 마음이 변해야만 해. 한국인들의 마음이, 정신이, 성향이 참다운 교육을 바라는 그런 성향으로 통합이 돼야만 해. 듀이가 그렇게 주장하고 또 믿었듯이."

"여전히 교수님의 믿음은 당위론일 뿐인 것으로 들려요."

"그래서 내가 이 얘기를 여기저기 떠벌리고 다니질 않지. 이 역시 'All in good time!' 그건 그렇고, 이 논문을 우리에게 보내준 이유가, 교육수요자가 변해야 한다는 내 주장에 회장님도 동의하시기 때문은 아니라고 생각하는데, 왜 보냈을 거라고 생각해?"

"이 비서님도 일러주셨듯이 김 회장님의 엘리트주의 노선을 지지하는 논지를 담고 있다고 보신 것 아니겠어요?"

"보기보다 예리해. 그 논지가 뭘까?"

"예리한 저의 추측에 의하면, 한국 교육의 변화를 교육부한테 기대할 건 없고, 그렇다고 교육수요자의 의식이 바뀔 걸 기대하는 건 비현실적이고, 따라서 그 변화를 주도할 엘리트집단을 형성하는 전략이 타당하다는 얘기를 하고자 하심이 아닐까 사료되옵니다."

"김 회장님 속에 들어갔다 나왔구먼."

한국인들의 성향을 재통합해야 한다는 자신의 생각에 대해 유진이 드러낸 의구심에도 불구하고, 오 교수는 더 이상 중언부언 설명도 해주지 않았다. 유진은 과연 한국인들의 성향을 자아실현 쪽으로 돌릴 실질적인 방법 같은 것이 있을지 회의적이었다. 그러나 스승을 믿기에 두고 보기로 마음먹었다. 시카고에 온 지도 어느덧 한 달이 되어가고 있었다. 유진은 혼자 먼저 귀국해야 할 처지고 준혁은 1년 기한으로 온 것이어서, 두 연인은 잠시 떨어져 있게 되었다. 준혁은 학업의 압박으로 질식 직전인 듯이 보였지만, 유진을 한국으로 떠나보내기 전에 둘이서 한번 근사하게 저녁을 먹기로 했다. 토요일 저녁에 두 사람은 버스를 타고 시카고 다운타운으로 향했다. 준혁이 한국인 선배에게서 알아낸 괜찮은 이탈리아 식당을 예약해둔 것이었다. 시카고의 오래된 구역에는 긴 세월에 걸쳐 축적된 이탈리아 이민 세대의 문화가 풍부했다.

파스타에 백포도주를 마시며 둘은 앞으로의 일에 대해 얘기를 나누었다. 준혁은 1년 후에 귀국해서 박사논문 집필을 시작할 계획이고, 유진은 당장 진성실업 측에 자신과 오형모 교수의 학교 프로그램을 발표해야 할 입장이다. 그리고 그 프로그램이 진성의 낙점을 받게 될 것인지는 아직 미지수다. 유진이 오 교수의 '국민 성향 변화론'에 대한 자신의 회의를 털어놓자 준혁도 동감했다.

"너무 약한 거 아냐? 그런 식으로 변화를 추구해서 어느 세월에 변화가 일어날까?"

준혁의 맞장구에 유진은 자신도 모르겠다는 표정으로 답했다.

"글쎄 말이야. 오 교수님은 그런 걸 듀이식의 개량주의라고 하시긴 하는데……."

"그리고 난 성향을 통합시킨다는 말이 마음에 안 들어. 아니 21세기 민주사회에서 각 개인들 성향이 어떻건 간에 그걸 누가 통합시키려 한다는 거야? 다 지들이 알아서 지 앞가림 하고 지 뜻대로 살아가는 거지. 모든 사람들의 성향을 한 군데로 모은다는 건 말도 안 돼. 그거 시대착오적 전체주의 아니야?"

"네가 그렇게 비판할 줄 알았어. 사실 사람들이 듀이를 그렇게 비판했었대. 하지만 오 교수님은 그게 전체주의가 아니라 참된 민주주의라고 하시거든. 자기실현을 추구하는 성향은 기본적으로 모든 시민이 공유하도록 되어야 한다는 말씀이야. 물론 각자의 자아실현은 스스로 알아서 자기 뜻대로 추구하는 것이지만. 그러니까 모두가 자아실현을 추구해야 한다는 건 좀 도그마틱하고 절대주의적인 주장인 데 반해, 각자의 자아실현은 전적으로 각 개인의 책임이라는 건 아주 상대주의적인 관점인 셈이지. 이해가 가?"

"아니, 전혀."

두 사람의 티격태격하는 '습성'은 변치 않았으나, 두 사람의 '성향'은 서로의 존재가치를 존중하는 쪽으로 통합돼 있었다. 며칠 후 유진을 한국으로 떠나보내는 준혁의 마음은 아쉬움으로 가득했지만, 이제는 두 사람이 서로로부터 멀어지지 않을 것이라는 막연한 믿음 같은 것이 한구석에 자리잡고 있었기에 이별이 아쉽지만은 않았다. 유진은 공항까지 배웅 나온 준혁에게 밝은 미소를 남기고 떠났다. 오 교수와는 조만간 고국에서 재결합하기로 했다.

현실과 이상

한 달여 만에 한국으로 돌아온 유진은 곧바로 진성실업에 제출할 보고서 준비에 착수했다. 진성으로부터 상당한 액수의 지원금을 받은 이상, 책임 있는 산출물을 제시하는 것은 당연한 일이었다. 유진은 시카고를 떠난 지 열흘 만에 김재명 회장 등의 진성 사람들과 만나, 오형모 교수와 함께 공부한 내용에 기초한 교육과정의 기본안을 발표하게 되었다.

먼저 유진은 현재 한국 교육에 대한 역사적 · 철학적 · 사회학적 진단을 제시했다. 한마디로 서양 교육을 거칠게 받아들이는 통에 한국적 본질을 계승하는 데 실패했고, 서양적 이상마저 누락시키면서 오로지 사회적 계층 이동의 장치로써만 작동하게 돼버린 내재된 문제점들을 지적했다. 그리고 정책적 · 전략적 접근방식으로 교육제도를 개혁하는 것의 한계를 짚어보고, 결국 교육수요자들의 의식 변화를 동시에 추구할 수 있는 교육과정 구축의 필요성을 역설했다. 발표 내용의 핵심은 실제로 이러한 교육과정을 어떻게 만들어서 운용하느냐에 있었다.

자아실현을 위한 교육

교육수요자들의 의식 변화를 동시에 추구하는 교육과정은 진정한 의미의 프래그머티즘을 주창한다. 즉 돈과 명성을 좇는 실용성을 뛰어넘어, 인생 전반을 관통하여 심신의 건강과 최고 수준의 자아를 발휘할 수 있도록 북돋워주는 차원의 실용성, 진정한 자기실현을 도와주는 차원의 실용성을 주창한다. 학생들은 진로를 개척함에 사회적 통념과 일시적 유행을 따르지 않고, 자기감정의 주인으로서 지적 능력을 최대한 활용하는 자율적인 성인이 될 것을 목표로 삼는다. 이처럼 지적으로도 감정적으로도 독립적인 인격체를 양성하기 위해 정규 교과목 외에 문학·철학·예술교육의 심화과정을 제공한다.

잠재적 교육과정

자아실현을 지향하는 교육의 취지를 학생뿐만 아니라 학부모가 깊이 이해하는 것이 필수적 전제조건이다. 그 취지를 학생들이 내면화하도록 돕기 위해서는 학교의 모든 잠재적 교육과정이 이를 일관되게 반영하고 있어야 한다. 즉 학교의 물리적 공간의 구도와 배열, 건축 설계의 미학적 배려, 사무 및 행정의 방식, 학교 행정과 교육과정 운용 간의 관계, 교직원들의 통합성과 독립성 사이의 조화, 교사와 학생 간의 상호작용 및 윤리강령, 학생들의 자율결정권 행사, 다수 의견의 수렴과 소수 의견 존중, 학교공동체가 실천할 사회봉사 활동 등 교과 이외의 제반 생활 및 활동의 영역에 자아실현 지향성이 배어 있어야 한다. 따라서 이러한 취지를 십분 공감하는 교직원의 선발은 당연한 선결과제다.

자아실현을 지향하는 잠재적 교육과정은 동시에 배움 지향성 태도와

습성을 학생들에게 심어주고, 진정한 배움이 진실로 중요하다는 점을 그들이 믿을 수 있게 해주는 데 역점을 둔다. 이는 학교를 진정한 배움의 공동체로 만드는 작업이다.

또한 자아실현 지향성이 깔려 있는 학교 분위기가 학생들의 성향을 통합해주는 역할을 한다면, 이런 학교를 학부모들에게 공개하고 학부모들의 참여를 독려하며, 그들에 대한 계몽 및 교육을 지속적으로 수행함으로써 학부모의 이해 증진을 도모할 수 있다.

공식 교육과정

공식 교육과정은 학생의 자율적 지식 구성을 돕는 방식으로 이루어진다. 학생들에게 애정을 갖고 헌신하는 엄선된 교사들이 각 담당 교과목의 기본적 지식을 강의 형식으로 제공하지만, 학습활동의 대부분은 학생 스스로 책과 자료를 읽고, 보고서를 작성하고, 발표·토론하는 데 초점을 맞춰 조직된다. 높은 학업 성취와 지적 욕구의 앙양을 불가분의 관계로 설정하지만, 때로 양자 간 충돌이 일어날 경우 후자를 항상 우선시한다. 궁극적으로 자율적인 학습이 자연스럽고도 당연한 삶의 방식이 되는 인재를 양성하고자 한다. 인성교육은 이 같은 지식교육의 전 과정에서 동시에 추진된다. 경쟁보다는 봉사를, 단기적 이익보다는 장기적 성장을, 일신의 영달보다는 공동선의 보전을 더 우선하는 인재를 양성하고자 한다.

구체적으로 이와 같은 공식 교육과정은 급진적으로 학습자 중심적인 형태를 띤다. 교육과정이 학교를 중심으로 편성되는 것이 아니라 학생 개개인을 중심으로 편성되고 실행된다. 즉 각 학생 개인이 가장 선호하는 분야를 출발점으로 하여, 그 학생만을 위한 개인적인 커리큘럼이 편성되는 것이다. 예를 들어 한 학생이 언어영역을 선호한다면, 국어와 외국어를 중심으로 학습이 진행되며, 이 과정에서 언어적 관점으로 여타 분야에 가지를 뻗어나가면서 차츰 사회과학, 자연과학, 수학 등의 분야를 언어 능력 활용에 초점을 맞춰 그만의 방식으로 공부하도록 이끌어주는 형식 이다. 이같이 극도로 개별화된 커리큘럼은 원칙적으로 단 한 명의 학생을 위한 한 명의 개인교수가 편성할 수 있는 것이지만, 학교에서 별도로 개인 커리큘럼 편성 전문가 한 명을 컨설턴트로 고용하여 학생 개개인의 커리큘럼 편성을 지도하도록 한다. 이 전문가는 각 학생이 여러 지능 영역 중 어느 영역에서 가장 두각을 보이는가를 진단하여, 각 영역에 적합한 커리큘럼 발전 경로를 맞춤 편성해준다.

따라서 한 학년마다 예컨대 하워드 가드너(Howard Gardner)의 다중 지능 이론이 제시하는 8개의 지능 영역에 해당하는 최소 8개의 학급이 조직되는 편이 좋겠다. 그러면 학년당 8명의 담임교사가 필요하며, 각 학급의 학생 수는 20~22명 수준으로 한다. 처음에 다중지능의 각 영역을 중점으로 편성된 커리큘럼은 시간의 흐름에 따라 점점 대학의 학문 구조 에 근접하는 방향으로 변화해간다. 이 변화의 과정에서 정기적으로 모든 과목 담당교사들이 모여 서로 간의 역할 분담에 대해 상세한 진단을 내리고 개선을 모색한다.

인성교육

공식 교육과정은 특히 인성교육을 강조한다. 인성교육의 독특한 부분은 신화를 소재로 한 집중교육 세션이다. 일례로 우리나라의 전통 신화인 고주몽 설화를 소재로 신화 심화학습 기간을 2~3주에 걸쳐 설정하여, 이 기간 동안은 전교생이 학습의 절반 이상을 신화 공부에 몰입하도록 한다. 선정된 신화로 학생들은 역사와 문학뿐 아니라 사회와 과학 공부를 병행한다. 특히 연극과 예술 활동을 통해 신화 속 인물과 자신과의 동질감을 체험하고, 자신의 삶에 대해 깊이 성찰해볼 수 있는 기회를 갖게 된다. 신화교육 활동을 통해 학생들은 공동체에서 성인이 갖추어야 할 덕목과 윤리관을 능동적으로 내면화할 수 있다. 이 같은 공동체의 신화를 바탕으로 하는 인성교육은 전체주의적인 국가엘리트가 아니라 민주적인 지역공동체 시민을 양성할 것을 그 목표로 삼는다.

유진의 발표 후 참석자들 사이에 그에 대한 토론이 이어졌다. 김 회장은 무거운 표정으로 자신의 의견을 밝혔다. "유진의 시안에는 최정예 엘리트 양성을 돕는 기능이 엿보이지 않는군. 엘리트교육은 엘리트 자신을 위한 것이 아니라, 국가공동체 전체를 위한 최선의 효율적인 방식일 뿐이지. 효율적이고도 효과적인 국가 경영을 위해 선택된 소수가 공동운명체인 '한국호'라는 배의 항해사가 될 뿐이야. 한국인 전원을 만족시키는 교육은 현실적으로 공상에 불과하네. 일시적으로 불이익을 받는 비엘리트 계층이 발생하는 것은 불가피한 일이야. 일시적으로 소외되는 계층에게는 안됐지만, 세상은 애초에 냉혹한 곳이란 말일세. 장기적으로 공동체 전체를 위해 한곳으로 힘을 모아야 해."

유진은 입이 바짝 마르는 것을 느꼈다. 유진은 김 회장의 말을 정면으로 반박하지는 않는 방식으로 자신의 주장을 굽힐 뜻이 없음을 비쳤다. "만약 희생과 소외를 강요당하는 계층의 규모가 커진다면, 이는 엘리트주의 국가 경영이 결코 무결점·무오류의 방법이 아니며 대중주의나 민주주의와 마찬가지로 어쩔 수 없는 인간 오류 가능성을 안고 있다는 방증이 될 것입니다."

그러자 김도헌이 말했다. "물론 엘리트주의에 의해 이끌리는 교육에는 경쟁이 더욱 치열해질 소지가 많습니다. 그러나 끝없는 자기갱신과 자기계발의 노력을 통해 세계 13위의 경제대국으로 성장한 한국인의 '국민성'을 제대로 발휘하도록 자극해줄 수 있다는 점은 경쟁주의의 긍정적인 측면으로 들 수 있습니다. 피라미드형 구조의 사회에서 위로부터 지속적인 신분상승 자극이 가해질 때, 한국인들은 더욱 고품질의 인적자원을 양산하여 세계 최고 수준의 경제대국의 지위를 차지할 수 있을 것입니다."

유진은 물러서지 않았다. "경쟁주의의 긍정적인 측면을 아무리 부각시킨다 하여 그 어두운 그림자를 못 본 척할 수는 없습니다. 경쟁은 결국 경쟁자들의 심성을 피폐하게 만들고, 경쟁에서 뒤처지는 이들을 양산할 수밖에 없으며, 이들의 사회적·경제적·문화적 소외는 심각한 문제로 대두될 것입니다. 우리는 경쟁과 상생, 공존 간의 조화를 추구해야 합니다."

유진은 김 회장과 김도헌의 통일된 반론을 들으며 엘리트주의자들에게는 타인에 대한 자비심이 철저하게 결여돼 있다는 것을 느꼈다. 심지어 유진은 김 회장이 성장기에 제대로 사랑을 받아본 일이 없을지도 모르겠다는 의심을 품게 되었다. 그런 그가 사업 확장이든 국가 경영이든 아니면 가문의 부흥이든 간에, 그 모든 것을 그저 성공의 전리품으로나 인식하고 있다는 점은 이해가 될 것 같았다. 김 회장과 김도헌에게는 1등과 승리 그 자체가 최고로 가치 있는 일인 것 같았다. 1등을 차지하여 승리한 사람이 되는 것이 아니라 그저 1등 그 자체가.

유진은 한때 진성 측이 말하는 엘리트주의적 교육방식과의 타협점을 모색하는 것이 현명할 것이라 여기기도 했지만, 자기를 희생하여 헌신하는 엘리트 양성의 가능성은 희박하다는 오 교수의 주장에 갈수록 동의하게 되는 자신을 발견할 수 있었다.

공식적인 회의가 끝난 뒤 다과회가 열렸을 때, 김 회장은 유진을 곁으로 불러 다정한 목소리로 말했다.

"내가 유진 양을 잘 보긴 잘 봤지. 하지만 그것도 충분히 잘 본 건 아니었어. 호랭이 새끼를 키울 거란 건 몰랐으니까 말이야."

유진은 잠시 미소를 짓고 다소곳이 고개를 숙였지만, 금세 정색을 하고 김 회장의 눈을 똑바로 쳐다보았다.

"회장님께서 골라주신 스승님의 가르침을 충실히 따랐을 뿐입니다. 그런데 공부를 하는 과정에서 스승님의 가르침과 회장님께서 지향하시는 바가 같지 않다는 점을 알게 됐지요. 저는 이 학교사업에 욕심이 있으니 두 가지 사이의 화합점을 찾고 싶었습니다."

"유진 양이 솔직해서 그렇게 힘이 있는 거로구만. 헌데, 그 화합점을 찾은 건가?"

"아직 성공하진 못한 것 같습니다."

"만약에 내가 그런 화합점은 무용지물이라고 한다면?"

"그러신다면…… 저로선 옳다고 믿는 스승님의 가르침을 따를 수밖에 없을 것 같습니다."

김 회장의 미간에 이해하기 어려운 뜻이 담긴 주름이 잡혔다.

"그래. 자네는 그렇게 말해야 옳지."

그때 유진은 직감했다. '아, 떨어졌구나.'

성직

유진이 깊은숲학원 이사장인 차혜림을 만난 것은 진성실업에서 학교사업 발표를 하고 난 후 사흘 뒤의 일이었다. 유진은 김재명 회장으로부터 자신의 발표에 대해 정확한 가부의 결재를 받지 못해서 기분이 썩 개운치 않은 상태로 차혜림의 전화를 받았다. 그녀는 사무적이고 메마른 음성으로, 자신의 '동지'인 오형모 교수의 추천을 받았다며 유진에게 면담을 요청해왔다. 유진은 그녀의 대안학교에 대해 들어본 적은 있었지만 자세히 알지는 못했다.

쉰쯤 돼 보이는 차혜림은 관세음보살의 자비와 차돌맹이의 단단함을 동시에 지니고 있는 인물로 보였다. 그녀는 10년 전에 대안학교로 설립한 깊은숲학교를 안정적으로 성장시켜서, 교육행정 당국으로부터 자립형 사립학교 인가를 받아낸 여걸로 알려져 있었다. 차가운 금속테 안경 너머로 반짝이는 그녀의 눈이 유진에게 말을 걸었다.

"전 오형모 교수님을 깊이 신뢰합니다. 그분께서 유진 양을 당신의 수제자라시며 높이 평가하시더군요. 저는 인재가 필요한 터라 오 교수님 말씀만 듣고 이렇게 찾아왔습니다."

조용히 몇 마디 한 뒤에 그녀는 또 조용히 차를 한 모금 마셨다. 그리고 말했다.

"유진 씨, 우리 소중한 아이들의 영혼의 성숙을 돕는 일에 관심이 있으신가요?"[32]

'영혼의 성숙?' 차혜림의 그 질문은 유진의 가슴에 깊숙하게 꽂혀버렸다. 다른 이가 똑같은 질문을 했다 한들 그런 효과를 거두지는 못했을 것이다. 이상하게도 차혜림의 질문은 곧장 가슴속으로 파고들었다. 그 말이 진심을 담고 있기 때문에 그런 것이라고 짐작했다. 그러나 뭐라 대답해야 좋을지 얼른 생각이 나지 않았다.

"저는…… 아직까지 교육을 영혼의 문제라고는 생각해본 적이 없어서요……."

마치 죄스러워하는 것 같은 표정의 유진에게 차혜림은 괜찮다는 듯한 표정으로 말했다.

"그럼, 이제부터 한번 생각해보세요."

그리고 그녀는 유진에게 자신의 깊은숲학교에 대해 설명하기 시작했다. 중학교와 고등학교 과정이 있고, 전교생은 약 150여 명에 이르며, 학생 전원이 충북의 산촌에 위치한 학교의 기숙사에 묵으며 공부한다. 총 10명의 중등교사들이 학교 부근에 살며 헌신적으로 아이들을 가르치고 있으나 급여는 일반 공립학교 교사의 절반 수준에 그친다. 2년 전에 정식 학교로 인가를 받은 이후로는 정부의 교부금 덕분에 학교의 재정상태가 점차 양호해지고 있다. 학교의 교육목적은 학생들을 지적으로도 인격적으로도 독립성을 갖춘 어른으로 키우는 것이며, 이는 영국 서머힐 학교와 일본 키노쿠니 학교의 교육적 신념을 계승한 바 크다.* 명문대 진학이 주된 교육목표가 아니지만, 그 길을 선택하는 학생들에게는 학교에서 최대한의 지원을 해준다. 한참 설명을 한 뒤 차혜림은 유진의 눈동자 깊숙한 곳을 헤집고 들어오는 듯한 시선으로 바라보았다.

"규모는 대단치 않지만 우리 학교가 있다는 것 자체가 중요합니다. 우리 학생들뿐만 아니라 우리나라 전체를 위해서도 말이죠. 우리 학교에서 시작된 변화가 점점 더 넓게 학교 밖으로도 퍼져나갈 수 있다고 믿습니다. 우리나라의 모든 아이들이 다 소중하니까요. 어쩌면 너무나 느리고 비효과적인 방식으로 세상의 개혁을 꾀한다고 생각하실지 모르겠어요. 하지만 이 방법 말고 우리나라를 제대로 개혁할 방법은 없다고 저는 생각합니다."

유진은 그녀의 신념이 귀에 설지 않았다. 오형모 교수와 비슷한 말을 하고 있기 때문이었다. 차혜림은 또 한 번 차를 마시고 말을 계속했다.

"우리한테는 교육개혁 정책이 아니라 진실한 선생님이 절실합니다. 진짜 선생님 한 사람 한 사람이 모여서 결국엔 우리나라를 구해줄 거예요. 자, 저를 도와서 학교를 꾸려주시겠습니까?"

"저에게…… 어떤 역할을 기대하시는지요?"

"하하, 유진 씨께 모든 것을 기대합니다. 선생님, 전문가, 상담인, 경영자

---

* 키노쿠니는 듀이와 서머힐 학교의 닐의 교육사상을 계승한 일본의 교육자 호리 신이치로가 설립한 대안형 사립학교다.

그리고 성직자!"

"성직자요?"

"아이들의 영혼의 성숙을 돕는 일이 성직이 아니고 뭐겠어요."

차혜림의 말은 시원한 청정수와 같이 유진의 마음속으로 거침없이 파고들어왔다. 유진은 이 열정적인 여성의 시원시원한 말의 힘이 자신을 끌어당기고 있다는 것을 느낄 수 있었다. 그러나 쉽사리 결정할 문제가 아니었다. 유진은 돈이 필요했다. 비록 아버지가 병상에서 일어나 퇴원을 하기는 했지만, 완전히 회복한 것도 아니고 또 예전의 사업을 다시 일으킬 여건이 마련된 것도 아니었다. 지금은 자신이 집안 경제를 이끌어가고 있는 중이었다. 또 진성과의 일이 완전히 결론 난 것도 아니었다. 이런저런 생각들을 매만지고 있는 유진에게 차혜림이 말했다.

"유진 씨, 한번 시간 내서 우리 학교 구경 오세요. 전 유진 씨가 탐이나요. 제가 초대할게요."

세상일은 예측하지 못했던 쪽으로 방향을 바꾸는 경우가 드물지 않다. 유진이 차혜림의 제의를 받은 그날 저녁, 윤아가 오랜만에 술을 마시자고 불러냈다. 유진이 미국 가기 전부터 너무 바빠서 윤아와는 두 달이 넘도록 만나지 못하고 있었다. 두 사람은 생맥주를 한 잔씩 들이켰고, 약간 술기운이 돌자 윤아가 심상치 않은 목소리로 말을 꺼냈다.

"넌 이제 네 갈 길을 잘 찾아가고 있는 것 같다. 공부도 열심히 하고, 네 일에 뜻도 있고……."

소명의식에 불타는 교육자 윤아의 말투가 전에 없이 무기력하게 들렸다.

"그러는 넌 아니고? 헌신적인 선생님께서 무슨 말씀?"

"나 두 달 전에 학교에 사직서 냈어."

"뭐? 그게 뭔 소리야? 농담하는 거지?"

어이없어하는 유진에게 윤아는 담담하게, 그러나 심각한 목소리로 그간의 일을 풀어놓았다. 작년부터 윤아는 자신이 몸담고 있는 학교에 대해 크나큰 회의에 빠져 있었다고 한다. 신임교사 생활 몇 해 동안은 그저 순수한 열정으로 교육 그 자체에 온 힘을 쏟아 부었다. 그러나 자신의 그 같은 순진한 노력이 밑 빠진 독에 물 붓기에 불과하다는 판단이 섰고, 날이 갈수록 그 판단이 정확한 것임을 확인할 수 있었다. 자신이 선생으로서 학생들을 가르치기 위해 교단에 서 있는 것이 아니라, 실제로는 아이들 수용소의 감시인 역할을 맡고 있다는 것이 거부할 수 없는 사실이더라는 것이다.

학생들의 인격적인 성숙을 지도해주는 스승상은 아예 옛 시대의 고색창 연한 신화라 치자. 학부모와 학생들이 지식 전수자로서의 기능마저도 학교 교사보다 학원의 강사에게 훨씬 더 기대하게 된 것 역시 어제오늘의 일이 아니다. 실은 국가의 공교육체제 그 자체가 대학 진학을 위한 중개소 이상의 역할을 스스로 포기해버린 지 오래라는 것이다. 그 이상의 열의를 보이는 소수 교원들은 교육행정 당국과 학교와 교원단체와 동료교사들로부터 아무 런 도움을 기대할 수 없었다. 아니, 오히려 무시와 냉소와 따돌림과 훼방만 이 돌아온다는 것이다.

"윤아야, 새삼스럽게, 학교의 현실이 그렇고 그렇다는 걸 네가 몰랐던 것도 아닌데, 갑자기 왜 그만뒀다는 거야?"

서울시의 공립학교 교사가 되는 것이 어디 쉬운 일인가? 이 땅의 수많은 우수한 젊은이들이 수입과 안정된 생활을 보장해주는 교사라는 직업을 갖기 위해 오늘도 노량진 학원가를 전전하며 무의미한 교육학 정보를 기계 적으로 암기하는 고행을 자원하고 있지 않은가. 그 경쟁을 뚫고 일찌감치 교직에 안착하여 사명감에 불타던 교사 윤아의 느닷없는 사직 소식은 유진 에게 충격 그 자체였다.

유진의 채근에 윤아는 그간 자신이 겪었던 지속적인 좌절감에 대해 토로

했다. 윤아의 얘기를 듣다 보니, 그녀가 가장 믿고 따랐던 은사 민영후에 대해 갖게 된 배신감이 적지 않은 타격을 입힌 것 같았다. 교직에 대해 좌절하고 고뇌에 빠진 윤아에게 민영후는 현실과의 적절한 타협을 조언했다고 한다. 그러면서 윤아와 같은 순수한 뜻을 정녕 교육현장에서 관철하고 싶다면 간디학교*에나 갈 수밖에 없지 않겠냐며 자조했다는 것이다.

유진은 윤아가 교사생활에 크게 실망하고 좌절했다는 것은 조금도 의심하지 않았다. 그러나 윤아가 민영후의 '현실론'에 배신감을 느꼈다는 데는 일말의 과장이 섞여 있지 않을까 의심했다. 이유인즉, 민영후가 얼마 전에 재혼을 했다는 소식을 전해주는 윤아의 눈동자 속에 강한 멸시의 빛이 포착됐기 때문이다. 어쩌면 윤아는 교육자 민영후가 아니라 남자 민영후에게 배신감을 느꼈던 건지도 모르겠다는 생각이 들었다. 그러나 유진은 그 생각을 입 밖에 내지는 않았다.

예상치 못한 일이 전개된 것은 그다음의 일이었다. 그날 밤 술을 마시며 유진의 근황을 유심히 듣던 윤아가 다음 날 아침에 전화를 걸어온 것이다.

"얘, 그 깊은숲학교에 나랑 같이 가자."

친구의 전화를 받고 유진은 조금 놀랐긴 했지만, 공허한 마음을 달래보려 함께 여행을 다녀오자는 뜻으로 해석했다. 그러나 윤아는 그런 뜻이 아니었다. 그 학교의 선생으로 취직해서 함께 일하자는 뜻이었다.

오형모 교수의 학부모를 위한 특강

유진이 윤아와 함께 충청도에 와서 깊은숲학교 부근에 지낼 집을 구하고 새로운 생활을 위한 준비를 시작한 지 1주일 만에 오형모 교수가 방문했다.

---

* 교육선각 양희규가 경남 산청에 세운 우리나라의 대표적인 대안학교.

차혜림 이사장의 청으로 학부모를 위한 특강차 온 것이었다. 오 교수가 이사장실에 와 있다는 연락을 받은 유진은 하던 일을 팽개치고 당장 스승에게 달려갔다. 모든 일을 제멋대로 결정하고 벌여놓은 지금, 그녀는 자신의 새로운 행보에 대한 스승의 인가를 받고 싶었다. 이사장의 방으로 급하게 뛰어 들어온 유진을 본 오 교수는 차 이사장과의 대화를 멈추고 소파에서 일어나 유진을 맞았다. 고개 숙여 인사하는 유진을 활짝 웃으며 맞이한 그는 제자의 어깨를 끌어당겨 품에 안아주었다. 유진의 눈가에 물기가 서렸다. 스승의 정이 그녀의 가슴에 전해져 왔다.

그날 저녁에는 이들 사제(師弟)와 이사장 부부, 그리고 윤아까지 다섯 명이 정겨운 시간을 가졌다. 차 이사장이 몸소 저녁식사를 대접했다. 산촌의 철늦은 목련꽃이 4월 말의 싱그러운 바람을 맞아 잎을 떨어뜨리며 짙은 향기를 퍼뜨리는 밤이었다. 정갈한 음식이 상에 올랐고 향긋한 술잔이 오고갔다. 오 교수는 유진이 그간 일어난 일신상의 변화를 잘 겪어내고 있는지 물었다. 유진은 윤아의 종용에 대안학교 교사가 되기로 결심한 일, 진성실업과 불미스러운 일 없이 작별을 고한 일, 김재명 회장으로부터 부모님 생활을 위한 재정적 도움을 받게 된 일, 아버지와 언니의 반대를 누르고 산골로 떠나온 일, 그리고 깊은숲학교에 와서 기존 교직원들과 어울리기 위해 노력한 일 등을 스승에게 말해주었다. 오 교수는 어린 제자의 얼굴이 해사하게 빛나는 것을 감지했다.

차혜림이 집에서 담근 술을 오 교수의 잔에 따르며 말했다.

"제가 초면에 좀 세게 나갔죠. 아이들의 영혼을 성숙하게 해주자고요. 그랬더니 바로 신호가 오던데요, 호호."

차혜림은 10여 년 전 국내의 모 대학에서 오 교수의 특강 시리즈를 청강한 이래로 그를 이론적 스승으로 여겨오고 있었다.

"허, 그러셨어요? 우리 이사장님께선 워낙에 군더더기가 없는 분이시니.

그래, 유진, 이사장님의 그 말씀에 정신이 번쩍 들던가?"

"그보다는 속이 뜨끔했죠. 학생의 영혼과 같은 개념에 대해선 스승님으로부터 사사받은 기억도 안 났고요, 헤헤."

"흐음, 스승이 가르쳐주지 못한 것을 접하고 충격을 받았구먼."

제자의 불손한 유머에 대한 오 교수의 흔쾌한 응답은 차혜림의 공평한 결론으로 보정됐다.

"그게 가르칠 일이 아니라고 여기셨겠죠, 오 교수님께서는요."

오형모와 서유진과 차혜림은 이 순간 염화시중의 미소를 교환하고 있었다. 교육의 가장 깊은 의미는 깨달아야 할 그 무엇이지 남에게서 배울 것이 아니라는 점에 그들 모두가 공감하고 있었다. 교육의 목적이 아이들의 영혼의 성숙에 있다는 주장은 비록 고래로부터 수많은 성현들이 제기해온 것이지만, 그렇게 간단히 받아들이기만 하면 되는 가르침은 아닌 것이었다. 그 가르침을 진정으로 받아들일 수 있기까지는 스스로 갈고닦으며 배우는 자발적 헌신이 전제돼 있었다. '나는 왜 선생이 되려 하는가?' 하는 심각한 질문 없이는 그와 같은 자발적 헌신은 일어나지 않을 것이다. 유진이 말했다.

"하지만 교수님께서 줄곧 제게 가르쳐주신 게 바로 그거였죠. 그 용어를 쓰신 적은 한 번도 없었지만요. 정말, 선생이 아이들의 영혼의 건강에 관심을 기울이지 않는다면 그런 교육이 무슨 쓸모가 있겠어요."

"봐요, 교수님, 수제자께서 금세 넘어오셨다니까요. 게다가 호박이 넝쿨째 굴러왔지 뭐예요, 최윤아 선생님까지 말예요."

차혜림은 흡족한 마음을 조금도 숨기지 않았다. 오 교수가 진지하게 유진에게 물었다.

"자네는 결정적으로 왜 진성실업 프로젝트를 버리고 깊은숲학교로 오기로 결정했지?"

유진은 오 교수의 눈을 한 번 보고, 윤아의 얼굴도 한 번 보고는 계면쩍은 듯 웃었다.

"결정적인 건, 얘, 윤아가 졸라서죠, 하하하."

"허허, 그럼 친구 따라 강남 가는 건가?"

"에이, 그것보다는 쪼금 더 심오한 뜻을 품었기 때문이겠죠."

오 교수는 제자가 그 '심오한 뜻'을 도대체 왜 품게 됐냐고 더 따져 묻지 않았다. 인생의 중대사와 관련해서 사람의 마음이 움직이는 방식은 대단히 복잡하고도 신비롭다고 생각했기 때문이다. 유진의 삶에서 일어난 많은 일들이 그녀를 그 같은 결정으로 이끌어왔을 것이다. 아마도 그중에는 유진의 자아성찰 과정도, 제자였던 보영을 잃은 슬픔과 분노도, 또 오 교수 자신의 스승으로서의 역할도, 그리고 그 밖에도 여러 가지 시시콜콜해 보이는, 그러나 실은 중요한 일들이 포함돼 있을 것이다. 오 교수는 말없는 미소로 유진에게 건배를 청했다. 유진이 스승과 잔을 부딪고 술을 한 모금 마신 뒤에 말했다.

"진성의 엘리트교육은 우리 국민들 모두를 위해 봉사하고 지도할 엘리트를 양성하겠다는 슬로건을 내세웠죠. 저는 그런 교육이 실은 엘리트 자신들만을 위한 교육으로 끝나게 될 소지가 크다고 결론짓게 됐어요. 설사 그것이 순수한 원래 목적을 달성한다 해도, 국민들은 여전히 나라의 주인인 엘리트의 지휘를 받는 피지배자에 불과하지 않겠어요? 저는 한 사람 한 사람이 모두 다 존엄하다는 진리를 믿게 됐거든요. 누가 누구의 위에서 기획하고 결정해서 명령하고 지배하는 건 진정한 평등의 진리에 위배되죠."

"훌륭하군, 나의 수제자!"

"언젠가는 저도 '시스템'을 개혁해서 큰 스케일의 변화를 추구하고 싶지만, 그건 좀 너무 건방진 생각 같고요. 지금은 교육자로서 내 앞의 학생 한 명 한 명에게 다가가는 방법을 배울 때라고 생각하게 됐어요. '미래에 민족을 구원하기 위해서가 아니라, 지금 이 순간 내 앞의 영혼에게 다가가기 위해서'라고 할까요."

"그러면 자네도 우리 국민들의 성향을 바꾸기 위한 불가능해 보이는 점진적 변화에 동참하기로 마음먹었다는 뜻?"

"더 좋은 방법을 찾아내기 전까지는 아쉽지만 할 수 없이 교수님 방식을 따라야 할 것 같네요, 하하."

"흐음, 기분 좋으라고 하는 말은 아니라는 생각이 들지만, 이상하게도 나는 기분이 좋군. 이봐, 수제자! 이걸 좀 봐."

오 교수는 발치에서 민들레 씨를 한 송이 따서 집어 들었다. 그리고 입김을 불어 그것을 뜰 안에 날려버렸다.

"저 수십 개의 씨들이 어디에 가서 자리를 잡고 뿌리를 내리게 될지 우리는 알 수 없어. 하지만 저들 중 꽤 많은 씨는 싹을 틔우게 될 거야. 그 씨 하나하나의 운명을 우리가 관장하지는 않지만, 해마다 씨들은 자연의 법리에 따라 스스로 싹을 틔우지. 하나의 씨가 민들레꽃으로 피어나기까지의 과정을 씨의 운명이라고 볼 때, 그 운명을 주관하는 힘은 랜덤(random)하게 작동하는 것만 같아. 그 랜덤성(性)에 자연의 선한 의지가 담겨 있다고 믿을 수 있을까? 후후……."

오 교수는 유진의 눈동자를 또렷이 바라보며 말을 이었다.

"선생은 자신이 학생에게 끼치는 영향이 민들레 씨처럼 랜덤하게 싹을 틔우게 될 것이라는 사실을 믿는 사람들이라고 할 수 있지. 비록 자신의 교육적 영향을 정확히 예상하는 것도 불가능하고 지금 당장 내 앞의 아이가 아무런 반응도 안 보이는 것 같더라도, 자신의 선한 영향이 언젠가는 아름다운 꽃송이를 피우리라는 믿음이 없다면 선생이라는 고된 성직을 감내하기 힘들 거야."

유진은 스승의 눈빛을 고스란히 받아내며 말했다.

"교수님께서 뿌리신 씨가 제 안에서 싹을 틔우기까지 짧지 않은 시간이 흘렀네요."

토요일인 다음 날 오전, 유진과 윤아는 깊은숲학교 교사들을 도와서
그날의 특별행사 준비를 하느라 여념이 없었다. 한 달 전에 완공한 자그마한
학교 체육관으로 전교생의 학부모들을 초청했다. 수도권에서 찾아온 많은
학부모들을 모셔놓고 학생들의 연극 및 합창 공연과 더불어 주된 이벤트로
오 교수의 강연이 마련돼 있었다. 보편적인 공교육기관에서 벗어나 독특한
학업의 길을 걷게 된 자녀들의 부모에게 힘과 지혜를 더해주기 위해 계획된
행사였다. 독특한 선택으로 인한 보편성의 결핍을 우려하는 학부모들에게
유명한 석학인 오형모 교수의 응원은 특별한 의미를 가질 것으로 학교
측은 예상하고 있었다.

3월 초에 개학한 이후 줄곧 떨어져 지낸 자녀들과 거의 두 달 만에 해후한
부모들은 따사로운 봄 햇살이 내리쬐는 교정에서 도란도란 정겨운 식사를
했다. 오후 행사가 시작되기 직전에 체육관에서 땀을 흘리며 좌석을 정돈하
고 있는 유진에게 누군가가 다가왔다.

"서유진 선생님, 안녕하세요?"

고개를 돌린 유진은 놀라움에 소리를 지를 뻔했다.

"어머! 이 비서님! 여기는 어떻게……."

지난번 김재명 회장에게 떠난다는 인사를 하러 갔을 때 잠시 이 비서와
이야기를 나눈 적이 있었다. 그러고 보니 그때 이 비서가 처음으로 자신의
아들 얘기를 꺼냈던 기억이 났다. 그는 그때 '유진 씨가 만든 학교에 우리
애를 보내고 싶었는데요……'라며 말꼬리를 흐렸다.

"김 회장님께서 유진 씨 다시 모셔오라고 분부하셔서 왔습니다."

"네에?"

"하하하! 농담이고요. 유진 씨가 얼마나 좋은 선생님인지 제 눈으로

직접 확인해보려고 왔습니다."

"그 말씀이야말로 농담이신 것 같은데요."

"농담 아니에요. 직접 확인해보고 나서 우리 아들도 이 학교에 입학시키려고요."

그 말은 진심이었다. 오형모 교수로부터 깊은숲학교 이야기를 듣고 진지하게 아들의 입학을 타진해보고 있다는 것이었다.

"학교도 훌륭해 보이지만, 우리 애가 여기 오면 서유진 선생님이라는 든든한 '빽'이 한 분 계시니까요."

"하하, 제가 든든할지는 모르지만 그렇게 하시면 좋겠네요."

꾸준히 자신을 도와줬던 지인을 예상치 못한 곳에서 마주친 것도 반가웠지만, 교육자로서의 자신을 믿고 먼 곳까지 와줬다는 것이 고마웠다. 진성실업에서 유진이 교육에 관한 자신의 신념을 밝힐 때마다 한쪽에서 묵묵히 찬성의 미소를 보내주던 이 비서의 모습이 기억났다. 교육자로서의 어떤 능력도 검증받지 못한 자신을 믿고 지지해주는 사람이 있다는 것은 놀라운 일이었지만, 동시에 힘을 주는 사실이기도 했다. 살다 보면 예상 못 했던 피해를 입히는 사람을 만나기도 하지만, 그 반대로 의외의 도움을 주는 사람을 만나기도 한다. 이왕이면 전자의 씁쓸한 기억을 지우지 못하고 사는 것보다는 후자를 더 잘 기억하고 사는 편이 스스로에게 유익하지 않을까?

이 비서를 비롯한 학부모들이 체육관의 자리에 앉은 뒤에 차혜림 이사장의 인사말이 있었고, 재직 교사들이 합동으로 인사를 한 후 학생들이 공연을 선보였다. 그리고 사회자의 소개를 받은 오형모 교수가 큰 박수를 받으며 단상에 올랐다. 체육관에 군집한 수백 명의 청중에게 인사한 뒤 오 교수는 힘찬 음성으로 강연을 시작했다.

"존경하는 깊은숲학교 학부모님 여러분, 어쩌다 이 두메산골까지 오시게 됐습니까?" 청중들이 웃음을 터뜨렸다. "참으로 우리 대한민국에서는 자식 교육문제가 최고로 골치 아픈 삶의 멍에가 돼버린 것 같습니다. 그 멍에에 짓눌려 사느니 자신만의 새 길을 개척해 나가겠다고 용기를 내신 분들이 바로 오늘 이 산골에 모인 학부모님들 아닐까 생각합니다."

뜨거운 박수가 터져 나왔다. 강연의 분위기를 띄운 오 교수는 이내 학자적인 차분한 어조로 돌아와 한국 교육문제에 대한 비평을 하나둘 풀어놓기 시작했다. 이른바 '21세기 지식기반경제'의 직업사회는 창의성과 비판적 사고능력 등 다양하고도 깊이 있는 역량을 갖춘 인재를 요구하고 있으며, 교육계와 정부 등도 나름대로 이에 부응하는 정책을 제기해왔다. 그러나 현재와 같이 대학입시가 교육의 방향을 좌지우지하는 현실에서는 그런 정책의 실효성이 현저히 떨어진다고 그는 평가했다. 오 교수의 분석에 의하면, 한국의 학부모와 학생들은 삶에서 '안전'을 추구하면서 그 안전을 보장하는 명문대 입학을 교육의 최우선 과제로 삼는다. 따라서 그들은 안전에 장애가 될 만한 모든 새로운 시도를 경계한다는 것이다. 심지어 그 시도가 학생의 진짜 '역량'을 키워줄 수 있는지 여부에는 관심조차 갖지 않고 말이다. 그는 이 같은 태도를 견지하는 많은 한국인들이 대체로 불만족스러운 직업생활과 가정생활을 영위하고 있으며, 이것이 후대의 교육에 대한 오도되고도 과도한 투자로 전이되고 있다고 평했다. 오 교수는 바로 이러한 한국인들의 생각이 변해야 새로운 교육을 향한 변화의 물꼬가 트일 수 있을 것이라고 주장했다.[33]

"한국의 많은 학부모들은 스스로 잘살아보지 못했다고 믿고 있기 때문에 잘산다는 것이 뭔지를 잘 모릅니다. 막연히 잘사는 것에 대한 선망만 품고 있는데, 선망만으로는 정확한 실체를 파악할 수가 없지요. 진정으로 잘사는 것이 무엇인지 신경도 쓰지 않고 사는 부모가 잘살아가도록 이끌어주는 방법을 제대로 알 수 있을까요? 그런데도 우리나라의 많은 학부모들은 현 사회의 통념을 충실히 따라 임의로 손에 쥐게 된 양육과 교육의 방법을 자식의 성공, 즉 잘살기 위한 유일무이한 방법으로 철저히 믿고 있는 것 같아 보입니다. 자신의 직업과 가정의 삶에서 만족하고 행복해보지 못한 사람이 어떻게 자식에게 행복한 미래에 대한 전망을 제시할 수가 있겠습니까? 과연 만족하고 행복한 삶, 잘사는 삶이라는 것은 어떤 것일까요?

에이브러햄 매슬로라는 사회심리학자의 유명한 욕구계층이론이란 게 있죠. 인간이 삶에서 추구하는 바를 그야말로 상식적으로 정리한 이론입니다. 쉽게 말하자면 '넌 밥만 먹고 사냐?'는 불만 표출 이론인데요, 물론 이 불만 섞인 질문은 밥 먹는 것만큼이나 절실한 또 다른 본능적 욕구도 해소해야 한다는 뜻을 담고 있는 것으로 통용되고는 있지요. 인간에게는 본능적·동물적 욕구 외에 중요한 정신적 욕구들이 많으며, 그 정신적 욕구들을 제대로 충족시켜주지 않고서는 결코 행복할 수가 없다는 의미를 담고 있습니다. 즉 사회적 소속감과 연대감, 자아존중감, 자기실현, 심지어 자기 초월과 같은 정신적 욕구를 채워줘야 한다는 말입니다. 그렇지 못하면 행복할 수가 없는 존재가 우리 인간이니까요.

우리나라의 학부모들은 매슬로 식으로 말하자면 가장 하위의 욕구들만 충족시키는 데 집중하고 있는 것 같습니다. 상위 욕구들을 무시하고, 아니 상위 욕구들을 충족시킬 수 있는 가능성의 싹을 아예 잘라가면서까지 말입니다. 물론 두려워서 그렇겠죠. 소중한 내 자식이 밥벌이도 제대로 못하고 사회에서 천대받는 하류 인생으로 살게 될까 두려워서 그렇겠죠. 하지만 부모들은 바로 그 두려움 때문에 사랑하는 자식의 상위 욕구 추구 가능성을 사전에 압살해버리고 있다는 점을 철저하게 간과하고 있습니다. 밥 잘 먹고 존중받으며 살게 하려고 죽어라 공부시키는 것이 어째서 고차원적 욕구를 충족시킬 싹을 짓밟는 것일까요?"

우리의 교육이라는 것은 대학입시에서의 성공을 겨냥한 치열한 경쟁

속의 조련에 다름 아니다. 그런데 대다수 학습자의 경우 입시 고득점을 목표로 삼는 조련이 진정한 '실력'을 키워줄 수가 없을 뿐만 아니라, 학습능력 및 인성에 회복하기 어려운 피해를 입힐 소지 또한 크다는 점을 오 교수는 강조했다. 아동 개개인의 고유한 적성과 재능을 무시한 채 조기교육과 선행학습으로 점철된 과외와 학원으로 아이들을 내몰 경우, 아이들이 스스로 자라나 자신만의 재능을 발휘할 기회가 원천적으로 차단된다는 경고였다.

"정신의학적으로 볼 때 학원과 과외 등을 통해서 아이들을 '잡는' 소위 '장악식 교육'은 의존형, 출세지향적 인간을 양산할 가능성이 높습니다. 반대로 아이를 풀어주는 교육은 자아실현을 지향하는 독립적 정신을 가진 인간을 양성할 가능성이 높지요. 이치는 간단합니다. 아이들은 자율적인 행동 속에서 숱한 시행착오와 실패와 좌절을 경험하면서 자기정체성을 확립해가고, 그럼으로써 자신과 자신의 강점을 아는 인간으로 성숙하게 됩니다. 그러나 부모가 꽉 잡고 일거수일투족을 관리할 때 그 아이는 스스로 제대로 성숙할 기회를 잃게 되고 말죠. 우리나라의 학부모들은 항상 아이에게 무언가 해줘야만 한다는 강박관념에 시달리고 있는 것 같아요. 그래서 아이가 아무것도 안 하고 잠시도 멍청하게 있을 틈을 주지 않고, 시간을 쪼개고 쪼개서 인위적으로라도 두뇌를 계발해주려 애를 쓰는 것 같습니다. 이것은 매우 위험한 일입니다. 부모 자신을 돌아보십시오. 1주일 내내 정규 학교수업을 들으면서 그 외에 7~8개 이상의 과외활동을 한다면 그 뇌가 어떨 것 같습니까? 부모는 그 많은 것들을 다 학습할 수 있겠습니까? 어른도 못 하는 걸 어떻게 아이에게 강요할 수 있지요?"

오 교수는 학부모와 교육자들이 학생 개개인의 독특한 개성과 적성을 포착하고 그것을 키워주는 것이 대단히 중요함을 강조했다. 아이가 자기만의 개성과 적성 같은 자신의 진면목을 깨닫고 그것을 드러내는 학습활동을 할 때 최상의 학습 성과를 이룰 수 있으며, 나아가 자신의 진면목에 부합하는 전공, 그리고 그 전공을 살리는 직업생활을 영위할 때 비로소 자기실현의 길에 다다를 수 있다는 말이다.

"상식적으로 볼 때, 우리 아이들이 시험 보는 능력만 높아서는 진짜로 잘살기는 어려울 것이라고 말할 수 있습니다. 시험도 잘 보면 좋겠지만 실질적인 진짜 실력도 튼튼해야 하겠습니다. 진짜 실력은 아이가 진정으로 관심과 애정을 품고 있는 일이나 사물, 대상에 대해 탐구할 때 최고 수준으로 쌓이게 됩니다. 간단한 예를 들어볼까요? 수학에 특별한 흥미는 없지만 엄청나게 많은 수학 문제집을 풀어보고 고가의 족집게과외까지 받은 학생이 수능시험 수리영역의 정답을 100% 맞혔다고 합시다. 그렇다고 해서 수학에 큰 흥미를 갖고 있어 수학 문제들에 대해 끝없이 생각해보고 탐구해서 여러 가지 엉뚱한 오답을 산출해낸 학생보다 실력이 더 뛰어나다고 말할 수는 없는 겁니다. 장기적으로 진짜 수학 실력은 후자의 학생이 훨씬 뛰어나게 되겠죠. 따라서 대학을 졸업한 뒤 실제 직업 환경에서 실력을 발휘하기 위해서는, 시험에서 높은 점수를 받겠다는 목표만 갖고 공부하는 것보다는 성적은 좀 떨어지더라도 진정으로 관심과 흥미를 느끼는 분야를 일찌감치 개발하는 편이 현명하겠습니다. 그 분야는 부모가 결정하는 것이 아닙니다. 아이가 스스로 발견할 수 있도록 부모는 도움을 주는 역할을 해야겠죠.

만약 아이의 관심 분야가 부모가 선망하는 엘리트 직종과 무관한 쪽이라면 어떻게 해야 할까요? 예를 들어 부모는 법관이나 학자를 선호하는데 아이는 손재주를 쓰는 기계에 관심을 갖고 있다면? 부모는 의사나 경영인을 선호하는데 아이는 그림 그리는 것만 좋아한다면? 글쎄요, 저는 부모의 선호와는 상관없이 무엇 하나라도 아이가 크게 관심을 갖는 분야가 있다는 것 자체가 대단한 축복이라고 생각합니다마는……. 요새 한국에는 아무것에도 흥미를 느끼지 못하는 아이들이 너무 많은 것 같아서 말이죠. 어떤 분야건 깊이 몰두할 수 있는 분야를 찾아냈다는 것은 매우 긍정적인 조짐입니다. 그 분야에 대한 관심으로 몰입과 배움의 기술을 터득할 수 있고, 그런 기술은 쉽사리 타 분야로도 전이가 가능하니까요. 조금만 인내심을 갖고 지켜봐 주면 말입니다. 그러나 아쉽게도 많은 부모들이 자신이 선망하는 직종과 분야로 아이들을 몰아가죠. 그것이 아이에게 맞는 길이 아닐 경우 아이의 본질적 성장이 와해될 수 있는데도 말입니다. 이것은 심각한 문제입니다. 그래서 저는 아이의 고유한 성장을 돕고, 그 아이에게 가장 적합한 길을 찾아 자아를 실현하고 행복한 삶을 영위하도록 도와주기 위해서는 부모의 시각이 먼저 변해야 한다고 생각합니다. 이것은 결코 단순한 문제가 아닙니다. 하지만 저는 이것 없이 한국 교육의 변화는 절대로 불가능하다고 믿습니다.

교육에 대한 시각의 변화는 삶에 대한 학부모의 태도의 변화를 요청합니다. 그래서 더더욱 실현 가능성이 희박해 보이기도 합니다. 삶에 대한 태도의 변화를 구하는 일은 '왜 사느냐'는 질문에서부터 시작하지 않을 수 없겠습니다. 왜 사느냐? 전들 그 답을 알겠습니까마는, 적어도 이런 식으로는 접근해볼 수 있을 것 같습니다. 최소한 저는 고생을 회피하기 위해 살지는 않는다고 말할 수 있습니다. 최소한 저는 아무런 상처도 안 받고, 아무런 스트레스도 없고, 아무런 문제도 없고, 아무런 좌절도 경험하지 않은 채로 지극히 안전하게 숨 쉬다 죽기 위해서 살지는 않는다고 말할 수 있습니다. 따라서 제 딸의 성장을 돕는 데 저는 아이가 커서 고생 안 할 길로, 편하고 안전하게 살 길로만 몰아가려는 생각을 하지는 않습니다. 그보다는 고생도 좀 하고, 불편함과 위태로움을 무릅쓰면서 자신의 길을 개척해갈 수 있기를 바랍니다. 이성적으로 볼 때 어차피 미래의 고생과 스트레스와 위험을 지금 효과적으로 예방할 도리는 없을 것 같습니다.

자신의 길을 추구하는 제 딸이 미래에 맞게 될 부정적인 상황들을 의연하고도 현명하게 극복할 수 있는 역량을 키울 수 있기를 바랄 수밖에 없겠습니다. 그런 역량은 부모가 시시콜콜 다 지도해주는 양육방식으로는 성취가 불가능하죠.

소크라테스는 평탄한 삶은 인간에게 적합한 삶이 아니라고 했습니다. 고생을 안 하는 삶에 무슨 의미가 있겠습니까? 좌절 없고, 아픔 없고, 아무 문제도 없는 상태가 결코 행복이 아닙니다. 그런 난관을 극복해서 다다르는 곳이 행복이고, 그런 극복과정 자체에 행복이 있겠죠. 그러나 제 말씀을 듣는 순간에는 '그래, 그럴 듯해' 하고 느끼신다 해도, 학부모님들께서 막상 일상으로 돌아가면 제일 중요한 건 역시 성적, 점수, 명문대 입학일 뿐이 아닐지 모르겠습니다. 잠깐만 방심해도 우리 애가 다른 집 자식들에게 '뒤처지고' 말거든요. 이걸 어찌하면 좋을까요? 내 귀한 자식이 정신적으로 자유롭고 심적으로 성숙해지건 말건, 반에서 성적이 밑바닥을 기고 4년제 대학도 못 가면 그게 다 무슨 소용이겠어요?"

방청석의 많은 이들이 고개를 끄덕였다. 오 교수의 목소리에 더욱 힘이 실렸다.

"그런가요? 정말 그런가요? 아이가 내적으로 성숙해지는 데 치중하다 보면 성적은 떨어질 것이라고, 정작 현실적 생존에서는 실패할 것이라고 어떻게 확신하죠? 해보지도 않은 걸요? 자유와 성숙을 체득하고 있는 우리 자식이 어떻게 자신의 앞길을 헤쳐 가는지 조금만 여유를 갖고 기다려주실 수는 없을까요? 너무도 소중한 삶인데요! 점수와 학벌보다도 내 자식이 더 소중하지 않습니까?"

잠시 청중을 둘러본 뒤 오 교수의 말이 이어졌다.

"동서양의 교육사상가들은 우리 마음의 표면적 부분인 '자아' 또는 '에고' 저 너머의 우리 마음의 핵심, 또는 나의 진정한 본질을 실현하는 것이 삶의 목적이고, 그 목적을 돕는 것이 교육이라고 외쳐왔습니다. 밥만 먹고 사는 것이 삶의 목적이라면 교육이 도와줄 일은 돈벌이가 다입니다. 그러나 참된 나의 실현이 삶의 목적이라면 교육이 도와줄 일은 총체적인 인간성의 성숙과 인생을 꿰뚫는 태도의 정립이 아닐 수 없습니다.

그런 일을 책임지게 되는 교육자들은 성직자와 다름없습니다. 바로 이 깊은숲학교의 선생님들은 성직자로서의 소명을 기꺼이 받아들인 분들입니다. 성직의 매혹을 못 이긴 분들입니다. 여러분들의 성스러운 자녀들 한 명 한 명이 위대한 삶의 첫 발을 내딛는 일에, 깊은숲학교가 거대한 성숙의 기회를 제공해드릴 것임을 의심치 않습니다. 소중한 자녀의 영혼의 성숙을 깊은숲학교와 함께 손잡고 이끌 수 있다는 점에서 저는 여러분을 축하해드리지 않을 수 없군요. 이 아이들이 진정한 자신을 찾아 반드시 자기 삶의 주인이 되는 동량으로 자라줄 것임을 믿습니다."

오형모 교수는 청중에게 깊이 고개 숙여 절했고, 청중은 뜨거운 박수로 화답했다. 유진의 가슴속에 스승의 음성이 각인돼버렸다. '성직의 매혹을 못 이겼다구요? 참 나!' 이성적인 학자의 감상적인 연설을 비웃어주고 싶었지만 목이 메어 그럴 수가 없었다. 유진은 마음속으로 외쳤다. '난, 난, 내 생각밖에 안 하고 살아온 여자라고요. 나한테 성직이라뇨…….'

어젯밤 숙소로 돌아가려는 유진에게 오 교수가 끝으로 던져준 말이 떠올랐다. '자신의 불완전함에도 불구하고 사람들에게 진실을 전해야만 하는 내면의 절실함을 참지 못하는 이들이 성직자야. 역사상 교직은 원래 성직이었지.'

에필로그

화해의 길

5월 중순의 휴일에 유진은 언니 미진과 함께 아버지를 모시고 강원도 산골의 자그마한 사찰을 방문했다. 풍성해진 신록의 숲이 매우 싱그러웠다. 절은 작고 소박했다. 미리 연락하여 주지승과 약속을 했기에 절에 도착하자마자 암자에 독거 중인 대선사를 만날 수 있었다. 몸이 완쾌되지 않아 지팡이를 짚고 천천히 걸어야 하는 유진의 아버지는 대선사를 만나자 대청 위로 올라가 딸들의 부축을 받으며 큰절을 했다. 선사는 그를 부축해주며 맞절을 하듯이 절을 받았다. 70대 후반의 이 노승은 얼굴에 광채가 깃들어 있고 표정이 해맑아 겉모습만으로는 도무지 나이를 가늠하기가 어려웠다. 그는 20여 년 전 유진 아버지로 하여금 트라우마의 치유에 이르도록 인도해준 고승이었다. 아버지는 그의 인도로 베트남전 참전 후유 증세를 극복할 수 있었다. 아버지는 그를 은인으로 여겨 매년 한 번씩은 찾아서 인사를 드리곤 했다. 딸들과 함께 온 것은 이번이 처음이었다.

유진 아버지의 건강에 대해 몇 마디 나눈 선사는 유진과 미진을 보며 과거의 기억을 더듬었다. 그는 두 사람의 어린 시절을 기억한다고 했다. 방랑수행 중에 지인의 청으로 유진 아버지의 마음의 병을 치료하기 위해 집을 방문했다가, 달포쯤 유진의 집에 머물렀다는 것이다.

"큰따님이 미진이지. 아이 엄마가 돼서도 여전히 이쁘구면. 어릴 적에도 새침했어. 나한테 호기심이 많았던 건 둘째 유진이었고. 그래서 내가 동화책도 여러 권 읽어줬는데, 그건 아마 기억 안 나지? 미진이는 내가 책 읽어주는 데 별로 관심이 없었지만 유진이는 아주 폭 빠져서 들었지. 하루에도 몇 번씩 읽어달라고 보채서 내 수행을 방해하곤 했거든. 그래, 그때도 아마 유진이는 인문학 쪽으로 가겠거니 짐작했었어."

아득한 옛 기억을 더듬는 듯한 선사의 눈동자를 보고 있으니 유진도 어렴풋이 유아기의 기억이 되살아나기 시작했다. 마음씨 좋은 스님 아저씨가 그림책을 읽어줬던 일도 희미하게나마 기억할 수 있었다. 이솝 우화, 안데르센 동화, 그리스 신화 등등. 그러고 보니 유진은 초등학교 입학도 전에 그리스 신화 이야기를 많이 들었다는 점이 새삼 기억났다.

"제가 스님을 졸라서 그리스 신화를 여러 번씩 읽어달라고 했던 게 기억이 나네요."

"그래, 맞아, 꼬맹이 아가씨가 특히 그 얘기를 좋아했어. 그래서 내가 너덧 번은 읽어준 것 같아. 오디세우스 얘기를 읽어주면 너는 오디세우스를 나쁜 사람이라며 미워하고 그랬지. 이유는 모르겠지만 아무튼 아주 우스웠어. 나도 맞장구치면서 그놈 나쁜 놈이라고 그랬지."

선사의 회고를 듣다 보니, 불현듯 유진은 여러 달 전에 백일몽처럼 체험했던 그리스 로마 신화의 꿈이 떠올랐다. 그 꿈속에서 신화의 실제 내용과는 반대로 오디세우스가 고향에 돌아오지 못할 것이라는 저주의 신탁이 왜 등장했는지 어렴풋이 그 이유를 알 수 있을 것 같았다. 동시에, 오디세우스가 이성을 도구삼아 미지의 세계로 모험을 떠나는 것을 왜 고향, 즉 영적인 원천을 등지는 일로 부정적으로 여겼는지 그 감상의 뿌리를 알 수 있겠다는 생각도 들었다. 어쩌면 그 시절에 스님과 그리스 신화에 관해 이야기하며 유아적 불만을 오디세우스라는 등장인물에게 투사했는지도 모른다. 서른 살에 가까워지고 있는 지금, 외부세계로 떠나는 것이 아니라 자기 내면의 원천인 영혼으로 되돌아감으로써 인생의 소명을 받들 수 있다고 믿게 된 유진은, 희미한 유아기의 그 기억이 신이 자신에게 내려준 비밀스러운 메시지의 단서일지도 모른다는 생각이 들었다.

"하하, 제가 그랬었군요. 영웅 오디세우스를 미워하다니요."

선사는 유진 자매를 지그시 바라보며 웃음 지었다. 그의 눈빛은 마치 그녀들의 삶의 가장 긴 스토리를 전체적으로 관망이나 하고 있는 듯했다.

"미진이는 좋은 집에 시집가서 귀부인이 될 상이었어. 유진이는 애비를 닮아 사업가가 될 상이었고. 길게 보면 사람마다 다 제가끔 갈 길이 있는 거야. 서로 다른 길이 있다는 걸 인정해줄 수만 있어도 사람들이 좀 더 평화롭게 함께 살 수 있을 텐데……. 그게 그리도 힘든가 봐."

선사는 마치 세 부녀 사이에 일어났던 지난 세월 속의 갈등을 읽기라도 한 듯 그렇게 말했다.

산사에서 천천히 걸어 내려오는 길에 미진이 입을 뗐다.

"유진아, 사람마다 다 제각각 갈 길이 따로 있다 하시네. 그게 그런 건가 보지?"

그녀는 오랜만에 따스한 표정으로 동생을 바라보고 있었다.

"응. 나도 언니네 동네 방식 욕하지 않을 테니 언니도 내 동네 방식 무시하지 말아주길 바래."

얼마 전까지만 해도 유진이 산골의 대안학교 교사가 됐다는 소식에 기막혀하던 미진이었지만, 어제 아버지를 모시고 깊은숲학교에 찾아와서 동생의 모습을 직접 보고 난 이후로는 마음이 조금 부드러워진 모양이었다.

실은 얼굴이 까맣게 타서 뛰어노는 산골학교 아이들의 건강한 모습을 보고 미진은 잔잔한 충격을 받았다. 자신의 자식들과는 매우 대조되는 삶의 모습이기 때문이었다.

"애, 내가 뭘 무시했다고 그래? 그러는 너나 조카들 챙겨서 공기 좋은 데로 좀 불러주고 그래봐."

"후후, 알았어, 언니."

와병 이후로 말수가 많이 줄어 묵묵히 걷기만 하던 유진의 아버지가 딸들에게 말했다.

"너희들은 어릴 때부터 서로 많이 다르긴 했지. 그러면서도 서로 경쟁도 많이 했고……. 어른이 돼서 제 갈 길 찾아가는 것도 참 달랐어. 스님 말씀대로 제 생긴 모습 따라 제 갈 길을 가는 거겠지. 같은 엄마 뱃속에서 나왔다고 해서 갈 길마저 같은 건 아니더구나. 서로 가는 길은 달라도 난 너희 둘 다 자랑스러워."

그는 숨이 찬지 잠시 걸음을 멈추고 심호흡을 했다. 산마루에 걸린 새하얀 뭉게구름이 눈부셨다. 산골짜기에서 뻐꾸기 울음소리가 낭랑하게 들려왔다. 아버지는 딸들을 바라보았다.

"아직까지 한 번도 너희들에게 이 말을 하지 못한 것이 부끄럽다. 아프고 창피했던 과거는 과거 속에 묻어버리면 그만인 줄 알았거든. 하지만 내가 어린 너희들에게 큰 상처를 준 건 지워버릴 수 없는 사실이야. 이제야 말해서 미안하다. 아빠가 정말 잘못했다. 아빠를 용서해주겠니?"

유진과 미진은 무어라 말도 못한 채 늙은 아버지를 바라만 보고 있었다. 미진이 아버지의 손을 잡았다. 그리고 유진도 그렇게 했다. 아버지의 눈가의 주름에 물이 맺혔다. 5월의 창공을 솔개가 가르며 날았다. 산속의 초록빛 공기는 갈라지지 않았다. 골짜기에서 불어온 한줄기 바람은 상큼한 선물이었다. ✒

지은이 한석훈

서울에서 나고 자람

서강대학교 사학과 입학

미국 톨레도 대학 학사(역사학) 및 석사(교육학)

미국 시카고 대학 박사(교육학, Ph.D.)

한국교육개발원 부연구위원 역임

경기대, 경원대, 경희대, 서강대, 연세대, 이화여대, 중앙대,
한국기술교육대 출강

현재 '진아교육연구실' 운영

홈페이지 http://myfaith.co.kr

유진의 학교   동서양 교육이상의 만남

ⓒ 한석훈, 2009

지은이 ㅣ 한석훈
펴낸이 ㅣ 김종수
펴낸곳 ㅣ 도서출판 한울
편집책임 ㅣ 김경아
편 집 ㅣ 박록희
표지디자인 ㅣ 정명진

초판 1쇄 인쇄 ㅣ 2009년 2월 27일
초판 1쇄 발행 ㅣ 2009년 3월 10일
초판 2쇄 발행 ㅣ 2012년 3월 10일

주소 ㅣ 413-832 파주시 교하읍 문발리 507-2(본사)
      121-801 서울시 마포구 공덕동 105-90 서울빌딩 3층(서울 사무소)
전화 ㅣ 영업 02-326-0095, 편집 02-336-6183
팩스 ㅣ 02-333-7543
홈페이지 ㅣ www.hanulbooks.co.kr
등록 ㅣ 1980년 3월 13일, 제406-2003-051호

Printed in Korea.
ISBN 978-89-460-4577-4   03370

* 가격은 겉표지에 표시되어 있습니다.